식민지 조선을 말한다

林繁蔵回顧錄

이 저서는 2019년 대한민국 교육부와 한국학중앙연구원(한국학진흥사업단)의
한국학대형기획총서사업의 지원을 받아 수행된 연구임(AKS-2019-KSS-1230001)

식민지 조선을 말한다

林繁藏回顧錄

하야시 시게조 편찬위원회 지음

이준영 옮김

국학자료원

역자 서문

그동안 일제강점기 역사 연구가 지나치게 우리 민족의 대일 항쟁과 독립운동 측면이 강조되어 식민지 조선을 직접 운영한 총독, 정무총감, 각부 국장 등 총독부 고위 관료들의 고민과 생각에 대한 연구는 미흡하다. 실제로 이들 관료들은 일본인이기에 모국의 이해를 식민지 사회에 반영하기 위해 고민해야 했고, 일면 일본본토 관료보다 열등한 처지를 벗어나기 위해 나름의 '열정'으로 조선사회의 격변을 관리하면서 살아야 했던 존재들이었다. 다시 말해 그들은 일본본토의 정치 움직임에 예의 주목하면서도 현실적으로 조선사회의 각종 변화와 움직임에 긴밀히 대응해야 하는 두 개의 과제를 늘 안고 살았던 존재들이란 점이다. 그런데도 식민지 고위관료에 대한 연구는 본격적으로 이루어지지 않는 상황이다. 그러므로 이들 고위관료에 대한 보다 면밀한 분석이 있어야 하고, 그것이 우리 식민지 경제, 혹은 일제강점기 사회에 대한 보다 폭넓은 이해의 기회를 제공할 것임은 불문가지이다. 하야시 시게조 회고록은 이러한 연구에 가장 기본적인 자료가 될 것이다.

일제강점기 7명의 재무국장 중에 하야시 시게조(林繁蔵)는 6대 재무국장으로 7년 11개월로 가장 오랜 기간 근무한 인물이다. 하야시는 1914년 5월 16일 조선총독부 시보로 탁지부에 발령을 받으면서 관세과장 겸임시관세조사과장(1919.9~1921.6), 사계과장(1921.6~1928.1), 이재과장(1928.1~1929.11)을 역임하고 세계 대공황의 발발과 함께 하야시는 재무국장(1929.11~1937.10)으로 임명되었다. 이렇게 그는 조선총독부 재무국 관료로서만 24년간 예산·재정 관련 사무에 관여한 경제관료였다.

또한 퇴직 후에도 조선식산은행장으로서 전시 생산력 확충에 필요한 특수 금융을 주도하였다. 조선식산은행장이 되면서 자금 확보를 위하여 강제저축을 독려하고, 60억 원에 달하는 채권을 발행했으며, 조사부를 확대하고 '특별금융부' 창설을 주도하여 종래 농업 중심의 대부체제에서 전시체제에 적응한 광공업 대부, 생산력확충용 대부, 생산증강 대부 등을 주도하였다. 염전(厭戰)사상 방지를 위하여 직원에 대한 각종 처우 개선을 도모하였다. 이처럼 하야시는 일제강점기 초기에서 패망할 때까지 조선의 경제정책과 재정운용에 깊이 관여한 인물이었다. 따라서 일제강점기의 경제적 상황을 알기 위해서는 하야시를 알지 못하고는 경제를 논하기 힘들 정도이다. 이에 이 번역서는 암울했던 식민지 조선을 직접 운영해 나갔던 하야시의 속내를 파악할 수 있는 귀중한 자료가 될 것이다. 이 자료를 바탕으로 일제가 어떤 생각하에 조선을 운용했는지 분석함으로써 일제시대의 성격을 더욱더 분명히 규명할 수 있을 것이다.

『식민지 조선을 말한다(원제 : 林繁藏 回顧錄)』는 하야시가 죽은 지 12년이 지난 1962년에 미즈타 나오마사(水田直昌)의 주도에 의해 편찬되었다. 회고록이라고 하면 보통 본인 스스로가 자신의 인생을 되돌아보면서 쓰는 책을 말하지만, 이 경우에는 하야시가 죽고 난 뒤 하야시의 가족, 친척, 친구, 조선총독부에서 같이 근무했던 직원들, 선배들, 부하들, 조선식산은행에서는 비서들, 은행원 그리고 하야시와 알고 지낸 기생들까지 총 54명의 지인들이 하야시와 얽힌 추억들을 묶어『식민지 조선을 말한다』를 편찬한 것이다.

『식민지 조선을 말한다』는 우방협회의 사업에 의해서 편찬되었다. 우방협회는 한일협정을 앞두고 1952년 사단법인 중앙일한협회 부회장 호즈미 신로쿠로(穗積眞六郞)가 조선 통치에 관한 자료를 수집하기 위하여 설립하였다. 미야타 세츠코(宮田節子)도 호즈미의 권유로 우방협회에서 총독부 고관 및 관계자들에 관한 연구에 참여하였다.

우방협회의 설립 취지는 "36년에 걸친 일본의 조선 통치가 패전 후 엄격한 비판 앞에 서게 되면 단점만 남고, 그 업적은 모든 침략과 노예화로 평가되어, 그래서 일본이 과거에 범한 이른바 조선 통치의 치적을 일소적으로 부정 말살하려는 세상의 풍조가 있어 이러다간 훗날 '조선 통치사'가 쓰여질 때에 이러한 왜곡된「일본의 통치관」에 의한 사실이 상당히 후세에 남을 것이라고 우려된다. 지금 '있는 그대로' 자료를 하나라도 더 수집하고 이를 공정한 입장에서 준비하여, 이것을 공정한 입장에서 만들어, 그 시비의 판단은 후세 역사가의 양식에 맡기고 싶은 마음이 간절하다. 아울러 이런 노력이 양국 민간의 새롭고 강력한 친선 협력의 기초가 될 것이라고 확신하게 된다."였다.

이러한 취지하에 우방협회의 호미즈는 총독부 관계자들에게 차례차례 요청하였고, 그 대부분이 요청에 따라 이야기를 들려 주었다. 매주 한 번씩의 연구회는 10년 가까이 계속되어 총 500회 가까이 행해졌다. 100명을 넘는 관계자의 증언을 녹음한 테이프는 418권에 달하고 그 녹음기록은 문자화한 뒤에 정리와 교정 그리고 해설을 덧붙여 학습원대학 동양문화연구소의 연보(年報)인『동양문화연구』에 순차로 게재되고 있었다. 우방협회는 조선총독부 정무총감과 각 국장의 정책에 관한 보고서와 메모 등을 수집하는 사업을 수행했는데, 그 일환으로『식민지 조선을 말한다』도 편찬되었다. 이에 이 번역서를 출판하기 위해 저작권문제를 협의하고 싶었지만, 편찬자인 미즈타 나오마사도 사망한 상태이고, 이 책을 편찬한 우방협회도 찾을 수가 없었다. 일본에 백방으로 메일과 전화를 해 보았지만 연락이 닿지 않았다. 이 책과 관련된 분은 연락 주시면 감사하겠다.

『식민지 조선을 말한다』는 총 제3편으로 구성되어 있다. 그 중 제1편 전기(傳記)는 총 4장으로 나누어 있는데, 제1장 태어나서부터 성인까지, 제2장 조선총독부시대에서는 하야시의 과장시절과 재무국장시절에 대한 내용이 들어있고, 제3장 조선식산은행장시대에는 전시금융체제에 대한 내용이 포함되어 있다. 제4장 사람됨과 일화로 구성되어 있다. 제2편 회상에서는 가족, 동료, 친구 등 하야시와 연관된 사람들의 기억으로 54편의 글로 구성되어 있다. 제3편에서는 국회에서 답변한 내용 중 20편이 수록되어 있다.

호즈미 신로쿠로(穗積真六郞)는 우방협회 설립자이면서,『식민지 조선을 말한다』간행 발기인이다. 호즈미는 하야시와 총독부 동기생으로 잘 알고 있던 사이였다. 후에 조선총독부 식산국장을 역임하였다. 미즈타 나오마사(水田直昌)는 회고록 편집 당시 대표를 맡았다. 하야시의 사계과장, 재무국장을 미즈타에게 물려 줄 정도로 친분 관계를 맺고 있었다. 이시이 미쓰오(石井光雄), 시카와 키요시히토미(石川清深)는 교토제국대학 출신으로 하야시와 선후배 관계였다. 카네코 류조(金子隆三)와 와타나베 미유키(渡辺弥幸)는 조선식산은행의 부대표와 이사로서 하야시와 관계를 맺고 있었다. 이러한 관계로 보았을 때 발기인 대부분은 총독부 관료이고, 조선식산은행장 시기에 같이 근무했던 인물, 같은 고향, 같은 대학 출신 등의 하야시와 친분이 있는 인물들로 구성되어 있음을 알 수 있다.

편집위원으로는 야마지 야스유키(山地靖之)(총독부 이재과장), 오쿠무라 시게마사(奧村重正)(총독부 사계과장), 하야시다 하치로(林田佐八郎)(조선식산은행 비서), 아카기 마스오(赤木万寿夫)(조선식산은행 인사부장겸 비서), 후지와라 소타로(藤原宗太郎)(확인불가), 후지이 세이치(藤井誠一)(중도에 작고)와 편집위원 대표로 미즈타 나오마사(水田直昌)였다. 1961년 6월 발족한 이후 매월 2회 이상 편집회의를 열어, 초고집필은 주로 하야시다 하치로(林田佐八郎) 위원이, 원고의 전체조정과 연보작성에는 야마지 야스유키(山地靖之)가, 오쿠무라 시게마사(奧村重正)은 원고의 전체조정과 회계를 담당하였다. 그리고, 통보 연락 및 그밖에 서무를 담당한 인물은 아카기 마스오(赤木万寿夫)이고, 회의용무와 관련한 업무는 후지와라 소타로(藤原宗太郎)가 담당하였다. 그 외 하야시가 의회에서 받았던 질의 응답에 대한 속기록 추출, 취합 정리에는 카타야마 이치로(片山一郎)가, 제본 장정 인쇄 등의 업무에는 이노우에 켄이치(井上堅)가 하였다. 그리고 사사모토 야스히코(笹本恭彦)의 교열을 거쳐 출판되었다.

『식민지 조선을 말한다』를 처음 접한 것은 지도교수님 연구실이었다. 당시 역자는 통일관세제도에 관심을 가지고 논문을 쓰고 있었는데, 하야시가 통일관세제도를 수립해 나가는 임시관세조사과장으로 있었다는 사실을 알게 되었다. 이에 하야시 시게조 회고록을 바탕으로 『일제강점기 하야시 시게조(林繁藏)의 조선경제 운영구상과 실행전략』이라는 박사논문을 완성할 수 있었다.

　최종적인 번역과 전체 교열을 책임진 역자를 비롯하여 각 초벌 번역에는 성강현, 하훈, 선우성혜, 김예슬 박사님들이 참가하였다. 본인들의 연구로 바쁘신 와중에도 이렇게 번역에 참여해 주신 박사님들에게 감사를 전한다. 그리고 이 번역서의 감수를 맡아 주신 김인호 교수님께도 감사의 마음을 전한다. 따라서 모든 공로는 번역과 교열에 참가한 모두에게 돌리고 싶다. 번역책임자로서 모두에게 이 자리를 빌어서 노고에 감사드린다.

　마지막으로 번역을 할 때 집안일과 아이들을 돌보아 준 남편과 엄마가 바쁨을 알고 묵묵히 자신의 일을 알아서 잘해 준 우리 아이들에게도 감사의 마음을 전한다. 이제『식민지 조선을 말한다』를 출판하게 되어 이 책이 일제강점기를 연구하는 연구자들에게 조금이나마 도움이 되리라 생각하니 무척 흐뭇하고 일면 고무된다. 두루두루 감사할 따름이다. 무엇보다 이 책을 내는데 물심양면으로 도움을 주신 도서출판 국학자료원 임직원 여러분께도 감사의 말씀을 드린다.

2024년 1월 16일
동의대 연구실에서 역자 이준영

목차

제2편 회상

제3편 국회에서의 답변

하야시 시게조(林繁蔵; 이하 하야시)는 나의 선배이고 또한 상사로서 10년의 오랜 기간을 모시면서, 직무에 관해서 항상 친절하고 자상한 지도를 받았고, 또 개인적으로도 인생관과 처세상의 마음가짐 등에 대해서도 친절하게 가르쳐 주는 일이 많았다.

하야시가 퇴직하고 그 후임으로 추대되어 자리를 이어받았던 관계로, 더욱더 계속해서 공적·사적인 일로 10년 가까이 교섭이 지속 되었기 때문에 추억은 끊이지 않을 정도로 많다.

하야시의 인품과 높고 뛰어난 이상(理想), 탁월한 식견, 수완 등에 관해서는 정평이 나 있었다. 그런 모습을 기억하는데 있어서는 많은 분들이 전해 온 추억의 이야기에 양보하기로 하고, 하야시가 겉으로 드러나지 않은 숨겨진 큰 그릇이었다고 내 나름대로 느꼈던 것들 두, 세 개를 다소의 중복을 마다않고 상기해 보려고 한다.

그 하나는 하야시의 총독부 재정 책임담당자로서의 진지한 태도에 관해서이다. 말할 필요도 없이 세출예산은 세입 재원에 균형을 맞추어 편성하는 것인데, 그 재원은 한정된 것이다. 특히 개발도상에 있는 조선의 실상에서는 후진국의 통상적인 여러 정책을 펴는데 필요한 재원을 염출

(捻出)할 방법이 없었다. 한편 수요관청의 요구액은 해마다 방대하게 증가하고 있어 그 요구를 충족시키는 것은 매우 어려웠다. 이러한 사정으로 요구액을 수정하거나 줄일 수밖에 없는 것이 현실이었다.

하야시는 이런 곤란한 현실에 직면하면서도 단지 사정 때문에 사무적으로 세계(歲計) 수지의 앞뒤를 맞추어 정리하는 방식이 아니라, 재원의 염출에 백방으로 손을 써서 노력하였다. 게다가 염출해야 할 대상을 알아보고 그 염출 방법에 대한 시기의 적부(適否)와 부담능력의 정도 등 무릇 다각도에서 자세히 검토를 하는 반면, 세입상의 합리성을 잃지 않고 가능한 한 재정의 수요에 부응하기 위한 노력을 아끼지 않고 정의(情義)를 겸비하고 포용력이 풍부한 태도를 갖추고 있었다.

그 구체적인 방법의 일례로서는 관세 행정면에 개정(改正)을 하는 한편, 세제의 쇄신 개선과 세무기관의 독립성을 고려하여 국세체계를 확립하고 그 외 각종 금융기관의 정비를 강화하며 대출기능의 확충하여 산업 활동을 활발하게 할 수 있는 자금조달의 방안을 병행하여 각종 기관의 성장기반을 마련하고, 그 성과로 인해 순환적으로 조세능력을 신장시켜 이로 인하여 직간접으로 재원을 폭넓게 함양하여 부담력 강화를 도모한 것이 그것이었다.

또 하야시의 예리한 안목과 착상으로 별항(別項)에 상세히 기술할 일대의 궁민구제사업(窮民救濟事業)을 기획하여 그 당시의 이노우에(井上) 대장대신(大藏大臣)을 움직여 정부의 동조를 얻어 저리자금의 차입에 의한 장기 자금조달의 길을 열었다. 게다가 총독부 재정면에서는 해마다 아주 적은 원금과 이자의 부담에 그치는 방법으로 막대한 재정자금을 획득했다. 이것으로 조선 전체에 걸쳐 도로, 항만, 어항(漁港), 하천, 사방(砂防) 등 각종 토목사업을 실시해 산업 개발과 경제 발달을 비약적으로 촉진할 수 있는 기반을 구축한 것은 바로 전례를 찾아 볼 수 없는 웅대한 기획으로 죽은 후에도 회자되는 할 전대미문의 시대적 쾌거였다고 할 수 있다.

또한 거액의 예금부 저리자금의 융자를 받아 중소농민들의 고민인 고리 부채 정리의 길을 개척하여 농가의 경제 기반을 재건한 것도 빼놓을 수 없는 일이다. 이것들은 하야시가 조선 서민의 피폐한 실상과 그 민도(民度)를 손바닥을 보듯 꿰뚫고 있었기 때문에 그 궁색한 지경을 묵과할 수 없는 열렬한 의협심에서 착상되었다. 또 특유의 정열에 의해 실현된 것으로 볼 수 있다. 그럼에도 그것들은 모두 조선의 진보발달에 불가결한 기초적 시책임에도 불구하고 시행에 이르지 못했던 것들입니다

또 하나 언급하고 싶은 것은, 하야시는 퇴직과 동시에 조선 개발을 위해 특별한 사명을 가지고 조선식산은행장에 취임하였는데, 특별은행으로서는 외부에 발권은행인 조선은행이 있고, 조선 내에 각지의 보통은행은 이 조선은행을 모은행으로하여 그 산하에 두는 게 표면상의 방침이었다. 그러나 조선은행은 제1차 세계대전 이후 재계(財界) 혼란의 여파를 받아 그 본래의 임무에 매진할 수 없는 상황이었기 때문에 자연히

식산은행이 모은행 대역을 맡은 상태가 되어 당시 식산은행 계열 아래에 속해 있던 보통은행은 여러 개의 은행이 있었다.

이미 조선은행이 약진하고 있는 상황에서 이 변칙인 상태를 언제까지고 계속하는 것은 허용할 수 없었다. 이것을 제자리로 되돌리는 것은 금융계로서도 반드시 실행해야 할 일이지만, 탁상이론은 그렇다 치더라도 그 마찰 없는 실행은 쉬운 일이 아니라고 생각되었다.

그런데 하야시는 취임 후 얼마 지나지 않아 이 방침에 따라 기회를 봐서 점차 산하에 속한 이들 보통은행을 조선은행 계열 아래에 귀속시키려는 의도 하에 적절한 조치를 취해 나간 것이다. 독립된 하나의 은행으로써 본점과 지점에 걸친 업무관계, 경영진 이하의 인사문제 등 각각의 사정과 내용을 가진 금융기관의 거취는 상당히 어려운 일이지만, 그것을 큰 마찰과 풍파를 일으키지 않고 실행한 것은 하야시가 눈앞의 이해관계에 얽매이지 않고, 대국적 견지에서 이의(理義)의 사리를 바로잡는데 충실했다는 것을 보여주는 것으로 그 지혜로운 결단력과 실행력에 탄복과 감사의 마음을 금할 수 없어 지금도 잊을 수 없는 일 중의 하나이다.

하야시는 도쿄고등상업학교(東京高商)를 졸업하고 교토제국대학(京都帝國大學) 법과대학 정치학과를 졸업하는 과정을 거쳐 24년 동안 한 길로 조선의 재무행정을 담당하고, 동시에 의회에서는 정부위원으로서 정계 각층과 그 전후도 관계 각 부처와 밀접한 관계를 이어갔으며 마지막에는 특별은행의 주재자로서 금융계에 임하였다.

이 경력 자체에서도 알 수 있듯이 그의 교양과 경력이 잘 어울리고, 게다가 공과 사적으로 각계각층에 걸친 폭넓은 교류의 경험으로 식견이 뛰어나면서도 포용성도 넓었다. 그의 인품은 그 본바탕과 혼연일체가 되고 집대성되어 숙련된 것으로 보인다. 그래서인지 타인의 추종을 불허하는 특성을 갖추고 있어 사람들이 모두 존경하지 않을 수 없었던 것으로 생각된다.

그런데 순서가 뒤바뀌어 실례입니다만, 본 회고록의 기획에 있어서 조선과 하야시에 관계가 깊었던 분들은 다음과 같습니다.(五十音順)

이데미쓰 사조(出光佐三) 귀하

다이와증권주식회사(大和証券株式會社) 귀하

쿠라타 치카라(倉田主稅) 귀하

다이쇼쇼지주식회사(大昌商事株式會社) 귀하

산와은행(三和銀行) 귀하

조흥사(朝興社) 귀하

18은행(十八銀行) 귀하

일본권업은행(日本勸業銀行) 귀하

식은부동산주식회사(殖銀不動産株式會社) 귀하

일본부동산은행(日本不動産銀行) 귀하

다이이치은행(第一銀行) 귀하

일흥증권주식회사(日興証券株式會社) 귀하

노무라증권주식회사(野村証券株式會社) 귀하

야마이치증권주식회사(山一証券株式會社) 귀하

후지은행(富土銀行) 귀하

등으로부터 크나큰 찬조와 지원을 받아 그 혜택으로 출판을 하게 되었다. 불완전하고도 부족한 이 책을 하야시의 선배, 지인, 동료 여러분께 고인의 고귀한 뜻을 기릴 수 있게 제공하고, 아울러 영전에 바쳐 유가족 분들이 지난날을 회상할 수 있도록 차질없이 진행된 것을 관계자 일동은 영광으로 생각하며 이 자리를 빌려 위의 명단에 계신분에게 진심으로 감사의 뜻을 표하는 바이다.

또 하야시에 관련하여 구하기 어려운 문서, 사진, 인간미 넘친 추억, 감회 등의 훌륭한 원고, 자료 등을 기부해 주신 분들에게도 깊은 감사를 전하는 바이다.

또한 본 회고록은 1961년 5월 다음과 같은 분들(五十音順)

이시이 미쓰오(石井光雄), 시카와 키요시히토미(石川清深), 이데미쓰 사조(出光佐三), 엔도 류사쿠(遠藤柳作), 오카미 한(大神 一), 오노 로쿠이치로(大野緑一郎), 오쿠무라 시게마사(奧村重正), 카네코 류우조우(金子隆三), 키미시마 이치로(君島一郎), 쿠라타 치카라(倉田主税), 스즈키 타케오(鈴木武雄), 세가와 미노루(瀬川美能留), 타나카 타케오(田中武雄), 타나카 사부로(田中鉄三郎), 쓰지 게이고(辻 桂五), 네기시 세에욘(根岸政四), 하야시 시게키(林 茂樹), 후쿠다 치사토(福田千里), 후지모토 슈우 조우(藤本修三), 호시노 키요지(星野喜代治), 호즈미 신루구루우(穗積真六郎), 무라야마 미치오(村山道雄), 야스카와 다이고(安川第五郎), 야마지 야스유키(山地靖之), 요시노 타케산(吉野岳三), 와타나베 미유키(渡辺弥幸) 및 나의 발기에 의해 기획 되어, 야마지 야스유키(山地靖之), 오쿠무라 시게마사(奧村重正), 하야시다 하치로(林田佐八郎), 아카기 마스오(赤木万寿夫), 후지와라 소타로(藤原宗太郎), 후지이 세이이치(藤井誠一:중도에 작고) 및 내가 편집위원이 되어 1961년 6월 발족한 이후 매월 2회 이상 편집회의를 열어, 초고 집필은 주로 하야시다(林田)위원, 원고의 전체 조정에 야마지(山地)(연보작성 겸임), 오쿠무라(奧村)(회계 겸임) 두 위원이, 통보 연락 및 그 외에는 아카기(赤木)(서무 겸장), 후지와라(藤原)(회의에 관한 일 겸장) 두 위원이 담당하고, 그 외 하야시의 의회에서 질의응답의 속기록 추출, 취합 정리는 카타야마 이치로(片山一郎)씨, 제본, 장정(裝幀), 인쇄 등의 업무는 이노우에 켄이치(井上堅)씨의 도움을 얻고, 사사모토 야스히코(笹本恭彦)씨가 교열을 해 주셔서 예정된 시기에 편집을 마칠 수 있었다.

이 자리를 빌어 경과 보고하고 아울러 관계한 모든 분들의 노고에 감사드리는 바이다.

1962년 10월
하야시 시게조 회고록 발기인
편집위원대표 미즈타 나오마사(水田直昌)

제1편 전기(傳記)

제1장 태어나서부터 성인까지

1. 후쿠오카현에서 출생

<그림1> 하야시
시게조(林繁蔵)
출처: Wikipedia

하야시 시게조(林繁蔵)는 1887년 9월 5일 아버지 후사키치(房吉), 어머니 스미(すみ)의 장자로서, 후쿠오카(福岡)현 무나카타(宗像)군 무나카타마치(宗像町) 토쿠시게(德重) 656번지에서 태어났다. 무나카타마치는 야하타(八幡)[1]·후쿠오카(福岡) 두 도시의 거의 중간에 위치한 규슈 본선에 인접한 마을로, 북규슈의 제일 큰 하천인 온가가와(遠賀川)의 서쪽 약 50km에 있다.

또 태어난 1887년은 내각제도 성립의 18년째이며 헌법 공포의 22년의 딱 중간 시기로 정치·경제·사회의 모든 제도가 착착 정비되어가던 메이지 개화 시대의 중엽이었다.

---

1) 일본 긴키, 교토 부(府) 남부 기즈 우지 요도 등 3개 하천 합류지점에 있는 항구도시. 요도가와 수운의 거점임. 차 죽순을 산출함. 넓이 24.4km2. 인구 7만 3000명.

생가는 대대로 농업을 경영하였다. 전해오는 것에 따르면 27대까지 무가(武家), 28대부터 농민이 되었다고 한다. 하야시는 41대에 해당한다. 그 선조를 하야시 가계보(林家系譜)의 기술에 따르면 다음과 같다.

하야시 가계보

지쿠젠(筑前)국[2] 무나카타(宗像)군 아카마(赤馬)장(莊) 토쿠시게(德重)촌에 살고 있는 하야시 성(姓)을 사용하는 사람들의 본래 성(姓)은 후지와라(藤原)였다. 이들의 선조는 대직관(大織冠)[3]인 후지와라 가마타리공(藤原鎌足公)의[4] 18대 이토 이즈노카미(伊東伊豆守) 후계자는 우츠미(宇津美) 성주가 되었다. 1091년(寬治 5년) 3월 다케히라(武衡), 이에히라(家衡)의 난이 일어났고, 미나모토 요시이에(源義家) 장군을 평정한 후계자는 세운 군공(家繼軍功)이 참작되어 종5위 하(下)인 이즈노카미(伊豆守)에 임명되었다. 이윽고 장군의 휘(諱) 한 자를 받았다. 후계자는 6명의 아들이 있었고 …(중략)…본 가문을 중흥시킨 조상이 바로 하야시 유우미츠(林祐光) 손자인 토가시스케 이에나오(富樫介家直)였다. …(중략)… 이에나오(家直)의 5대손 쇼지(庄司)[5]인 하야시 이에히데(林家秀)는 1276년(建治 2년) 12월, 가마쿠라(鎌倉)막부의 집권자인 사마노가미(左馬頭)직의 호조 도키무네(北条時宗)[6] 일명 다이라노 도키무네(平時宗)으로부터 준비된 주고쿠(中國) 카야(賀夜)군 오고토(雄琴)장의 800정(町)의 땅을 사사받았다. 이에히데(家秀)의 손자는 쇼지(庄司)인 하야시 이에나리(林家成)였다. 1386년(至德 3년) 스오우(周防)국 사쿄(左京)[7] 타이스케(太輔)

<hr/>

2) 1871년 이전에 규슈는 지쿠젠노쿠니(筑前國), 지쿠고노쿠니(筑後國) 등 9개 국(國) 즉, 아홉 개의 쿠니로 구성되어 있었다.
3) 옛날에, 신하에게 내려 준 최고 위계를 보이는 관(冠); 또, 그 관을 받은 사람(후에 정1품이 됨).
4) 일본 나라시대[奈良時代, 710~794]의 귀족(貴族)이자 가인(歌人, 노래를 부르거나 짓는 사람)으로, 덴지[天智, 재위 668~672] 때의 총신(寵臣)으로 다이카개신[大化改新]을 주도한 후지와라 가마타리(藤原鎌足, 614~669).
5) 영주의 명을 받아 그 장원을 관리한 직책.
6) 가마쿠라(鎌倉) 시대의 무장, 정치가(1251~1284).
7) 일본 긴키, 교토 부(府)의 교토시 북동부에 있는 11행정구의 하나.

인 오우치 요시히로(大內義弘)[8]을 따랐고, 1392년(明德3년) 교토(京都) 남조(南朝) 황제를 사가(嵯峨)에 이주하는 봉사를 담당했다. 공적에 의하여, 야마토 우다군(和州宇多郡)의 땅 50정(町)을 사사받았다. 이에나리(家成)의 손자는 지로타오(次郎太夫)인 하야시 키요나오(林清直)였다. 1497년(文亀6년) 오우치 요시오키(大內義興)의 기두(旗頭)[9]로 지쿠젠노(筑前)국 구라테(鞍手)군 카모우라(鴨浦) 성주가 오무라(大村) 효고스케오키나리(兵庫介興成)의 여력[10](与力)이 되었다. 후에 키요나오(清直)는 사와라(早良)군 아라히라(荒平) 성주가 되었다. 키요나오(清直)은 2명의 아들을 낳았다. 장자는 지부타카오(治部太夫)인 하야시 키요시케(林清重)라 불렀다. 1551년(天文20년) 오우치 요시타카(大內義隆)의 간신(佞臣) 스에 오와리노카미(陶尾張守), 세이켄 요시타카(清賢義隆)을 없애고, 또한 무나카타(宗像) 우두머리도 전사하여 오우치 가문(大內家), 우두머리 무나카타 집안이 함께 멸망하였다.

이 조상 무나카타(宗像) 대궁사(大宮司)[11] 교부쇼유(刑部小輔)인 구로카와 다카나오(黑川隆尚)의 유코나베스덴(遺子鍋寿殿)을 무나카타(宗像) 79대 장손으로 삼았다. 이름을 무나카타 시로우지사다(宗像四郎氏貞)이라 고치고, 키요시게(清重)은 우지사다(氏貞)에 속했다. 아카마(赤馬)장의 땅에 거주하니, 1551년(天文20년) 11월 29일경이었다.

둘째 아들은 시로타오(四郎太夫)인 하야시 키요미(林清実)이라 칭하였다. 무나카타 우지사다(宗像氏貞)의 가신(家臣)이 되어 이 땅에 거주하였다. 1582년(天正10년) 11월 13일 구라테(鞍手)군 요시카와(吉川)장에서 타치바나(立花) 세력과의 전투가 있던 가을에 아버지와 아들이 모두 전사했다. 손자 스케지로노부(助次郎信)인 하야시 모토유우(林元幼)로 해서 제28대 장손이 되어

---

8) 오우치 요시히로(일본어: 大內 義弘 おおうち よしひろ)는, 남북조 시대에서 무로마치 시대(室町時代)의 무장이자 슈고 다이묘(守護大名)이다.

9) 한 지방 제후(諸侯)의 우두머리.

10) 1. 江戸 시대에, 奉行·所司代 등의 휘하에서 부하인 同心(＝경찰·서무를 담당한 하급 관리)을 지휘하던 직[사람].
　 2. 戦国(＝전국) 시대, 무사 한 조(組)의 지휘자나 하급 무사의 우두머리에게 속하던 병사.

11) 1. 伊勢 신궁(神宮) 따위 신궁의 신직(神職) 우두머리.
　 2. 본디, '神宮司庁(＝伊勢 신궁에 관한 사무를 관장하는 관청)의 관리.

농민이 되었다. 논밭 수십 정(町)을 가진 부유한 집으로 소와 말 5마리를 길렀다. 1679년(寬文19년) 가산, 재산, 가축에 이르기까지 전부 소실되었다. 마을 안의 마두관세음당(馬頭觀世音堂)12)을 건립하였고 뒤에 아카마(赤間) 역으로 이사하였다.

이것이 가계의 간략한 기록인데 무가(武家)로써 관동(關東)에서 근기(近畿)·중국(中國)으로 서진(西進)해서, 무나카타(宗像)군 아카마(赤間)장으로 옮겨 살았던 것은 1551년(天文20년) 11월 29일이었다. 하야시의 조부(祖父) 제39대 하야시 야스시 사다오키(林安市貞興)은 1900년(명치33년) 7월 29일에 74세의 나이로 돌아가셨다. 제40대 아버지 후사키치(房吉)는 1917년(대정6년) 3월 4일에 58세로 돌아가셨다. 하야시는 선조로부터 41대에 해당한다.

2. 부모님과 형제들

북규슈의 마을, 무나카타(宗像)에서 농업에 종사했던 아버지 후사키치(房吉)은 큰 소리도 내지 않는 온순한 인품이었고, 정직하고 순박해 어느 누구에게도 차별을 두지 않는 성격으로 친척과 친구들의 신망이 두터웠다. 또 아이들을 많이 사랑했기 때문에 아이들도 아버지를 잘 섬겼다. 어머니 스미(すみ)는 아버지와는 약간 대조적인 성격으로 일을 처리하는 데 있어서는 시원하게 처리하는 편이었다. 솔직하고 영리하고 사람들에게 붙임성도 있어서 세간의 평도 좋아 이른바 똑부러지는 모습의 어머니였다.

---

12) 마두(馬頭) 관음(觀音). 육관음(六觀音)의 하나. 보관(寶冠)에 말 머리를 이고 성난 얼굴을 하고 있으며, 주(主)로 짐승들을 교화(敎化)하여 이롭게 함.

후쿠오카현-무나카타시

기타큐슈
무나카타 나카마
후쿠쓰 노가타
고가 미야와카
이즈카 다가와
마에바루 가마
오노조 후쿠오카
가스가 아사쿠라
오고리 우키하
사가 구루메
오카와 지쿠고 아메
야나가와 다치바나
미야마
오무타
구마모토
오이타
©EnCyber.com

<그림2> 후쿠오카현-무나카타(宗像)군 지도
출전: 두산백과 http://www.doopedia.co.kr

부모님의 성격이 서로 달랐지만, 아주 원만하였다. 그리고 이런 부모님 아래서 하야시를 장남으로 남자 4명, 여자 1명, 5명의 형제가 성장하였다.

여동생 마츠에(松枝)는 아베 마스오미(安部益臣)에게 시집갔다. 다음 동생 슌조(俊造)는 부모님이 곁에 두고 싶은 마음 때문에 사범학교를 선택하게 하였지만, 결국 고향을 떠나 도쿄농대(東京農大)의 조교로 일하다가 1924년에 병사하였다. 그의 장남 이치조(市造)는 교토제국대학을 졸업과 함께 학도병으로 특공대에 들어가 사쓰난(薩南)[13]에서 날아오르듯 장렬한 전사를 하였다.(그의 어머니에게 쓴 마지막 편지가 「귀 기울이는 소리」에 게재되어 사람들에게 알려져 있다.)

셋째 동생 사이조(齊造)는 5고(高) 재학 중에 히로하시 가문(広橋家)에 들어가 의학박사가 되었다. 지금(1962년)은 5형제 중에 유일하게 생존하여 후쿠오카(福岡)현 사와라마치(早良町)에서 병원을 경영하고 있다. 넷째 동생 키상지(喜三次)는 같은 고향의 타케야 집안(武谷家)을 이어받았는데 히가시츠키중학교(東築中學), 일고(一高)를 거쳐 규슈대 의학부를 졸업해 의학박사 학위를 받은 직후 31세에 요절하였다.

이처럼 도쿄고등상업학교(東京高商)에 진학한 하야시를 시작으로 형

---

13) 薩南諸島(사쓰난 제도), 일본의 동중국해상에 있는 제도.

제들이 각자의 길을 선택해 가업을 이어받을 사람은 없었지만, 모두가 잘 되었다. 부모님의 혈통을 이어받아 계승된 것이라고 생각한다. 이상 하야시의 혈연에 이어지는 부모님과 형제들을 언급했으나, 여기에서 하야시의 성장과정을 한번 보지 않을 수 없다.

3. 성장 - 유소년기

하야시는 어렸을 때부터 뛰어나게 영리하여 훗날 민첩성을 느끼게 하는 것이 있었다. 이른바 공부 잘하는 어린이로 이미 세는 나이 5살 때부터 초등학교에 놀러 가고 있었다. 날씨가 나쁜 날에는 누군가에게 업혀서까지 갔다고 한다.

하야시의 초등학교 동창생들은 이제 거의 살아 있지 않다. 한 2, 3명의 지인과 당시 놀이 친구들이 그 당시의 추억을 말해주었기 때문에, 사투리를 그대로 기록한 것이다. 또 어머니 스미가 하야시를 말한 생전의 이야기도 함께 실어 둔다.

● 전 초등학교장 고인 하야시 치즈미(林千積)씨 생전의 이야기
후지와라(富士原) 초등학교에서 공부 쪽으로는 두 살 위인 학생들과 동등하게 할 수 있었다. 한번은 너무 작아서 오줌을 쌌지만, 그 뒤에는 그런 일은 없었다.

● 연장자 하야시 민고로(林民五郎)씨의 이야기(80세, 어릴 적 친구)
정말 대단했습니다. 얌전하고, 부모님의 말씀도 잘 듣고, 공부도 매우 잘했습니다. 시게조(繁藏)는 1등을 했기 때문에 남동생들이나 여동생도 모두 따라서 공부를 잘했습니다.

● 학교친구 이시마츠 코오조오(石松幸蔵)씨의 이야기

(73세, 초등학교 2년 후배)

학교에서도 잘했지만, 힘도 좋았습니다. 학교에서 돌아오는 길에 아카마(赤間)와 토쿠시게(德重) 사이의 우오카와(釣川)에 위치한 높은 다리에서 시게조(繁蔵)의 너무 성실한 모습에 상급생이 괴롭히니 그 녀석의 정강이를 게다로 뻥 하고 걷어차고, 움찔하는 사이에 얼른 집으로 돌아갔습니다.

● 이웃 사람 고인 하야시 하루(林ハル)씨 생전의 이야기

부모님도 자식들의 교육에 매우 엄격하셨습니다. 바깥일을 갈 때는 칠판에 각자가 해야 할 일을 써 놓았습니다. 그것을 학교에서 돌아오면 여동생이나 남동생에게 일일이 말해주고, 자신은 어른 수준의 일을 도왔습니다. 이웃 사람들은 흉내 낼 수 없었다고 했습니다.

● 어머니 고인 스미(すみ)씨 생전의 이야기

시게조(繁蔵)는 어렸을 때부터 사물의 이치를 잘 깨우쳤기 때문에 자주 놀러 오는 후지와라분교(富士原分) 교장 타키구치 모토시게(滝□源重) 선생님이 아직 세는 나이 6살 임에도 학교에 보내라고 말씀하셨기에 입학원서를 냈다. 그리고 하야시는 8살의 아이들과 함께 공부할 수 있는 능력이 있었기에 그대로 입학시켜 주셨다.

또 진조오(尋常)초등학교 때, 집이 농가(農家)여서 바쁠 때에는 동생들을 챙기면서 집을 보라고 하고 우리가 하녀를 모두 데리고 논에 가서 저녁때 일을 마치고 돌아오면, 동생들을 목욕도 시키고, 집 청소도 하고, 넓은 마루를 닦고, 키상지(喜三次)(막내동생)의 머리까지 깎아 놓았다.(라고 말하는 방식으로)

하야시는 후쿠오카현 중학수유관(中學修猷館)에 입학하여, 후쿠오카에 있는 시로우도 가(素人家)에서 하숙을 하면서 그때부터 통학을 하였다. 이전의 하숙집 아주머니가 "시게조(繁蔵)씨는 셔츠를 세탁을 해서 스

스로 풀까지 먹여 다렸습니다. 학생에게는 드문 일로 여자도 무색할 정도였어요."라고 이야기하는 것처럼 중학생 시절부터 성실한 소년이었다.

이렇게 어릴 때부터 공부를 좋아하고, 부지런히 행동하고, 또 자신의 주변을 꼼꼼히 정리하였다. 이러한 이야기를 듣고 있으면 고향의 환경 속에서 무럭무럭 성장했던 하야시의 소년 모습이 떠오른다.

4. 무나카타 기숙학원 시절 - 도쿄고등상업학교에 재학

<그림3> 도쿄 고등 상업 학교 정문(1910)
출처: Wikipedia

하야시는 수유관(修猷館)을 졸업하고, 도쿄고등상업학교(현재의 히토츠바시대학[一橋大學])에 입학하였다. 당시의 코이시카와(小石川)구(현재의 분쿄구(文京區)) 시라야마고덴마치(白山御殿町)에 있었던 고향의 기숙사 무나카타 기숙학원(宗像塾)이 그 숙박지였다.

이 기숙학원(塾)에는 같은 고향 출신의 현재(1962년; 역자) 히타치 제작소(日立製作所) 회장 쿠라타 치카라(倉田主税)와 여덟 다다미[八疊]의 방에서 일상생활을 같이 하였다. 당시 학생들 사이에서 유행했던 후박나무로 굽을 만든 왜나막신을 신고 둘이 함께 여기저기 산책한 것이었다.

기숙학원(塾)에서는 램프 아래에서 공부하였다. 도쿄에 전등이 달린 것은 하야시가 태어난 1887년였는데, 그로부터 20년이 지난 무렵에도 이러한 기숙학원(塾)들은 아직 전등이 켜지지 않았다고 한다. 배가 고프면 우동이나 군고구마를 먹는 것이 평범한 학생 생활이었다. 다소 이색적인 풍경은 램프의 등피에 도꾸리(德利)14)를 늘어뜨려, 술이 데워지면 그것을 기울이면서 책을 읽었다는 정도였다. 하야시는 젊은 시절부터 꽤나 술을 좋아했다는 것이 상상이 된다.

당시 나이가 젊고 혈기 왕성한 외교관이었던 히로타 고키(広田弘毅)(元 首相-1962년; 역자)는 고향의 선배로서 학생들간의 지도자 격이었는데, 그가 훗날에 가끔씩 말한 바에 따르면, 하야시는 공부 하는 틈틈이 논어를 읽어 마음 수양에도 신경을 썼다고 한다. 또한 히로타씨는 종종 무나카타 기숙학원을 방문했는데, 하야시의 책상 위는 물론 서랍 속까지 항상 깔끔하게 정돈되어 있었다고 감탄하였다. 하야시의 꼼꼼한 성격은 이미 학생시절부터의 일이었다. 기숙학원(塾) 시절의 생활에 대해서는 쿠라타 치카라(倉田主税)와 그 밖의 다른 사람의 추억에 맡기기로 한다.

5. 교토제국대학 졸업

<그림4> 교토대학교 100주년 기념 시계탑
출처: Wikipedia

1909년 도쿄고등상업학교를 졸업한 하야시는 먼저 교토제국대학에 진학하기로 결심하였다. 히토츠바시(一ツ橋) 출신으로 실업계로 진출할 수 있는 길이 많이 열려 있던 하야시는 더욱더 대학에 가

14) 燗德利[술을 데우는 데 쓰는 (아가리가 잘록한) 술병]으로 보임,

기로 결심을 한 것은, 배움에 대한 뜻도 물론 있었지만 뭔가 특별한 동기가 있었던 것이 틀림없다.

당시 고향의 선배 히로타 고키(広田弘毅), 히라타 카즈오(平田和夫) 두 명은 무나카타 기숙학원(宗像塾)과 엎드리면 코 닿을 듯한 같은 동내에 치쿠젠(筑前) 출신자를 위해 "코코쿄(浩浩居)[15]"를 마련하고, 두 숙(塾) 사이를 왕래하며 학생의 사기를 북돋아 주었다. 때는 국운을 건 러일전쟁의 직후였다. 실제로 쓰시마(対馬) 앞바다 해전을 직접 경험한 치쿠젠 출신의 젊고 씩씩한 외교관의 왕성한 의지와 장대한 포부는 젊은 학생들의 마음을 크게 움직여 그들의 눈을 밖으로 향하게 하였다. 하야시도 그 예외는 아니었을 것으로 짐작된다.

하야시는 5고(高)의 제1부 졸업학력 검정시험에 합격하고, 도쿄고등상업학교를 졸업하는 해, 즉 1909년 9월 교토제대의 법과대학 정치학과에 입학했다. 고등상업학교졸업과 함께 미네코(みね子) 부인과 결혼했다. 미네코 부인은 친척 키타자키 가문(北崎家)의 사람이었다.

교토대에서는 2학년부터 4학년 졸업 때까지 성적이 우수해 장학생이 되었다. 뛰어난 재능은 이미 나타나고 있었던 것이다. 1912년 문관고등시험에 합격하고 다음해인 1913년 7월에 졸업했다.

하야시는 학창시절부터 기억력에 자신이 있었다. 동생들에게 자주 "한번 읽으면 다시는 읽지 않는 것이 원칙이다."라고 말하였다고 한다. 사실 동서고금의 서적을 많이 읽고 그 내용을 잘 기억하는 능력은 훗날에도 조금도 약해지지 않아 사람들로 하여금 혀를 내두르게 하였다.

교토대 졸업 후, 1914년 5월 고향의 대선배이자 친척인 후카다 센타로우(深田千太郎)씨의 추천으로 조선총독부 탁지부(뒤의 재무국)에 임

---

15) 浩浩居 : 넓고 큰 거실

관하여 대한해협을 건넜다. 한일합방이 된 지 5년째 되는 해였다.

하야시의 학생 시절의 추억에 관해서는 아버지 후사키치(房吉)의 생전의 이야기가 남아 있는데, 친척, 친동생의 이야기도 함께 여기에 게재한다.

● 친아버지 고인 후사키치(房吉)씨 생전의 이야기

학창 시절 여름방학에 집에 돌아오면 바로 양복을 벗고 논에 풀을 뽑으러 나갔다. 시게조(繁蔵)가 앞장서서 일하는 바람에 후쿠오카사범대, 5고(高), 1고(高)인 동생들까지 함께 학생대(學生隊)라고 하면서 와자지껄 떠들면서 열심히 일하였다.

● 아카마(赤間)의 이시마츠 츠네(石松つね)씨의 이야기(친척)

시게조(繁蔵)는 친척인 우리 집과 멀었어도, 제례(祇園)16) 등에는 마츠에(松枝)와 슌조(俊造)를 데리고 놀러 왔습니다. 또 아주버님(하야시 아버지; 역자)이 병으로 어려움을 겪고 있던 때에는, 하야시가 조선에서 있었는데 놀랄 정도로 많은 위문품을 보내주었다. 훌륭한 사람은 역시 다르다고 하면서 모두 함께 감사하였다.

● 친동생 히로하시 사이조(広橋斉造)씨 이야기(68세)

큰형이 중학교에 입학하고부터는 밤낮으로 친하게 지냈던 기억은 적지만, 7살이나 많은 형이라서 공경하면서 어려워하였다. 중학수유관(中學修猷館)을 졸업하고 히토츠바시(一ッ橋)고등상업학교에 재학 중일 때, 여름방학에 고향으로 돌아오면 모교인 아카마(赤間)고등소학교에서 이 학교 출신의 학생 2, 3명과 강당에서 강연회를 열어 연단에 서 있었던 것을 기억한다. 또 어머니가 사교적인 분이어서 형이 귀향했을 때, 떡갈나무 스키야키 요리를 해서 소학교의 교장선생님들을 초대하였는데 형은 "꽃의 도쿄" 돌아가는 상황에 대하여 화제가 풍부해서 시골의 인텔리 계급 사람에게도 지도적인 지

---

16) 京都의 八坂神社의 제례

위를 차지하고 있었다.

앞에 서술한 것처럼, 하야시는 1909년 히토츠바시 졸업과 동시에 결혼했는데 미네코 부인과는 사이가 매우 원만해서 5남 1녀를 두었다.(3남 마사요시(正良)는 일찍 별세) 부모에 못지 않은 자식 복도 있었다. 장녀 미요코(美代子)는 야마모토 사치오(山本幸雄)(현재 건설성관방장)에게 시집을 갔고, 장남 토시아키(敏明)는 교토제대를 졸업해, 현재(1962년; 역자)는 오사카(大阪)에 있는 닛타(新田)젤라틴주식회사의 상무이사이며, 차남 흐미오(文生)(와세다 대학(早大) 졸업)은 현재 후쿠오카시(福岡市)의 모토히로 리쿠소우(大博陸送)주식회사의 총무부장이다. 4남 후사오(房男)는 릿교(立敎)대학을 졸업하고 히타치공사주식회사(日立工事株式會社)에, 5남 사다오(貞雄)는 게이오(慶応)대학을 졸업하고 이데미츠 흥산(出光興産)에 근무함과 동시에 중견직원으로서 장래가 촉망되고 있다. 미네코 부인은 도쿄도(東京都) 세타야구(世田谷區) 아게우마치(上馬町) 2정목 11번지에서 후사오(房男), 사다오(貞雄) 두 아들과 같이 살면서 활기차고 즐겁게 매일을 보내며 사람들의 보살핌 덕분에 별일 없이 바쁘게 지내고 있다.

제2장 조선총독부시대

1. 조선총독부 재무국에서 근무

<그림5> 조선총독부
출처: 위키백과

하야시가 조선총독부에 임관해서 경성(京城)에 부임한 때는 1914년 5월이었다. 학창시절을 마치고 사회생활에 발을 내디딘 첫걸음으로 긴 조선 생활이 시작되었다. 총독부의 신관제(新官制)가 실시된 것이 1910년 11월부터였다. 이즈음에는 중앙과 지방을 통괄하는 행정도 제반 정비가 실시되어 관청의 집무도 궤도에 올랐다. 당시 본부에는 정무총감(政務總監) 아래 내무부(內務部), 탁지부(度支部), 농상공부(農商工部), 사법부(司法府)가 있었다. 하야시는 처음 총독부 소속으로 임명되어 탁지부 총무과(總務課) 근무를 명령받았다. 당시의 총독은 초대 데라우치 마사타케(寺內正毅)씨, 정무총감은 야마가타 이사부로(山縣伊三郎)씨, 탁지부장관이 아라이 겐타로(荒井賢太郎)씨였다.

하야시는 그해 8월에는 조선총독부시보(朝鮮總督府試補)(고등관견습, 高等官見習)가 되어 탁지부의 사무 견습을 명받았는데, 그해 12월에는 1년 지원병이 되어 고쿠라(小倉)의 보병 제47연대에 입대하여 이듬해인 1915년 11월에 제대해 경성으로 돌아왔다. 그 이듬해인 1916년 6월에는 대구의 경상북도청(慶尙北道廳)에 전근을 명받았다. 그해 11월에는 도(道) 사무관(事務官) 지방과장(地方科長)이 되었다. 대구에서의 근무는 약 1년 반으로 1918년 1월에는 조선총독부 사무관에 임명되어 본부로 복귀해 탁지부 임시관세조사과(臨時關稅調査課) 겸 관세과(關稅課) 근무를 명받았다. 이 임명을 계기로 해서 이후 하야시는 재무국(1919년 8월 탁지부는 재무국(財務局)이 되었다)을 떠나지 않았다. 즉, 1937년 10월 퇴관(退官)할 때까지 약 20년간 재무국에서 시작하여 마칠 때까지 재무국의 모든 과에서 근무하였다. 관세과 근무 이후의 경력을 보면, 1919년 9월 재무국 관세과장 겸 재무국 임시관세조사과장, 1921년 6월 사계과장, 1928년 1월 이재과장, 1929년 11월 재무국장, 1937년 10월 퇴직하였다.

이 경력과 더불어 하야시가 힘을 다해 부지런히 일한 것은 조선 재정 경제의 내용 전반에 대해 통달하기에 이르렀다. 게다가 마지막에는 국장으로 8년이란 긴 세월 동안 재무국을 주재하며 명재무국장이라는 명성을 떨쳤다. 총독부 안팎은 물론, 중앙정부, 정계에서도 '조선에 하야시가 있다.' 라고 할 정도로 그 명성이 높았다. 이 오랜 재무국 근무 중의 풍부한 경험은 하야시가 타고난 뛰어난 바탕을 더욱 빛나게 한 것이라고 생각된다.

2. 관세과장(關稅課長)시대(1919년 9월~1921년 6월)

신관세제도를 확립

본부관세과로 돌아온 하야시에게는 관세제도의 정비라는 커다란 업무가 기다리고 있었다. 즉, 조선의 관세제도는 1910년 8월 한일합방 때의 선언에 기초해 10년간은 손대지 않고 그대로 두고 있었다. 그런데 1920년 8월 28일로써 그 거치 기간이 만료되어서 이를 기회로 시대의 흐름에 맞는 관세 제도 정비를 하려는 일정이 예정되어 있었다.

이를 위해 총독부에서는 1917년 3월 관세제도조사회를 설치하고 조사를 진행하였다. 이러한 상황 중에 하야시는 1918년 1월 탁지부 임시 관세조사과 겸 관세과에 근무하게 되었고, 게다가 이 해 10월에는 해외의 관세 제도 조사의 용무를 맡아서 남미 및 북미에 출장을 명받았다. 임관 후 병역 입대를 포함해서 불과 4년밖에 안 되는 나이인 겨우 30세의 평사무관이 중요 조사를 위해 해외에 출장간다는 것은 매우 이례적인 일이었다. 당시 벌써 하야시에 대한 상사의 신뢰가 얼마나 두터웠는지를 알 수 있다.

<그림6> 하야시 해외 출장 신청서   <그림7> 하야시 출장비 신청서
출전: 內閣, 『任免裁可書 · 大正七年 · 任免卷三十』, 大正7年(1918년) 10月 21日
비고: <그림7>는 하야시 출장비 신청건으로 '출장비는 대정7년(1918년) 및
　　대정8년(1919)도 임시부 관세제도조사비에서 지불할 것'으로 되어 있다.

관세조사회의 결론에 따라 대외관세는 일본과 공통의 관세 제도로 하는 것으로 하였고, 1920년 8월 29일 종래의 조선관세령 및 조선관세정율령 등을 폐지하고 일본 관세법 및 관세정율법 등의 기본법령을 전부 조선에서 시행하기로 했다. 무엇보다도 우선 조선의 경제 사정 등에 비추어 담배와 그 밖에 약간의 특례를 마련한 것을 제외하고 총독부 세입 중 중요한 지위를 차지하는 이입세에 대해서는 당분간 존치하도록 하였다. 또 소비세에 관해서는 일본과 조선 간에 취지가 다를 수도 있기 때문에, 이에 관해서는 화물의 조선과 일본 간에 이동에 관해서 특별히 출항세령을 만들어서 일본과 조선 사이의 소비세 및 관세의 조절을 도모하고자 했다. 이렇게 해서 합병 후 10년간 거치한 관세는 일본 법령의 시행에 따라 새로 발족했다. 하야시는 1919년 9월 관세과장 겸 관세조사회과장에 취임했고 줄곧 신관세제도 정비에 관해 주역으로서 공헌하여 취임 첫 번째 임무를 멋지게 완수하였다. 당시의 상사는 탁지부 장관으로서 스즈키 아츠시(鈴木穆)씨, 재무국장으로 개칭되면서 가와치야마 라쿠조(河内山楽三)씨였다.

3. 사계과장(司計課長) 시대(1921년 6월~1928년 1월)

하야시는 1921년 6월 관세과장에서 사계과장(司計課長)으로 전임해 1928년 1월까지 이 직위에 있었다. 사계과장의 주요 사무는 재무국장을 보좌하고, 조선총독부 특별회계 세입세출예산의 편성, 대장성에 대한 절충, 제국의회 예산심의에 따른 용무의 보조, 확정 예산의 배포와 그 결산 및 동(同) 회계의 상시 감사, 나아가 회계 감사원의 위탁에 의한 회계 감사 등으로 그 범위는 넓었다. 특히 제한된 재원으로 적정한 예산안을 편성하는 것은 보통이 아닌 노력과 연구가 필요하였다. 또 예산 실행이 마무리된 다음 결산, 감사 등은 때때로 중대한 문제를 내포한 것도 있어서 그 책임은 참으로 무거웠다.

업무에 관한 구체적 내용을 언급하는 것을 생략하고 두, 세 가지 항목을 적절히 기록하겠다. 예산면에서는 1919년 8월 사이토(斎藤) 총독의 새로운 부임에 따라 종래의 시정방침은 일대 전환을 보이며 적극적인 예산을 편성하기로 하였다. 그 때문에 부족한 재원은 일반회계로부터 보충금의 증액을 꾀하고, 신정책에 대응하기 위하여 재정 규모의 증강을 도모하였다. 이것을 숫자로 보면, 1921년도의 예산은 1억6천2백여만 엔이었던 것이, 사이토(斎藤) 총독 재임 마지막 시기인 1928년도에는 실제로 2억2천2백여만 엔으로 비약적인 증가를 보였다.

한편, 예산의 집행에 대해서는 총독부 내부는 물론 소속 관서의 월례 보고에 대해 면밀한 감사를 실시하여 예산 집행의 경과를 밝히는 한편, 각 기관 또는 보조를 받는 사업체에 대해 수시로 실지감사를 병행해서 예산 실행의 공정성을 기하였다. 예를 들면, 중요 국책사업 중 하나인 산미증식계획에 따른 개간, 간척 등의 보조를 받는 사업의 실태감사에 관한 현황과 보조금 교부의 효과를 명확하게 파악하여 앞으로의 사업계획 수행에 대한 반성과 재검토의 계기를 마련하고, 다시 이것을 재정 조치를 위한 참고자료로 한 것이 그것이다. 또 지방청의 회계 감사를 통해 민간이 해야 할 사업을 관청이 권장과 조장(助長)의 연장선상에서 관행적으로 병행하고 있어 지방 재정상에 부담을 주고 있는 실태를 발견해 즉시 폐지하는 방향으로 나아간 것도 그것이다. 또, 사업 관청에 대한 회계 감사원의 실제감사에서 부당지출로 비난받아 총괄책임관인 재무국장에게 지시된 사건에 관해 엄밀한 조사를 통해 그 비난점의 미흡한 부분을 확인하고 그 시정을 요구하기도 하였다. 이상과 같이 그가 주관하는 예산, 결산, 감사를 통해 간곡하고 주도면밀한 해명과 명석한 판단력으로 충실하게 직책을 완수하고 철저하게 공정하면서도 의연하게 업무를 처리했다.

4. 이재과장(理財課長) 시대(1928년 1월～1929년 11월)

금융제도의 대개정에 착수

사계과장(司計課長)으로 7년간에 걸쳐 광범위한 사무를 종횡무진 처리한 하야시는 1928년 1월 이재과장으로 전임했다. 이재과에서 하야시을 기다리고 있던 과제는 금융제도의 개정이라는 대사업으로 하야시는 이것을 단기간에 잘 완수했다. 이것을 기록하기에 앞서 당시의 조선에 있는 금융기관의 개요를 간략히 소개하고자 한다.

조선 전체의 중추기관으로 조선은행이 있었고, 장기부동산금융 및 산업금융기관으로는 조선식산은행과 동양척식주식회사가 있었다. 또 일반 상공금융기관으로는 조선 내에 본점을 둔 보통은행과 일본은행의 지점이 있었고, 또한 서민금융기관으로는 금융조합, 무진(無盡)회사, 신탁회사가 있었다. 이것으로 일단 금융기관으로서의 체계는 갖추어진 셈이지만, 이 중에는 기초가 취약한 것도 있어 그 때문에 금융기관으로의 기능을 발휘하기에는 불충분하고 또 각 기관의 상호조정도 충분하다고 할 수 없었다.

따라서 금융제도의 대개정은 당시 일본에도 금융제도조사회가 설치되어 있었고, 총독부에서도 이것을 모방하여 1927년 6월 조선금융제도준비조사위원회를 설치했다. 당시의 재무국장은 쿠사마 히데오(草間秀

雄)였고, 하야시는 전임자 마츠모토 모고토(松本誠)씨의 뒤를 이어받아 이재과장에 취임한 1928년 1월 무렵은 마침 그 준비조사가 한창인 때였다. 하야시는 즉시 업무에 착수하여 활발한 활동을 시작했다.

최초로 정리한 것은 보통은행 업무 및 저축업무, 서민금융의 개선 강화에 관한 안(案)이었는데, 과장으로 취임한 같은 해의 8월에는 서둘러서 제1회 조선금융제도조사회를 개최해서 그 안을 회의에 부쳐 진척시켰다. 조선의 금융 상황은 조선의 특수한 사정이 있어 일본의 제도를 그대로 가져다 쓸 수는 없었다. 그것이 입안책임자로 있는 이재과장의 고심이 필요한 부분이기도 했고 실력을 발휘할 수 있는 부분이기도 했다. 결국, 하야시의 뛰어난 재능과 남다른 노력으로 이듬해인 1929년 1월에 빠르게 자본금액, 타업겸영, 예금환급의 준비 등에 대한 조선의 독자적인 규정을 포함시킨 은행령의 근본적 대개정을 실시해서 기대에 부응하였다.

또한 은행이 운영하는 저축예금업무에 관해서는 저축자 보호 차원에서 규제(取締)법령 제정의 필요성을 느끼고 있었기 때문에, 1929년 7월 저축은행령을 시행해 저축예금업무를 운영할 기관을 엄중히 제한했다. 이에 따라 새롭게 조선저축은행이 설립되었다. 이 은행은 조선식산은행의 저축예금업무를 승계하여 조선에서 유일한 저축은행이 되었다. 게다가 새로운 법령의 시행, 식산은행(殖銀)의 저축예금업무 폐지, 새로운 저축은행(貯銀)의 업무 개시, 이 세 가지는 예금자의 편의를 위해 반드시 같은 날, 같은 시각에 시행되어야 했는데, 하야시의 치밀한 준비계획은 이 어려운 일을 조금의 혼잡도 없이 원활하게 해낸 것이었다. 더욱이 금융조합은 1907년 지방금융조합 창설 이후 서민금융기관으로서 괄목할 만한 발전을 이루어 당시 지식인의 관심의 대상이 되고 있었지만, 한층 더 그 기능을 확대하여 서민금융에 기여하기 위해 마찬가지로 1929

년 이사진의 선임방법, 은행 사이의 업무조정 등에 관한 금융조합령 등의 대개정이 이루어지고 동(同)조합의 활동에는 획기적인 발전이 이루어지게 되었다.

이상과 같이 금융제도에 관한 하야시 시게조의 대개혁은 조선금융사(朝鮮金融史)에 있어서 획기적인 것으로서 이재과장 하야시의 특필(特筆)할 업적이지만 이 외에도 지난 1927년 금융공황 이후의 긴급조치를 들지 않을 수 없다. 당시 은행의 자산 악화에 대한 저리자금의 알선, 그 이외의 시기와 형편에 맞는 개선안을 마련하여 실행에 옮겼고, 각 금융기관 하나하나를 소중히 여기며 갱생시킨 공적은 앞서 언급한 금융제도의 대개정과 함께 잊을 수 없는 업적이었다.

하야시는 재무국 내의 관세, 사계, 이재의 3개과의 과장을 역임하면서 각각의 업적을 높이 평가받아 드디어 1929년 11월 재무국장에 승진했다. 조선의 금융제도는 그 후에도 계속해서 개선되어 신탁업령, 무진업령의 제정과 개정, 보통은행의 합동, 무진회사, 구신탁회사의 집중화, 금융조합연합회의 설치 등을 통해 비로소 완비된 모습을 갖추게 되었다고 할 수 있다. 그리고 이런 일련의 개선 정비는 모두 하야시가 재무국장 시절에 기획한 것이었다. 이렇게 보면 조선금융제도의 정비는 전적으로 하야시의 손에 의해서 이루어졌다고 해도 과언이 아니다.

5. 재무국장(財務局長) 시대(1929년 11월~1937년 10월)

(1) 방대한 재무국장의 임무

하야시는 1929년 11월 8일 재무국장에 임명되었다. 하야시의 조선관료계에서의 마지막 직책이었다. 하야시 재무국장의 실현은 이루어질 수

밖에 없었고, 자타가 공인하는 지위였다. 관계(官界), 민간(民間)의 기대가 컸던 것도 물론이다. 하야시는 이날부터 1937년 10월 30일 조선식산은행장으로 취임하기 위해 관직에서 퇴임할 때까지 8년의 긴 세월 동안이 자리에서 종횡무진으로 실력을 발휘하였다. 여기에 하야시의 재무국장으로서의 업적을 말하고자 하는데, 그에 앞서 먼저 당시 조선총독부의 조직 권한에 대해 언급하지 않을 수 없다.

우선 조선총독은 조선에 대한 시정(施政)을 통리(統理)하고, 정무총감이 이것을 보좌하는 체제로, 그 밑에 관방(官房)에 2실 1부 1과, 내국(內局)으로서 내무(內務), 재무(財務), 농림(農林), 식산(殖産), 법무(法務), 경무(警務), 학무(學務)의 7국(局)과, 토지개량부(土地改良部)의 1부, 외국(外局)으로서 철도(鐵道), 체신(遞信), 전매(專賣) 3국(局) 이외에 세관(稅關) 등이 설치되어 있었다. 이 관제 아래 각국(各局) 부장(部長) 각각의 주관하는 업무가 정해져 있었다. 재무국장에 대해 살펴보면,

예산, 결산, 회계감사에 관한 사항
세무, 관세에 관한 사항
은행 등 금융기관의 업무감독에 관한 사항
국채, 지방채에 관한 사항
증권 거래소의 업무 감독에 관한 사항

등으로, 이 중에 예산, 결산, 회계감사 사항은 총독부와 소속관서, 지방청, 보조단체 등 총독부 재정이 미치는 곳은 전부 재무국장 소관의 업무로 되어 있었다. 일본 정부로 치면, 대장성(大藏省)과 회계감사원의 업무를 합해서 하는 것과 비슷하다고 할 수 있겠다. 관청 쪽은 물론 민간과의 관계도 고려하면 광범위하고 영향력이 크다는 점에서는 각국(各

局)과 부(部) 중에서 제일이었을 것이다. 하야시의 재무국장 시절의 업적은 셀 수 없이 많지만, 본 장에서는 총독부 시정사(施政史)에서 특히 주목할 만한 사항만을 상세히 기술하고자 한다.

(2) 대규모 계획, 궁민구제사업(窮民救濟事業)

당시 조선 총인구의 약 80%는 농민이었으며, 그 중 상당수는 소농 계급이었다. 이들 농민들은 오랜 세월 정치 정세의 불안 속에서 피폐해졌다. 특히 몇 년 전부터 계속된 경제계의 불황, 곡물 가격의 하락, 연이은 가뭄과 수해로 일할 기력도 잃어 궁핍의 구렁텅이에 빠져 조속한 근본적 구제책이 필요했다. 그래서 그 대책으로

    (1) 각종 토목사업을 일으켜 노임을 여러 사람에게 나누어 주는 것
    (2) 농가를 중심으로 한 자력갱생 활동을 권하는 것

을 두 주축으로 해서 조선 전역에 걸쳐 운동을 전개하기로 했는데, 문제는 여기에 필요한 재원을 어디에서 구할 것인가가 관건이었는데 여기서 갑자기 난관에 봉착하게 된 것이었다. 하야시는 이 경비는 일반재정상으로는 부담할 여력이 없다는 것을 잘 알고 있어서 여러 가지 방법을 구상하며 고민한 끝에 그 결론으로 이를 장기국채자금에 의존하는 것 외에는 방법이 없다고 판단했다. 그래서 그 마음으로 구상을 하여 「궁민구제사업」이라는 개인적으로 안(私案)을 만들어, 당시 대장대신 이노우에 준노스케(井上準之)를 움직였다.

    (1) 외지 각 관청에 영향을 미치지 않는 사업 종목으로 할 것

    (2) 재정 긴축의 원칙도 있어 예산계획의 팽창을 초래하지 않을 것

    (3) 사업실시의 성과가 충분히 기대되는 것일 것

  등을 조건으로 비공식적인 승낙을 얻어 이례적으로 거액의 장기할부 상환 계획에 의해 국채자금을 확보했다. 게다가 이것은 총독부 세입예산(歲計)상으로는 원금과 이자를 오랜 기간에 걸쳐 상환하는 계획으로써, 매년 지출은 극히 일부의 원금과 이자 부담에 그치는 것으로 이른바 조금씩 갚아나가는 방식으로 방대한 사업수행의 길을 열었던 것이다. 이 자금에 의해 1931년부터 1935년까지 5년간에 걸쳐 지방공공단체 사업으로 총공사비 7,900여만 엔에 이르는 궁민구제사업을 일으켰다. 국고에서 66%의 보조금을 교부받아 이 사업을 통해 노임을 지급하여 이 사업을 통해 궁민(窮民)의 생활고를 완화시켜 자력갱생의 발판을 마련하게 하였는데, 이것이 조선의 산업개발을 촉진하는데 큰 원동력이 되었던 것이다. 곧 이 계획으로 조선 전국 도로망의 거의 80%, 항구건설 10여 항, 계속된 사업에 속하는 6개 하천 외에, 신규로 12개 하천의 개수(改修)를 달성했다.

  그 당시에는 마침 전 세계적으로 재정 긴축을 외치고 있었던 시기여서 이러한 대사업이 실시되리라고는 상상도 할 수 없는 일이어서 완전히 세상 사람들의 눈을 휘둥그러지게 한 것이었다.

  이는 당시 조선의 실상을 정리해 보면 알 수 있다. 즉,

    (1) 조선총독부의 회계는 세입예산(歲計)를 벗어나 자주독립 된 것이 아니라 대장성에서 통제하는 국가 예산의 내용으로써 그 포섭 하에 놓여 있어 대장성의 검토와 제약을 받아야 하는 원칙하에 있을 것

    (2) 병합 후 수년이 지났지만 지금도 세입예산(歲計)에서 보충금을 교부받

아 원조를 추가하고 있는 것

(3) 개발도상에 있는 조선은 세금 부담 능력이 없고 따라서 우발적 세출을
계산할 여력이 없어 흔히 말하는 거액의 신규 세출 같은 것은 생각도 못
하는 상황에 처해 있는 것

(4) 게다가 조선 반도는 지리, 지세, 기상상 천재지변이 많아 합병 이후 지속
되는 치산·치수 등의 시설도 자주 발생하는 가뭄과 수해에 시달렸기 때
문에 민중은 체념적인 경향에 빠져 의기소침할 수 밖에 없는 상태인 것.

대략 이러한 환경 속에 놓여져 있던 조선에게 이 궁민구제사업에 의
한 윤택함은 그야말로 큰 축복이었다. 이런 획기적 사업의 성공은 물론
정부 특히 대장성 등 관계 기관의 특별한 지원 협력에 의한 성과이지만,
그 구상, 내용, 실시한 효과가 충분하게 기대되었기 때문에 각 방면의 협
력을 얻을 수 있었던 것으로 해석해야 할 것이다. 이것은 조선의 일대 시
책으로 그 효과의 광대함과 또 그 규모의 웅장함에 있어서 전례가 없는
획기적인 새로운 계획을 세운 것이었다.

또한 앞에 서술한 대책의 두 주축 중 하나인 자력갱생의 방법에 대해
서는 앞서 언급한 사업의 효과에 의한 것은 물론이고, 그 외에 금융조합
원인 농민에게 지금까지 부담하고 있던 고금리의 부채를 정리시키는 방
법으로 예금부 저리자금 1,100만 엔의 융자를 받고, 여기에 저리자금을
초과하는 금융조합연합회의 자기자금을 더하여 2,400만 엔을 가지고
정리에 착수해서 이 두가지가 합쳐져 자력갱생의 결실을 거두게 된 것
이었다.

(3) 만주사변 후의 재만 조선인의 원호

만보산사건(萬寶山事件)[17] 등으로 재만(在滿) 조선인 문제는 만주사

변의 하나의 도화선이 되었다. 총독부에서도 만주사변 후 재만 조선인 원호의 필요성을 중시해 전투가 수습되고 치안이 거의 평정되었던 1931년 10월에는 이미 이재과장 이하 5명을 만주에 특파해 한 달간 재만 조선인이 조직하는 금융회, 특히 그 중앙기관적 역할을 담당하는 동아권업공사 업무의 실체를 조사하게 하였다. 그 결과 총독부에서는 금융, 교육, 의료 및 기타 시설을 적극적으로 확대함과 동시에 잉커우(營口)[18] 등의 토지에 안전 농촌을 설정하는 등 여러 가지 시책을 실시하게 되었다.

(4) 보통은행의 정리 통합을 촉진

1929년 은행령의 대개혁에 발맞추어 1930년 8월 이후 1936년 1월까지 은행의 합병, 영업의 양도, 폐업 등에 의한 정리로 실제로 7개 은행이 되었다. 그 후에도 계속된 통합 정리로 3개 은행에 이르렀다. 그리하여 조선 내 보통은행은 2개, 일본의 지점은행 3개가 되어 은행 통합은 그렇게 완료를 하게 되었다. 어떤 경우에도 합동 조건이 타결될 때까지에는 예외 없이 당국의 조정이 요청되었지만, 하야시는 실제로 능수능란하게 처리하였던 것이다.

뒤에 게재할 이마요 텐이치보(今樣天一坊)의 북선상업은행(北鮮商業銀行) 탈취사건을 간파해서 무사히 해결할 수 있었던 것도 그러한 수완이 좋았던 일례이다.

---

17) 1931년 7월 2일 중국 길림성(吉林省) 장춘현(長春縣) 만보산 지역에서 한인 농민과 중국 농민 사이에 일어났던 충돌 사건.
18) 랴오닝 성에 위치한 도시.

(5) 서민금융기관의 보급과 강화

금융조합에 관해서는 1929년 종래의 법령에 획기적인 대개정을 더해 조선 전체 각 도연합회 자금의 조정기관으로서 조선식산은행에 조합중 앙금고과(組合中央金庫課)를 신설하는 한편, 그 후 4년간 조합 본점 · 지점 240개소를 증설해 900개소로 늘리고, 조합원도 34만 명을 늘려 90 만 명이 되었다. 그리하여 금융조합원은 서민금융상의 편익과 생업의 안정강화를 도모하고 우가키(宇垣) 총독의 제창처럼 자력갱생의 호소에 호응하여 농촌진흥의 선구적 역할을 완수한 것이었다.

(6) 조선금융조합연합회(朝鮮金融組合聯合會)의 창설

앞서 언급한 것처럼 금융조합 업무가 점차로 늘어남에 따라 자주적인 중앙기관을 설치해 자금의 조절을 도모하고 조합에 대한 지도 지원을 강화해 조합의 기능을 효과적으로 발휘할 수 있도록 해야 한다라는 목소리가 점차 높아져 갔다. 이처럼 중앙기관 설치의 기운이 드디어 무르익어 가고 있음을 감지할 수 있었고, 한편 조합의 성장력은 일반인의 요구에 충분히 부응할 수 있게 되었다. 하야시는 이러한 기대에 부응해서 조선금융조합연합회(朝鮮金融組合聯合會)(초대 회장 시즈나베나가사부로우(失鍋永三郎氏))을 창설하기로 하고, 1933년 8월 동 연합회령과 기타 일련의 법령을 공포하고 독자적인 중앙기관인 연합회를 설치했다. 이렇게 일원화된 활동에 의해 새로운 발판을 마련하고 더욱더 농촌진흥의 결실을 맺어 나가기로 한 것이었다.

(7) 신탁회사의 정리촉진과 통합

제1차 세계대전 이후 호황기에 신탁업무를 경영하려는 사람이 속출하여 1929년 6월 현재로 29개 회사가 되었다. 그 중에는 은행과 유사한 업무를 하는 사람이 있어서 불건전화 경향이 나타났다. 1931년 6월 금융제도조사회 회의에서 안건으로 조선신탁업령이 발포되었다. 그 내용은 대체로 일본 신탁업법을 따랐으나, 하야시의 발상으로 일본 신탁업법에 비해 금전신탁의 종류를 줄이고 조선의 특수사정을 감안하여 부동산 신탁업무을 경영하는 길을 열었다. 한편 신탁업령의 시행으로 자산 신용이 확실하다고 인정되는 5개 회사에 한하여 영업 면허가 부여되었다.

마침 그 무렵 이미 존재하는 군소신탁(群小信託)에 대한 일종의 불신감도 작용하여 유력한 신탁회사를 창설해서 업무의 쇄신을 도모해야 한다는 목소리가 있었다. 1932년 12월 그 목소리가 결실을 맺어 자본금 1천만 엔의 조선신탁회사(초대회장 야타키마로(谷多喜磨))가 설립되었다. 조선신탁회사가 취급하는 부동산 신탁업무를 지원하기 위해 5년에 한시적으로 정부 보조금을 교부하기로 하고, 나아가 신탁업무의 견실한 발달을 위해 조선 내의 하나의 신탁을 둔다라는 구상에 따라 기존 신탁의 합병을 권장해 1933년 9월 이후 1934년 11월까지 5개 회사의 인수를 완료하여 조선신탁회사가 1개 회사로 되었다.

(8) 무진회사[19])도 조선 전체 통합

무진(無盡)의 업무에 대해서도 시대의 흐름에 따라 서민금융의 원활화를 목표로 개선하기로 하고 1931년 6월 무진업령 전문에 개정하여 경

---

19)'상호 신용계'의 전 이름.

영 주체를 주식회사로 한정하고 동시에 최저자본금을 법으로 정하는 등 기초를 강화하였다. 이 새 업령에 따라 각 무진회사의 개편 또는 자본금 증가를 실시하여 부적격 회사는 없어졌지만, 더욱더 1936년 5월 합동 촉진을 위한 준거법(準拠法)의 개정을 시행하여 집중화를 도모하였다. 1932년 말에는 면허를 받은 34개 회사를 차례로 매수하고 통합해 마침내 조선무진회사(초대사장 후루쇼이츠오(古庄逸夫))가 1개 회사로 되는 기초를 닦았다.

(9) 금의 역외유출을 막기 위한 대책

1933년 3월 외환관리법이 칙령에 의해 조선에서도 실시되게 되었다. 당시 일본을 웃도는 조선의 산금(産金)은 조만(朝満) 국경을 넘어 대량으로 유출되고 있었다. 그러나 그 밀수출을 단속할 방법이 없었다. 그렇다고 해서 묵과하면 법령도 공문화될 뿐만 아니라 국익을 지키는 이유도 없어져 사태가 급박했다. 중앙정부의 지시를 기다릴 틈도 없이 긴급조치로 1934년 8월 외환관리법에 기초한 총독부 고시를 통해 산금업자(産金業者), 금지금매매업(金地金買賣業) 및 금지금보유자(金地金保有者)에 대한 금보유고(金保有高)를 보고하도록 하였다. 한편, 금의 동정(動靜) 실상 조사도 병행해서 법령 준수의 필요성을 주지시켰다.

(10) 세제정리와 세무기관의 특설

1926년 세제조사위원회에 의해 국세체계수립 방침이 결정되었으나, 중추가 되는 일반 소득세는 창설되지 않고 토지소득에 편재되어 있었으며, 근로 또는 영업소득에 대한 국세는 전혀 부과되고 있지 않았다. 그러나 이미 그 기세가 무르익어 때문에, 1934년 4월 조선소득세령을 공포하고 일반소득세를 창설하였다. 한편 보완세로서 상속세, 청량음료세를 신설하고 다시 주세, 지세를 개정해서 세제를 정비하여 조세 부담의 균형을 이루게 되었다.

다음으로 조선의 세무행정은 종래 국가에 속하는 것과 지방청에 속하는 것을 동일기관에서 병행하고 있었는데, 세제 정리와 함께 국세를 위한 세무기관을 특설하여 분리를 도모하고, 경성, 광주, 대구, 평양, 함흥에 세무감독국을 두고 그 밑에 세무서 99개소를 설치하여 세무처리를 원활하게 함으로써 총독부 시정(施政) 이래 다년간의 세무행정을 일신하였다.

(11) 토목담합사건의 소탕과 업계의 쇄신

토목담합사건(土木談合事件)이라는 일본과 조선을 뒤흔든 대사건이 있었다. 토목담합은 경성 그 외 각지의 공사 입찰을 둘러싸고 1919년 이후 수년에 걸쳐 행해진 악습이었다. 그것이 총독부 사업인 철도건설공사에까지 파급되어 공사비 약 1억 엔 중 약 5백만 엔이 담합금으로 업자 간에 분배되어 그만큼 사업주의 예산을 침해했다는 것이 감사국 조사로 밝혀진 것이었다.

담합참가자는 일본과 조선의 큰손 60여 명에 달했고, 재판이 시작되자 업자측은 정당성을 주장하며 마키노 료조(牧野良三), 우자와 사토시 아키(鵜澤聰明), 이치마츠 사다요시(一松定吉) 3명의 형사관련 유력한 변호사를 포함한 40여 명의 변호사에 의해 2년간에 걸쳐 법정에서 논쟁을 벌여 사법부를 괴롭혔다. 사건은 결국 복심법원(覆審法院), 고등법원의 이례적인 합동재판으로 유죄를 선고받고 종지부를 찍었다. 때마침 조선 전체 검사정(檢事正) 회의에서도 이 사건에 대해 언급해 행정부에서 재판규정을 활용해 조치해야 한다는 불만의 뜻을 표명하였고, 또 제국의회에서도 문제 삼기에 이르렀다.

하야시는 이를 우려해 검토한 결과 담합 방지 방법으로 총독부 내에 지명심의위원회(指名審議委員會)를 설치하고, 금액 30만 엔 이상의 공사 계약은 총독부가 직접 이것을 담당하는 것 등을 골자로 하는 조치를 강구해 다년간 법조계, 업계를 뒤흔들었던 담합사건을 근절하기에 이르렀다. 이 사건에는 후일담이 있다. 담합사건에서 집행유예 판결을 받은 업자가 발기인이 되어 업계의 품위 향상을 위해 토건협회의 결성을 도모하였다. 우여곡절이 있었지만, 하야시의 지원으로 다테 요시오(伊達四雄)씨를 초대 회장으로 한 조선토목건축협회가 설립되었다. 이 협회를 통해 업계가 정상궤도에 올라섰고, 업자들도 또한 질서있게 움직이게 된 것이다.

제3장 조선식산은행장[20) 시대

1. 은행장은 조선총독의 임명직

(1) 최적의 은행장 임명

<그림8> 조선식산은행
출처: Wikipedia

하야시는 1937년 10월 30일 조선총독부 재무국장의 퇴임과 동시에, 전 은행장 아루가 미츠도요(有賀光豊)씨의 뒤를 이어 주식회사 조선식산은행장으로 임명받아 취임하였다.

이로써 1914년 8월 조선총독부 시보에 임명된 이후 24

년에 걸친 오랜 공직생활과 이별하고, 새롭게 금융계에 몸을 던지기에 이르렀다. 방향의 일대 전환이라고 할 수 있을 것 같지만, 그러나 하야시는 그 경력에서 알 수 있듯이 1905년 도쿄고등상업학교에 입학과 졸업을 한 후 교토제국대학 법과대학 정치학과를 1913년에 졸업하고, 정치,

20) 원문에는 頭取는 은행장이므로 장으로 표기한다.

경제에 걸쳐 최고의 학업을 몸에 익혀 공직에 들어갔다. 더구나 그의 임무는 총독부의 재정, 경제 분야를 꾸준히 맡았으며, 앞에서 말한 것처럼 수많은 획기적인 성과를 남겼다. 이처럼 명분과 실리를 겸비한 실력을 갖추고 있었다. 새로운 특별 법령에 따라 조선식산은행에 들어가 조선식산은행을 통솔해서 금융, 경제면에서 총독시정을 뒷받침하면서 조선의 산업개발을 추진하는 임무를 맡았으니 방향의 전환이라기보다는 오히려 하야시가 오랜 시간 동안 폭넓은 시야로 시행해 온 정책들이 땅에 뿌리 내려 결실의 때를 맞게 된 것이다. 이런 의미에서 대략 이 정도로 가장 알맞은 인재가 가장 알맞은 자리에 임명되는 예는 없다. 이른바 완벽하게 딱 들어맞는 역할이라고 할 수 있을 것이다. 조선식산은행에 대해서는 우선 그 짊어진 사명과 기능 등의 윤곽에 대해 언급하지 않을 수 없다.

(2) 조선식산은행의 설립까지

식산은행의 설립은 러일전쟁 후 조선을 보호정치 아래에 둔 통감부 시대에 시작된 것이다. 당시 한말 어지러운 정치의 뒤를 이어 재정, 금융, 경제는 극도로 혼란스러워 그 재건과 인심의 안정이 매우 시급했던 때였기 때문에 그 응급책으로 중요한 지점에 농공은행의 설립을 촉구하였다. 그 후, 한일합방이 이루어지고 조선총독부가 설치되어 행정이 점차 철저하여 산업이 진흥됨에 따라 각종 자원개발자금, 생산물거래자금 등의 수요가 마침내 해마다 증가하였다. 특히 제1차 세계대전의 영향으로 경제계는 이례적으로 호황을 맞이하여 농공은행의 자력 신용만으로는 자금의 조달공급이 곤란하게 되었고, 또 소규모 은행의 분립은 경영상 불이익을 피할 수 없게 되었다.

그래서 농공은행을 통합해서 국가적 특수금융기관으로 널리 자본을 모집하여 조선 경제계에 공헌할 방침으로, 정무총감 야마가타 이사부로(山県伊三郎)씨를 설립위원장으로, 일본과 조선에 중요 요직에 있는 사람들을 위원으로 하여 창립 준비를 진행해 1918년 6월 제령 제7호로 조선식산은행령을 공포하고, 같은 해 10월 1일 주식회사 조선식산은행이 설립되면서 동시에 농공은행의 권리 의무 일체를 승계하였다.

(3) 금융경제 시책의 보급기관

식산은행의 설립으로 기존의 농공은행에 개선된 주요 사항은 다음과 같다.

농공은행 자본금 합계 260만 엔을 식산은행에서는 1천만 엔으로, 채권발행 능력은 불입 자본금에 대한 5배를 15배로 인상했다. 또 산업발달에 필요한 자금은 부동산 및 동산상의 권리를 담보로 한 대출을 인정하고, 연부상환(年賦償還) 기간을 30년으로 연장하고, 화물 및 유가증권 담보대출금의 담보 범위를 확장하고, 새로운 어업권 및 재단 담보대출, 공공단체의 채권 및 식산 사업을 운영하는 공사채의 응모 인수 또는 신탁업무, 동척, 일본 권업은행의 업무대리, 그 외 당분간 보통은행 업무를 계속하기로 했다. 그 밖에 정부는 주식 약 6,600주를 인수해 설립 후 15년간 이익 배당을 면제하고, 또 설립 후 5년간 정부 인수 주식 이외의 주식에 연 7%의 이익 배당을 보장하고, 이것에 못 미칠 때는 정부에서 보충하기로 했다. 또 은행장 및 이사는 조선 총독이 임명하고, 특히 감리관을 두어 업무를 감시하기로 하여 서민금융기관인 금융조합의 중추기관으로서 한층 더 기능을 발휘하게 된 것이었다.

즉 식산은행은 조선총독의 행정상 없어서는 안 될 금융경제시책의 보급기관으로서의 역할을 담당하여, 표리일체(表裏一體), 순치보거(脣齒輔車)의 관계[21]에 있는 국가적 특수 금융기관이라는 것은 설립 연혁에 명시된 바와 같이, 지방공공단체의 채권 인수 및 단기자금의 융자, 그 외 앞서 언급한 업무 분야를 통해 그 임무를 짐작할 수 있었다.

그래서 식산은행을 당시 일본에 있는 금융계통과 대조한다면, 일본의 특수 금융기관이 산업개발을 목적으로 하는 사업 금융 분야를 담당하는 일본흥업은행과 농어촌 등에 대해 장기 부동산 금융 분야를 담당하는 일본권업은행 두 계통으로 이루어져 있었던 것에 비해, 조선에서는 그런 등의 업무 기능을 식산은행이 함께 운영하는 것 외에, 잠정적으로 일반상업금융에도 같이 경영하였기 때문에, 중앙은행인 일본은행, 외국환은행인 정금은행(正金銀行)을 제외한 특별은행과 보통은행의 기능을 하나로 겸비하게 된 것이었다. 이런 점에서 보아도 국가적 특수금융기관의 입장에 놓여 있음이 수긍이 되는 것이다.

(4) 난국에 직면한 식산은행

하야시의 전임자인 아루가 미즈도요(有賀光豊)씨는 총독부 이재과장 재임 중 식산은행 설립 사무를 맡아, 그 설립과 함께 이사로 임명되어 있던 중에, 초대 은행장 미시마 타로(三島太郎)씨가 사망한 후, 은행장에 취임하여 이후 연임 4회에 걸쳐 재임 20년 동안 힘든 고생을 함께하며 식산은행을 육성하고, 견실한 운영으로 은행의 초석은 마침내 견고하게 되었다.

---

21) 관계가 밀접하여 뗄 수 없는, 협력하지 않으면 성취하기 어려운 관계.

총독부의 교육행정으로 이어진 조선서적인쇄주식회사(朝鮮書籍印刷株式會社)를 비롯하여, 조선화재보험(朝鮮火災保險), 풍부한 지하자원인 산금(産金)의 제련(製鍊)을 맡은 조선제련(朝鮮製鍊), 농산물의 주류인 생산된 쌀을 잘 보관하고 지키는데 불가피한 조선미곡창고(朝鮮米穀倉庫) 등 각 회사, 또는 국제적 긴장에 따른 철강 자급자족의 요청에 부응하여 사철(砂鉄)에서 특수강철을 전격 생산하기 위해 설립한 일본고주파중공업회사(日本高周波重工業會社) 등 조선 내의 유명한 각 회사는 대체로 식산은행의 지원 아래에 놓여졌고, 그들 산하기관의 발전 신장과 함께 은행의 실적은 매우 안정적인 상태에 있었다.

하야시는 그 뒤를 이어 은행장에 취임했다. 그것은 언뜻 보기에는 안정된 모습이었지만, 그러나 세상은 한 순간도 멈추지 않았지만 아무런 동요도 하지 않고 세상의 소문에도 빠지지 않았다. 만주건국의 무시무시한 입김은 국경을 접하고 있는 조선에도 강하게 다가오고 있었다. 특히 총독의 "선만일여(鮮滿一如)"의 제창에 따라 서로의 교섭이 마침내 빈번해 졌을 때, 돌발한 중일전쟁의 확대에 따라 은행 업무는 국가총동원법의 여러 제약 아래에 놓이게 되면서 하야시는 변하는 전쟁 국면의 흐름 속에서 혹독한 시련을 직면하게 되었다.

이런 난국 속에서 하야시가 식산은행을 어떻게 이끌며 대처했지는 다음에 차차 서술하기로 하고, 취임 이듬해인 1938년 음력 8월 15일는 대내외적으로 매우 바쁜 와중에도 식산은행 창립 20주년을 맞이하여 기념식 행사를 거행하게 되었다.

(5) 성대한 식산은행 창립 20주년 기념식 행사

조선식산은행 창립 20주년 기념식은 하야시가 은행장으로 취임한 다음 해인 1938년 10월 1일에 거행되었는데, 이 행사는 그 전날 위령제로 시작되었다.

① 위령제전

1938년 9월 30일 성동(城東)의 영원(靈園)약초사(若草寺)에서 식산은행 공로자의 유방(遺芳)[22]을 우러러 존경하는 은행 내외 관계자 다수가 참석하여 역대 고인(歷位)의 위령제를 엄수하였다.

　　제 문(祭文)
　　유시(維時) 1938년 9월 30일 조선식산은행장 하야시는 청작서수(淸酌庶羞)[23]의 제단으로써 경건하게 본 은행의 도약의 발판을 선도하고 작고한 공로자인 조선식산은행 설립위원장 고(故) 공작(公爵) 야마가타 이사부로(山県伊三郎)각하 외 4령위, 조선식산은행장 고(故) 미시마 타로(三島太郎)씨 외 38령위, 조선식산은행 행원 고(故) 이마우치 츠네토라(今內常寅)씨 외 244령위의 영령에 제사를 지내며 심심한 추모의 뜻을 표합니다.
　　돌이켜보면, 우리 은행은 반도의 식산흥업에 공헌해야 할 중요한 사명을 띠고 조야(朝野)의 구상에 따라 1918년 10월 1일 창립을 알리고, 그 후 세월이 흘러 이에 20년 세월, 매년 비약적인 업적을 쌓고 정성을 다하여 이미 불패의 기초를 구축하였다. 그러나, 창업한지 얼마 되지 않아 세계대전 후 재계(財界)에 점점 많은 일이 일어났고, 본 은행 역시 그 여파로 분주했음을 알리기에 이르렀다.
　　이 시기에 계셨던 역대 위령은 조신누골(彫身鏤骨)[24]의 고초를 맛보고, 스스로 앞장서서 몸을 바쳐 일에 임하여 능히 확고부동한 경영을 확립하였다. 여

---

22) 유방(遺芳): 후세까지 남는 명예.
23) 제사 때 축문에서 술과 음식을 이르는 말.
24) 몸에 새기듯이(뼈를 깎듯이) 매우 애씀.

하튼 은행의 동료의 분부로서 후세까지 남을 명예를 우러러 존경하여 마지않는 바이다. 우리들은 지쳐서 둔해진 재능으로 사업을 계승하여 앞서 일으킨 공적의 뜻과 같이 되지 못할까봐 걱정하였다. 그럼에도 운 좋게도 업계 현황이 나날이 신장되어 3천여 명의 은행 동료들은 모두 무성하게 성장하고 있다. 참으로 감은사덕(感恩謝德)의 마음을 금할 수 없다.

이에 20주년 기념식을 거행해 은행 업무의 새로운 질서를 계획하고 장래의 진보를 기약하고, 정성이 어린 충심을 작고하신 선배의 위대한 공적에 바쳐 그 명복을 빕니다.

영령을 불러 대접합니다.

② 창립 20주년 기념식

이어진 기념식은 다음날 10월 1일 동 은행 신관 옥상의 매우 넓은 장소에서, 사회는 하야시다(林田) 수석비서역의 개회선언과 국기 게양의 선창으로 개막하였다. 식장에는 홍백(紅白)의 장막이 길게 둘러쳐지고, 청명한 가을하늘에는 펄럭이는 국기[25]를 중심으로 만국기가 팔방으로 교차해서 휘날리어 더욱더 행사 분위기를 돋우는 듯하였다.

내빈은 정무총감 오노 로쿠이치로(大野綠一郎)씨, 본부의 각 국장, 도지사, 마츠바라(松原) 조선은행총재, 소재 각 은행 및 관계 회사 대표자 등 특히 멀리서 온 대장성 관계자, 일본은행, 일본권업은행, 제일은행, 일본흥업은행 등의 각 수뇌부와 식산채권인수증권단 각 대표를 주빈으로 하여 식장을 가득 메우고, 하야시 은행장의 인사말에 이어, 오오노(大野) 정무총감의 고사(告辭), 아루가(有賀) 전 은행장, 마츠바라(松原)[26] 조선은행 총재의 축사가 이어지고, 다음으로 20년 근속자 표창을 하고, 은행의 브라스밴드의 공연, 여자합창대의 은행가 합창으로 식을

---

25) 일장기를 의미.
26) 마츠바라 준이치(松原純一)

마쳤다. 당시는 중일전쟁 중이었기 때문에, 식순 중에 전몰장병(戰歿將兵)의 영령에 대한 묵념과 황국신민 맹세의 제창이 추가되었다.

③ 기념식 축하연 등

기념식을 마치고 일단 잠시 휴식 후 옥상 광장은 축하연 자리로 빨리 바꾸어, 은행장은 내빈을 먼저 초청하여 연회를 시작하기에 앞서 인사 말과 함께 이 행사를 계기로 새롭게 제정한 별기의 식산은행 강령을 발표하고 연회에 들어가 주빈들과 환담의 시간을 가졌다.

한편 이 행사에 일본 측 내빈 초청을 계기로 총독부, 식산은행, 민간 사업주가 삼위일체가 되어 산미증식계획에 기초한 각 지역 토지개량시설, 그 외 조선 내 각 지역의 주요 사업 현장을 시찰하기로 하였다. 사전에 작성된 일정에 따라 특히 철도국의 특별한 협조로 1등 침대차를 증편하여 시찰지로 가는 각 노선에 빠짐없이 진입할 수 있도록 하여 은행장 이하 각 임원이 접대하여 내빈 일행은 시찰 여행에서 좋은 인상을 남기고 전 일정을 마쳤다.

한편, 20주년 기념사업의 일환으로 10월 3일 당시의 동양경제신보 사장 이시바시 단잔(石橋湛山)씨를 초청해 경성부민관에서 시국 하의 경제 현황과 추이, 장래의 지침을 밝히는 경제 관련 대강연회를 열었다. 청중이 수 천 명이 넘는 청중들이 몰려와 행사장 밖에까지 가득 메운 사람들을 위해 임시로 확성기를 급히 설치하는 등 청중에게 큰 감명을 준 보기 드문 성황을 이루었다. 이로써 기념식의 모든 행사는 차질 없이 종료되었다.

기념식 축하연의 자리에서 은행장이 발표한 식산은행강령은 조사부 기획안에 기초해서 하야시다(林田) 수석비서역의 수정을 거쳐 최종적으로 은행장이 결정하였다.

(6) 사이토(齋藤) 전 총독의 기념비 건립

전 조선총독 고(故) 사이토 마코토(齋藤實) 자작이 1919년에 취임하였다. 데라우치(寺內)[27], 하세가와(長谷川)[28] 두 총독의 2대에 걸친 소위 무단정치(武斷政治)를 문정(文政)으로 전환하여, 전후(前後) 두 차례[29]에 걸쳐 그 소임을 다했다. 그 유덕을 추모하는 조선에 있는 유지들에 의해 사이토 자작 기념회가 발족이 되어 아루가(有賀) 전 은행장 주재 하에 기념비 건립이 기획되었다.

하야시는 그 뒤를 이어 기념사업을 담당하여 기념비의 준공을 알렸던 1940년 10월 27일, 성남(城南)의 땅, 오래된 소나무와 짙은 녹색이 방울져 떨어지는 신령한 한남정(漢南町) 약초사(若草寺)[30]의 사찰 내에서 그 제막식을 겸한 사이토 자작의 위령제가 함께 엄숙히 거행되었다. 이 날 행사에는 미나미(南) 조선총독[31], 나가무라(中村) 조선군사령관, 유가족

---

27) 제1대 조선총독 데라우치 마사다케(1910.5~1916.10)
28) 제2대 조선총독 하세가와 요시미치(1916.10~1919.8)
29) 제3대 조선총독 사이토 마코토(1919.8~1927.12)
　　제5대 조선총독 사이토 마코토(1929.8~1931.6)
30) 서울 한남동 산 10번지에 소재(원불교신문, 1977년 11월 25일).

대표 사이토 후토시(齋藤齋)씨, 타가하시(高橋) 경성부윤, 마즈모토(松本) 해군협회장 등 많은 인사가 참석하였다.

추 도 문

고(故) 종1위 대훈위(大勳位) 전 조선총독 자작 사이토 마코토 각하가 돌아가신 지 5년, 오늘 여기에서 추도 법회를 엄숙히 거행하게 되어 서울에 있는 가까운 유지들과 함께 영혼을 위로하는 작은 의식을 치르니 감회가 새삼스럽기 그지없다.

돌아보건대, 자작은 제국 해군에 몸 담고 공을 세워 명성을 얻은 후 조선총독의 관직에 오르고 이 곳에 와 부임한 것은 1919년의 사건[32] 직후로, 새로운 정책이 아직 민심의 지지를 얻지 못하고 미숙한 세계사상이 범람하는 바, 통치의 앞날에 지극히 많은 어려움이 예상되는 가을이었다.

그럼에도 자작은 시정에 임하자 태연히 믿는 바를 집행하고 감히 기적을 생각하지 않고, 민심을 깊이 살펴서 대세를 파악하고 그리고 유일한 한 가지 뜻은 이 곳 민중의 복지 증진을 위해 그의 맡은 바 임무를 수행하는 것이었다. 즉시 치산·치수의 계획에, 교육의 보급에, 지방 제도의 개혁에, 산업경제 진흥에, 한결같이 민중의 복지를 바라는 것이 마치 자애로운 아버지 같아 그 지극한 정성이 그대로 나타나는 바 어떠한 고루하고 사리에 어둡고 생각이 그릇된 무리도 이를 기뻐하지 않으면 안 된다.

뿐만 아니라, 자작의 타고난 자질이 너그럽고 후하여 겉과 속이 다름을 좋아하지 않고, 온화한 얼굴로 사람을 맞이하여 능히 진언을 수용하는 아름다운 마음은 상대방으로 하여금 이리저리 부는 봄바람에 앉아 있는 것 같은 생각이 들게 하였다. 이런 덕풍과 밝은 식견 두 가지의 완전한 대인격은 확실히 자작의 시정을 표현하고 전달하여 민심을 수습하고 전후 10년간 거의 통치의 방향을 결정한 것이라고 할 수 있을 정도로 자작이 조선에 남긴 발자취는 영구히 사라지지 않고 지금까지도 자작을 추모하는 조선인과 일본인들이 항간에 끊

---

31) 제7대 조선총독 미나미 지로(1936.8~1942.5)
32) 3.1독립운동을 의미한다.

이지 않고 있다.

자작이 조선을 떠난 뒤 혹은 추밀원에 들어가거나, 혹은 내각을 조직하거나, 혹은 일본 정부로 옮겨 더없이 존귀하고 후한 대우를 받으며 국가의 중책을 맡게 되니 그야말로 당대의 중추적인 존재였다. 조선에 있는 우리 관리와 민간인 모두가 자작의 장수와 건강을 빌어 마지 않았지만, 불행한 변사의 희생으로 삼조역사(三朝歷仕)의 공신을 애도하기에 이르렀다. 부고가 전해지자 반도의 산천이 통곡한 지 5년, 시국이 몇 번 변하고 풍운이 몇 번 지난 지금이야말로 태평양전쟁이 발발하여 우리 제국은 나라가 세워진 이래 큰 이상(理想)을 확대하는 사태에 직면하였다. 그리하여 우리 조선반도는 민심을 일으켜서 웅건하게 현 총독의 지도하에 내선일체(內鮮一體)의 추세를 굳게 결심하여 대공영권 건설의 지도적 지위를 맡게 되었다.

조선의 발전과 육성에 공(公)의 생애 10년 동안 심혈을 기울이고, 조선을 떠나 일본에서 중요한 직책으로 바쁘고 힘든 일을 하면서도 항상 이 곳에 온정과 은혜에 마음을 다 했던 자작의 영령은 반드시 강림하여 조선의 오늘날 씩씩한 모습에 만족하고 있으리라.

그저 우리들은 평민으로서 세상에 조그마한 공로도 없어서, 자작의 생전의 지혜에 부응하지 못한 것을 부끄러워 할 뿐입니다.

여기에 영령을 모시고 자작의 큰 인격을 우러러 그리워합니다. 온화한 얼굴이 눈에 선하여 마음속에 남아 있어 사무치게 슬픈 추억이 떠올라 애통함이 더해져만 갑니다. 조촐한 글로 추도의 뜻을 표합니다.

사이토 자작 기념회 상무이사 하야시 시게조

2. 전시 금융체제의 확립

(1) 운영방향의 전환

심상치 않은 시국 하에, 취임 1년도 안 되어 식산은행창립 20주년 기념식 행사를 거행하고, 다시 2년 후에 사이토 전 총독의 추도식 행사 및 기념비 제막식을 거행한 것은 운명이라고도 할 수 있는 유일한 휴식이었고, 또 폭풍전의 고요 속에서 내일을 준비할 발판이 되었던 것 같다. 이 기간에도 동아시아 전역에 걸친 전투태세는 나날이 늘어나 해를 넘겨 이듬해인 1941년에는 사상초유의 태평양전쟁이 선전포고가 되어, 마침내 만주사변 이후 먹구름이 드리운 고뇌의 10년의 위태로운 국면에 도달한 것이었다.

따라서 하야시의 취임을 계기로 식산은행의 사명과 업무 운영상의 성격에 변화를 가져왔음은 말할 것도 없다. 즉 취임 이전에는 일본이 국제연맹 탈퇴로 고립화 추세 속에서 서서히 세상이 변하는 기운을 받고 있었지만 대체로 은행 본래의 업무에 전념할 수 있는 상태였고, 그 활동 분야도 대체로 총독 시정의 범위 안에서 평온하게 이루어졌다. 그런데 하야시의 취임 무렵부터 시국은 더욱 위급해져 마침내 제2차 세계대전이 발발하게 되자, 식산은행의 업무도 필연적으로 국가의 흥망을 좌우하는 군수생산기관에 융자가 집중이 되는 것은 자연스러운 일이었다.

두뇌가 명석하기로 이름난 하야시가 어찌 이러한 동향을 간과할 수 있겠는가. 이 시기를 놓치지 않고 거국일치(擧國一致)의 최상의 명령이 계속되어 금융기능을 향상하는 운영 방향으로 전환하고, 멀리 교전국을 지향하는 금융보국 태세를 갖추고, 이른바 결전하에 업무상 비상시 금융조치의 확립과 업무에 직접 종사하는 중견 은행원의 소집 이후에 따른 인사대책을 두 갈래로 새로운 구상을 세운 것이다.

비록 사상 초유의 위기상황에 직면한 긴급하고 불가피한 조치이긴 했지만, 또 이것은 식산은행이 국가적 특수금융기관으로 설립된 기본 이념에 비추어 보아도 당연한 결과이며, 드디어 본연의 사명에 매진해야 할 가을을 맞이한 것이었다.

즉 그 첫번째는 업무면에서 지방공공단체 및 일반산업자금의 수요에 대한 한층 원활한 소통을 위해 노력하는 동시에 군수생산기관의 수요에 대한 자금의 조달과 공급을 염두에 두고 다음에서 서술하는 바와 같이 우선 자금조달기능을 강화하였다. 한편 이들 자금공급 기능을 신속 또는 원활하게 하기 위한 전담 부서를 특별히 설치하여, 그에 따라 전체 생산기관의 운영과 그 기능의 발휘에 실수가 없도록 하였다.

그 구체적인 예는 다음과 같다.

(2) 증권부문의 독립

식산은행이 조달하는 자금은 주로 법령에 의해 부여된 조선식산채권 발행의 특혜에 근거하여 대장성 예금부, 일본권업은행 외 여러 은행과 야마이치(山一)증권, 노무라(野村)증권, 닛코(日興)증권, 야마토(大和)증권, 일본권업증권 등 각 유력한 증권회사의 인수로 조금의 차질도 막힘도 없이 매우 원활히 공급되었다. 또 그 이율도 일본내 일류회사의 사채와 비슷한 수준이지만 시국 하에 자금 수요가 많고 특히 군수생산자금의 증가가 두드러져 한층 더 자금을 풍부하게 조달할 필요성이 생겼다.

종래 채권 등 일반증권 사무는 계산과(計算課)에서 모두 처리해 왔는데, 위의 요청을 충족시키기 위해 1940년 10월 증권 사무를 하나의 부서로 독립시켜 그 기능을 확대 강화했다. 이에 따라 국채의 소화와 고유의 식산 채권에 관한 업무는 물론, 일본권업은행에서 시국 하에 자금조달의 보편화 대책으로 새롭게 마련한 소액채권의 인수, 매각 등의 업무를 병행하는 등 증권에 관한 모든 업무를 담당하여 자금조달의 기능을 강화하였다.

(3) 군수생산을 위한 특별금융부

이미 언급한 바와 같이 군수생산기관으로서는 일본고주파중공업(日本高周波重工業)이 있고, 그 외에 조선비행기회사, 조선항공공업회사 등 식산은행 지원으로 설립된 것, 기존 회사에서 군수생산 체제화한 것, 또는 산금장려의 국가정책에 기초한 일본산금진흥회사 등 전력(戰力) 증강과 경제 자립을 목표로 한 최전선의 전시상황에 따른 생산기관과, 이러한 기관의 생산에 기여한 후방의 생산기관이 있었다. 그리고 이러한 생산시설에 대한 자금 공급과 그 육성을 지원하는 등 광범위하고 다양한 전시하의 금융을 완수하기 위해 1940년 10월 특별금융 제1부와 같은 제2부를 신설하여 광·공업개발자금의 융통을 원활하고 신속하게 이루어지게 실수가 없도록 하였다.

(4) 새로운 체제하의 업무부문

식산은행 설립 초기에 마련된 공공금융, 산업금융, 상업금융의 3개의 업무부문과 전시 금융을 원활하게 하기 위해서 새롭게 마련된 특별금융 제1, 제2 및 증권부의 3개의 업무부문을 합해서 6개 업무부문의 업무 추이를 살펴보면 다음과 같다.

식산은행 각 업무부문의 추이

(단위 천엔)

년차	산업대출	공공대출	상업대출	합계
1937	218,900	144,700	171,800	535,400
1938	248,400	147,700	188,100	584,200
1939	307,400	179,400	302,100	788,900
1940	290,400	203,300	454,400	948,100

1941	282,500	228,600	594,200	1,105,300
1942	285,400	244,300	718,900	1,248,600
1943	291,900	307,200	710,400	1,309,500
1944	268,000	457,100	756,000	1,481,100
1945 5월	241,100	578,500	984,800	1,804,400

<비고> 본표 상업대출에는 특별금융 제1, 제2의 대출을 포함한다. 그것은 전쟁중이
라는 하는 특수한 상황으로 본 대출 숫자는 공개를 하지 않았기 때문이다. 집
계의 내용은 일반상업 거래는 점차 감소하고, 순상업대출는 거의 증가하지
않았으며 앞의 표 대출 증가는 대부분 특별금융에 속하는 대출증가분이며
그 비중은 마지막 해에는 그 80%는 특별금융이 차지한 것이었다.

① 산업대출 : 본 대출은 식산은행 본래의 대출업무에 속하며 부동산
및 부동산상의 권리를 담보로 하는 장기대출을 중심으로 주로 농업, 토
지, 가옥자금으로서 융통하여 식산은행설립 초기는 주요업무로 발전해
왔는데, 그 후 조선 산업계의 발달, 특히 전시체제로 접어들면서 농지,
택지 등에 대한 각종 규제강화의 영향을 받아 해마다 감소의 길을 걷게
되었다.

② 공공대출 : 본 대출은 지방공공단체, 농회, 수리조합, 어업조합 그
외에 널리 비영리 산업법인 및 각종 단체를 주요대상으로 무담보 장기
대출을 취급하는 부문으로, 산업대출과 함께 식산은행 본래의 중심 업
무로써 성장해 온 것이다. 조선의 획기적인 대사업으로 알려진 산미증
식계획의 실시에 있어서는 중추적 역할을 수행하여 토지개량, 비료자금
공급, 농촌진흥상의 농업부문은 물론 조선의 금융조합, 산업조합, 수산
조합, 어업조합 등 전 산업에 걸친 융자를 통해 조선 산업 개발의 근간이
되는 공공적 사업을 조성하는 특색 있는 금융 분야이다.

다시 시대의 흐름에 따라 통제시대에 접어들면서 이들 단체에 대한 융자는 현저히 증가했고, 한편 당시 북조선 연안에 대량으로 떼를 지어 이동을 시작한 정어리어업을 중심으로 북선어업계는 유례없는 호황을 맞이하였으며, 이에 따른 식량, 유지원료 확보를 목적으로 하는 수산업계의 빠른 발전에 부응하여 어업조합, 수산조합에 대한 사업자금의 공급은 급증하게 되었다.

한편 전쟁이 진행됨에 따라 조선 내 각지에 급격히 진출한 각종 공업의 하청을 하는 공업조합에 대한 사업자금의 대출도 증대하였고, 이러한 새로운 분야에 대한 융자의 증가로 인해 본 부문의 대출은 앞의 표와 같이 해마다 급격한 증가를 보였다.

③ 상업대출 : 식산은행은 앞에 기록한 2부문을 주요업무로 하는 한편, 보통 상업금융업무의 병행도 허용되었다. 본 대출은 이에 속하는데, 이 항목 중에는 만주사변 발발 이후, 시국의 요청에 따라 식산은행이 취급하는 생산력 확충자금 등 시국적인 대출금은 물론, 이후 전시금융을 책임지고 관리하기 위해 새롭게 마련된 특별금융부의 취급에 따른 거액의 융자도 포함하는 것이다.

식산은행 설립 당시의 산업은 농업 중심이었다. 업무도 농업 위주의 장기자금의 공급에 중점을 두었다. 그것이 만주사변 후에는 광공업의 급격한 발달과 시국의 요청에 따른 생산력 확충에 필요한 거액의 자금 공급을 담당하게 되었고, 시국 금융을 중심으로 조선의 중요자원의 개발증산을 도모하고 국가의 요청에 부응하기 위해 새로운 노력을 기울이게 되었다.

1939년 11월, 조선총독부는 제령 제17호「조선식산은행의 조선주요산업자금공급에 관한 건」을 공포하고, 동년 12월 조선총독부 고시「생산 확충 15품목의 생산에 관한 사업과 더불어 이것에 직접 필요한 기초산업」에 대한 자금 공급을 위한 금융기관으로 식산은행을 지정했다. 또 이 생산력 확충자금을 얻기 위해 식산은행이 발행하는 채권의 원금과 이자의 지급에 대해서는 상환 기간 20년 이내, 액면가 4억 엔까지는 정부에서 보증하는 혜택을 부여받게 되었고, 여기에 생산력 확충자금공급을 취급한 금융기관으로서 식산은행의 자격과 분야가 법적으로 명확한 근거를 마련하게 되었다.

이 사이 전쟁국면은 중일전쟁부터 사태가 변하여 사상초유의 대동아전쟁에 돌입하고 확대되어 마침내 긴박감이 더해져 갔으며 전력증강에 있어 조선에 대한 국가의 요청이 급속하게 강해지면서 식산은행은 모든 기능을 총동원해서 생산확충자금의 공급에 차질이 없도록 노력하였다. 이를 앞의 표의 수치로 보면, 1937년부터 1945년 5월에 이르는 기간동안 본 항목 융자액의 증가율은 약 10배, 금액으로는 약 8억 엔의 대폭적인 증가를 나타내어 그 대부분은 특별금융에 속한 광·공업을 중심으로 한 생산확충자금의 증가에 의한 것으로 특별금융부문의 활동이 중요한 비중을 차지하였음을 여실히 보여주는 것이다.

(5) 증권업무부문의 추이

(가) 조선식산채권

식산은행의 고유한 업무인 산업, 공공대출은 장기간에 걸친 고정성과 저금리를 필요로 하기 때문에 조선식산은행령으로 조선식산채권의 발행을 허가 받아 불입 자본금의 15배를 한도로 채권을 발행하도록 규정되어 있었다. 이 혜택에 따라 발행된 채권은 창립 이후 전쟁이 끝난 해까지 총 246회에 걸쳐 발행되었으며, 그것에 의해서 얻은 자본금은 모두 조선산업개발을 위해서 투자되었다.

1937년 이후의 식산채권발행의 추이

(단위 천엔)

1937년	1938년	1939년	1940년	1941년	1942년	1943년	1944년	1945년 5월
334,700	389,700	440,500	577,200	646,100	766,100	876,500	954,400	1.004.600

본 기간에 생산력 확충 그 밖에 시국 상황에 따른 긴급한 자금의 수요 증가에 따라 조선식산채권의 발행도 위와 같이 해마다 증가하여 마지막 연도에 발행 잔액은 10억 엔을 돌파하기에 이르렀다.

위 발행액 중에는 앞서 언급한 1939년 조선총독부의 제령 및 고시에 따라 식산은행이 생산확충자금 공급의 금융기관으로 지정 및 정부보증 제도에 따라 발행한 식산채권 횟수 9회, 금액 4억 엔 남짓의 채권도 포함되어 있어 이들 채권을 가지고 전시 상황 중 중요산업에 필요한 자금을 원활하게 공급하였다.

조선식산은행 채권의 발행은 앞서 언급한 인수처의 각별한 협조를 받은 것으로, 그 도움으로 그 분야에서 일류 사채 수준의 조건을 갖추게 되었으며, 또 여기에는 금융기관, 각종 단체 등의 응모 그 밖의 방법에 의한 협력도 컸음은 말할 것도 없다.

그리고 이것은 일반 예금, 적금자도 포함하여 거국적 비상시국 하에서의 전력증강에 순응한 것이기도 했지만, 식산은행에 기대했던 신뢰의 결정체라고도 할 수 있는 것이다. 그런데 생각지도 못한 패전으로 끝나 결국 모든 선의의 후원자에게 엄청난 피해를 끼치게 된 것은 업무상 어쩔 수 없는 일이었지만, 당사자 입장에서는 참으로 가슴 아픈 일이 아닐 수 없었다.

하야시는 1945년 연초부터 중병으로 병상에 누워 있으면서도 이 일을 염려하고 또 걱정하며, 재기 할 수 있는 한 선후지책을 강구하고 싶다는 뜻을 친지들에게 편지로 회고할 정도였으나, 그 간절한 속내를 담은 편지는 결국 마지막으로 쓴 필적이 되어 평소의 생각은 허망하게 저승의 사람이 된 것이었다.

그 마지막 필적이 된 하야시의 편지의 사본을 여기에 수록하여 이 기회에 관계자들에게 공개하여 당시 하야시의 심경을 엿보는데 일조하고 싶다.

(나) 마지막 필적이 된 하야시의 편지

어려운 사태의 추이에 대해서는 참으로 할 말이 없고 다만 앞으로 어떻게 수습할 수 있을지 걱정이 앞서고, 우연한 병환으로 아직 충분한 활동도 안 된다는 이 점이 깊이 유감스럽습니다. 은행일도 만사 제쳐두고 주주와 사채권자들에게 죄송한 마음 금할 길이 없으나, 어떻게든 정부 간의 교섭 및 정부의 지원으로 조금이나마 구제할 수 있도록 앞으로 노력할 도리밖에 없는 바, 은행의 모든 직원들에게는 일단의 조치는 취하겠습니다.

가족은 준비되는 대로 우선 후쿠오카로 내려 보낼 생각입니다. 저는 여러 가지 용무가 있을 수 있으니 신속하게 일단 도쿄에 가서 그 후 후쿠오카에 살 것인지 도쿄에 남을 것인지는 상황을 보고 결정할 생각입니다.

우선은 급한 대로 위의 것을 부탁(생략).삼가 아뢴다.(敬具)

지난 16일의 만세 소요는 헛소동으로 큰 일이 아니어서 밤중부터 군대를 출동하였다. 그 후 매일 평온하였지만 왠지 모르게 분위기가 험악하여 일본인 측은 모두 다소의 불안에 사로잡혀 있는 모습이 눈에 띄었다. 가네코(金子) 군에게 안부 전해 주십시오.(원문 그대로)

　　19일 아침 하야시 시게조
　　다키구치(滝口)군
　　주: 글 중 부탁「御依賴迄」에 있는 점은 개인 용무이므로 생략, 「가네코(金子)군」은 도쿄주재 부은행장, 날짜는 종전 직후인 1945년 8월 19일

(다) 소유 유가증권 부문
각종 대출업무의 진전에 따른 각 부문의 추이를 보면,

(단위 천엔)

1937년	1938년	1939년	1940년	1941년	1942년	1943년	1944년	1945년 5월
43,000	68,000	70,300	84,700	135,300	260,900	270,600	350,700	523,600

으로 나타나고, 각 부문으로도 본 기간 동안 배율 12배, 금액으로는 약 5억 엔이 증가하였다. 1945년의 내역은 소유공사채 7,900천 엔, 주식 515,700천 엔에 이르고, 이 기간 동안 각 수치의 증가는 대부분 소유주식의 증가에 따른 것이었다.

　소유주식 증가의 사정은 앞에서 서술한 특별금융의 급격한 증가 사정을 받아들여 조선의 주요 자원의 개발, 증산, 고도(高度) 이용 내지 주요 물자의 통제 등에 의해 나라의 정책적 사업회사의 설립에 의한 것이었다. 즉 이러한 회사의 설립에 적극적으로 참여하여 주식을 중심으로 인수해서 회사의 설립을 촉진함과 동시에, 사업자금의 융자를 담당하고, 또 인사면에서도 도움을 주어 육성에 힘썼다. 각 부문에서의 투자를 통한 개발원조는 특별금융부문을 통한 적극적인 융자와 함께 생산력 확충

의 발전에 특별한 공헌을 한 것이었다.

이렇게 식산은행이 투자, 융자 양면에서 원조를 한 투자처, 융자처의 분야는 광·공업사업체를 비롯하여 조선 내의 중요산업 전 부문에 걸쳐 있으며 그 수도 엄청났지만, 그 중 각 업계에 대하여 대표적인 한, 두 개 회사를 열거하면,

① 금융·보험관계 : 조선저축은행(朝鮮貯蓄銀行), 조선신탁주식회사(朝鮮信託株式會社), 조선무진주식회사(朝鮮無盡株式會社), 조선화재해상보험회사(朝鮮火災海上保險會社)

② 철도관계 : 경춘철도주식회사(京春鐵道株式會社), 함남철도주식회사(咸南鐵道株式會社), 다사도철도주식회사(多獅島鐵道株式會社)

③ 해운관계 : 조선우선주식회사(朝鮮郵船株式會社), 조선조선공업주식회사(朝鮮造船工業株式會社)

④ 광업관계 : 조선광업진흥주식회사(朝鮮鑛業振興株式會社), 조선석탄주식회사(朝鮮石炭株式會社), 조선제련주식회사(朝鮮製鍊株式會社), 소림광업주식회사(小林鑛業株式會社), 금정광업주식회사(金井鑛業株式會社), 조선무연탄주식회사(朝鮮無煙炭株式會社), 중천광업주식회사(中川鑛業株式會社), 북청광산주식회사(北靑鑛産株式會社), 물동광업주식회사(芴洞鑛業株式會社)

⑤ 철강관계 : 일본고주파중공업주식회사(日本高周波重工業株式會社)

⑥ 기계공업 : 조선기계제작소(朝鮮機械製作所), 조선착암기주식회사(朝鮮鑿巖機株式會社), 조선형기주식회사(朝鮮衡器株式會社), 조선중공업주식회사(朝鮮重工業株式會社), 국산자동차주식회사(國産自動車株式會社), 디젤자동차공업주식회사(デイ-ゼル自動車工業株式會社)

⑦ 항공기공업 : 조선비행기주식회사(朝鮮飛行機株式會社), 조선항공공업주식회사(朝鮮航空工業株式會社)

⑧ 농수산업 : 조선축산주식회사(朝鮮畜産株式會社), 조선잠사주식회사(朝鮮蠶糸株式會社), 조선미곡창고주식회사(朝鮮米穀倉庫株式會社), 농지개발영단(農地開發營團), 조선수산개발주식회사(朝鮮水産開發株式會社), 원산북항(元山北港)

⑨ 통제단체 : 조선식량영단(朝鮮食糧營團)

⑩ 기타 : 북선제지주식회사(北鮮製紙株式會社), 조선서적인쇄주식회사(朝鮮書籍印刷株式會社)

등이며, 이를 통해 조선산업계에 식산은행 자본에 의한 회사가 얼마나 다방면에 걸쳐 있는가, 또 식산은행의 활동이 얼마나 중요한 역할을 했는지 알 수 있다.

(6) 예금업무의 추이

식산은행의 각종 산업기관에 대한 투자 융자의 자원은 예금 외에 식산채권 발행에 의한 자금이라 할 수 있는데, 이 두 자원의 추이를 본다면 다음과 같다.

(단위:천엔)

1937년	1938년	1939년	1940년	1941년	1942년	1943년	1944년	1945년 5월
127,200	187,400	250,600	330,400	402,400	560,500	585,200	912,300	1,141,100

위의 연간 예금 증가는 배율로 보면 약 10배, 금액으로 보면 약 10억 엔이 증가했다. 이는 물론 조선경제의 발전과 전시하의 저축 증강 정책에 힘입은 바가 적지 않음은 물론이지만, 그때까지 식산은행의 운용자

금은 거의 일본 금융시장에 의존해 왔던 것을 하야시는 앞으로는 최대한 조선 내에서 필요한 자금을 조달하는, 자구책을 강구하지 않으면 안된다는 견해를 갖고, 취임 초부터 예금의 대대적인 증진 방침을 재빨리 책정하고 당시 이미 수요가 증가하고 있던 광업, 공업 양방면에 대한 시국금융 및 기타 일반대출금의 확충을 도모했다. 이로써 전 직원은 예금에 관한 인식과 자각을 새롭게 하고, 전체 은행 차원에서 예금 증대 운동을 전개하여 커다란 성과를 거두었다.

이상 각 업무부문의 실적에서 알 수 있듯이, 하야시가 1937년 취임 후 1945년 5월까지의 업무 성장의 실상을 요약하면 다음과 같다.

(단위 천엔)

종목	1937년	1945년 5월	순증가
산업금융	218,900	241,100	22,200
공공금융	144,700	578,500	433,800
상업금융(특별금융포함)	171,800	984,800	813,000
계	535,400	1,804,400	1,269,000
식산채권	334,700	1,004,600	669,900
예금	127,200	1,141,100	1,013,900
계	461,900	2,145,700	1,683,800
소유유가증권	43,000	523,600	480,600

위와 같이 산업금융이 일반산업계의 질적 변화와 통제강화에 따라 소폭 증가에 그치는 것을 제외하고는 최소 몇 배, 많게는 수십 배의 성장세를 나타내었다.

(7) 다사다난했던 신변

하야시는 1937년 중일전쟁이 발발한 해부터 1945년 전쟁이 끝날 때까지, 전대미문의 난국 속에서 항상 조선산업경제계의 선봉에 서서 몸

을 바쳐 고된 업무에 전념하여 다른 사람이 헤아릴 수 없을 만큼의 정신
적 피로가 쌓였다. 그리고 앞서 살펴본 각 업무 분야에서 보듯이, 국가의
흥망성쇠를 좌우하는 생산력 확충에 지대한 공헌을 하였다.

그 동안 하야시는 총독의 시정 방침을 중심으로 항상 총독부 고위직
또는 담당자와 밀접한 관계를 유지하였다. 또 금융기관 상호간은 물론
지방청과도 긴밀한 연락을 유지하여 진정으로 하나가 되어 중대한 시국
상황속에서 업무를 수행하였다. 또 군부와 중앙관청과의 교섭도 점차
많아져서 하야시는 기회가 있을 때마다 적극적으로 간담 협조에 노력했
고, 금융의 신속과 적부(適否)[33]를 따지는 등 만전을 기했다.

한편, 은행 내부에서는 정기적으로 또는 수시로 담당직원의 회의를
열어 허심탄회한 의견을 구하고, 금융 결정에 있어서는 항상 주도면밀
한 준비 조사와 신중한 검토를 했기 때문에 생각건대, 가장 견실한 융자
를 염두에 둔 것이었다.

이처럼 미리 앞을 내다보고 신중하게 조사 연구한 결과, 한번 뜻을 결
정하면 주저하지 않고 실행에 옮긴 것으로 그 대담한 융자 태도는 일반
산업인의 눈을 놀라게 하였다.

전쟁의 상황이 불리해짐에 따라 생산 촉진의 목소리는 심각해져 관계
(官界)에서, 군부에서, 또 사업회사에서 나아가 일본에서 직접적인 간절
한 요청이 빈번해져 이에 대한 교섭도 날로 심해졌다. 이 사이에도 중요
물자 동원에 관한 각 지방과의 연락, 회의 등이 잇따르면서 하야시의 주
변은 밤낮을 가리지 않고 몹시 바쁘게 돌아갔다.

게다가 그 와중에도 일본 및 조선 내 각 지역 지점의 시찰과 직원에
대한 위로와 격려를 게을리하지 않았으며, 한편 전쟁 중에 성행했던 국

---

33) 적당(適當)함과 부적당(不適當)함.

민정신진흥운동의 각종 행사에도 이른 아침부터 먼저 출석해서 모범을 보이는 등 쉴 틈이 전혀 없었다.

또한 하야시는 조선의 관계(官界) 재계(財界)를 통해서 산업, 경제에 관한 최고 권위자로 주목받고 있었기 때문에, 조선 산업의 각 분야에서는 그 단체의 수장과 지도자로서 하야시를 추대하고 싶다는 요청이 잇따르면서 그 결과 하야시가 회장, 이사장 등에 취임한 공직은 조선농회장(朝鮮農會長), 조선잠사회(朝鮮蚕糸會) 회장 등 백여 개의 단체나 되었다. 하야시는 이 단체들의 운영에 대해서는 바쁜 시간을 쪼개어 열정적으로 지도하는 수고를 아끼지 않았다.

더욱더 하야시는 바쁜 와중에도 수시로 총독부의 특별위원으로 시국하의 식량문제와 관련하여 주요 농산물의 증산 장려와 생산 확충 정책에 따른 주요 광물, 공산물의 생산증강 독려를 위해 산간벽지에 강행 일정의 출장 여행을 가는 일도 빈번했다.

이처럼 하야시는 취임 이후 일본 역사상 전례 없는 난국에 직면하여, 오로지 국가의 요청에 부응하여 특수은행의 주재자로서 확고한 신념과 투철한 책임감을 가지고, 조선의 산업 개발, 생산력 확충이라는 과제에 온 심혈을 기울였다. 조선 산업계의 거물급 지위에 있던 하야시는 대국적 시야에서 조선금융계의 향상 발전을 도모하였고, 그 결과 조선 산업의 비약적인 발전을 가져와 전쟁 중에 조선 산업의 지위를 눈부시게 발전시켰다.

하야시의 비범함에 대해서는 따로 언급했지만, 그것은 관직 시절에만 그치지 않고, 은행장 취임 이후에도 은행업무를 통솔함에 있어서도 점점 더 발휘되고 있었다. 그 일례는 당시 정기 과장 회의=후에 부장 회의=등의 자리에서, 각각의 업무에 관해서 중요사항의 보고와 연락할 때

'은행장은 너무 잘 알아서 곤란하다.'라고 마음속으로 생각했다는 이야기를 자주 들었던 것이 이를 입증한다. 은행 업무와 같이 전문적이고 특수한 업무를 직접 담당하는 책임자에게 그런 느낌을 갖게 하는 명료한 통솔력이라면 그 깊이를 짐작할 수 있을 것이다.

3. 인사의 여러 시책

(1) 은행원의 소집으로 인사대책 고심

전시 국면의 추이에 대응하는 업무 운영에 관해서는 앞서 기술한 바와 같이 그 대책을 확립했다. 인사에 관해서는 하야시가 취임한 이듬해인 1938년 6월, 전체 은행에 걸친 대이동을 실시하여 민심의 일신(一新)을 계획하고 시국에 즉시 대응할 체제를 정비하였으며, 또한 다음과 같은 새로운 구상, 즉 파격적인 여러 시책을 연이어 재빠르게 실시하였다.

인사대책에 대해서는 하야시는 취임 이후 마음속에 계획을 가지고 있었다. 그 일례로는 기존의 행우회(行友會), 공조회(共助會)를 재단법인으로 개편하고, 한층 은행원의 복리후생 시설을 확충할 생각으로 여러 번 그 설립을 지시했으나 실현되지 못했다. 그 외 인사대책에 관해서도 생각처럼 진행하지 않아 다소 근심이 많았다.

더구나 전시국면은 급박하게 돌아갔고 앞서 언급했듯이, 우수 중견 은행원의 소집, 이어지는 젊은 은행원도 하루가 멀다 하고 소집되어 그 보충이 쉽지 않고, 또 다시 차례로 소집되는 악순환을 겪게 되었다. 이것은 다른 기관, 다른 산업계, 나아가 국내 일반도 그러한 상황에서 벗어나지 못하는 실상이긴 했지만, 특히 전시에 있어서 금융은 바로 결정하고 바로 시행하는 신속함이 요구되었다. 게다가 그 결과는 이해득실로 직결되어 실적에 큰 영향을 미치는 관계로 문제의 초점은 남아 있는 현재의 은행원에 따라 어떤 체제로 전환하느냐에 달려 있었다. 그것에는 고참연장자의 특별 배치로, 당분간은 급작스럽게 단행할 수밖에 없었다. 그 결과 은행원의 배치전환과 실무 숙달 방법을 투입시키는 것 외에, 직제개정, 신분특별 우대의 개정, 복리후생시설의 확대강화, 소집 후 남은 가족 대책의 철저 등을 충분히 해서 각자가 감격하여 분발해서 다시 일어났다. 한편, 하야시는 심사숙고 끝에 다소 이례적인 인사로 여겨지는 하야시다(林田) 수석비서역을 인사과장으로 임명하는 등 국면타개의 조치를 강구하고, 다음과 같은 기본방침에 따라 개선과 쇄신을 도모하였다.

(2) 식산은행 직제개정

(가) 조직상의 개정

하야시 취임 직후 제1차 직제개정을 시행하여 비서과를 비서실로 하고, 비서과장을 수석비서역으로 개정하고, 별도로 비서역을 배치하고, 조사과를 조사부로 개편하고, 부장을 두어 1실, 1부, 9과로 조직을 개편하였다.

조사과를 조사부로 개편한 것은 원래 식산은행이 매월 정기적으로 발행하는 조사월보는 오랜 역사를 가지고 충실한 내용을 담고 있어 국내외 주요기관에서 중요하게 여겨져 왔지만, 더욱 그 내용의 쇄신, 정비, 충실을 도모하는 한편, 은행 운영상에 중요한 자료를 제공하는 기능을 강화하기 위해서 개정하였다.

그 후 군수물자의 생산증강에 따른 자금조달부문의 독립, 특별금융부문의 신설로 부제(部制)를 통일하는 것이 적절하다고 판단하여 1944년 4월 비서실, 인사부, 조사부, 심사부, 공공금융부, 특별금융 제1부 제2

부, 증권부, 산업금융부, 상업금융부, 경리부, 검사부, 감정부, 서무부의
1실 13부(部)로 하고 각 부(部)에 부장을 두는 것으로 개정했다.

(나) 신분상의 개정

식산은행에 직제하의 신분은 행원(行員), 고원(雇員), 용원(傭員)으로
셋으로 나누어, 사무에 직접 종사하는 남자는 모두 행원으로 되어 있었지
만 너무나 모호해서 새로 직계 구분을 마련하여 참사(參事), 사사(司事)를
두고, 부장, 지점장은 참사에, 부장대리 및 임원 행원을 사사로 하기로 했
다. 또 여자는 사무를 직접 보더라도 모두 고원(雇員)에 그치고, 연공이 있
는 숙달자라도 마찬가지로 이런저런 불균형을 피할 수 없었기 때문에 행
원으로 개정했다.

한편 오랜 세월 성실하게 근무한 용원을 고원으로 승진시킴으로써,
공이 있는 사람에게는 상으로 희망을 주어 분위기 전환을 시도했다.

(3) 지방 근무자의 자녀 장학금

지방지점 또는 출장소에서 근무하는 직원으로 도회지 상급학교에 진
학하는 자녀를 둔 사람에게 공부의 기회를 주어 부담을 완화하기 위해
서 1944년 4월 장학금을 지급할 길을 열었다. 여기에는 취학 자녀의 수
에 따라 체감하다라도, 지급을 받지 못하는 사람이 나오지 않도록 결격
조건을 두지 않고, 또 지급액 및 지급 방법 등 신분에 따른 구분을 두지
않고 평등하게 지급해 교육의 기회 균등의 원칙을 유지하고 이를 통해
지방 근무자들이 고민하는 자녀교육에 희망을 주기로 했다.

(4) 전시하 은행내의 후생시설

(가) 진료부의 개설

전시하 젊고 혈기 왕성한 은행원의 잇따른 소집으로 남은 직원들은 점점 더 바빠지게 되었다. 이들의 건강보전책을 강구하는 것이 업무운영상의 중요한 과제가 되었다. 그래서 훗날 후생시설이 실현되기까지의 연결고리로서 시급하게 은행 안 별관에 진료부를 설치해 경성의학전문학교장 겸 동(同) 부속병원장 나리타 오스케(成田央介)박사를 위촉해 약국, 간호부를 항상 두고, 직원들이 정기적으로 일제히 검진을 하고 직원이나 그 가족에 대한 수시 진료도 실시하였다.

(나) 전 직원에 텃밭 개방

경성에서 성동리(城東里) 밖의 뚝섬(纛島)[34]에 약 7만평의 식산은행 유원지 시설 예정지가 오래전부터 확보되어 있었다. 이곳은 유유히 흐르는 큰 한강의 강변으로 평탄한 가운데 작은 언덕의 기복이 있고, 다양한 나무들이 우거진 한적한 농촌 마을이다. 왼쪽으로는 북한산이 사방을 둘러싸며 우뚝 솟아 있고, 앞쪽으로는 강을 사이에 두고 남한산(南漢山)과 마주보고 있어, 숲이 없는 산의 적막함 속에서도 사방의 풍취가 자연스럽게 어우려져 있다.

1943년 4월 이 지역 내 일부 개간지를 각 부서 직원들에게 공동 텃밭으로 제공하기로 했다. 전 직원에게 건강증진과 노동의 보람을 고취하면서, 자칫 공급이 원활하지 못한 채소류 자급에 일조하는 등 취미와 실익을 겸한 텃밭 개방이었다. 각 부서는 일정을 짜서 전 직원이 색다른 환

---

34) 뚝섬으로 현재의 성동구 성수동과 광진구 자양동·구의동 일대의 지역.

경에서 웃고 떠들면서 서로 친밀감이 깊어져 분위기를 전환하거나 혹은 경작하거나 혹은 노는 이 행사에서 내일의 활동력을 기르는 것을 기대하게 되어 화기애한 분위기를 자아내게 되었다.

(5) 재단법인 식산공제회의 창설

조선식산은행에서는 그 창립과 함께 은행원의 복리후생에 관한 시설로서 행우회(行友會)가 설치되어 있었고, 이와는 별도로 은행원 상호간의 경조와 친목 증진을 위한 공조회(共助會)가 부설되어 이미 탄탄한 기초를 갖추고 다년간 은행원 원호의 역할을 해 왔다.

하야시는 취임 후 이러한 시설의 기능을 통합해서 재단법인으로 개편하기 위해 여러 차례 조사 연구하여 추진을 지시했으나 실현되지 못했다.

1944년 연초 인사에 관한 제반 안건을 완수하는 것을 보고 4차례에 걸쳐 본 안건의 실현을 도모하여, 같은 해 봄 마침내 결실을 맺어 재단법인 조선식산은행 공제회 기부행위의 창설을 하기에 이르렀다. 이 재단법인의 설립이 이전에 실현되지 못하고 지체되었던 것은 법인의 불특정 다수를 대상으로 하는 공익성 때문에 특정기관의 직원을 대상으로 한다는 점에서 어려움이 있었던 것 같으나, 이러한 점과 기본적 구상에 관해서는 새로운 각도에서 검토를 더하고 다시 그 사업 목적에 관해서는 은행원 외에도 이용할 수 있음을 포함시켜서 절충한 결과, 법인 명칭에 구애받지 않고 인가 지시를 받았다.

이 재단법인은 앞서 기술한 기관을 통합하고, 그 소속 기금 3백만 엔의 기부 행위로 법인 운영에 의한 급부(給付)가 재단기금의 운용 이익을 초과할 경우 그 소요액을 은행에서 보충하고 재단기금을 유지하는 명분 아래에서 설립과 동시에 발족했다.

본 사업의 발족에 따라, 공상(公傷), 질병 요양시설의 충실을 도모하기 위해 부산 근교의 해운대온천(海雲臺溫泉), 대전 유성온천(儒城溫泉), 함북 주을온천(朱乙溫泉)에 요양소 및 직원들의 휴식 여행을 대비하여 기숙사를 신설하고, 또 명승 금강산 녹동해안(鹿東海岸)에 따로 게시한 바와 같이 연성도장(練成道場)을 부설하고, 그 위에 앞서 언급한 뚝섬공동텃밭(纛島共同菜園), 은행 내 진료소, 이발부 등을 통합하여 본회 시설의 확충을 도모하였다.

이와 같이 전반에 걸쳐 대규모의 철저한 복리후생시설은 조선 내에서는 물론 유례가 없고, 또 일본의 대표적 유명 금융기관이라도 비교할 수 없는 특색을 갖춘 독보적인 것이었다.

(6) 직원 연성도장(練成道場) 개설

태평양전쟁의 전시 국면이 후퇴작전으로 전환될 무렵부터 전승기원 행사가 성행하여 이에 호응하여 목욕재계[35] 행사가 권장되었다. 용산(龍山)의 구 총독관저를 그 도장으로 사용하여, 여기에서 목욕재계 행사를 먼저 주도하는 연성관(練成官)을 두고, 먼저 관계(官界), 민간단체에게 참가를 독려하고 보급을 도모하였다.

하야시는 자진해서 이 목욕재계에 참가했을 뿐만 아니라, 은행 내외에도 이것을 권장하여 반드시 행할 것을 촉구하였다. 그 도장은 경치가 뛰어난 금강산 기슭 아래, 푸른 바다의 파도가 속삭이는 백사장과 푸른 소나무의 명승지 수십만 평과 이곳에 흩어져 있는 가옥 몇 동을 함께 양

---

35) 禊ぎ[みそぎ] : (죄·부정을 씻기 위해) 냇물이나 강물로 몸을 씻는 것; (비유적으로) 과오·실책 등을 없던 일로 하는 것.

도받는 것을 다행스럽게 여겨 그 건물을 도장으로 사용한 것이었다.

(7) 공제회의 귀환자 원호

1945년 8월 15일 태평양전쟁은 일본의 패전으로 끝났고, 같은 해 9월 미 점령군의 조선 상륙, 계속되는 미군사령관의 포고, 군정관의 설치로 1910년 한일병합 이후 36년간의 총독부 시정은 여기서 막을 내리게 되었다. 재조선 일본인은 본국으로 송환하라는 통고에 따라 줄 지어서 몸소 철수하기 시작했다.

식산은행에서 다수의 일본인 은행원과 그 가족의 귀환에 대해서는 일반적인 예에 따라 귀환 증명서를 발급받아 송환열차의 승차편을 구하는 것과 다른 한편으로는 소지품 이외의 의류 등의 운송 계획을 하는 등 여러 가지 용무를 수반했지만, 이들 귀환 원호 사무는 당연히 공제회의 담당에 속하기 때문에 사전에 이에 필요한 준비금 지출을 시행하여 귀환자들을 도왔다.

귀환에 관해서는 즉시 대책을 강구하여 송환선박, 자동차의 발착지인 부산 외에 하카타(博多), 센자키(仙崎)에 연락소를 개설하고, 하야시다(林田) 공제회 전무이사 관할 아래에 공제회는 원호 용무를 맡기기로 결정했다.

4. 패전과 함께 쓰러진 거목

(1) 고된 업무에 심신 소진

하야시의 일상은 이미 언급한 바와 같이 동분서주, 밤낮을 가리지 않는 바쁨과 고된 업무의 연속이었다. 그야말로 보통 사람은 상상할 수 없는 심신의 혹사였다. 1945년 1월 1일 하야시는 항상 하던 대로 은행 내 강당에 전 직원을 모아 약 한 시간 반에 걸쳐 비상시국하에 대처하는 마음가짐에 대해 열의를 담아 신년 훈시를 실시했지(=이것은 뜻밖에도 하야시가 직원들에게 하는 마지막 말이 되었다.=)만, 그 후 며칠간 혹한의 날이 계속되어 신년 초부터 감기 기운으로 요양하게 되었다.

처음에는 가벼운 감기정도로 생각하고 대수롭지 않게 여겼으나, 의사의 진료를 받아도 호전되지 않고 오히려 악화되는 조짐이 보여 합병증의 발병까지 염려 되어, 마침내 병상에 누워 지내게 되었다. 하야시는 태어나면서부터 건강한 체력은 아니었다. 오랜 고된 업무와 심신의 피로가 몸에 무리가 가지 않을까 측근들도 걱정할 정도였다. 그러나 강직한 하야시는 그것을 괴로워한 적도 없었고, 특유의 책임감과 강한 의지, 왕성한 정신력으로 심신의 고뇌를 극복해 왔던 것이다.

이렇게 갑자기 몸져 눕게 된 것도 평소 때 쌓인 피로가 한꺼번에 몰려온 것으로 보인다. 병세는 날이 갈수록 악화되어 마침내 장기간의 요양을 피할 수 없게 되었다. 발병 이후 주치의 나리타(成田)박사의 세심한 진료와 친척들의 극진한 간호에도 불구하고 병세는 일진일퇴를 거듭하며 호전되지 않고 점차 쇠약해져 갔다. 하야시는 무거운 병상에 누워 있으면서도 밤낮으로 은행 업무나 전쟁 국면의 추이를 걱정하고, 공허하게 병상에 있음을 한탄하며 하루라도 빨리 병상에서 일어나 은행 업무를 볼 것을 염원해 초조하게 고뇌하는 기색이 짙게 배어 있었다.

(2) 비장한 병상 지휘

이 상태에서도 하야시의 기력은 쇠약해지지 않고 오히려 왕성하여 그의 재능은 평상시와 다름없이 더욱 명석해져 시국하 생산증강의 시급함을 설명하고 한층 더 분발할 것을 재촉하는 기백은 병상에서 그 모습을 접한 사람들 모두의 마음을 강하게 자극하였다.

업무에 대해서는 잠시도 머리속에서 떠나지 않고, 긴 요양 기간 중 아침, 저녁 2회 정해진 시간에, 때로는 임시로 비서를 병상으로 불러 자신의 뜻을 전하거나 매일 업무 보고를 받았으며, 또한 각 부서에서 제출하는 중요 사항을 결재하거나 지시하는 등 자신이 처리한 것을 평소와 변함없이 하루도 쉬지 않았다.

따라서, 병상에 누워 있던 8개월 동안 은행 업무의 운영면에서는 조금도 차질을 빚지 않고, 모든 은행이 일사불란하게 협력하여 맡은 바 직책을 다하였다. 이는 전적으로 하야시가 병든 몸을 잊고 지도에 힘쓴 불굴의 열의와 숭고한 책임감에 힘입은 것이라 하겠다.

즉 하야시의 성실한 성격은 모든 현상(現象), 곧 다가올 일의 상황을 예상하여 결정하고, 사색하고, 추구하지 않을 수 없었다. 그리고 그 구체화는 왕성한 실행력으로 뒷받침된 것이므로 따라서 하야시에 의해 현실화된 모든 성과는 모두 그 성실함의 발현이었다.

1945년 8월 전쟁 시국 드디어 위급함을 알리고 직원들 모두가 비장한 기분에 휩싸여 있을 때, 하야시는 다행히도 병세가 일시적으로 호전되어 8월 초 은행장실에 모습을 드러냈다. 그 병세는 출근해서 직무를 감당할 수 있을 만큼 회복된 상태는 아니었지만, 하야시 입장에서는 국가의 위급한 존망을 병상에서 듣고 지나칠 수 없었다. 또 혹은 적어도 직원들의 사기를 북돋아주기 위해 병을 무릅쓰고 출근한 것으로 짐작된다.

오랜만에 은행장을 대하고, 은행 내에는 뜻밖에 안도의 분위기가 되어 그저 좋았고, 사기는 더욱 높아졌지만, 애석하게도 그 날부터 열흘도 지나기 전에 태평양전쟁은 마침내 8월 15일, 파국의 날을 맞이했다. 이 날 한층 근심이 깊어진 하야시를 중심으로 임원, 간부직원 10여 명이 은행장실에서 천황의 역사적인 종전 방송을 들으며 침통한 표정을 감추지 못했다.

(3) 쓰러진 뒤 멈춘 기개

8월 15일 종전의 날을 기점으로 조선에는 조선의 독립, 미 점령군의 진주, 소련군 입성의 소문이 난무하고, 또 치안도 문란해져 흉흉한 모습이 그야말로 어제와 달라진 오늘의 하늘이 되었다.

하야시는 이 예사롭지 않은 상황 속에서 패전 후의 급한 일을 처리하기 위해 중병을 무릅쓰고 사택과 은행을 오갔는데, 그것은 참으로 애처롭기 짝이 없었다. 패전의 충격으로 정신적 지주를 잃은 하야시는 며칠 후 갑자기 복막염이 발병해 일상적인 생활이 불가능하여 다시 병상에 눕게 되었다. 그야말로 쓰러지고 나서야 멈추는 이유를 몸소 보여준 것이리라.

(4) 중병의 몸을 후쿠오카로

이때에도 경성은 이미 사정이 어수선하여 안정된 요양을 할 수 없는 상태였다. 하야시로서도 이미 중환자임을 자각하고 있었지만, 여전히 이 땅에 남아서 식산은행의 최종 처리는 자신의 손에 의해서 완수하고, 그것과 운명을 함께 하고 싶다는 비장한 의도를 가지고 있었다.

그러나 시시각각 악화되는 주위의 정세는 그것을 허락하는 않는 상황이 되어 주치의를 비롯한 주변의 간절한 권유에 따라 마침내 결심을 하고, 아베(阿部)총독에게 6개월의 휴가를 청하여 일단 귀국해서 치료에 전념하기로 하였다. 이리하여 급히 9월 3일 병상 침대에 누워 있는 상태

에서 미네코(みね子)부인, 주치의 나리타(成田) 박사, 비서역 등이 동행하여 정든 사택을 떠나 귀환자들로 혼잡한 경성역 앞을 출발하여 부산의 후쿠다(福田)씨에게서 이틀간 휴식을 취한 후, 다음날 5일 아침, 일부러 여기까지 배웅하러 온 나리타(成田)박사에게 이별을 고하고, 부산 부두에서 추억이 깊은 산야를 뒤로 하고 이 길로 하카타(博多)항에 도착했다. 기다리고 있던 처남 키타자키 타케타로(北崎竹太郎)씨 외에 가까운 친척들의 환영을 받고, 그대로 규슈대학(九大) 병원 내과에 입원했다.

(5) 조용한 죽음

입원 중에는 미사오(操)박사 외 관련된 의사들의 정성어린 치료를 받으며 오로지 회복에 힘썼으나 병세는 호전되지 않고 반대로 서서히 중태로 진행되어 더욱 쇠약해져 갔다. 그럼에도 하야시는 특별히 고통스러워하는 기색 없이 평온한 상태였고, 또 주위를 둘러싼 가까운 친척들의 눈에도 병고에 시달리는 듯한 모습은 보이지 않았다. 이런 상태가 대략 20여 일이 지나니 주변 사람들의 눈에도 점점 쇠약해져 가는 것을 읽을 수 있는 상태가 되었지만, 그럼에도 불구하고 하야시는 별로 고통을 말하지 않고, 오히려 간호하는 가까운 친척에게 "폐를 끼쳐서 미안합니다, 미안합니다." 라고 말할 정도로 의식도 명료해서 흐트러진 모습 따위는 조금도 없이 참으로 침착한 모습이었다.

병상에는 미네코(みね子) 부인, 하야시의 친여동생으로 아베 집안에 시집간 마쓰에다(松枝) 부인, 장녀로 야마모토 유키오(山本幸雄)씨에게 시집간 미요코(美代子) 부인, 5남 사다오(貞雄)씨가 대기하면서 밤낮으로 머리맡을 떠나지 않고 할 수 있는 모든 간호를 하였고, 또 이곳에 사

는 차남 후미오(文生)씨의 외, 처남 기타자키 타케타로(北崎竹太郎)씨는 도고(東郷)에서 가끔 병문안을 왔다. 하야시의 셋째동생으로 히로바시(広橋) 가문을 이어 시모노세키(下關)시에 개원 중인 의학박사 히로바시 사이조(広橋斉造)씨도 위독하기 3일전부터 달려와 하야시 곁에 매달려서 간호를 했다.

이 기간 동안 가장 아름다운 인간애를 느낄 수 있었던 것은 카시(香椎)고등여학생 수십 명의 일행이 젊은 여성의 수혈이 특효가 있다는 소식을 듣고, 같은 학교 아베(安部)교사를 따라 선발된 10인의 여학생이 선뜻 병원에 찾아와 순수하고 귀중한 하야시와 같은 혈액의 수혈을 신청한 것이었다. 또 장남 토시아키(敏明)씨는 소집 중이어서 아버지의 근황을 알지 못하다가 우연히 10월 2일에 미야자키(宮崎)에서 제대하여 하카다(博多)의 (앞서 기록한) 아베 마쓰에(安部松枝)씨 집에 들렀다가 아버지의 위독한 병세 소식을 처음 듣고 그대로 달려가서 즉각 수혈하는 동시에 간호하였는데 그것이 임종 하루 전의 일이었다. 기이하게도 부자간의 이 생에 끈끈한 인연과 유대의 깊이를 엿볼 수 있는 대목이다.

부인이 남편이 평소 좋아하는 후지산 부채를 가리키며 "무엇이지요?" 라고 물으면 "후지산이요."라고 대답하고, 또 자신을 가리키며 "아시겠습니까?" 라는 물음에 "나의 아내입니다."라고 확실히 그것도 막힘없이 대답했을 정도로 의식은 선명했다.

하야시의 발병과 그 병환 중에는 패전으로 국가적 혼란기였기 때문에 마음대로 할 수 있는 여건이 아니었지만, 그래도 당시로서는 의료에서도, 가까운 주변 친척들의 간호도 할 수 있는 최대한의 배려가 이루어졌다. 마침 며칠동안 곁을 지키며 하야시의 손을 잡고 지켜보던 친동생 히로하시(広橋) 박사의 침통한 한마디 "임종입니다."를 들었다. 1945년

10월 3일 오후 11시 30분이었다.

하야시는 추억이 가득한 경성을 떠난 지 한 달 만에 마침내 불귀의 손님이 된 것이었다. 병중 개인적인 일에 대해서는 아무 말도 하지 않았던 하야시였지만, 은행 직원의 성공적인 은행 업무에 대해서는 깊은 관심을 갖고 자주 그것을 입에 올렸다. 병이 갑자기 깊어질수록 임원회에 대한 기억을 떠올리며, 그리고 임종 무렵까지도 그 일을 되풀이하며 말했던 것을 생각해 보면, 혼백은 이미 경성의 하늘을 날고 있었던 것으로 생각되어 하야시가 조선에 쏟는 애착, 그리움의 열정이 얼마나 강렬하고 깊었는지를 새삼스럽게 절실히 느끼게 한다.

거목은 일본의 패전과 동시에 쓰러져 버린 것이다. 향년 58세, 어찌됐든 너무 일찍 죽었다. 죽음은 인생의 종말이기에, 그것이 다가올 때 감회가 없는 사람은 없을 것이다. 그러나 하야시는 하루하루 좋은 날로 여기고 매일매일 혼신의 정열을 쏟아 부으며 마음에 드리우는 구름 한 점 없는 나날을 보냈음에 틀림없다. 또한 하야시는 그 만큼 인생관이 투철했음은 의심할 여지가 없고, 그것은 하야시의 발자취에서도 여실히 드러나는 일이기도 했다. 즉 하야시는 한 치의 망설임도, 한 치의 미련도 없이 청명한 하늘처럼 혹은 한 방울의 오염도 되지 않는 참된 맑은 물처럼 고결한 마음으로 조용히 영면에 들었으리라 믿어 의심치 않는다.

제4장 인품과 일화

1. 세심하고 대담함

하야시의 인품은 "세심하고 대담하다"라고 표현할 만큼 성격상의 양극을 가지고 있으면서도 거기에 모순당착(矛盾撞着)을 일으키지 않았다고 할 수 있다. 하야시는 사소한 일에까지 신경을 많이 쓰고, '이런 것까지'라고 생각이 들 정도로 세심하게 주도하였다. 그러나 또 다른 사람처럼 의연한 태도로서 대담하게 척척 직언을 할 수 있는 다른 면이 있었던 것도 사실이다.

이런 경우를 접하는 사람들은 경외심을 느끼거나 냉혹한 사람으로 느끼게 마련인데, 하야시에게는 그런 뒤끝을 남기지 않았다. 비 온 뒤의 신선함이라고 할 수 있는 밝음이 있었다. 완고함, 오만함의 어둠은 조금도 느껴지지 않고, 부드러운 분위기가 감돌아 오히려 마음이 끌리는 친밀감이 있었다. 이러한 하야시의 분위기는 다분히 집착도 없고 자존심에 치우치지 않고 담담하게 상대방의 마음을 헤아리는 것에 게을리하지 않았던 심경의 표현이 아니었을까. 또 사람을 대할 때 차별성을 두지 않고 사고방식이 공평하다는 성격상의 장점은 사람들에게 존경받는 이유이기도 했다.

2. 날카로운 기백과 자제력

"눈은 마음의 창(窓)"이라고 하지만, 하야시의 눈빛에는 묘한 광채와 날카로움이 있어, 상대방의 마음 속 깊은 곳까지 꿰뚫어 보는 듯한 인상을 받았다. 하야시의 진지함 그 자체의 기백이 마음의 창에 투영되어 있었다는 것을 알 수 있다. 또한 하야시의 빠른 이해력에는 정평이 나 있었다. 복잡한 문제라도 즉시 전체의 내용을 파악하고, 다시 그 요지를 간추려 반문하는 등 '치면 울리는' 예민함이 있었다. 결재도 민첩하고 빨라서 "흡수지"라든가, "면도칼"이라는 별명이 있었다. 이것도 진지함을 신조로 삼은 하야시의 강직한 기력의 발현이었다고 볼 수 있다. 이처럼 하야시의 일상은 이른바 '정안(正眼)의 자세'[36]로 빈틈없는 충실감으로 시종일관하고 있었지만, 그런면에서도 그의 주변에 다가가기 힘들 것 같은 험악함은 느껴지지 않고 오히려 따뜻한 분위기와 마음이 끌리는 여유를 남기고 있었다.

더 나아가 말을 이어가자면, 하야시는 강한 성격이긴 했지만 그것은 얇은 비단으로 감싼 잘 드는 칼을 연상시키는 느낌이었다. 그 얇은 비단의 역할을 하고 있었던 것은 겸손과 자제력이다. 사실 하야시는 제3자가 볼 때 필요 이상으로 자제력을 발휘하는 경우가 있었다. "전신(轉身)의 묘(妙)"나 "변신(變身)의 빠름" 등으로 불리는 처세에 교묘하거나 약삭빠르게 처신하는 것은 하야시에게는 할 수 없는 일이었다. 모든 것을 마음에 담아 두고 자제할 뿐이었다. 그것은 마치 반석(磐石)위에 바람과 눈을 참고 견디는 소나무와 같은 태연한 자제력이라고도 형용할 수 있으리라. 또 미묘한 변화를 감지하고 전환점을 기다리는 태연하고 느긋

---

36) (검도에서) 상대의 눈높이에 칼끝을 고정하는 자세.

한 태도라고 할 수 있는 자제력이었다.

3. 철저했던 꼼꼼함

지금까지 살펴본 하야시의 강인하고 뛰어난 성격의 밑바탕이 되는 것, 다시 말해 그런 인품의 가장 핵심은 무엇일까. 그것은 하야시가 일에 있어서 꼼꼼한 성격이라고 하는 어찌 보면 평범한 것에서 찾을 수 있을 것 같다. 그리고 이 꼼꼼함이라는 좋은 습관은 쉽게 남에게서 배우거나, 학습하여 얻을 수 있는 것도 아닌 것 같다. 하야시의 꼼꼼함은 모든 것에 있어서 참으로 철저했다. 사소한 것이라도 소홀히 않았던 것을 가까운 예로 들자면, 책상에 붓과 먹이 있어야 할 위치, 펜과 연필을 놓을 장소에도 세심한 배려가 나타나 있었다. 이러한 꼼꼼함은 1년 지원병 시절의 영향도 다소 있었을 것으로 생각되지만, 그 근본은 아마도 타고난 자질에 깊게 뿌리를 둔 것 같다.

하야시는 항상 문제에 대해서 '신속 정확'을 입버릇처럼 말했지만, 예민하게 느낀 다음 순간 행동으로 그 구체화에 들어가면 이른바, 한 치의 망설임도 용납하지 않는 스타일이었다. 그래서 주변에서는 '따라갈 수 없다.'라는 느낌을 받았을 정도로 그의 꼼꼼함은 철저하였다. 하야시는 한번 일을 시작하면 그것을 끝마칠 때까지 안심할 수 없다는 책임감보다는 오히려 꼼꼼한 습관에 이끌려 일을 주저하지 않고 바로 결단하여 바로 실행에 옮겼다. 이러한 하야시의 철저한 꼼꼼함은 보통 사람이 도저히 흉내 낼 수 없는 것이었다. 그러나 또 그렇기 때문에 이 사람이라면 믿고 맡길 수 있다는 신뢰감을 갖게 되었다고 할 수 있다.

4. 대범한 경신(敬神)사상

하야시의 인격을 이야기할 때 빼놓을 수 없는 하나는 경신(敬神)에 대한 지극한 경건함이다. 이것은 세속적인 어떤 종교, 어떤 신과 같은 것은 아니었다. 혹은 과학자가 과학의 분야 이외에 그 실재성을 긍정할 수밖에 없는 신상관(神相觀)의 경신(敬神)이라고 할 수 있을지도 모른다. 아니면 대자연의 섭리는 이치를 떠나서 존중할 수밖에 없다는 식의 경신 사상이었을지도 모른다. 말하자면, 대범한 경신(敬神)사상이었던 것 같다. 두, 세 가지 일화를 여기에 적어 두고 싶다.

하야시가 재무국장 시절에 살았던 욱정(旭町)[37] 관서의 정원 앞에서 관폐대사(官弊大社)[38] 조선신궁(朝鮮神宮)이 소나무 숲 사이로 어른거렸다. 천조대신(天照大神)[39]과 메이지 천황(明治天皇)의 두 위패를 옮겨 모신 것으로, 당시 조선의 수호신이라 불렸다. 남대문에서 성벽에 따라 370여 계단을 오르면 제2 대광장에서 제2, 제3, 제4의 토리이(鳥居)[40]를 지나 배전(拜殿)[41]에 도달하는데, 마당에는 온통 굵은 자갈이 깔려 있어 걷기가 힘들었다. 하야시는 이것을 보고 마당 중앙에 납작한 돌을 깐 보도(步道)를 설치하려고 생각하여 수 미터 폭의 화강암 참배길을 만들어 기부하였다. 이로 인해 참배객들은 편리해졌을 뿐만 아니라 신사의 경내를 한층 장엄하고 아름답게 만드는데 도움이 되었다.

또 그 욱정(旭町) 관사의 마당에는 두 그루의 거대한 회화나무가 있었

---

37) 아사히마치, 현 중구 회현동의 일제강점기 명칭이다.
38) 국가에서 지정하는 대사, 총독부에서 관리하는 대사.
39) 아마테라스 오미카미, 일본신화(日本神話)에 등장하는 태양신(日神)으로, 일본 천황의 조상신(祖上神)로 알려져 있다.
40) 신사(神社) 입구에 세운 기둥문.
41) 예배를 행하기 위해 본전 앞에 설치한 신사(神社)의 전당.

다. 가을이 되어 낙엽이 떨어지면 수백 년의 풍설을 견뎌낸 거목은 위엄 있게 우뚝 솟아 있고, 봄이 되면 거목답지 않은 신록의 새싹들이 돋아나 공중을 채색하고, 나무 아래에는 진달래의 무리가 아름다움을 겨루는 풍경이 펼쳐졌다. 그 무렵 하야시는 나무기둥에 둘러진 커다란 금줄을 바꾸고 신관(神職)을 초청해 제사를 지내고 국(局)의 과장, 언론인, 부하 직원 등도 다수 초청하여 모의 가게(模擬店)[42]를 여는 것을 연례행사로 삼고 있었다. 이것은 하야시가 경신사상을 대자연의 상징인 고목에 투영한 사례로 볼 수 있다.

더 나아가 고향과 연결되는 경신의 일화도 빼놓을 수 없다. 하야시는 매년 의회의 용무 등을 위해서 여러 차례 부산과 시모노세키를 왕복하였다. 그때마다 연락선이 후쿠오카현의 앞바다 48리 떨어진 오키시마 근처를 지날 때면 반드시 일어나 갑판 위에서 공물을 던지고 요배(遙拜)[43]하는 것을 예로 들 수 있다. 이 섬에는 천조대신(天照大神)의 세 여신을 모시고 있는데 고향의 사당 무나카타(宗像神社) 신사의 한 여신인 오키츠미야(沖つ宮)[44]가 모셔져 있다. 하야시는 또 고향 후쿠오카현 무나카타군(宗像郡) 내 최고봉인 성산(城山) 정상에 바다를 멀리 바라볼 수 있는 오키츠미야 요배소(遙拜所)와 전망대를 건립해 기증하였다. 솔직하고 순진한 정신이라고 할까, 하야시의 이 경신의 면모를 아는 사람은 누구나 가슴이 뭉클할 것이다.

---

42) 원유회(園遊會) 등에서 손님 접대용의 간이 음식점.
43) 멀리 떨어진 곳에서 일본 왕을 향하여 절을 함.
44) 해신(海神)의 궁전.

5. 술자리를 즐기다

학창시절에 술잔을 들고 공부할 정도로 하야시는 술을 좋아했고, 또한 상당한 대주가였다. 사람을 초대하는 것도 좋아했고, 술자리에서는 술을 많이 마시고 많은 이야기를 나누는 편이었다. 그것은 고향의 쿠로다 타령(黑田節)45)에서 불려지는 고토 마타베에(後藤又兵衛)가 큰 술잔을 들이키며 계속해서 명창(名槍)을 마셨다고 하는 마음과도 통할 만한 술자리였다. "마시면 마실수록 취한다." 이라는 말이 있지만, 하야시는 "마실 만큼은 마셨지만 취하지는 않았다."고 하며, 물론 술에 취해 난동을 부리거나 취한 모습을 보인 적도 없었다.

술자리의 하야시를 아는 사람은 "하야시는 야마나까 타령(山中節)46)를 좋아했고, 가끔은 아야타로(綾太郎)의 십팔번 '남편은 아내를'의 한 부분을 많이 따라했다. 아름다운 목소리라고는 할 수 없지만, 대충 억양에는 잘못이 없었던 것 같다. 그 멋있는 사나이는 표정이 옹골차고 야무지면서 차분한 멋이 있어 연회석의 점수는 만점이라고 해도 과언이 아닐 것 같다. 지금도 생각나는데, 술을 마시면서 담소를 나누는 중에 혀를 날름 내밀거나 손가락 끝으로 콧대를 잡는 버릇이 자주 나오는 것이 매력이었다."라고 말했다.

또 매년 고향 사람이나 부하를 부부 동반으로 자신의 집에 초대해 대접하였다. '충분히 대접해야 한다.'는 마음가짐이 배어 있어 손님을 차별하지 않음은 물론 직접 손님의 자리를 돌아보고 물건의 배치에도 신경을 쓰는 세심한 배려가 하나의 이야깃거리가 되고 있다.

---

45) 후쿠오카현의 민요.
46) 이시카와현(石川縣)의 야마나카(山中) 온천(溫泉) 지방에서 불려지던 민요(民謠).

6. 취미와 운동

하야시는 바둑, 글씨와 그림, 골프에 취미가 있었지만, 그다지 깊이 빠져들지는 않았다. 바둑은 프로기사의 입장에서 보면 크게 서투른 바둑이고, 아마추어계에서는 중급 정도였던 것 같은데, 그 중급 정도의 사람과 대국을 하곤 했다. 가끔 '치고 바꾸기' 전술을 사용해서 상대방을 깜짝 놀라게 해서 의기양양한 모습이었다.

서예에도 상당한 취미가 있었던 것 같고, 요청이 있으면 직접 붓을 잡기도 하였다. 그러나 '당당하고 훌륭한 문필'이라고 할 만한 서체는 아니었지만, 솜씨가 있고 진지한 서체였다. 그림은 직접 붓을 잡는 일은 없었다. 신진 화가의 그림을 좋아해서 가끔 그림 장수의 권유로 구입하였던 것 같다.

골프 경력은 꽤 오래된 것 같지만, 그 기술력은 10점대였다. 특별히 열심이라고 할 정도는 아니었고, 자연의 분위기 속에서 기분 전환이라든가 건강을 위해서라든가 하는 것이 그 목적이었을 것이다.

하야시는 위에서 열거한 취미나 운동에는 그다지 열심이었다고는 할 수 없다. 그런데 이것은 취미라고 할 수 없을지도 모르지만, 정원에서 직접 잔디를 손질하는 일은 매우 열심이었다. 이재과장 시절의 관사에는 조금 넓은 잔디밭이 있었고, 재무국장 시절의 관사에도 꽤 넓은 잔디밭이 있었다. 또한 식산은행장 저택에는 3천 평 가까운 부지에 성내(城內) 제일의 유명한 정원이 있었고, 그 연못가에 접해 있는 넓은 잔디밭이 있었다.

하야시는 그 각 관사에 사는 시절에 봄부터 여름, 가을을 지나는 긴 시간 동안 가벼운 옷차림에 밀짚모자를 쓰고 잔디밭에 앉아 쇠꼬챙이,

대나무꼬챙이 등을 한 손에 쥐고 잡초를 깨끗이 뽑는 모습이 마치 삼매경에 빠져 있는 듯한 인상을 받았다.

7. 부하에게는 관용

하야시는 인내심이 강하고 배려심이 깊은 면이 있어 배울 점이 많았다. 다음에 언급할 일화는 하야시가 재무국장 시절의 주류품평회(酒類品評會)에서 있었던 일인데, 사람 위에 있는 사람은 이처럼 관대해야 한다는 것을 그 자리에 있던 사람들은 절실히 느끼게 되었다.

어느 해 경성 남대문 근처의 경성상공회의소 회관에서 개최된 전조선주류품평회(全鮮酒類品評會) 때의 일이다. 각 지역의 주조가(酒造家)들은 이 날을 대비해 정성을 다해 주조한 명주(銘酒)를 들여왔고, 품평회장은 그 진열품들로 가득 채워졌다. 이 날의 하이라이트인 시음용의 명품(名品)도 이미 테이블 위에 놓여 있었다. 내빈도 대기실에 있어 준비가 완료된 것으로 보였지만, 가장 중요한 주조 감독인 담당 기사가 보이지 않았다. 술품평회에 정작 담당 기사가 없으면 막을 올릴 수 없었다.

하야시는 즉시 관계자들에게 그 기사를 데려오도록 재촉했지만 정작 기사는 무슨 용무가 생각났는지 품평회장에서 본부로 되돌아가고 있었고, 게다가 시음할 술을 미리 마신 모양으로 이미 상당히 기분이 좋은 상태라는 것을 알았다. 그러나 그 보고에도 하야시는 당황거나 흥분하지 않고 조용히 다시 데려오도록 재촉하여 간신히 그 기사를 맞이하여 품평회를 마쳤다.

이러한 경우 자칫하면 격앙된 끝에 당사자의 용의주도하지 못함을 몹시 책망하기 마련이지만, 하야시는 잘 자제해서 주위에 지나친 소란을 일으키지 않았다. 그 태도는 참으로 훌륭한 조처였다.

8. 매년 초의 유언장

하야시는 매년 정월에 반드시 유언장을 적었다고 하는데, 귀환할 때 분실되어 하나도 남아 있지 않았다고 한다.

그것은 유언장을 음습하고 어두운 것으로 보지 않고 새해를 맞이하여 돌아가는 것을 시작의 기쁨으로 여겼던 하야시의 심경의 표현이 아니었을까 싶다. 만약 상상이 가능하다면, 하야시는 "날마다 좋은 날"로서 그 날그날을 진심으로 가장 중요한 날이라고 여기는 마음가짐으로, 그의 기풍(氣風)을 집안사람에게도 남기는 말로 삼기 위해 우연히 신변에 여유가 있는 연초를 택하여 적기로 한 것은 아니었을까.

9. 춘향사당에 초상화 기증

춘향전이라고 하면 조선비사(朝鮮鄙史)에 유명하지만, 무라야마 토모요시(村山知意)에 의해 각색되어 그 제1회 연극 공연이 경성에서 개최되어 장안의 인기를 끌었던 작품이다.

춘향사당은 그 주인공의 절개를 기리기 위해 유서 깊은 곳 전라남도에 건립된 것으로 전해진다. 우연히 하야시는 호남 방면 지점 순시 도중에 역사적 유적지로 알려진 남원 광한루에 들렀다가 이 춘향사당을 보고 사당 안에 안치된 춘향의 초상화가 연극 중에 나타난 춘향에 비해 너무 초라함에 마음이 동요되어 초상화의 기증을 생각해 냈다.

돌아와서 그 초상화를 그릴 마땅한 화가를 물색한 결과, 총독부 주최로 매년 열린 조선미술전람회의 심사위원이자 미인화에 있어서는 둘도 없는 거장이라 불리던 조선인 화백이 있음을 확인하고, 특별히 의뢰해서 수 십일 만에 완성되었다. 완성된 실물 크기의 초상화는 소문과 다름없이 참으로 심혈을 기우려 만들어 낸 훌륭한 작품이었다. 이에 대해 현준호(玄俊鎬) 호남은행장이 특히 이 일에 동참하고 싶은 간곡함이 있어, 하야시와 두 사람이 반반씩 부담하여 초상화는 춘향비사(春香碑祠) 내에 모셔졌다.

조선에서는 감찰사, 군수 등에 대한 선정불망비(善政不忘碑)는 곳곳에서 볼 수 있으나, 이런 종류의 열녀, 귀감이 되는 부인(婦鑑) 또는 충신, 의사, 열사 등의 유적은 적고, 이 춘향비사와 고려시대 충신 정몽주의 유적이 개성 교외 선죽교 근처에 있는 것 이외에 그다지 알려지지 않은 것 같다.

하야시는 그 희귀한 존재인 춘향사당의 초상화가 볼품이 없는 것을 알고, 후세에 뚜렷이 남기기 위해 이 같은 일을 한 것으로 보인다.

10. 은행 탈취를 간파

그 시기 적절한 조치가 능히 은행 탈취 사건을 미연에 방지했다는 하야시의 혜안을 엿볼 수 있는 사건이 있었다.

1935년 경 고바야시 이치조(小林一三)씨의 친척이라는 명분으로 경성에 나타나 고바야시 히데오(小林秀雄)라고 자칭하는 자의 일행이 있었다. 일행은 여러 날 계속해서 유명한 요리집에서 호화로운 연회를 즐기고, 은행 매수 목적으로 경성에 왔다고 호언장담을 해 주변 사람들을 놀라게 했다는 소문이 돌풍처럼 퍼져나갔다. 그리고 일당은 하루가 지나지 않아 함흥에 위치한 북선합동은행(北鮮合同銀行)에 진입하여 매수에 착수한 것으로 밝혀졌다. 그야말로 청천벽력과도 같은 돌발사건이었다.

사태의 심각성을 간파한 하야시는 지체 없이 세키미즈(關水) 도지사, 단시타(丹下) 경찰부장 외에 관계자와 함께 긴급 수배를 내려 대사기 행위의 단서를 포착하여 일행이 은행에 나타난 순간 체포와 동시에 이 은행 업무를 관리하는 긴급조치를 취하였다. 북조선의 유력 조선인이 운영하는 은행을 둘러싼 이번 덴이치보(天一坊)[47]의 야망을 사전에 좌절시킨 것이다.

---

47) 에도 중기의 승려. 도쿠가와 가문의 일족이라 칭하여 세상을 떠들썩하게 하여 처형되었다.

제2편 회상

이 편의 배열은 혈연관계가 가까운 친척·스승과 친구 관계를 먼저하고, 그 외에는 대체로 연령 또는 친분으로 있었던 분들에게 받은 순서에 따랐습니다. 혹시 잘못이 있을지도 모르지만, 양해 바랍니다.

1. 추억

하야시 마츠에(林まつへ)

　시아주버님(하야시를 칭함; 역자)은 무척 다정다감하고 배려심이 깊은 분이었습니다. 제가 아이 둘을 낳고 힘들어할 때, 바쁜 와중에도 일부러 어머니를 위로하기 위해 하룻밤 자고 갔습니다. 그 다음 날 출발할 때에 "어제부터 마츠에를 보고 있노라면 며느리로서 결코 나쁘지 않으니 참아 보세요."라며 어머니를 달래주시고, 한편 저에게는 "까다롭겠지만 부탁합니다."라고 말씀하셨습니다. 저는 만 명의 아군을 얻은 것처럼 감명을 받았고 마음을 강하게 하였습니다.

　남편이 젊어서 돌아가셨을 때, 저는 32세였습니다. 그 때 아카마(赤間)의 숙부인 다케타니(武谷) 의사와 구로사키(黑崎)의 숙부(모치즈키 토오카(望月遠賀) 은행장)가 마츠에는 아직 젊으니까 남자아이 2명을 하야시 집안에 두고, 여자아이 2명을 친정아버지 다카야마 유자부로(高山雄三郎)에게 맡기고, 재혼시키지 않으면 불쌍하다고 말했습니다. 이

것은 온정이 넘치는 말이지만 그보다 한층 더 시아주버님은 저의 마음을
꿰뚫어 보고 "너무 재혼 등은 생각하지 마세요. 우선은 생활할 수 있도록
아이들을 양육할 수 있도록 돕는 것이 저희들의 임무입니다. 여자는 친
정이 제일 그리울 테니까 친정에서 머물면서 약간의 경제력을 가지도록
하세요."라고 말하면서 매우 관대하게 보살펴 주셨습니다. 저는 스스럼
없이 친정에서 편안하게 생활하면서 무사히 아이들을 키울 수 있었습니
다. 시아주버님의 뛰어난 의견에 친정 식구들은 감사해 하였습니다.

또 그러던 중 시어머니가 남편의 1주기에 뇌출혈로 쓰러졌을 때의 일
입니다. 그때 도고(東鄕)숙모와 아카마(赤間)의 구로사키(黑崎)숙부들이
환자가 된 시어머니를 슌조(俊造)도 없는 이 집에 이대로 두면 미안하니
까, 자택으로 모시고 돌아가야 할지, 병원에 모셔야 할지 의논하고 있는
데, 시아주버님이 "마츠에는 꼭 어머니를 돌보고 싶다고 생각하고 있어
요. 며느리의 의무를 훌륭하게 해 내고 싶어 합니다. 그렇게 될 수 있도
록 모두 함께 합시다. 제1학교에 근무하고 있으니까 도우미를 고용합시
다. 그 비용은 내가 내겠습니다. 그리고 우리 아내와 사이조(斉造)의 처
와 여동생 마츠에(松枝) 세 사람이 교대로 간병하러 옵시다."라고 말해
서 그렇게 진행되었습니다. 시아주버님은 이렇게 저의 마음을 언제나
꿰뚫고 계신다는 것에 송구스럽기만한데, 그런 원대한 사려(思慮), 깊은
배려에 친척들은 그저 칭찬만 했습니다.

남편이 돌아가신 후에는 시아주버님과 시동생 키조우지(喜三次)가
"아이들의 일은 우리가 책임지겠습니다."라고 말씀해 주셨는데, 그 말
씀대로 아이들의 일에 관해서는 항상 위로하며 보살펴 주셨습니다. 또
시아주버님이 서양에 갔을 때 런던으로부터 온 편지에 "큰 물난리 꿈을
꿨는데, 아이들에게 별일 없는가, 또 무덤에 이상은 없는가"라고 수고스

럽게 신경써서 편지를 주셨기 때문에 즉시 무덤에 가서 보았더니 물이 고여 있었기 때문에 깜짝 놀랐습니다.

또 장남 이치조(市造)(「귀 기울이는 소리」[1]에 있습니다.)가 원산에서 특공대로 출정할 때, 큰아버지에게 단검을 부탁드렸는데 시절이 어려운 때에 즉시 그가 원하는 대로 구해다 주신 것에 그는 대단히 기뻐하였던 일 등 추억은 끝이 없습니다.

시아주버님의 병이 위독해졌을 때, 때마침 미키오(滿喜雄)가 제대하고 왔습니다. 그때 시아주버님은 "아아, 자네의 피다. 자네의 피가 나의 피다."라고 몹시 기뻐하면서 바로 수혈받았습니다.

잠시 괜찮아지셨지만, 아무래도 혼란스러울 때였고 병이 위중하여 끝내 돌아오지 못하는 여행을 떠나신 것에 안타깝고 애석하기 그지없습니다. 지금쯤 건강히 살아계셨으면 하는 마음은 이루 말할 수 없습니다.

(친동생 고인 슌조(俊造)씨 부인 69세)

---

1) 「귀 기울이는 소리(きけわだつみの声)」는 제2차 세계 대전 말기에 전몰한 일본 학도병의 유서를 모은 유고로 1947년에 도쿄대학 협동조합 출판부가 편집하여 출판한 도쿄대학 전몰 학도병의 수기집 『아득한 산천에(はるかなる山河に)』를 이어서, 1949년 10월 20일에 출판됐다. B, C급 전범으로 사형에 처해진 학도병의 유서도 게재되어 있다. 편집 고문의 주임은 의사, 그리고 전몰 학도의 유족인 나카무라 카즈로를 비롯하여, 나중에 편집 위원으로서 와타나베 카즈오(渡辺一夫)·마시모 신이치(真下信一)·오다기리 히데오(小田切秀雄)·사쿠라이 츠네지(桜井恒次)가 관여했다. 1963년에 후속으로『전몰 학생의 유서에서 보는 15년 전쟁(戦没学生の遺書にみる15年戦争)』이 광문사(光文社)에서 출간되고 1966년에『第2集 きけ わだつみのこえ』에 개제(改題)됐다.『きけ わだつみのこえ』의 간행을 계기로 1950년 4월 22일 일본 전몰 학생기념회(와다츠미회 わだつみ会)가 결성됐다. 유사한 제목의 영화가 몇 편 제작되었다. 또 이 간행 수입을 기금으로 전몰학생기념상 와다츠미상이 제작되면서 교토시 북구의 리츠 메이칸 대학 국제 평화 박물관에서 전시되고 있다.
현재에도 『きけわだつみの声-日本戦没学生の手記』(日本戦没学生紀念會 編輯, 岩波文庫, 1995.)가 판매되고 있다.

2. 죽은 매형의 생전 추억

키타자키 다케타로(北崎竹太郎)

매형(하야시를 칭함; 역자)이 생전에 여러분께 신세를 지고, 전쟁이 끝났을 때 병 때문이라고는 하지만 중요한 시기에 아무런 도움이 되지 못하고 세상을 떠난 것에 죄송하게 생각하고 있었는데, 회고록 편찬의 이야기를 듣고 여러분들의 따뜻한 마음에 진심으로 죄송하기 짝이 없이 감사하게 생각합니다만, 누나(하야시의 아내; 역자)에게도 거절하라고 말했습니다. 그런데 누나가 "거듭 거절했지만, 여러분들의 간절한 뜻을 더 이상 거절 할 수 없어 마침내 받아들이게 되었다. 이에 관련해서는 가족 외에 네가 가장 남편과 친하고, 또 생전의 일은 누구보다 잘 알고 있을 테니까 추억을 써봐라."라고 해서, 지난날의 추억, 저의 기억을 쓰겠습니다.

단편적이지만, 중학교 시절, 히토쓰바시(一ツ橋)고등상업학교 시절, 교토(京都)대학 시절, 조선에 있던 시절 및 마지막의 일 등을 나누어 서투른 글이지만 적어보겠습니다.

① 중학교 시절

이 시절은 저에게는 어렸을 때의 일로, 실제로 보고 들은 것은 없습니다. 개인적인 일을 말씀드려서 죄송합니다만, 저는 4살, 누나가 10살 때, 아버지와 사별했습니다.

매형이 13살에 중학생이 된 것에 대해서 옛날의 취학 사정을 알고 계시는 분들은 이상하다고 생각하실 겁니다. 이 점 또한 어머니께 들은 것으로 양해 부탁드립니다.

매형은 어렸을 때부터 학교를 좋아해서, 4살 때부터 동네 초등학생을 따라가 부모님이 말리는 것도 듣지 않고 매형의 생가 아카마토도(赤間 兎渡)에서 약 1.5km 떨어진 후지하라(富士原) 분교에 다녔습니다. 때때로 학교에서 모습이 보이지 않으면 책상 밑에서 꾸벅꾸벅 자고 있는 경우가 종종 있었지만, 그래도 통학은 그만두지 않았기 때문에 당시로서는 특별 예외로 5살부터 입학을 허락 받아서 일찍 중학교에 입학할 수 있었습니다. 중학교에서는 같은 성(姓)의 아이가 있었기 때문에 매형을 가리킬 때는 꼬마 하야시(林)라고 불리었다고 합니다.

② 히토쓰바시(一ッ橋) 도쿄고등상업학교 시절

일찍이 저에게 어머니가 말씀하신 것입니다만, 원래 어머니로서는 나의 형제 수가 적기 때문에 하야시가 중학교 졸업할 때 카네자키(鐘崎)에 머물 것을 기대했지만, 장차 사회의 진출을 위해 전문학교 정도의 학식을 갖는 것도 매형의 장래를 위해서 좋을 것이라고 생각해 와세다(早稲 田)에 입학시키기로 했습니다. 매형은 와세다 대학을 지망하여 상경해서 무나카타(宗像塾)기숙학원에서 공부하고 있었는데, 히라타 카즈오(平田和夫)(전 모스크바 총영사이자 이웃마을 출신 대선배)가 1고(一高, 東京)[2]의 시험을 권유해서 어머니(하야시 어머니: 역자)에게는 알리지 않고, 일고(一高)에 시험 칠 마음가짐으로 준비하고 있었지만, 고등상업학교의 입학시험이 먼저 있었기 때문에 시험 삼아하는 마음가짐으로 시

---

2) 넘버 스쿨(ナンバースクール) : 설립순으로 一高부터 八高까지 번호를 매긴 구제 관립 고등학교. 一高(東京)·二高(仙台)·三高(京都)·四高(金沢)·五高(熊本)·六高(岡山)·七高(鹿児島)·八高(名古屋). 9 이하는 지명을 붙였음.

험을 보아 합격했기 때문에, 그만 그대로 히토쓰바시(一ッ橋)에 입학했습니다. 나중에 매형도 저에게 "그때 다시 1고를 시험치지 않았을까"라고 말한 적이 있었습니다. 그런데 조선에서 과장시절 때에 했던 말인데, 고등상업학교시절에 연습한 주산이 큰 도움이 되었다고 하더군요.

고등상업학교 재학 중에는 보트부에 있었던 것 같습니다. 스미다 강(隅田川)에서 노를 저었던 것을 자랑스러운 듯이 이야기를 했습니다.

③ 교토대학 시절

제가 토도(兎渡)에 있는 매형의 집에 있었을 때의 일입니다.(=저는 중학교 입학 준비를 위해 아카마(赤間)초등학교에 1학년에 재학중이었고, 매형의 생가에 있었습니다.=) 제가 앞에서 말했듯이 아버지를 일찍 여의고 어머니의 손에서 자랐기 때문에, 어머니의 큰오빠인 아카마(赤間)에서 의사를 하고 있던 타케야 케이스케(武谷慶祐) 외삼촌이 아버지 대신 우리 가족의 의논 상대가 되어 주었고, 또 매형도 특히 외삼촌에게 귀여움을 받았습니다.

저는 그 외삼촌이 토도(兎渡)에 있는 하야시가(家)에 와서 매형과 하야시(林)백부와 세 사람이 이야기를 하고 있는 것을 옆에서 들었습니다. 이야기의 주된 내용은 교토대학 전입허가 전보를 둘러싼 이야기로 "어머니가 입학을 허락하지 않는다면, 상업학교의 선생을 할 작정입니다."라는 매형의 말에 타케야(武谷) 외삼촌이 말하기를 "어머니로서는 고등상업학교로 학업은 그만두게 할 생각이겠지만, 모처럼 입학할 수 있다면 내가 잘 이야기를 해줄 테니 걱정하지 마라."라는 이런 식의 대화였다고 생각합니다. 그리고 외삼촌의 조언으로 어머니도 처음의 생각을 접고 이해하셔서 교토대학 진학을 승낙했습니다. 교토대학 재학 중에는

수석을 다투었던 것 같습니다. 경쟁자는 니시진 오리겐 (西陣織元)이라는 분으로, 나중에 교토대학 교수가 되셨다고 들었습니다. 히토쓰바시(一ッ橋) 시절에는 같이 보트부에 있었습니다. 세타(瀬田)의 난간 있는 다리 밑으로 지나 다녔다 등의 이야기를 자주 했습니다.

누나와 결혼한 것은 재학 중으로, 저는 히가시쿠(東筑)중학교에 입학 발표를 기다리던 달이었기 때문에, 1912년 3월이라고 생각합니다. 여름방학에 카네자키(鐘崎)로 돌아와서도 거의 종일 책상에 달라붙어 공부하고, 가끔 바다에서 미역을 감는 정도였습니다. 저로서는 내용은 모르겠지만 공책에 꼼꼼해 필기하는 것 같았습니다. 재학 중에 고등문관시험에 패스했는데 그 여름에 특별히 공부했던 것이 저의 기억에 남아 있습니다.

대학을 나온 뒤, 어머니가 웃으면서 이야기한 한, 두개의 재미있는 이야기를 소개하겠습니다. 첫 번째는 도쿄에서 학교에 다니고 있을 때에 도난당했다라고 하는 송금 의뢰의 편지에 어머니는 놀라서 특별 송금했는데, 나중에 무슨 일이 있었을 때 매형이 엉겁결에 말하기를, 사실은 소고기 값을 챙기기 위한 연극이었다고 하였습니다. 다음은 대학 졸업 전, 졸업하면 실크 모자와 모닝코트(남자의 서양식 주간 예복)가 필요하니까 송금해 달라고 부탁한 것을 어머니는 눈치 채고 있었지만 시치미 떼고 송금했습니다. 그 후 "시게조(繁藏)야, 아직 엄마는 실크 모자를 본 일이 없기 때문에, 한번 가져와서 보여줘."라고 했더니, 대답하기 곤란해 하면서 웃고 있었다고 했습니다. 매형도 이 일만은 몹시 난처했다며 나중에 저한테 웃으면서 이야기를 했습니다.

④ 조선에 있던 시절

조선총독부에 들어간 지 얼마 되지 않아서 1년 지원병으로 고쿠라시(小倉市) 외곽 북방의 보병연대에 입대했습니다. 저는 입대 후 두, 세 번 면회를 갔습니다. 처음 갔을 때의 일입니다. 그 정도의 애주가도 군대 생활에서는 달콤한 것이 먹고 싶어졌을 것입니다. "앙꼬가 들어있는 떡을 사서 몰래 숨기고 가져와."라고 말해서 거리에 나가서 앙꼬떡을 잔뜩 사서 건네주어 형을 기쁘게 했던 일이 생각납니다. 군대 생활에서 회계를 맡아서 후반기에는 편한 것 같았습니다.

어머니가 장남 토시아키(敏明)를 특히 귀여워하여 곁에 두고 미사끼(岬)초등학교에 통학시켰는데, 매형은 이것에 대해서 믿고 맡기고 있었습니다. 저는 몇 차례 조선에 있는 매형의 집에 갔습니다.(-노는 것 외에, 자식의 혼담에 관해서 저를 불러서 직접 의견을 듣고 있었기 때문에) 제가 조선에 머무는 동안 (대개 4·5일 머물렀음) 매일 밤 2차 회식에는 동생이 와 있다고 거절하고 빨리 귀가하여, 둘이서 술잔을 나누고 (둘이서 한 되 두, 삼 홉정도) 마음 놓을 수 없는 연회보다 너랑 마시는 것이 가장 즐겁다고 했습니다. 평소에는 다케타로(竹太郎) 다케타로(竹太郎)라고 말했지만, 술을 마시면 나의 어릴 적 별명 "다케짱(竹ちゃん)"이라고 불렀고, 나도 매형이 아니라 카네자키(鐘崎) 말로 "형님(あんちゃん), 형님(あんちゃん)"이라고 불렀습니다. 그것이 바로 식구끼리의 오붓한 작은 잔치로, 지금 그 시절을 회상할 때면 매형의 생전 모습이 그리워집니다.

또 한번은 이런 말을 한 적이 있습니다. "너는 술을 좋아하니까, 처음 사람을 만났을 때, 술을 권하면 사양하지 마라. 첫 잔을 사양하면, 다음에는 술이 나오지 않고 단 것이 나와서 곤란하다."라고 마치 자신의 쓰라린 경험을 이야기하는 것 같았습니다.

또 이런 교훈도 얻었습니다. "세상에 나가서 남의 비위를 맞추거나 아첨 따위는 하지 마라. 진지하게 숨김없이 해라. 사람은 마치 주머니 속의 송곳과 같아서 자연히 송곳 끝이 밖으로 나온다. 실력이 있다면 반드시 인정받는 법이다."라고 말했습니다.

매형 부부는 제가 말씀드려도 어떨지 모르겠지만, 어머니에게 충분히 효도를 극진히 했다고 생각합니다. 이 일은 저에게 무언의 교훈을 준 것이라고 지금도 여전히 생각하고 있습니다. 어머니의 61세 환갑을 축하하기 위해서 특별히 휴가를 내서 귀국하여 여러 가지로 마음을 쓰고, 또 71세에는 가족들을 모두 데리고 귀국을 하여 자식과 손자가 축하하며 어머니를 에워싸고 즐거운 잔치 벌여서 또 어머니 자신도 매우 기뻐하셨습니다.

어머니는 그 다음 해 돌아가셨습니다만, 어머니의 믿음이 특히 두터워서 병상에 계신 어머니의 최후는 의사의 판단보다 길어졌습니다. 따라서 매형의 체류도 뜻하지 않게 길어져서, 공무상 일찍 상경하지 않으면 안 되었기 때문에 내심 걱정하는 것 같았습니다. (당시 재무국장) 그런데 어머니는 꾸벅꾸벅 조는 상태에서 한밤중에 "시게조(繁藏)는 있는가."라고 말씀하셨습니다. 그러자 매형이 옆방에서 일어나 "네, 있습니다."라고 큰 소리로 말하면 (매형은 남들보다 목소리가 높았다.) 어머니는 다른 아무런 말도 하지 않고 편안히 주무시는 것입니다. 이것이 매일 밤의 일이었습니다. 그래서 제가 "거짓말도 때로는 방편이라고 말하면서 저에게 맡겨주세요."라고 해서, 평소 어머니가 매형이 귀국할 때마다 총독에게 불편을 드린다며 난처해하면서 언제까지나 어린 시절의 자식에게 말씀하셨던 것이 생각나서, 어머니에게 "매형이 어머니를 언제까지나 간호하고 싶다고 말했지만, 총독께서 일찍 상경하라는 전보가 왔기 때문에 상경시키겠습니다."라고 말씀드렸더니, "그런가, 빨리 상경하도록 해라."라고 말씀하시고, 그 후에는 어머니가 그토록 불렀던 매형의 이름을 한 번도 부르지 않았습니다.

소화(昭和) 초기3) 무렵에는 불경기로 취직이 매우 어려웠지만, 그 시절 저는 매형에게 취직 의뢰를 부탁받고, 매형의 소개로 취직된 고향사람들이 꽤 있었던 것 같습니다. 언젠가 제가 매형에게 "이런 말을 하면 어떨지 모르겠지만, 매형은 사람들을 잘 돌봐주시네요."라고 말씀드렸더니, 매형은 "내가 할 수 있는 일은 고향사람들 뿐만 아니라 후쿠오카현(福岡県) 사람들의 후진(後進)의 길을 개척하고 싶다. 내가 할 수 없게 되더라도, 나를 대신해 후진을 돌볼 수 있는 사람을 빨리 고향사람 중에서 만들어 갑에서 을로, 을에서 병으로 끊임없이 후진을 이끌어 후쿠오카현 사람들의 확고한 활약의 초석을 쌓고 싶다."라고 밝힌 적이 있었습니다. 사람들이 자주 저에게 "하야시씨는 고향사람들을 잘 보살펴 주신다."라고 말하지만, 저는 결코 겉치레의 인사만은 아니라고 생각했습니다.

매형은 활발한 모습인데, 한편 매우 꼼꼼했습니다. 기모노라도 제대로 입지 않으면 마음에 들어 하지 않았습니다. 미국으로 한번, 유럽으로 한번 여행을 했지만, 제가 보기엔 미국식은 싫어하고, 영국식을 좋아했던 것 같습니다. 또 신에 대한 신앙심이 두터워 조선해협을 건널 때는 왕복 모두 오키시마(沖ㄱ島) 앞바다를 지날 때는, 밤늦게라도 일어나서 작은 병의 술을 바다에 던져 요배하고 있었습니다. 바다에 던져진 술은 반드시 오키시마에 닿는다는 것을 믿었다고 했습니다.

---

3) 소화 1년이 1926년이므로, 1926년 이후를 가리킴.

⑤ 규슈대학병원에서의 최후

전쟁이 끝난 해의 여름, 갑자기 전보가 와서 규슈대학병원에 입원했다는 소식이었습니다.(이 해 초 복막염을 앓아 요양하다가 일시적으로 회복되었으나, 6월경부터 다시 몸져 누우면서 특히 소련군의 만주 입국의 소식에 상당히 무리를 한 것이 원인입니다.) 당시 연락선이 하카타(博多)항에 입항하고 있었기 때문에 하카타에 마중 나간 김에 선박회사 사무실과 연락하여 항구에 도착한 이후 배에서 내릴 사람들이 내리기 전에 제가 배에 들어가는 것을 허락을 받았습니다. 매형의 방으로 가서 놀랐던 것은 복부가 너무 비대해져서 준비한 인력거(당시 택시가 없었습니다)에 태울 수 없었기 때문에, 병원에서 차(押車)를 빌려서 간신히 규슈대학병원으로 옮겼습니다. 미사오(操)내과에 입원 후에는 미사오(操)선생이 매일 진단하고 또 그 박사가 매형과 매일 세상 이야기를 하며 힘을 내도록 도와주셨습니다. 그 은혜는 지금도 잊을 수가 없습니다.

입원 후 박사님 덕분에 하루하루 좋아졌고 이 정도면 회복도 빠른 것으로 본인도 회복이 되면 다시 조선으로 건너가서 마무리를 하겠다고 했습니다. 그런데 갑자기 악화되어 보이는 병세 변화는 소위 헛소리를 하기 시작했습니다. 그 헛소리는 한마디도 집안일은 언급하지 않고, 비서분의 이름을 불러보거나 그 의자를 이쪽으로 해라하면서 마치 회의를 하는 것 같아서, 듣는 이로 하여금 가슴이 먹먹해져 눈물을 흘리지 않을 수 없었습니다. 카시이(香椎)여고의 어느 선생님이 매형의 일을 이야기하셨더니, 같은 학교 여학생들이 그런 분이라면 자신도 헌혈을 하겠다고 신청해 주서서 감격했습니다.

계명(戒名)[4] : 태관원전인공덕광영달거사(泰寬院殿仁空德光栄達居士)

또한 고별식은 하카타(博多)의 타이쇼우지(大長)절에서 하고, 카네자키(鐘崎)에 있는 천복사(泉福寺)에 주지 박율산사(薄律山師)가 장례를 주재(主宰)하여 집행하고 장례위원장은 생전 가장 친분이 두터운 이테미츠 코야마(出光興産) 사장(당시 만주출장으로 부재였으나, 귀국 후 즉시 와 주셨다.)의 동생 새로운 이테미츠(出光)사장 이데미츠 히로시(出光弘)씨가 맡아 주셨습니다.

(처남 · 후쿠오카현(福岡県) 도고(東郷)우편국장)

3. 대담한 아버지의 쇼핑

하야시 토시아키(林敏明)

전쟁이 끝난 해인 9월 말에 제대해서 고향인 후쿠오카(福岡)에 돌아오자, 재류 일본인분들을 도와주기 위해서 최후까지 발걸음을 멈추지 않고 활약하고 있을 것이라고만 생각했던 아버지가 병 때문에 규슈대학(九大)병원까지 이송되어 왔는데, 게다가 오늘 내일도 알 수 없는 위독한 상태에 있다는 것을 알게 되었습니다. 감겨 있는 각반(脚絆)[5]도 풀지 못한 채 곧 바로 그 길로 병원에 가서 수혈 등을 했습니다만, 희미하게 눈을 뜨고 고개를 끄덕인 것처럼 보였을 뿐, 그것이 마지막이 되어 다음 날 밤늦게 숨을 거두었던 것입니다.

아버지와의 추억에 대해 뭔가 써보라는 권유를 받았기 때문에 생각나

---

4) 승려가 죽은 사람에게 지어 주는 이름

5) 걸음을 걸을 때에 아랫도리를 가든하게 하려고 발목에서부터 무릎 아래까지 감거나 돌려 싸거나 하 는 띠. 헝겊 · 가죽 따위로 만들며, 바깥쪽을 끈으로 엮는 것과 말아 붙이는 것이 있음.

는 대로 조금 말씀드리겠습니다. 아버지에게는 여러 가지 단점도 있었던 것 같은데, 그것에 관해서는 생전에 친분이 있었던 여러분들은 잘 알고 계실 것으로 생각됩니다. 저희로서는 15년여의 세월은 여러 가지 일들을 망각의 저편으로 흘려보내고, 단지 지금 머릿속에 떠오르는 것은 아버지의 좋은 면, 그리운 추억, 오직 이것뿐입니다.

'지성이면 감천이다.'[6]라든지 '해야 할 일, 하지 않으면 안 되는 일, 하지 않는 것은 사람이 하지 않는 것과 같다.' 등의 좋아하는 구절은 귀에 못이 박히도록 들었던 것입니다. 이 구절들이 표현하고 있는 것처럼 성실을 모토로 하는 노력가였으며, 저희에게 예의범절도 엄격해서 아이들 마음에도 다른 아이들이 부러웠던 적도 있었을 정도였습니다. 그러나 한편으로는 솔선수범해서 가정에 새로운 것을 들일 때면 우리들의 눈은 휘둥그레졌습니다. 1919년 무렵에는 아직 사진 등은 사진관에서 찍는 것이라고만 생각하고 있었는데, 이스트먼 코닥사의(イーストマン・コダック, Eastman Kodak.CO.) 사진기와 현상 도구까지 전부 구입해 저희들을 모델로 해서 찰칵 찰칵 찍으시고, 밤이 되면 어머니의 하얀 앞치마를 빌려서 계단 아래 등에서 바스락 바스락 거리고 있었습니다. 저의 어렸을 때 사진은 대부분 아버지의 손으로 찍은 것이었습니다만, 아쉽게도 이번 전쟁으로 완전히 잃어버렸습니다.

또한 소화(昭和) 초기 무렵, 경성에서도 그다지 많지 않았던 빅토로라 축음기를 도쿄의 야마노(山野)에서 사온 적이 있었습니다. 음악 따위에는 무관심하다고만 생각했던 아버지였기 때문에, 이러한 것에 우리 가족은 모두 깜짝 놀랐습니다. 함께 사 왔던 레코드도, 일본 것도 두, 세 개는 있었지만, 수많은 서양 음악의 명곡이 갖추어져 있어서 「Gold and

---

6) 中庸, 第24章 至誠如神.

Silver(金と銀)」,7)「스케이터스 왈츠 Skater's Waltz(スケーターズワル
ツ)」,8)「도나우 강의 잔물결(ダニューヴ河の蓮)」9) 등 훗날까지 우리들
은 그 감미로운 멜로디에 사로잡혀서 음악에 대한 관심이 깊어진 바입
니다. 절약과 검소함을 제일로 여기던 당시의 생계에 있어서 상당한 지
출이었다고 생각되지만, 일상에서는 절약해도 필요할 때에는 돈을 아끼
지 말라고 말씀하셨던 아버지 행동의 일례입니다.

　정의파(正義派)였던 아버지는 대중교통 이용 중에 질서를 어지럽히거
나, 남에게 폐가 끼치는 사람을 보면, 어머니께서 "참으세요."라며 소매
를 잡아당기는데도, 아버지는 "당신, 당신"이라며 주의를 주었습니다.
잠자코 있을 수 없었던 것이었습니다.

　그만큼 물자가 풍부하지 않은 우리나라(일본; 역자)에서는, 일본인들이
이 좁은 섬나라를 떠나지 않으면 점차 생활은 어려워지게 되었다. 솔선수
범해서 해외로 나가지 않으면 안 된다고 말씀하셨고, 아버지 자신도
1918년 미국 출장을 명령받았을 때 보고 온 베네수엘라에 매우 흥미를
가지고 조선에서의 역할이 끝나면 그곳으로 가겠다고 말씀하셨지만, 끝
내 그것도 이루지 못하고 생애를 마감하고 말았습니다. 제가 중학생 때,
나카무라 가주(中村嘉寿)10) 대의원의 주도로 중학생 해외파견 행사가 열
려서 미국 서부 해안가의 가정집에서 여름방학 3개월을 보내는 계획에

---

7) 금과 은(스페인어: Oro y plata)은 라몬 페온이 감독하고 카르멘 게레로, 아돌포 지
　론, 알프레도 델 디에스트로가 주연을 맡은 1934년 멕시코 드라마 영화에 수록된
　음악.
8) 19세기 중반 무렵에 주로 귀족들이 추던, 회전이 빠른 왈츠.
9) 이바노비치의 왈츠
10) 中村 嘉寿（なかむら かじゅ、1880年（明治13年）11月6日 - 1965年（昭和40
　年）12月30日）は、日本の衆議院議員（政友本党→立憲民政党→立憲政友会→
　民主党).

신청해 주셨지만, 학교 사정으로 참가하지 못하고 끝났습니다. 하지만 적극적으로 해외에 대해 알 수 있는 기회를 주려고 한 아버지의 의욕은 마침내 저로 하여금 아마추어 라디오를 통해 전 세계 사람들과 교우관계를 가질 수 있는 취미로까지 이어지게 되었습니다. 현재(1962년; 역자) 제 딸이 교환학생으로 미국의 수도 워싱턴 근교에 있는데, 아들자식 시절에 실현하지 못한 일을 손녀가 해냈으니 틀림없이 저세상에서 기뻐하고 계실 겁니다. 제가 학교를 졸업하고 미쓰이 물산(三井物産)에 입사했을 때에도, 이곳에서 해외에 갈 수 있게 되었다고 크게 기뻐하셨습니다.

저희들에게는 공부만은 충분히 하도록 해 주셨지만, 나머지는 혼자 힘으로 해나가라 하시면서 "자손을 위해 옥답(美田)을 사지 않는다."라고 늘 말씀하셔서, 저희들도 "아버지, 특별히 옥답을 남겨주지 않으셔도 됩니다만, 적어도 빚만은 남기지 말아주세요."라며 농담을 하였습니다. 아버지의 인생 계획도 그 뜻과 달리 중도에 좌절되어, 마침내 우리들의 농담이 현실이 되었습니다. 이미 끝났다고 말씀하셨지만, 그럼에도 굴하지 않고 저희들 모두 그럭저럭 남들과 같은 수준의 생활을 하게 된 것도 조금이나마 아버지의 정성이라고 생각하는 바입니다.

(장남, 닛타 제라텐(新田ゼラテン(주) 상무이사)

4. 기억

야마모토 사치오(山本幸雄)

생각해 보면 보이지 않는 인연으로 맺어졌는지도 모릅니다. 제가 학교를 졸업하고 취직할 당시 형이 있었던 조선총독부를 지망했을 때, 그

때 카미타키(上滝)인사과장이 근무하고 싶은 희망 부서에 대한 질문에 나는 "재무국(財務局)"이라고 대답한 적이 있습니다. 국장이 누구인지도 모른 채 말입니다.

저희들의 결혼은 1940년 무렵 그해 가을은 기원전 2600년을 축하하는 의식이나 행사로 일본 전국이 들끓고 있었는데 지금 와서 생각해 보면 참 좋았던 시절이었습니다. 기념식 행사에 참석하기 위해 상경한 하야시 장인어른을 처음으로 제국호텔의 로비에서 만날 때는 중일전쟁이 이미 시작되었다고는 하지만 태평양전쟁이 돌입되기 1년 전으로 국화꽃 향기 나는 축제에 일본 전체가 도취되어 있었던 때였다고 생각됩니다. 저는 당시 도야마현(富山県)에 근무하고 있었는데, 결혼식 직전에 홋카이도청(北海道庁)으로 전임 발령이 나서 하야시 장인어른은 당황하셨습니다.

제가 만난 하야시 장인어른은 모두 가족의 한 사람으로서 만났지, 공직자로 뵙지 않았기 때문에, 공직자로서는 어떤 인품의 사람인지 전혀 알 수 없었습니다. 그러나 나의 형(식산은행근무) 등의 이야기에 의해 그려졌던 공직자로서의 인간상과는 조금 동떨어진 느낌으로 의외로 가정적이고 세세한 부분까지도 신경을 많이 쓰는 분이셨다고 생각했습니다. 결혼에 있어서는 시종일관 저의 입장에 서서 이해를 해 주셨고, 주례를 부탁하는 것도 내 측근에서 하라고 하셔서 저의 중학교 선배 모리야마 에이이치(森山鋭一)씨(당시 법제국 제1부장)에게 직접 찾아가서 부탁을 드렸습니다. 결혼식을 세심하게 신경써 주신 덕분에 만사 원활하게 진행되었던 것 같습니다.

그 후 독일과 소련 전쟁, 이어서 태평양전쟁에 돌입하면서 하야시 장인어른은 상경할 기회가 점점 적어지는 것 같았습니다. 이른바 전시체제하에서 은행원으로서 어떤 역할을 했는지는 잘 모르겠지만, 조선의 경제개발을 위해 심혈(精魂)을 기울였던 것으로 생각합니다. 1942년 가을, 저는 후생성(厚生省, 보건복지부에 해당; 역자) 사무관으로서 만주(滿洲), 화북(北支)에 출장을 가는 도중 경성(京城)에 들렀지만, 하야시 장인어른은 매우 바빠서 천천히 이야기를 할 수도 없었습니다. 그리고 마지막으로 만난 것은 1945년 확실히 7월 초 전쟁국면이 점차 급박해지는 가운데 내무성 경보국(警保局)의 사무관이었던 제가 육군 비행기로 경성으로 향했을 때였습니다. 관부 연락선은 이미 두절되었고 기타규슈(北九州)에도 미국항공기의 내습(来襲)이 시작했을 무렵입니다. 이미 그 무렵 하야시 장인어른은 벌써 병을 얻어 병석에 누워 계셨지만, 전쟁의 돌아가는 상황을 자꾸 걱정해서 일본본토의 상황 등 저에게 여러 가지를 물어보셨습니다. 그러나 도쿄에 비해 경성은 아직 여유가 있어서 하야시 장인어른은 소환되지 않고 요양할 수 있었던 것은 그나마 위안이 되었습니다. 술을 상당히 좋아하셨던 분이었기에, 지금 살아계셔서 함께 한 잔 기울일 수 있다면 얼마나 즐거운 일인가하고 새삼스레 장인어른을 그리워하는 바입니다.

(사위, 건설성 관방장(建設省官房長))

5. 아버지를 그리워하며

야마모토 요코(山本美代子)

아버지가 돌아가신지 벌써 17년, 바로 엊그제 같은데 정말로 세월이 참 빠르다는 생각이 듭니다. 저는 형제 중에 외동딸이라 어렸을 때 몹시 사랑을 받았습니다. 첫번째로는 남동생이 태어나기까지 10년 정도 세월이 있었기 때문에, 막내딸인 탓도 있었다고 생각합니다. 아버지는 매우 꼼꼼하시고 엄격하신 성품이셨지만, 반면 가정적이기도 해서 소화(昭和) 초에 경성에 자주 마술사 덴카츠(天勝) 일행이 왔을 때는, 항상 엄마와 저를 데리고 인력거로 외출했던 일을 어린 마음에 잘 기억하고 있었습니다.

초등학교에 입학하고 나서부터는 교과서, 노트를 비롯한 소지품 전부에 이름을 적어주셨습니다. 그런 아버지였지만 우리 형제의 교육, 예의범절에는 매우 엄격하셨고, 아버지 자신이 어그러지는 것은 매우 싫어하셨고 매사에 확실한 성격이었기 때문에, 저희가 조금이라도 저희들의 방을 어지럽히고 있으면, "이런 지저분하게 일을 하고"라고 호되게 야단맞았습니다.

가족 모두가 경성에서 생활한지 13년여 만에, 나는 여학교부터는 도쿄에서 2명의 오빠와 함께 지냈기 때문에, 커서부터는 별로 아버지의 잔소리도 들을 수 없어서 조금은 허전했습니다. 총독부 시절에는 경성, 도쿄 사이를 반년씩 왕복하셨지만, 은행에 들어가면서부터는 1년에 1번 정도밖에 상경하지 못했기 때문에, 저희와도 조금 밖에 함께하지 못해서 아버지도 많이 그리워하셨던 것 같습니다. 그래서 상경하시면 바쁜 일정에도 불구하고 가정 서비스 데이를 만들어서 아버지는 가부키를 좋아하셨지만, 어린 남동생들에게는 재미가 없는 것이고, 게다가 당시에는 가족이 함께 즐기는 문화가 적어서 다카라즈카(宝塚) 가극단이 좋다고 말씀하시며 일찍부터 비서에게 표를 부탁했습니다. 가족 모두가 도쿄 극장에 가는 것을 즐거움으로 하고 계셨던 것 같습니다. 저의 결혼 때에도 여러가지 세세한 부분까지 신경을 쓰셨고, 평생 기념이 될 것이라며 덴츠(電通)기업에 의뢰해서 16밀리 필름에 담았습니다. 그때 와주신 분들도 지금은 대부분 돌아가셨기 때문에, 정말로 좋은 기념이 되었다고 아버지께 감사드리고 싶습니다.

전쟁 상황이 위태로워진 1943년에 저와 어린 손자의 몸을 걱정해서 그 무렵에는 경성은 물자도 도쿄보다 아직 여유가 있었기 때문에, 이쪽으로 오라는 아버지의 편지에 그해 여름 2명의 아이를 데리고 오랜만에 경성에 갔습니다. 그 후부터 전쟁이 끝날 때까지 2년 정도 아버지와 함께 지냈는데, 1945년 봄쯤 감기에 걸려 병상에 누워 계셨기 때문에 마침 아버지를 간호하게 되었습니다. 그 때문에 저도 귀국하는 신세가 되었지만, 그 후 돌아가셨기 때문에 그때 경성에 가서 비록 조금이라도 함께 지낼 수 있었던 것을 행복하게 생각하고 있습니다.

(장녀 · 야마모토 사치오(山本幸雄)씨 부인)

6. 조선에서의 첫 걸음

후카다 센타로(深田千太郎)

1916년 봄, 하야시는 취직을 위해 경성에 왔다. 당시 나는 조선총독부 농상공부에 근무하였는데, 동창의 친한 친구인 탁지부장관 스즈키 아츠시(鈴木穆)군 및 총무국장 코다마 히데오(児玉秀雄)군과 상의한 결과, 때마침 조선은행에서 유능한 인물을 필요로 하고 있었지만, 하야시군은 꼭 관계(官界)에 들어가고 싶다고 희망했기 때문에 결국 이것은 실현되지 않았다. 후에 재무 방면의 풍부한 경험을 가지고 식산은행장이 되어 그 수완을 떨친 것을 생각하면 재미있는 인연이 아닐 수 없다.

그런데 당시 조선총독부의 고등관 시보 채용에는 제국대학(帝大) 졸업의 해, 고등문관시험 합격의 해, 1년의 지원병 제대의 해로 제한한다는 내규가 있었다. 하야시군은 대단한 수재로 교토대학(京大) 재학 중에 이미 고등문과시험에 합격해, 1913년 교토대학(京大)을 졸업, 1914년 12월 1년 지원병에 들어가 1915년 12월 제대하여 다음해 1916년 봄 경성에 왔으니, 내규 그대로는 적용되지 않았다. 그래서 코다마(兒玉), 스즈키(鈴木) 두 사람과 협의해서 우선 보통판임관으로 채용하는 방안을 내놓았지만, 코다마(兒玉) 국장은 이것은 훗날 안 좋은 예를 남길 것이라며 몹시 난색을 표했기 때문에, 여러 가지 연구로 한 달 이상을 허비했다. 요컨대 하야시군은 뛰어난 인물로 재능이 뛰어났기 때문에, 취직 조건에 맞지 않다는 것은 이상한 이야기였으므로, 스즈키(鈴木)군과 나는 코다마(兒玉) 국장이 상경하여 부재중일 때 1916년 6월 재무부 보통판임관으로 채용을 실현시켰다. 약간의 묘책을 이용한 형태였지만, 코다마(兒玉) 국장도 어쩔 수 없이 이를 묵인하는 결과가 된 셈이다. 하지만 곧 재무부에 시보 결원이 생겨 즉시 하야시군이 그곳의 직책을 맡게 되었다. 그 이후부터는 충분히 수완을 펼쳐 순조롭게 승진해 나갔다.

그렇더라도, 당시 조선은 오랜 기간에 걸친 정치·경제의 부패와 혼란의 타격을 충분히 회복하기에는 거리가 멀었고, 근본적인 치수(治水), 식림(植林), 농업정책(農政)의 개량 정비를 하는 것이 병합 이후 최대 중요 과제로 되어 있어 엄청난 고심과 노력이 계속되었다. 이토 히로부미(伊藤博文) 통감도 많은 인재를 모았고 특히 재무부를 중요시한 듯, 먼저 유명한 메가타 타네타로우(目賀田種太郎)씨가 장관에, 스즈키 키요시(鈴木穆)씨가 그 차관으로 임명되었다. 그 결과 재무부내의 집무는 매우 엄격하기 그지없었고, 또한 각각 직원의 필사적인 연구와 노력에 의

해 그 실적도 눈부셨다. 그 치열한 공기를 전하는 이야기로써, 지금까지도 나는 다음과 같은 것을 기억하고 있다.

장관이 출근하자마자 사무원에게 "어제 그 일은 어떻게 됐어."라고 물었다. 우물쭈물하다가는 금세 "멍청아!"라고 큰 소리로 꾸짖음을 당했다. 기안(起案)이 많이 있어도 어느 것이 가장 중요한지 가장 급한지 몰라서 어떻게 하겠느냐는 것이었다.

또한 장관은 사무실을 순회하면서 사무원의 뒤에서 만들고 있는 기안을 검사하고 불가(不可)해 보이면 말없이 즉석에서 파기해 버렸다. 회의에서는 논의할 필요가 없으며, 그냥 찬반 의견만 제출하게 하여 장관이 즉시 결정해서 착착 일을 진행시켰다.

이런 이야기도 들었다. 한 번은 장관이 외국인 다수를 초대했는데, 그 30분 전에서야 스즈키(鈴木)군에게 인사말의 기안을 쓰라고 말했다. 다른 방에서 글을 쓰기 시작하면 좀 오라는 호출을 받아 불려가면 외국인에 소개되고, 되돌아오자마자 다시 호출되었다. 이러한 일이 몇 차례 반복되자, 천하의 스즈키(鈴木)군도 기안을 시간 안에 맞추는데 크게 어려움을 겪었다고 했다. 후지와라(藤原)라는 사무관이 있었는데, 어떤 규칙의 기안을 명령받았을 때, 그 선례가 미국에 있는 것을 알고 있느냐는 질문에 알고 있다고 대답하자 장관은 곧 일어서서 이 자리에서 그 기안을 쓰라고 해서 곤란했다고 한다. 그 후지와라(藤原) 사무관이 감기에 걸렸을 때 몸조리를 하라고 해서 하루의 요양을 허락받았다. 집에 도착하자 곧 장관에게 전화가 와서 대답을 마치고, 잠을 들까 말까 하는 중에 다시 전화가 와서 결국 천천히 요양할 겨를도 없었다고 했다.

이 상태는 스즈키(鈴木)군의 장관 시절에도 마찬가지였다. 스즈키(鈴木)군은 토지조사국 장관을 겸하면서 조선 전역의 토지 용도, 소유자를 정밀 조사하고 기후와 자연의 방해를 극복하기 위한 토지측량 등을 시행하여 복잡하고 어려운 사업의 책임을 맡았다. 그 사업의 예정일까지의 완성을 당시 정무총감조차도 믿지 않았지만, 스즈키(鈴木)군은 이것을 훌륭히 수행하여 총감의 찬사를 받았다. 그 위대한 성과 뒤에는 재무국 각 직원들의 피나는 정진 노력이 끊임없이 계속되었던 것이며, 그 중에서 젊은 하야시군이 그 실력을 갈고 닦아 두각을 나타내어 충분히 그 능력을 키워 재무국장, 식산은행장 시절에 명성을 떨친 것은 그 뛰어난 인물의 헌신적 분투와 노력을 증명하는 것이다.

하야시군은 개인적으로도 착실하고 친절하여 경성에서도 같은 고향 사람들로부터 존경의 중심에 있었고, 하야시군의 은혜를 입은 사람이 많았다. 나의 장남 시게나오(重直)도 도쿄대학(東大) 졸업 후 하야시군 덕분에 조선식산은행에 들어가 세계전쟁 후 귀국해서 후쿠오카은행에 들어갔고, 지금은 후쿠오카은행의 임원이 된 것도 전적으로 평소 하야시군의 애정 어린 지도편달 덕분으로 깊이 감사하고 있다.

(친척 · 91세)

7. 하야시 시게조군과 나

이데미츠사 조우(出光佐三)

하야시군과 나는 같은 고향 출신이지만, 같은 고향이라고 해도 시골이어서 약 2km나 떨어져 있다. 나는 아카마(赤間)마치 아카마(赤間) 대자(大字)[11]의 출신이고, 하야시(林)군은 토쿠시게(德重)의 출신이다. 따

---

11) 일본의 말단 행정 구획의 하나(町·村 아래로 몇몇 小字를 포함하고 있음).
   정(町)·촌(村) 안의 구역의 하나. 소자(小字)를 포함한 비교적 넓은 지역.

라서 어린 시절에는 별로 관계가 없었다.

하야시군에 대해 내가 똑똑히 기억에 남는 것이 하나 있다. 저희 심상소학교(尋常小学校)는 아카마(赤間)에 있었는데, 1895년에 심상소학교를 졸업하고 고등소학교에 다니게 되었다. 그런데, 고등소학교는 무나카타(宗像)군의 중심에 있는 도고(東郷)정 한 곳밖에 없었다. 그래서 우리들은 약 2km의 길을 걸어 다녔다. 강둑의 비바람을 그대로 맞으며 통학했기 때문에 당시 9살 정도였던 우리들에게는 이 통학이 괴로웠다. 지금도 잊을 수 없는 것은, 겨울에는 '붉은 담요'를 뒤집어쓰고 서쪽에서 정면으로 몰아치는 눈을 아랑곳하지 않고 다닌 것이다. 70년 전에는 상당히 추웠기 때문에, 눈이 많이 내렸던 기억이 난다. 여름에는 모자에 햇빛 가리개를 쓰고, 그 둑길의 뙤약볕 아래로 지나갔다. 어떤 때는 태풍에 강둑길 한복판에서 휩쓸려 누워 있었던 적도 있었다. 이 찬바람, 무더위, 태풍으로 인해 우리가 단련된 것을 지금은 매우 고마운 일이라 생각한다. 하야시군은 매우 호탕하고 쾌활한 성격을 지녔음에도 불구하고 한편으로는 상냥하고 인정미가 있었던 것은 전적으로 이 시련 때문이라고 생각된다.

고등소학교 2학년 때, 아카마(赤間)에 임시 학교 건물이 생겼다. 권선사(勧善舎)라는 소극장을 일시적으로 개조한 것이다. 그곳에서 나는 하야시군과 책상을 나란히 놓고 공부를 했다. 왜 그것을 기억하냐면 책상의 뚜껑을 열고 둘 다 푸른 매실을 소금에 찍어 베어 먹고 있었기 때문이다. 그것을 들켜서 바로 정지(방과후 2시간 서 있음)당한 적이 있었다. 그 일로 나는 하야시군을 확실하게 기억하게 되었다. 하야시군은 그 후 중학교 수유관(修猷館), 도쿄의 히토쓰바시(一ッ橋)고등상업학교를 다니고 다시 교토제국대학에 다녔다. 제국대학에 간 것은 하야시군이 관리가 되기 위해서가 아닌가 생각한다. 나는 후쿠오카(福岡)상업학교, 고베(神戸)고등상업학교를 진학했기 때문에, 소학교 졸업 후에는 거의 만날 기회도 없었다.

하야시군은 졸업 후 조선총독부에 들어가 관료가 되었고, 나는 지금 석유회사(油屋)를 시작해서 만주, 대련, 조선 등을 여행하면서 다시 만날 기회가 생겼다. 하야시군이 있던 경성에는 나의 친한 친구들이 많았다. 고베(神戸)고등상업학교의 동창생 마츠바라 준이치(松原純一)군-조선은행에 있다가 마지막은 총재가 되었다. 이모리 메이지(伊森明治)군-조선저축은행의 은행장이 되었다. 사누이 미나모토(讃井源輔)군-조선신탁회사의 사장이 되었다.-등 이러한 많은 친구들이 있었다. 하야시군은 총독부의 사계과장부터 재무국장이 되었고, 마지막에는 식산은행의 은행장이 되었다. 그래서 내가 경성에 들르자 이러한 친구들이 모여 저녁식사를 함께 하곤 했다. 그 연회는 참으로 색달랐다. 마츠바라(松原)군은 학생 시절부터 월금(月琴, 중국의 현악기)을 타기로 유명했는데, 그 후 샤미센(三味線, 삼현금)도 연주했다. 이모리(伊森)군은 명적(明笛, 피리), 통소(尺八)의 명인으로 통했다. 사누이(讃井)군은 노래하고 춤추는 것으로 유명했다. 나도 노래를 부르거나 연주하는 것에는 그다지 뒤지지 않았다. 그곳에서 이 모임은 기생이 나설 기회가 없어 기생을 울렸으며, 또한 그 재미로 기생을 기쁘게 한 모임이기도 했다. 우리도 매우 재미있는 모임이었기 때문에, 모두는 내가 경성을 지나가기를 손꼽아 기다릴 정도였다. 이 모임에서는 하야시군만이 유일하게 재주가 없는 사람으로 술고래 용사였다. 예를 들면 술을 마시면서 욕을 하고 장단을 맞추고 기생을 가까이 끌어당겼던 모습이 지금도 눈에 선하다.

이렇게 말하면, 하야시군과 나는 푸른 매실(青梅)을 베어 먹는 악우(惡友)[12]에서 시작해 유흥가에서 같이 논 악우(惡友)로 끝나게 되었다.

그렇기는 하지만, 두 사람은 이 악우(惡友)를 속죄하고도 남음이 있는 한 가지 일을 하고 있다. 그것은 조선의 석유 관세 개정의 문제였다. 일본이 한국을 합병할 때 석유 관세도 당연히 일본 본토와 마찬가지로 과세를 하려고 했다. 그런데 영국으로부터 간섭이 들어와서, 이 석유 관세를 매길 수 없게 되었다. 그 이유는 조선은 석유산출국이 아니기 때문에 석유업을 보호할 이유가 없다는 것이었다. 관세를 부과하면, 그만큼 석유의 가격이 비싸져 소비자에게 피해를 준다는 것이었다. 그런데 내가 조선의 실상을 조사 해보니 정반대였다. 조선과 대만은 일본입장에서 보면 마찬가지의 입장임에도 불구하고 일본 본토와 똑같이 관세가 부과되는 대만은 석유(등유)가 싸고, 관세가 부과되지 않은 조선은 매우 비싸게 팔리고 있었다. 이것은 이론과 실제가 극단적으로 다르다는 것을 나는 발견했다.

왜 그렇게 된 것인가 하면 실상은 이렇다. 조선은 부자가 적은 나라이다. 영국계 석유회사가 이를 이용해, 경성, 부산, 평양 등 대도시에 석유 조합을 만들어 그 지방의 부자들을 모두 조합원으로 만들었다. 그리고 이익으로 이를 결속시킨 것이다. 다른 석유회사가 석유를 팔러 와도 팔 곳이 없었다. 대금의 회수도 되지 않아서 조선의 석유 시장은 영국석유가 독점하게 되었다. 그 결과, 석유가 매우 비싸게 판매되어 크게 착취를 당하고 있는 것이 조선의 실상이었다. 그래서 나는 총독부에 다음과 같은 의견을 제시했다. 조선이 석유 관세를 부과하지 않는다는 것은 영국 석유측에 그만큼 석유의 원가를 깎아주고 있다는 것이고 그만큼 상대의 전투력이 강하다는 것이다. 그래서 다른 석유회사들이 경쟁에 나서지 않는 것이다. 따라서 여기에 관세를 부과하면, 우리 일본의 석유가 경쟁

---

12) 반어적 표현으로 친한 친구를 가리킴.

해 석유 시세를 일본 수준 혹은 대만 수준으로 낮출 수 있다. 그 결과 소비자는 싼 석유를 사서 착취에서 벗어날 수 있고 총독부는 막대한 관세 수입을 얻게 될 것이다. 일거양득이라고 말했다. 당시 사계과장으로 있던 하야시군은 바로 이해했다. 상사인 장관 재무국장을 설득해 총독부를 이해시키는데 힘썼다. 그 당시 타나카 기이치(田中義一)대장의 내각 시절이었는데, 이 일은 여러 가지 장애물 때문에 바로 실행되지 않았다. 총독부에서는 그렇다면 일본의 석유를 먼저 수입하여 조선의 석유 시세가 떨어지는지 실적을 보여 달라는 것이었다. 나는 일본 석유회사에 이야기해서 바로 일본상품을 가져와 전투를 개시했더니, 예상대로 시세는 폭락했다. 조선총독부도 이 사실을 보고, 다음 해 관세를 개정했다. 이것은 전적으로 하야시군이 그의 명석한 두뇌로 이 실정을 꿰뚫어 보고 총독부 내에 이해의 분위기를 조성하여 이어서 총독까지 건의해 여기까지 끌고 온 것이다. 하야시군은 그런 명석한 두뇌에 더해 관리로서는 보기 드문 실행력을 갖춘 사람이었다. 나는 그 때 하야시군이 히토쓰바시(一ッ橋) 고등상업학교에서 배웠기 때문에 여느 관리들과는 다른 무언가를 가지고 있는 것이 아닌가 하는 느낌을 받았던 기억이 난다. 그리하여 석유 시세는 폭락함과 동시에 총독부의 수입은 매우 증가하였는데, 하야시군은 나에게 총독부에 훈장이 있다면 너에게 주어야 할 것이라고 말했다. 나도 그 이상의 훈장을 하야시군에게 주고 싶었다.

악우(惡友)뿐만 아니라, 이러한 일도 했다는 것을 하야시군을 위해 여기에 변명해 둔다. 그 후, 하야시군이 식산은행장으로 옮긴 후의 하야시군의 업적에 나도 좀 놀라게 되었다. 역시 하야시군이다라고 감탄했지만 애석하게도 전쟁에 패해서 그의 공적도 사라진 것을 안타깝게 생각한다.

이즈미츠흥업 사장(出光興業 社長)

8. 히토쓰바시(一ッ橋)고등상업학교 시절의 하야시군

쿠라타 치카라(倉田主税)

<그림10> 쿠라타 치카라(倉田主税)
출처: https://diamond.jp/articles/-/251730

하야시는 히토쓰바시(一ッ橋)고등상업학교 시절, 무나카타(宗像) 기숙학원에 머물고 있었다. 무나카타 기숙학원은 후쿠오카(福岡)현 무나카타(宗像)군 출신으로 도쿄에 진학의 뜻을 가진 젊은이들을 위해 고이시카와(小石川) 화산 근처 텐쵸우(御殿)마치에 만들어진 것이다. 하야시가 이곳에 머물렀던 1908년 가을, 나는 같은 고향 출신자로서 이 학원의 8장(八畳, 8장의 다다미가 놓인 방)의 한 방에서 함께 생활하게 되었다. 하야시가 두 살 연상으로 히토쓰바시(一ッ橋)고등상업학교에 다니고 있었고, 우리 두 사람은 형제 같은 사이가 되어서 여러모로 배려해 주곤 하였다.

하야시는 두뇌가 명석한데다가 열심히 공부하는 사람이었고, 게다가 배려심이 깊었다.(그 하야시 입장에서는 쿠라타(倉田)을 성실하고 열심히 공부하는 사람이라고 가끔은 가족에게 말했다고 하니, 두 사람은 모두 성실하게 열심히 공부하는 사람임을 짐작할 수 있었다. 두 사람은 성격적으로도 서로 닮은 점이 있고, 또 풍채에서도 비슷한 점이 있어 보인

다.=편집자 주)

하야시는 그 무렵 담배를 피우고, 게다가 맛깔스럽게 담배 연기를 가로로 길게 뻗친 모양으로 만들어 내뿜는 모습은 일종의 부러움마저 들게 했지만, 또 그 무렵부터 강주가(强酒家)이기도 했다.

우리 두 사람은 당시 학생들이 좋아하는 호바(朴齒)라고 하는 굽 높은 나막신을 신고 벚꽃 구경을 가거나, 잔디밭에 누워 푸른 하늘을 바라보며 공상에 잠기기도 하고, 때로는 귀자모신(鬼子母神)[13]과 메구로 후도우(目黒不動)[14] 근처를 산책하곤 하였다. 배가 고프면 군고구마를 볼이 미어지게 입에 넣고 먹거나, 우동을 후루룩거리며 먹곤 하였다.

특히 기억에 남는 것은 하야시와 함께 고향 친구의 성묘 모임을 한 일이다. 그것은 무나카타(宗像) 출신으로 세상을 일찍 떠난 고향 친구의 성묘를 할 생각으로, 학원에 있는 사람들은 그것을 해마다 실시하기로 하였다. 이것은 고향에서 멀리 부모 슬하를 떠나서 타향에서 단조로운 나날을 되풀이하며, 때로는 아련한 향수에 젖어 남의 불행이 남의 일 같지 않게 느껴져 학업 중반에 많은 생각을 품고 떠났을 고향 친구의 심정을 헤아려 적어도 그 넋을 위로하려는 심정의 행동인 것으로 생각되며, 그 애틋한 마음에 가슴이 뭉클했다.

당시 하야시는 고향 출신의 히라타(平田), 히로타(広田) 두 선배에게는 사숙(私淑)과 같은 깊은 인연이 있었다. 이들 선배는 이미 젊고 씩씩한 외교관으로 명성을 떨치고 있었고, 가끔씩 동아시아의 일은 둘이서 좌지우지하겠다고 의기양양한 모습을 보이기도 했다. 사실 이 두 선배는 뛰어난 재능을 바탕으로 대성하여 동아시아의 일각이 아닌 세계의

---

13) 불교의 여신(女神)의 하나로 순산·부부 화목 등의 소원을 들어준다고 함.
14) 부동명왕을 본존으로 모신 천태종계열의 사찰.

외교 무대에서 큰 존재가 되어 발자취를 남겼다. 그러한 소양을 갖춘 젊고 씩씩하고 건장한 체구의 선배님들의 말과 행동은 확실히 하야시에게 강하게 자극을 주어 한때는 외교관을 꿈꾸던 시기가 있었던 것 같다.

보는 것, 듣는 것 모두 새롭고, 게다가 감수성이 풍부하고, 때로는 신기한 것을 좋아하는 젊고 기운이 팔팔한 청년 시절의 하야시를 흥분시켰음은 의심할 여지가 없이 이들 선배들의 뒤를 이를 생각을 마음속에 품었던 것으로 생각된다.

그 후 하야시가 교토대학에 진학했을 때 찾아간 적이 있었다. 분명히 히가시야마(東山)의 '자미(さあみ)'에서 환대를 받으면서 많은 이야기를 나누었던 기억이 있다. 또한 후일 사업 관계로 조선에 가서 총독부를 방문했을 때, 하야시는 재무국장으로 재직하고 있었다. 서로 오래간만에 이야기를 나누고, 또 연회를 베풀어 주어 추억의 이야기에 빠져 시간 가는 줄 몰랐던 아련한 기억도 남아 있다.

앞으로의 활약이 더욱 기대되었지만, 이미 고인이 되어 만감이 교차하는 애통한 마음을 금할 수 없다.

(히타치(日立)제작소 회장)

9. 맹세한 벗 하야시 시게조군을 추억하며

오노 케이타타시(大野敬佶)[15]

지금부터 57, 8년도 전 1905년 가을 전국에서 히토쓰바시(一橋)로 모여든 사람 가운데 살갗이 거무스름한 과묵한 남자가 있었다. 학생 대회

---

15) 明治 19、京都士族・大野政忠二男、大野篤雄弟, 東京高等商業卒、三井物産大連
支店長代理、本店監査部長、三機工業、東洋鉱材監査役 參照・大野篤雄

의 여흥을 바라보고 있는데 하카다 니와카(博多仁和加)16)와 그(하야시; 역자)가 고향 선배와 어울려 들떠 있는 익살스러운 모습을 보며 놀랐다. 그 후 그와 이야기도 잘 되어 비교적 친하게 지냈다. 졸업하고 나는 미쓰이 물산(三井物産)에 입사해 상해로 부임했다. 그는 교토대학에 진학했다고 넌지시 들었다. 그러다가 1917년, 1918년 무렵인지 갑자기 뉴욕지점의 나를 찾아왔다. 조선총독부 사무관 탁지부 관세과의 명함과 총독부 공식 의뢰장을 내밀었기 때문에, 지점장에게 소개하고 자연스럽게 내가 공사(公私)로 안내역을 맡았지만, 무엇을 했는지 하나도 기억나지 않는다.

1937년 나는 특명을 띠고 조선에 가게 되어 부산에 주재하게 되었다. 부산은 미쓰이 물산(三井物産)으로서는 가장 오래된 지점 중 하나였지만, 격이 낮은 존재였다. 내부 사정을 모르는 동료들은 오히려 놀랐을 정도였다. 나는 하야시군에게 조선 개발을 위해 미력이나마 힘을 보태고 싶은 염원이니, 무슨 일이 생기면 공적인 일이든 사적인 일이든 상담 상대가 되어달라고 편지를 보냈더니, 출발 직전에 답장이 도착했다. 차 안에서 읽으니 조선에 온 것을 크게 환영하며, 미쓰이(三井)와 같은 큰 자본가가 국가적 관점에서 개발에 나서 준다면 전력을 다해 조력을 아끼지 않을 것이니 부산에 도착하면 빨리 경성으로 올라오라는 것이었다. 재회를 누구보다 즐기고 기다리던 우정이 넘치는 편지라 정말 감격스러웠다. 그대로 호주머니에 넣어 조선으로 건너왔다.

모지(門司)의 역 앞에서 오랫동안 친하게 지낸 젊은 학생이 육군사관이 되어 부하들을 인솔해서 만주에서부터 이동하는 길에 만나 우연한 만남에 서로 반가워하였다. 헤어질 즈음에 그는 나에게 종이봉투를 주

---

16) 후쿠오카시의 무형민속문화재.

었다. 배 안에서 열이 보니 고급형 이집트 담배였다. 부산 입항의 전날, 다음의 세금이 붙은 물품의 소지자는 응접실(サモン)에 제출하라는 고시가 있었어, 나는 그 이집트 담배를 냈다. 잠시 후에 세관원이 나에게 명함을 내놓으라고 하고, 저 담배는 어디서 입수한 것이냐고 질문해 있는 그대로 대답하자 전해준 사람의 이름을 말하라고 하였다. 상황이 이상하여 물어보니 저것은 밀수품이기 때문에 절차에 따라서 엄중하게 단속하는 것으로 담배에는 고무도장이 찍혀 있다고 이야기하며, 그것은 관동청(関東庁)의 검인으로 제국 정부 전매국(專売局)에 신고되지 않는 밀수품이라고 주장했다.

나는 모지(門司)에서 신고하면 당연히 세금 없이 통과하고 부하들을 인솔해서 군용 부두에 상륙했기에 때문에 고의로 신고를 소홀히 한 것은 아닐 거라고 말했다. 나는 원래 흡연을 하지 않는데다가 더구나 담배 값이 싼 조선에 비싼 일본 본토에서 일부러 가져오는 사람도 없을 것이고, 나는 자진해서 제시했으니 바다에 버리라는 부탁과 탄원하는 시말서를 제출하고 거기에 더해 보증인을 세우겠다고 말했다. 나중에 나의 선의가 인정된 듯, 부산에 개인적으로 아는 사람은 없냐고 물어봐서 한 명도 없다고 대답했지만, 문득 생각이 나서 경성에 가면 친구가 있다고 아무 생각 없이 하야시군의 편지를 제출하자 세관원은 갑자기 태도를 바꾸며 봐도 되겠냐고 하였다. 읽어보니 우정이 넘치는 문구로 재회를 즐겁게 기다리고, 공적인 일이든 사적인 일이든 무엇이든 힘이 닿는 데까지 조력해 주겠으며, 뉴욕에서 신세를 져 이번에는 보답하겠다는 내용이 있어, 갑자기 "국장 각하의 그런 절친한 친구인 줄 모르고 대단히 실례했습니다."라고 하였다. "저 혼자라면 담배는 돌려드리고 불문에 부치겠지만, 아무래도 부하들도 본 일이기 때문에 몰수하는 것이 나

쓰지 않으니 내 선에서 것으로 적당히 세관에는 보고하겠다."라며 타협해 주었다.

뜻밖에 일이 잘 처리되어 안심하고 있었는데 젊은 세관원이 저의 명함을 보고 "오노(大野)선생, 오랜만입니다."라고 인사를 듣고 두 번 놀랐다. 당시 대장성에서는 매년 5, 6월 중 전국의 젊은 세관원들을 대장성에 모아 강습회를 열어 대학교수, 법제국 참사관, 각 부처 과장을 강사로 하고 민간 측에서는 쇼킨은행(正金銀行) 중역이 '외환', 미쓰이물산에서 '외국 무역과 그 실천'을 강습했는데, 내가 강사로 발령을 받았을 때의 강습생이었다. 인천, 신의주에 있는 그때의 동료들에게도 연락하여 장차 무슨 일이든 도와주겠다고 하자 완전히 상황이 바뀌었다. 뭔가 운이 좋을지도 모르겠다는 생각과 하야시 국장의 잠재력이 얼마나 큰지 뼈저리게 느꼈다. 상륙할 때는 세관원이 하야시 국장과 세관장을 만나면 오늘의 일은 가벼운 우스갯소리 정도로 끝내 달라고 부탁했다.

재무국장이 부산을 통과할 때에는 지사 이하 관과 민의 기라성같은 명사들이 환송했다. 나는 신참자이었기 때문에 가장 왼쪽에 서 있었다. 그런데 선상의 나를 발견한 국장은 상륙하여 첫걸음을 딛자 어찌 된 일인지 나란히 서 있는 지사 이하에게 잠깐 실례라고 손을 들고 앞줄을 그대로 지나쳐 나에게로 와서 느닷없이 부둥켜안고 제자리로 돌아갔다. 지사에게 이 사람은 이번에 부산 같은 곳에 올 남자가 아닌데 미쓰이(三井)에서 무슨 목적이 있어서 보낸 것 같으니 조선 개발을 위해 크게 협력해 주라고 하고, 세관장에게는 이 남자가 중국, 만주, 유럽과 미국에서도 오랫동안 역임했으니 "뭔가 가르침을 받아라."고 뜻밖의 소개를 하고, 지금부터 해운대 온천에서 환영회가 열리기 때문에 같이 데리고 가겠다고 했다. 무명의 내가 단번에 명사(名士)들에게 알려져서 이후 공적인 일이나 개인적인 일에서 내가 얼마나 운이 좋았는지 모른다. 하야시 군은 이런 열정가이기도 했다.

미쓰이(三井)의 동양 레이온사(東洋レーヨン社)가 조선 내에 중대한 공장 설치를 목표로 은밀히 토지선정을 고심하고 있는데, 외부에서 눈치를 채 청진(清津), 진남포(鎮南浦), 인천(仁川), 영등포(永登浦), 이리(裡里), 그밖에 잇따라 공장 유치에 광분하여 3~50만 평을 지방 관민이 함께 제공하겠다는 신청이 있었다. 하지만 나는 낙동강의 연안 물금(勿禁), 삼랑진(三浪津) 근처라면 만조 시에도 소금물(塩水) 걱정이 없다는 것을 시험 결과로 알았다. 수량(水量)은 충분한데다 와카마쓰(若松)에서 달마선(達磨船)[17]을 예인선으로 석탄을 운반하면 싸다. 장래에 제품을 해외로 수출하기에도 부산이라면 최적지라고 판단하여 본사의 허가를 얻어서 경성지점장 오오츠카 토시오(大塚俊雄)씨(후에 미쓰이(三井)물산 상무, 대정해상화재(大正海上火災) 사장)와 함께 하야시 국장에게 극비리에 상담했다. 다만 가장 어려운 일은 물금(勿禁)의 예정지는 소유자가 270, 80명에 이르고, 소작인도 있으므로 미쓰이의 손으로는 도저히 매입이 불가능하다고 생각되었다.

그런데 경상북도에서 젊은 아베 센이치(阿部千一)씨가 경상남도의 지사로 승진해 왔다. 첫 출근 20분 후, 직접 와 달라는 전화로 처음 대면한 지사는 내무, 경찰, 산업 3부장이 같은 자리에서 하야시 국장으로부터 나의 소임을 은밀히 듣고 만사를 제쳐두고 물금(勿禁) 용지의 매수를 계획해, 대공업(大工業)을 유치하라는 내담이 있어 용지매수는 자신들에게 일임해 달라는 진정서 있는 호의와 열정이 담긴 긴요한 이야기였다. 나는 바로 경성으로 올라가서 하야시 국장에게 보고함과 동시에 철도국

---

17) 폭이 넓은 목조 너벅선.

장에게 물금역 용지의 확장과 긴급한 매수를 비밀리에 이야기했더니 바로 실행에 옮겨주어 그것이 표준이 되면서 용지매수 가격도 비교적 싸게 되었다. 그토록 어려운 사업의 용지매수도 지사의 큰 결단과 고심 끝에 성공해서 다테 마시무네(伊達政宗)의 성터(물금의 증산왜성;역자)의 산 절반을 깎아서 논을 매립하고, 성터 절반은 동양 레이온사(東洋レ―ヨン社)에서 유원지로 만들어 기부하였다.

때마침 도(道)수산과장과 낙동강 하류의 뱀장어 양식, 김 채집업자들이 공장 오수의 위험을 큰소리 외치면서 반대를 주장하고 나섰다. 나는 대표에게 이시야마(石山)의 동양 레이온(東洋レ―ヨン) 공장의 오수 청정이 어떻게 완전히 이루어지는지, 배수의 수조에서 민물고기가 헤엄치고 사람이 마셔도 괜찮다는 것을 알 수 있도록 시찰을 권유했다. 일찍이 이시야마(石山)공장 건너편 강가 세타(瀬田)마치에 별도의 공장 설치를 계획했다. 수산조합이나 일부 선동가가 돈을 목적으로 반대 운동을 일으켰을 때, 전 시가(滋賀)현 경찰부장으로 위생보안의 관점에서 오수처리의 실상을 숙지하고 있던 것을 에히메(愛媛) 지사가 되어 직접 용지(用地)를 제공해서 공장을 유치하여 그 지방은 번창하고 있다. 이것이 동양 레이온의 에히메(愛媛) 공장임을 설명하였다. 아베(阿部) 지사가 목소리를 높여 상대는 천하의 미쓰이(三井)이며, 손해를 끼치면 몇천만엔(円)이라도 내가 손해배상을 받아 줄 테니 안심하라고 큰 소리쳐서 반대가 딱 해결되었던 일도 있었다.

40만 평의 매립도 끝나 드디어 공장이 완공되면, 하수, 수도, 게다가 소학교나 장래에는 병원도 완비할 것으로 기대하고 있던 참에 전쟁 국면의 추이에 따라 일본본토 자금이 국외로 반출되는 것을 금지하는 법령이 발포된 것에 모두 크게 당황했다. 본사의 허가를 얻어서 아베(阿

部) 지사에게

1. 40만 평은 전부 도청(道庁)에서 싸게 빌릴 수 있다.
2. 도청은 싼 지대(地代)로 구지주, 소작인에게 다시 빌려 주어 보리류, 감자(馬
   鈴薯) 등 식량을 생산한다.
3. 도청이 받은 지대(地代)는 도청에서 그대로 적립한다. 미쓰이는 이것은 전부
   기부한다.
4. 단, 위의 적립금은 장차 공장 설치 때 도로, 수도, 위생설비 등 물금 공공사업
   에 사용한다.

그리고 이 어려운 사업은 할 수 없이 본의 아니게 일시 중단되었지만,
아베(阿部) 지사의 용기와 결단과 노력은 지금까지도 잊을 수 없는 감사
인 동시에 이를 가능하게 한 숨은 힘은 하야시 국장 덕분이었다.

결국에는 하야시군과 같은 현 사람인 다테이시(立石) 부산상공회장까
지 하야시군에게 부탁 할 일이라도 있을 때는 부산에서 하룻밤 묵게 해
달라고 부탁을 했고, 효도(兵頭) 세관장이 만주, 중국, 홍콩, 대만 방면으
로 세관 시찰 출장 허가를 부탁해 줄 수 있는지 상담을 받기도 했다. 그
때문인지 어떤지는 모르겠으나 허가가 나서 각 지역의 미쓰이(三井)물
산 지점장에게 안내 및 조사 의뢰의 소개장을 보내며 크게 기뻐하며 돌
아간 적도 있었다.

하야시군은 이치에 맞는 이야기라면 정말로 친절하게 도와주는 사람
이었다. 하야시군이 지금까지 살아 있다면 한일 문제 해결에도 상당한
도움이 될 것을 생각하면 더욱더 그렇게 일찍 죽은 것이 슬프지 않을 수
없다. 지금의 나라 사정을 생각할 때 아쉬움도 많이 남는다. 명복을 빈다.

(학우, 전 미쓰이농림(三井農林) 주식회사 대표이사)

10. '하카타(博多) 니와카(にわか)'[18]의 스타

타테이시 타카노부(立石孝信)

이름난 재무국장으로 또한 식산은행의 유명한 은행장으로서 명성을 떨친 하야시군의 재간과 업적을 전하기 위해서는 각 방면에서 다양하고 적당한 집필자가 있다. 나는 경성에 거주하는 히토쓰바시(一ッ橋) 동기생의 한사람으로서 하야시군의 일면을 적고 싶다.

우리들은 1909년 히토쓰바시(一ッ橋) 본과(本科)를 졸업했다. 그 중 일부는 곧바로 실업계로 들어가고, 일부는 전공부(專攻部)에 남았는데 하야시군은 유일하게 교토대학에 진학하는 특이한 코스를 선택하여 관계인(官界人)이 되었다. 30년 후, 내가 경성에서 본 하야시군은 이미 식산은행장이라고 불리는 조선 재계와 산업계의 거물이었다. 당시 경성에 거주했던 히토쓰바시(一ッ橋) 동기생은 6명이었으나, 종전(終戰) 직후 하야시군을 시작으로 차례차례로 이 세상을 떠났고 이제 남은 사람은 나 혼자가 되었다. 전 조선신탁사장 사누이(讚井)군은 하야시군과 같은 고향사람으로 하야시군을 이야기하기에 가장 적합한 사람이지만, 사누이군은 이미 죽고 없다. 쓸쓸하기 짝이 없다.

하야시군은 참으로 우정이 두터운 사람이었다. 나 자신도 여러 가지 신세를 져서 지금도 여전히 감사하고 있다. 당시의 동년배로 어떠한 의미에서든지 하야시군의 신세를 지지 않은 사람은 아마 없었던 것이 아닐까 싶다. 우리들은 일본에서 동창생이 조선으로 건너가는 경우 자주

---

18) 하카타 니와카는 후쿠오카시가 지정한 무형 민속 문화재로서 오랜 역사와 전통을 가진 지역 공연 예술입니다. 세계를 주제로 반영하는 유머러스한 즉흥 코미디로, 하카타 방언을 사용하고 대화 끝에 재미있는 펀치 라인을 추가합니다.

회식을 했었는데, 하야시군은 과연 정부에 대한 조선재정의 외교 절충의 일등공신이었던 만큼 술자리를 주도하는 것이 실로 익숙하게 보였다. 취미로 하는 예능도 음악(淸元)[19], 긴 속요(長唄)[20]이든 짧은 속요(端唄)[21], 가요(小唄)[22]인데 전혀 배우지 않았지만 능숙했고 솜씨가 뛰어났다. 충분한 시간을 연습한 모(某)군, 모(某)군도 도저히 하야시군을 능가하지 못하는 것이었다. 어느 정도 풍류인이라고 할 수 있었다. 오늘날 도쿄 일류의 모 연예인도 왕년에 하야시군의 추천에 의해 세상에 나온 것으로 들은 적이 있다.

여전히 지금도 잊을 수 없는 한 가지는 1905년 우리 예과생(予科生) 때의 히토쓰바시(一橋) 축제이다. 당일 대히트를 쳤던 「하카타(博多) 니와카(にわか)」에 하야시군은 계집애(하녀역)로 출연했다. 관객은 유명한 예능의 고장 하카타 출신의 고수들로 가득찼는데 공연장이 떠나갈 듯한 박수를 받았는데 그 중에서도 하야시군의 하녀역은 그 경묘한 움직임과 소탈한 하카타(博多) 사투리로 백미의 완성이었다.

나는 하야시군과 히토쓰바시(一ッ橋)를 관련 짓는 생각할 때, 딱 생각나는 것이 교실에서의 하야시군이 아니다. 스미다강 둑(墨堤)[23]에서의 하야시군도 아니다. 유도 도장에서의 하야시군도 아니다. 그것은 '하카타(博多) 니와카의 계집애'이다. 하야시군은 확실히 예능에 소질이 풍부한 사람이었다.

(학우 · 전 보광산업 주식회사 상무이사)

---

19) 淸元節'의 준말로, 江戶 시대 후기, 淨瑠璃로부터 나온 三味線 음악의 일종.
20) 江戶 시대에 유행한 긴 속요(俗謠).
21) 三味線에 맞추어 부르는 짧은 속요(俗謠).
22) 江戶 시대 초기에 유행한 投げ節 등의 가요.
23) 隅田川 (＝東京都를 관류하는 강)의 제방

11. 하야시씨의 학창시절

사이토 타로우(斎藤太郎)

하야시씨는 우리들의 동창생으로 1909년 히토쓰바시(一橋) 학교를 졸업하고 또 교토대학에 갔기 때문에, 우리 학급회에는 별로 얼굴을 내밀지 않았다. 졸업 후에도 조선에서 활동했기 때문에, 나처럼 일본 생활만 줄곧 했던 사람하고는 비교적 인연이 적다. 만약 동급생인 사누이 미나모토(讚井源輔)군이 살아 있다면, 조선은행과 조선신탁의 사장으로서 경성 생활을 오래했기 때문에, 이에 따른 하야시씨와의 교제는 겉으로 드러난 재미있는 이야깃거리를 들을 수 있었을 것이라고 생각한다. 그러나 훌륭해지고 나서의 이야기를 쓴 사람도 많을 테니까, 나로서는 학창시절의 추억담 하나를 선보이겠다. 물론 오래된 일이어서 어렴풋한 기억을 더듬었기 때문에, 오해가 있다면 미리 양해를 바란다.

하야시씨는 아주 쾌활한 성격의 사람이었다. 그 이야기의 하나로 '하카타(博多) 니와카(仁輪加)'의 이야기가 있다. 학교의 강당에서 무슨 행사인지 잊어버렸지만, 학생이 여러 가지 공연을 한 적이 있었다. 그 중에서 후쿠오카현 출신 그룹이 '하카타(博多) 니와카((仁輪加)'를 공연했다. 연극 제목은 『인간팽창주식회사』라고 하는 것이었다. 작은 아이를 그 기계에 넣으면 갑자기 크게 팽창한다는 줄거리로, 손님으로부터 수술비를 받고 희망에 부푼다. 하야시씨는 커진 아이의 역할을 맡았다. 아이의 기모노에 끈을 매달고, 기묘한 소리를 지르고 있었다. 그것을 규슈(九州)지방의 사투리로 했기 때문에 우리에게는 특별히 재미있었고, 당일 가장 많은 갈채를 받았다. 그 이야기가 진행되어 최후의 결말은 『팽창

회사의 탓으로 해서, 도세(ドーセ, Dausset)[24] 한번은 파열한다』. 지금도 생각하면 웃지 않을 수 없다. 그때 같은 무대에 출연했던 공연자는 지금 어떻게 살고 있는지는 모르지만, 후쿠오카시(福岡市)의 이노우에 히로미치(井上博通)군 등도 그 중 한명이 아닐까. 아 잠깐, 팽창한 아이의 역할이 이노우에(井上)군이고, 하야시군이 아이를 데리고 부탁하러 온 아주머니 쪽이었을지도 모른다.

태평양전쟁 발발 전 해였던 것 같은데, 하야시씨의 따님 결혼식이 도쿄의 여수(如水)회관에서 있었다. 나도 초대를 받고 자리에 참석한 한 사람이지만, 그때 "축하합니다."라고 말했던 것이, 나로서는 마지막 말이 되고 말았다. 그때 손님은 꽤 많았지만, 히로타 고키(広田弘毅)씨가 있었던 것을 지금도 기억하고 있다.

(학우 · 대평제지(大平製紙)부사장)

12. 하야시 시계조군의 추억

오오시마 카타조우(大島堅造)

하야시군은 나와 함께 1905년 9월 도쿄고등상업학교(東京高商)에 입학했습니다. 학급이 달라서 친한 교제는 없었습니다만, 그 특색 있는 눈빛은 아직도 마음에 떠오릅니다. 하야시군은 우리들과 함께 1909년 졸업했습니다. 보통이라면 전공부(專攻部)에 들어가지만, 당시로서는 드문 코스를 잡아 교토대학에 진학했습니다. 이곳에서 법률을 공부해서 고등시험을 볼 생각이었던 것 같았습니다.

---

24) 장 도세(Jean Dausset) 프랑스의 의사. 파리대학교 의학부를 졸업한 후 1959년 이래 모교의 생루이 병원 면역혈액학 교수, 1978년 콜레주 드 프랑스 교수로 재직하였다.

한 번 헤어진 이후 만날 기회라고는 없었습니다. 그런데 내가 뉴욕 스미토모(住友)은행 지점에 재직 중에 갑자기 찾아왔습니다. 그것은 1918년 가을로 기억하고 있습니다. 그때 하야시군은 앞으로 남미를 돌아보고 싶다고 말했기 때문에, 나는 1월에 3주간 휴가를 받아 크루즈 보트를 타고 카리브해의 섬을 돌아보고, 남미에서는 베네수엘라를 방문했다고 말했습니다. 그리고 나의 여행 경험을 이야기하며 참고할 수 있도록 도와주었습니다. 하야시군은 곧 남미에 떠나서 다시 서로 만나는 기회가 없었습니다. 당시는 기억이 잘 나지 않지만, 총독부 재무국 과장을 하고 있었던 것 같았습니다.

그 후 상당한 세월이 지나서 이번에는 경성에서 만나게 되었습니다. 그것은 다나카 테츠자부로우(田中鉄三郞)씨가 조선은행 총재로 있을 때, 조선의 금융업자의 대회가 개최되어 나도 초청되어 참석했을 때의 일입니다. 당시 하야시군은 식산은행의 은행장을 하고 있었는데, 다나카(田中)씨와 함께 나를 환영해 주었습니다. 말하자면 나는 두 은행의 귀한 손님으로 조선 각지를 한 바퀴 돌아보고 시찰할 수 있었습니다. 가는 곳마다 두 은행 지점의 신세를 지고 단기간에 일단 시찰을 할 수 있었던 것은 예상 밖의 행운이었습니다.

조선 방문 당시는 전쟁 말기 때라 대마도 해협이 다소 위험했기 때문에 부산 항로는 구축함이 감시를 하고 있었습니다. 따라서 오랜만에 하야시군을 만나도 느긋하게 이야기를 나눌 틈도 없이 돌아가 버려서 참으로 유감스럽게 생각했습니다.

하야시군은 규슈(九州)인들에게 흔히 볼 수 있는 정말 깔끔한 편으로, 친구로서 교제하기 쉬운 편이었습니다. 뉴욕에서도 경성에서도 오랜만에 만났을 때는 학창시절과 마찬가지로 마음을 터놓고 서로의 옛 친구의 일이나 업무에 대한 것 등의 이야기를 나눈 것이 지금도 유쾌한 추억입니다. 우리 학년 친구들 250여 명의 3분의 2는 이미 타계해 버렸습니다. 하야시군은 그 중에서도 일찍 사망한 편입니다. 외지에서 오랜 세월의 근무로 심신의 피로가 한층 심했던 결과임에 틀림없습니다. 전쟁 후에 일본 경제의 부흥을 보지 못한 채 사망한 것은 무엇보다 유감스러운일입니다.

(학우ㆍ 전 주우은행(住友銀行) 전무이사, 현 경제평론가)

13. 하야시 시게조씨의 기억

다케타 무키치(竹田六吉)

하야시씨는 수유관(修猷館) 시절 나의 가장 존경하는 친구였지만, 졸업 후 나는 해군에 입대했기 때문에 거의 서로 볼 기회도 적고 근소하게 때때로 편지 왕래 정도로 60년을 보냈다.

하야시씨는 중학교 시절 지극히 온후하고 성실하며 특히 우정이 두터운 미소년이었다. 기개도 역시 당당하고, 공부로서도 상급으로 진학함에 따라 학업 성적도 점점 우수해져 당시 학급에서는 오오모리 헤이(大森丙)(노구치(野口), 나카노 세이고(中野正剛) 등 수재가 모여 있었지만 하야시군은 단연 빛나는 인물이었다.

졸업 후 처음으로 하야시씨와 만난 것은 1909년의 봄, 도쿄에 있는 동급생 몇 명과 아사쿠사(浅草)의 요정 안쪽 토키와(常盤)에서 회합했을 때였다. 당시 하야시씨는 히토쓰바시(一橋)고등상업학교 졸업 직전이었는데 다시 제국대학에 진학할 생각이라고 크게 장래의 포부를 말하였다. 그에 이어 1923년 봄 나의 군함이 인천에 입항했을 때 경성에 있는 하야시씨를 방문하였다. 이 시절 하야시씨는 총독부의 사계과장이었던 것으로 기억하는데 아내와 아이들은 도쿄에 두고 혼자 굉장한 욱정(旭町) 관사에서 상당히 즐겁게 지내던 것 같았다. 그날 밤은 밤새 옛 이야기로 꽃을 피웠는데 특히 최근 하야시가 시찰하고 온 베네수엘라 방면의 시찰 이야기로 일본인의 발전 장래성에 관한 하야시의 형안(炯眼)에 감탄했던 기억이 남아 있다. 마지막은 전쟁 전 나카노 세이고(中野正剛)씨의 독일 방문 때에 시노바즈케(不忍池)[25] 연못가 요정에서의 송별회 자리였다. 그때는 바로 20년을 지난 만남으로 훌륭한 구레나룻을 기르고 느긋한 하야시의 태도는 역시 조선의 중요인사로서의 풍모가 있어 서로 드문드문 보이는 머리 위의 서리를 보고 크게 웃었다. 전쟁이 끝난 후 동창생 이데 요시(井手潔)씨가 오랜만에 불당(佛堂)인 나의 집으로 왔을 때, 처음으로 하야시씨의 부고를 듣고 전쟁 이후 일본의 실상을 생각함에 만감이 가슴에 솟구쳐 우리 두 사람은 쓸쓸히 지나간 시간을 회상하면서 명복을 빌었다.

이상 아주 간단하게나마 나의 하야시씨에 대해 주워 모은 추억을 적었습니다. 이번 유지(有志) 여러분에 의해 하야시씨의 회고록이 편집되고 있는 일, 지난날의 하야시씨의 생전 모습이 떠올라 감개무량하여 하루라도 빨리 볼 수 있기를 기대하고 있습니다.

(학우· 전 해군소장)

---

25) 東京 도(都) 台東 구, 上野 공원 내의 남서부에 있는 연못.

14. 뉴욕의 하야시 시게조군

히로세 토요사쿠(広瀬豊作)

<그림11> 히로세 토요사쿠
출처: Wikipedia

하야시군을 처음 만난 곳은 아마 1918년 10월경부터 이듬해 5, 6월경 사이에 뉴욕의 주미재무관(駐米財務官) 사무소였다. 당시 재무관은 덴아키라(田昌)씨였고, 나는 그해 9월 재무관(財務官) 소속으로서 부임하게 되어 시애틀, 시카고 등을 경유해 뉴욕에 부임한 지 얼마 되지 않았을 때의 일이었던 것으로 기억한다.

하야시군과는 출신학교가 달랐기 때문에 알지 못했고, 또 예고도 없이 갑자기 찾아왔기 때문에 양쪽 모두 이때가 첫 만남이었다. 그 무렵 일본 관청의 뉴욕 출선(出先)[26]기관으로는 영사관과 주미재무관 사무소 두 곳 뿐이고, 그 밖에 해군성으로부터 군수품을 매입하기 위해서 영관급 장교가 주재하고 있었다. 또 일본 국유 철도에서도 고등관급의 인사가 주재하고 있는 것 같았으나 함께 사무소를 두고 있지 않아서 우리와는 그다지 교류가 없었다. 이것이 그 무렵의 미국에 주재하는 기관의 실상이었다.

재무관 사무소라고 해도 일본인으로서는 재무관과 나와 가야 오키노리(賀屋興宣)군 세 사람뿐이었다. 그러다가 가야(賀屋)군은 부임하자마자 당시 유행했던 스패니시·인플루엔자에 걸려 약 반 년 이상 입원해 몸

26) 외국에 파견된 정부 기관

져누워 버렸다. 부임하자마자 나는 혼자서 익숙하지 않은 재무관의 어시스턴트로 일을 처리해야 하는 입장에 있었기 때문에, 자연히 하야시군도 내가 접대하고, 일본은행의 감독관 사무소나 쇼킨(正金)은행의 지점 등에도 소개하여 편의를 제공했다. 하야시군은 지금부터 북미 각 지역을 시찰할 계획이라고 했으나 뉴욕에 체류(滯在) 중에는 물론 워싱턴 왕복 등을 할 때마다 자주 우리 재무관 사무소를 찾아왔다.

하야시군이 사무소를 찾은 것은 남미 출장 용무를 마친 뒤였던 것으로 기억하는데 어쨌든 첫 대면이기는 했지만 그때 하야시군의 풍채, 태도, 담화 등은 아직까지도 인상에 남아 있다. 사무소에 나타난 하야시군은 햇볕에 탄 얼굴, 마르고 수척한 뺨, 구깃구깃한 복장, 언뜻 보기에 초라했다. 아무리 보아도 뉴욕 거리를 오가는 신사로 보이지 않는 모습이었다. 그런 까닭에 남미 시찰 중에 고생한 것을 뚜렷이 엿볼 수 있었다.

당시는 비행편은 없고, 배편에 의지할 수밖에 없는 시대였고, 또 시찰국(視察國) 내의 교통기관도 보급되지 않고, 게다가 아마 언어도 도처에서 불편했을 것이다. 여러 가지 악조건 아래서 혼자 장거리 여행을 계속하였기 때문에 그 시찰할 때 고생한 이야기를 듣다보니 그가 대단한 공부인이자 열정가라는 것을 직감하고 놀라움을 금치 못했다. 더욱 놀라운 것은 그 앙상하고 야윈 풍채에도 불구하고 기개(氣槪)는 대단히 왕성하여 왠지 모르게 국사(國士)적 기풍을 엿볼 수 있었다. 사무소에는 많은 관리들이 왔으나 하야시군 만큼 기개 있는 사람은 보지 못했기 때문에 특히 인상적이었다.

나는 1921년 9월까지 미국에 주재하다 귀국하여 세무서장, 은행국 사무관, 참사관을 거쳐서 1925년 회계국(主計局)으로 전근을 가서 회계관으로 조선총독부 예산의 주임담당관이 되었기 때문에 다시 하야시군과는 접촉의 기회가 많아졌다. 그 후 내가 대장성(大蔵省)의 과장, 국장, 차관, 대신이 되어서도 조선총독부와의 관계는 깊었고 하야시군과의 교섭도 당연히 계속되었으니 자연히 추억도 많지만, 하야시군의 조선총독부에서의 업적에 대해서는 다른 사람이 말할 수 있을 것으로 생각되므로 여기에서는 생략하기로 한다.

더욱이 내가 1925년 처음으로 총독부 예산을 담당할 당시에 하야시군은 구사마(草間) 재무국장 밑에서 사계과장으로 근무했고, 미즈다(水田)군이 하야시군의 밑에서 사무관으로 근무하고 있었는데, 국장도 미즈다(水田)군도 대장성 출신이었기 때문에 대장성의 출신과 같은 친밀감을 느꼈다.

하야시군은 재무국장으로 승진하고, 후에 조선식산은행장에 취임한 것처럼 관직에 있던 중 또는 퇴임 후를 통틀어 지극히 순조로운 진로를 따라 이른바 순풍에 돛 단 것처럼 출세하게 된 것은 젊은 시절부터 왕성한 개척심과 극기심(克己心)에 의해 당시 이민 또는 무역업자 이외에 특히 관리로서는 좀처럼 여행 또는 시찰한 적이 없는 남미의 시찰, 조사를 끝까지 해낸 귀중한 체험을 가지고 있었기에 감탄도 하고 탄복도 하였다. 아직까지도 나의 인상에 깊이 남아 있다.

하야시군은 드디어 원숙(円熟)의 경지에 접어들어, 지금부터라고 말하는 60세도 채 안 되는 나이에 돌아가셨다는 것은 참으로 애석한 일이다. 하야시군의 청장년 시절을 아는 나로서는 한층 더 유감스럽게 생각되어 견딜 수 없다.

(전 대장대신(大蔵大臣))

15. 술자리의 하야시군

다나카 타케오(田中武雄)

하야시군과 나는 학교도 다르고, 조선에 건너온 시기도 달라서 학창 시절이나 사무관 시절 젊었을 때의 교제는 없었다. 만남을 가진 것은 1919년 이후의 일인데, 주로 하야시군의 사계과장, 재무국장 시절, 나의 보안과장, 외사과장, 경무국장 시절에 공사(公私)의 교분이 깊어졌다. 그리고 또 식산은행장 시절 이후에는 비교적 담담한 교제였던 것 같다.

그 만남이 가장 많았을 때에도 업무적으로는 하야시군은 예산을 지휘하는 입장이었고, 이쪽은 비생산적인 일에 거칠게 대하는 편이었기 때문에 그다지 달갑지 않은 존재였는데 그런데도 하야시군은 통치상 치안의 입장이라는 것을 잘 이해해 주었기 때문에 항상 감사하였다.

그러나 오늘 눈을 감고 하야시군을 회상하면, 어렴풋하게 떠오르는 것은 업무상의 하야시군이 아니라 역시 하야시군과 한잔 마시고 있을 때의 모습이다. 하야시군은 술을 좋아했는데 어느 쪽인가 하면, 마시고 떠드는 편이 아니라 이른바 조용히 알맞게 술을 마시면서 낮은 소리로 읊조리는 타입이었다. 나도 술은 매우 좋아하고, 연회석도 좋아했고, 떠드는 것도 좋고, 조용히 알맞게 술을 마시고 낮은 소리로 읊조리는 것도 결코 싫어하지 않았기 때문에 하야시군과는 술자리에서 마음이 잘 맞았다. 그래서 경성에서도, 도쿄에서도 같이 자주 마셨다.

도쿄의 겨울은 저녁 4시가 넘으면 벌써 어둑어둑해지는데, 그 무렵이 되면 어느 쪽에서 먼저 권유하는 것도 없이 함께 나갔다. 또 경성에서는 욱정(旭町)의 재무국장 관사 맞은편이 나의 관사였는데, 재무국장 관사에는 벌거벗은 오래된 늙은 나무가 있었고, 매년 한 차례 그 나무에 금술을 길게 치고 신에게 술을 올리는 행사가 있었다. 거기에 반드시 초대받았는데, 나는 그 고사의 내력 따위는 아무래도 상관없고, 술이 나오고 진수성찬이 나오니까 항상 기꺼이 꼭 참석하고 그 후 2차로 가서 다시 마셨던 일 등이 기억이 난다.

하야시군은 술이 적당하게 돌고 기분이 좋아지면 신조부시(新庄節)[27]를 불렀다. 노래를 부르고 있을 때는 정말로 기쁜 듯 천하태평의 얼굴이었다. 그 모습이 지금도 나의 눈에 선하다. 나는 그때까지 신조부시(新庄節)라는 것은 잘 몰랐기 때문에 노래를 잘 부른다거나 잘 하지 못 한다는 것을 판단 할 수 없었는데 후일 신조(新庄)의 출신으로 아름다운 목소리의 고이소(小磯)씨가 부르는 것을 자주 듣게 되고 나서야 비로소 신조부시(新庄節)를 알게 되어 하야시군이 못하는 것이 아니었다라고 생각했다. 노래를 잘하고 못하고는 아무래도 상관없지만, 이런 분위기에 있을 때 하야시군은 정말로 호감이 가는 사람이었다.

(전 내각서기관장(内閣書記官長) · 현 중앙일한협회(中央日韓協會)회장)

16. 하야시 시게조군을 기억하며

키쿠야마 요시오(菊山嘉男)

1919년 12월, 내가 조선총독부의 회계과장이 되었을 때 처음으로 하야시군을 봤는데, 그 당시 하야시군은 재무국의 사무관으로서 조용히 게다가 착실히 담당 사무에 힘쓰고 순리를 좇는 선량한 관리형의

---

27) 신조부시(新庄節): 야마가타(山形)현 신조(新庄)시 주변에서 불려온 민요.

<그림12> 키쿠야마 요시오
출처: Wikipedia

유능한 관리라고 여겼습니다. 그 후 내가 일단 일본 국내의 관리로 돌아가 정변(政変)때문에 해고되었다가 다시 청하여 조선의 관리로 임명되었을 무렵에는 총독부 내의 가장 중요한 사계과장을 거쳐 재무국장의 요직에 앉아 있었습니다.

당시의 관계(官界)는 소위 도쿄대학 출신이 권력을 장악한 시대이며, 특히 지금과 달리 관료들이 비정상적인 행동을 하고 있을 때였습니다. 하야시군은 꾸준히 연구하여 깊은 학식을 쌓고, 자신감을 높이면서 그 지위를 확보하고 그 뜻을 이루기 위해서는 외간(外間)의 염탐을 허용하지 않는 견인불발(堅忍不拔)의 정신과 지칠 줄 모르는 노력을 기울였습니다. 뜻을 이루어가는 도중에 그 날카로운 기세에 꺾이거나 또는 쓸데없는 방해를 받지 않기 위해 조심성이라는 것이 있었음에 틀림없는 그 행장(行蔵)에 깊은 경의를 표하지 않을 수 없었습니다.

동시에 자칫하면 하야시군과 같은 이력을 가진 사람이 빠지기 쉬운 음흉성(陰險性) 내지는 우울한 퇴영성(退嬰性)이라는 그늘이 조금도 없이 언제나 쾌활하고 느긋하며, 그 민첩하게 거짓이 없이 공정한 면을 지니고 있는 것에 충심으로 감탄을 하였습니다. 하야시군이 관계(官界)를 떠나 조선 경제계의 중추에 앉았을 무렵에는 나는 다시 일본 국내로 돌아와 그 고심이 많았던 만년(晩年)의 업적에 대해서는 직접적으로 아는 바가 없습니다만, 하야시군이 하는 일이니까 하는 일마다 잘 되어 만인이 우러러 존경하는 결과를 얻으셨더라도 하야시군이 돌아가심에 애석하지 않을 수 없습니다.

(전 조선총독부 회계과장 · 현 공명선거연맹평의원)

17. 젊었을 때부터 성인(成人)

하야시 시게키(林茂樹)

하야시 시게조(林繁藏)군에 대한 추억을 좀 이야기해 보도록 하겠다.

나는 하야시군과 젊었을 때부터 함께 재무국에 근무하여, 한솥밥을 먹었던 오랜 친구였다. 하야시군에 대한 인상 깊은 것은 하야시군은 젊었을 때부터 성인(成人)이었다는 것, 즉 젊은 시절부터 어른(大人)이었다는 것이다. 그것은 우리 동료 모두가 인정하고 있던 일이었고, 본인도 역시 그런 생각이었던 것 같았다.

우리들은 학교를 졸업하자마자 바로 매우 의기양양하게 조선에 왔다. 하야시군도 그 무리에 있었다. 우리는 젊었을 때이기도 하고, 학생의 티를 벗을 수 없어 관리라기보다는 학생의 연장이라는 기분이었는데 하야시군은 그렇지 않고 훌륭한 사회인이었다. 자신의 생각도 그랬던 거 같고, 또 행동도 그러했기 때문에 모두가 그것을 인정하고 하야시군을 성인(成人)이 된 사람이라고 말하고 있었다.

저는 같은 탁지부에서 사무관으로 근무하고 있었는데, 두 명의 이름이 글자로 쓰면 다르지만, 소리로 읽으면 시게조(繁藏), 시게키(茂樹)와 아주 비슷했기 때문에, 친척이 아니냐는 말을 듣곤 하였다. 여담이 되겠지만, 월말에 외상값 수금원이 오면 두 사람은 헷갈려하며 이것은 너의 몫, 이것은 나의 몫이라고 가려내는 일이 종종 있었다. 재무국이 된 후에도 예산과 경제에 대한 일을 했고 방향이 하나였기 때문에 매우 친하게 지냈다.

하야시군은 관리로서 참으로 잘 할 수 있는 사람이었다. 머리도 좋고, 또한 사람들과 잘 어울리고, 상사의 신뢰도 두터웠기 때문에 인품이 일찍부터 완성된 훌륭한 사람이라는 말을 듣곤 하였다. 나 따위는 무엇이든 'going to'이기도 하지만, 하야시군은 완성된 사람이라는 느낌으로, 그것은 앞서 말했듯이 젊었을 때부터 그런 성인(成人)이었기 때문에, 관리로서 동료에 대해서도, 상사에 대해서도, 또 민간에 대해서도 참으로 능숙하게 처리해 신용도 얻고 자신의 업적도 차근차근 쌓아갔기 때문에 완전히 감탄할 수밖에 없었다.

재무국장이라는 힘든 직책에 있었고 그리고 오랜 동안 고생해서 조선의 예산을 그토록 크게 완성했다는 것은 대단한 것이다. 예산도 처음에는 적었지만, 그것을 해마다 늘려나가 수 억으로 키워냈다는 것은 하야시군의 수완이었다. 그것이 모두 그 당시의 필요한 시설에 충당되어 조선을 발달시켰다는 것은 하야시군이 재정의 운영을 참으로 잘했기 때문이다. 그래서 총독부의 모든 산업과 그밖의 것이 발전하게 되었다고 할 수 있다. 하야시군은 그러한 입장에 있었기 때문에 우리는 곧잘 신뢰도 하고, 모이면 형님이라고 했던 것이다.

하야시군은 재무국장을 그만두고 식산은행장이 되었는데 그 때에도 미나미(南) 총독은 총독부의 보물이기 때문에 결코 내놓지 않겠다고 했을 정도였다. 은행장이 되어서도 인재가 되었으니 조금도 망설이는 일이 없이 훌륭하게 해냈다. 전쟁이 끝나고 병이 나서, 혼란한 상태 속의 경성을 출발해서 후쿠오카의 대학병원에 입원했다가 끝내 세상을 떠나

게 되었다. 오늘 하야시군을 생각하면, 우리 친구들 사이에서도 하야시
군이 만약 오늘 살아있었다면 조선을 위해서도 귀국자를 위해서도 훌륭
한 일을 했을 것이고, 또 해줄 수 있었을 것이라고 서로 이야기하고 있는
데, 이 또한 그 말이 맞는 것 같다.

그런 하야시군이 일찍 세상을 떠났다는 것은 매우 안타까운 일이라고
생각한다. 나의 동료 중에는 그런 말을 자주 하는 편이고, 특히 호즈미(穗
積)군 주위에서도 가끔은 그렇게 말하며 아쉬워하고 있다. 대체로 하야시
군은 젊었을 때부터 완성된 사람이었다. 그래서 하는 일이 모두 잘 될 수
있었다. 일찍 죽었지만, 죽은 후에도 모두가 아쉬워하는 사람이었다.

(전 조선총독부학무국장 · 현 중앙일한협회이사)

18. 보살펴 준 하야시씨

하기와라 히코조(萩原彦三)

<그림13> 하기와라 히코조
출처: Wikipedia

하야시씨의 추억은 신세를 진 것뿐이다.
처음 하야시씨를 만난 것은 제가 시보(試補)
가 되어 총독부에 도착했을 때, 선배의 다나
카(田中) 직속 시보에게 안내되어 과장이나
선배의 시보 등에게 인사를 돌다가 그 왜성
대(倭城台)의 꼬불꼬불 구부러진 복도 모퉁
이에서 우연히 만난 것이다. 하야시씨는 그
때 1년 몇 개월의 지원병 근무를 거쳐 소위로
임관했다가 제대하여 총독부로 돌아왔다. 제

복에 칼을 찬 그런 모습으로 당당하게 건물로 들어가고 있던 모습에 나는 강한 인상을 받았다.

하야시씨도 아직 시보였던 것 같았는데 곧 관직에 임명되어 관세조사 과장이 되었다. 병합 때 일본 정부가 조선의 관세는 10년 거치하겠다고 성명(聲明)하였는데 그 10년의 기한 경과와 동시에 조선에서 자주적인 관세를 정하기 위해, 특히 1과를 창설해 준비하자는 스즈키 기요시(鈴木穆)씨가 의견을 내었다. 젊은 하야시씨가 선택된 것은 스즈키(鈴木)씨의 신뢰가 두터웠기 때문임은 말할 것도 없다. 이 때 하야시씨가 조사를 위해 미국에 나갔는데, 남미는 아직 일본과 국교가 없는 나라였기 때문에 대신(大臣)으로 오인되어 크게 우대받았다는 진귀한 이야기도 있었다.

새로운 관세제도가 완성하기 전에 스즈키(鈴木) 장관은 하야시씨를 다른 과장(이재(理財)?)으로 임명할 필요가 생겨 스즈키(鈴木)씨는 오오츠카(大塚)씨에게 당시 참사관이 된 지 얼마 안 된 나를 하야시씨의 후임으로 하고 싶다는 담판이 있었다. 이것은 하야시씨의 추천에 근거한 것으로 이 이야기는 오오츠카(大塚)씨가 거절했기 때문에 실현되지는 않았지만, 내가 하야시씨의 엄청난 호의에 깊이 감동을 받았던 첫 사건이었다. 그 후 아무것도 알지 못하는 내가 학무과장이 되었을 때도 사계과장의 하야시씨는 내가 멍하니 있어도 교육 관련 경비는 충분히 예산에 편성해 주었다. 그때는 아무것도 몰랐지만 나중에 예산 획득의 어려움을 알고 나니 하야시씨의 호의를 잘 알 수 있었다.

하야시씨에게 가장 신세 진 것은 1926년 5월 하야시씨와 함께 유럽에 갔을 때이다. 하야시씨는 몇 해 전에 미국에 간 적도 있어 영어도 잘해서 나는 마음 푹 놓고 하야시씨의 뒤를 따라갔다. 시베리아에서 열흘 정도 기차여행을 하고 모스크바에 도착했을 때는 하야시씨의 선배 사카와 슈

이치(酒勾秀一)씨가 참사관을 하고 있었고, 네덜란드의 헤이그에는 히로타 고키(広田弘毅)씨가 있어 하야시씨 덕분에 얻을 수 있는 게 많았다. 여행 중에도 여러 가지 세심한 주의를 기울였기 때문에 동양적 예의에서 벗어나는 일이 없었다. 어느 세관에서 나의 하찮은 화물에 세관원이 투덜거렸을 때, 하야시씨는 그 세관원에게 살짝 팁을 쥐어 주며 이것은 내 친구 거라고 말해 준 적도 있었다. 아무튼 이 여행 동안 큰 신세를 진 것이다.

그 후에도 계속해서 전쟁이 끝날 때까지 오랫동안 엄청난 호의를 받았다. 벽창호 같은 나에게 노래 하나쯤 불러 술자리를 주도하지 않으면 안 된다고 지적하고 경성에서도 도쿄에서도 기회가 있을 때마다 여러 가지 교육을 받았는데 날 때부터 능력이 없는 음치인 저는 이 방면의 공부에 조금도 익숙해지지 않아 스승 하야시씨의 노력을 저버린 것은 참으로 면목이 없는 일이라고 생각한다. 불행하게도 하야시씨는 일찍 세상을 떠나고 말았지만, 만약 살아계신다면 지금도 질리지 않고 나를 교육해 줄 것이 틀림없다고 믿는다.

(전 탁무차관(拓務次官) · 조선광업진흥사장(주) · 현 변호사)

19. 실패담이 없는 사람

이케다 키요시(池田清)

나는 내무국장이었던 고(故) 우시지마 쇼오조오(牛島省三)씨와 함께 일본본토에서 1931년 6월 우가키(宇垣) 총독, 이마이다(今井田) 정무총감을 따라 조선총독부에 부임했기 때문에 말하자면 신참자(新參者)였습니다. 그런데 당시의 국장님, 과장님께서는 반갑게 맞이해 주셨고 조금도 싫은 내색을 하지 않으셨습니다. 점점 시간이 지날수록 국장님들과 동료들은 조금도 서로간의 실랑이도 없었을 뿐만 아니라 항상 화기애애한 분위기였습니다.

정식 국장 회의는 매주 총독, 정무총감이 출석하여 엄숙했습니다만, 이 회의가 끝나면 사설(私設)회의라 칭하는 모임을 언제부터인가 마련하게 되었습니다. 이것은 조선호텔이라든지 중국요리, 조선요리점 등에서 개최되어 부담스럽지 않고, 정식회의의 딱딱한 짐을 벗고 터놓고 나누는 담소 속에서 문제를 풀고 의논하는 식이었습니다. 이런 모습으로 총독정치의 전체가 진행되고 있었던 것입니다. 나는 전후(前後) 30년간 관리 생활을 했는데 조선에서의 시절 5년만큼 재미있고 유쾌한 적도 없었습니다. 하야시 재무국장도 그 싱글벙글한 얼굴로 그 모임의 긴장을 풀어 준 한 사람입니다.

하야시군은 머리가 좋고 키가 크고, 매우 냉정한 편으로, 나는 하야시와는 너, 나 하는 친한 사이였습니다만, 매우 열심히 일하던 열정을 숨긴 남자였습니다. 누구나 오랫동안 알려지지 않은 실패담이 있기 마련인데 하야시군은 나의 재임 5년 동안 한 번도 그런 소문을 들은 적이 없었습니다. 이른바 타고난 순수한 관료형의 인물이었습니다. 같은 하야시군이라도 하야시 시게키(林茂樹)씨는 재미있는 타입의 남자로 매우 영리하지만 어딘가 얼빠진 듯한 모습을 보이는 데가 있어 유쾌했습니다.

하야시군이 총독부를 떠나 조선식산은행의 은행장으로 추대되어, 그의 재치 있는 일처리 솜씨를 마음껏 휘두르며, 위대한 공적을 거두었다는 이야기도 들었습니다. 하야시군은 아직도 우리나라(일본-역자 주)의 재계에 전력투구 할 수 있는 분이라고도 생각하는데, 뜻밖에 일찍 돌아가셨어 참으로 안타깝고 아쉽습니다.

(전 조선총독부경무국장)

20. 시게조군을 회상하다

호즈미 신로쿠로우(穗積真六郎)

<그림14> 호즈미 신로쿠로우
출처: Wikipedia

하야시군과 나는 동기생으로 총독부에 들어왔다. 그러나 그때는 한 번에 한 두 명씩 채용했기 때문에 취임에 두 세 달의 간격이 있었다. 그래서 1914년 12월 내가 부임했던 때에는 하야시군은 병역 관계로 일본본토에 돌아갔으며, 하야시군이 돌아오자 내가 교체되어 입영하고 있었으므로 시보(試補) 시절에는 얼굴을 마주치지 않고 끝이 났다.

처음 만난 것은 하야시군이 관세과의 사무관 때였다. 서로 관리들에게는 이상하게 군대에서 고생을 했다는 친밀감도 있어서 "야"라고 부르자 금세 사이가 좋아져 버렸다.

다만 놀랍게도 나의 동기로는 야마구치(山口), 야지마(矢島), 사와자키(沢崎), 쿠라하시(倉橋), 다나카(田中) 그밖에 준수한 사람들이 많아서 나중에는 각 방면에서 최고가 된 사람들이었지만, 시보 시절에는 모두 상당한 장난꾸러기로서 엄격한 데라우치(寺內) 통치하에서 천진난만하게 장난만 치고 때로는 선배들을 조마조마하게 만들었는데 하야시군을 만나보니 정말이지 「대인배」와 「세상 물정에 밝은 사람」이기 때문에 조금 예상이 빗나갔다. 얼마 안 있어서 하야시군이 「관세제도조사」를 위해 남미에 갔을 때 명함에 「secretary of Japan」이라고 써 놓으니 어느 나라에서 「secretary(비서)」를 장관(大臣)이라고 생각해서 신문에 큰 사진이 나서 황당했다고 말했는데 아직 장관을 하기에는 젊은 얼굴이겠지만 30세 전후에 있는 「지극히 당연히」 같은 것이어서 오해를 했는지도 모른다.

하여간 그의 재주가 있는 능력, 생각의 깊이와 침착함은 나 따위는 못 미치는 부분이 있기 때문에 첫 대면 이래 마음속에서는 형님으로 모시며 전쟁이 끝날 때까지 뭔가 교훈을 받곤 하였다. 하야시군은 평생 재무분야의 사람으로 관리로서는 대부분 예산 편성, 일본본토와의 절충에 종사한 사람이었는데 동기 중에서도 가장 뛰어난 만큼 가장 먼저 국장이 되었다.

하야시군이 재무국장이 된 것은 1929년의 연말로 일본이 큰 전환기에 접어들고 있을 때였다. 중일관계는 갈수록 악화되어 가고, 내일이라도 붕괴될까 생각했던 소련이 오히려 점점 더 기반을 굳혀가고, 조선은 육지로 이어져 있는 만큼 직접적인 영향이 하루하루 두드러지고 있었다. 실제로 하야시군이 국장이 된 날부터 광주에서 학생운동이 시작되었고 전 조선이 동요의 기색을 보이며 계속해서 만주에 있는 조선인 문제가 표면화되고 그 반동으로 평양 그 외에 중국인 학살사건이 돌발하면서 결국 만주사변으로까지 발전해 버렸다.

한편 산업방면에서는 우가키(宇垣) 총독의 농촌진흥대운동이 개시되었고, 이어서 경기의 호전에 따라 광산·공업·수산의 모든 산업이 급격히 발전해 왔다. 사건의 대책이든 산업의 조장(助長)이든 국가의 재력에 기대는 것은 지극히 컸다. 그러나 경기가 좋아져도 국가의 수입이 즉시 증가할 수는 없고, 오히려 긴급을 요하는 지출의 증가에 시달리는 몇 년은 재정을 맡은 사람에게는 진통이나 다름없는 고난의 시기였다.

하야시군의 취임 후 1, 2년간 불경기는 바닥을 치고 예산도 2억1000만 엔대로 내려갔다. 그로부터 가끔 상향되기는 했지만 겨우 3억에 도달한 것이 1934년이었다. 이 빈약한 재정을 잘 운영하여 어떻게든 방대한 요구에 응하도록 처리해 가는 하야시군의 고심은 대단했을 것이다.

운 나쁘게도 마침 그 시기에 내가 외사(外事)과장, 식산(殖産)국장이라는 돈만 드는 임무를 하고 있었기 때문에, 형님으로 모시던 하야시군과도 매일같이 몹시 격렬한 말다툼을 하였다. 성질 급한 나는 때때로 "이런 인색한 관공서는 상대하지 않겠다."라든지 "장래 큰 수입을 가져다 줄 사업에 이런 작은 보조가 좋다고 생각하는가."라며 떼쟁이 아이처럼 떠들어 대어 형님을 난처하게 만들었다. 하야시군은 진지하게 궁리도 잘 해 주셨지만 "너가 열심히 하는 것은 좋지만 말투를 좀 더 조심해야 한다."라든지 "너도 조금은 융통이라는 것을 기억해라."라고 형님다운 잔소리도 많이 들었다.

총독부의 수입이 4억을 돌파한 것이 1937년인데, 이 해에 하야시군은 퇴임하고 식산은행에 들어갔다. 식산은행은 줄곧 조선 산업의 진전에 노력한 은행이고 산업의 절반은 식산은행 덕분에 성장한 것이기 때문에 그 후에는 형님과 말다툼할 일도 없었다. 다만 그 후 총독부의 예산이 급격히 증가해서 100만 엔이든 200만 엔이든 큰 고생 없이 증액할 수 있는 시대가 되면서부터 일만 엔으로 얼굴을 붉히며 하야시군과 싸웠던 몇 년 전을 떠올리면 참으로 하야시군에게 미안했던 것 같다. 가장 어려운 시대에 재무를 맡아 산업 진전의 발판을 마련해 준 것이 하야 시군이었다.

　전쟁이 끝나기 직전에 나는 병석에 누워 있던 하야시군을 문병했을 때, 국가 표창(表彰)이 시운(時運)을 편승해서 화려하게 행동한 우리와 중요한 기초를 다진 하야시군에게 월급이 얇음을 한탄했지만 하야시군은 "서까래 밑에서 일하는 사람에게는 당연한 결과이다."라며 쓸쓸하게 웃고 있었다. 전쟁이 끝난 후 내가 세화회(世話會)의 일에 몰두하고 있을 때, 풍문에 병든 몸으로 무리해서 귀국한 하야시군이 돌아오지 못하는 객이 되었다는 것을 들었다. 나는 밤에 아무도 없는 방 안에서 그저 암울하게 명복을 빌었다. 16년이 지난 오늘에도 만약 하야시군이 건강하게 살아있다면 그의 재능과 수완은 귀국자 누구보다도 부활의 기반을 멋지게 구축했을 텐데 하는 생각이 들 때마다 하야시군의 죽음이 안타까워 견딜 수 없다.

(전 조선총독부식산국장 · 현 중앙일한협회부회장)

21. 하야시 은행장과 나

카네코 류죠우(金子隆三)

　1929년 무렵 내가 대장성 예금부의 과장으로 있을 때, 조선총독부의 재무국장이었던 쿠사마 히데오(草間秀雄)씨가 나에게 조선식산은행의 이사로 취임하지 않겠느냐는 이야기가 있었습니다. 쿠사마(草間)씨는 내가 대장성에 근무했을 때 첫 상관(上官)으로 임관 당시 처음에는 우쓰노미야(宇都宮) 세무감독국, 다음에는 대장성 주세국(主税局)에서 몇 년 동안 공과 사적인 여러 가지 일로 지도를 받았던 분입니다. 예금부는 조선에 매년 많은 금액의 저리 자금을 융통하고 있었기 때문에 예금부로 전근한 나는 재무국장인 쿠사마(草間)씨와는 또 업무상으로도 밀접한 교섭이 있었던 것입니다.

그 쿠사마(草間)씨로부터 이야기를 들었지만, 나는 아직 당분간 관청에 있고 싶었기 때문에 거절했습니다. 그 이야기를 당시 책상을 나란히 하고 일하던 우에노(植野)군에게 말하자 우에노(植野)군은 경우에 따라서는 자신이 가도 좋다고 했습니다. 자신은 장차 정계에 나갈 예정이기 때문에 이번 기회에 민간의 은행에 들어가서 그 방면의 준비를 해 보는 것도 좋다고 하여, 이것이 우에노(植野)군이 식산은행 입사가 실현된 경위입니다.

나는 1927년부터 1931년 말까지 5년간과 1935년, 1936년의 2년간, 전후(前後) 7년간이나 예금부에서 근무했기 때문에 저리 자금 관계에서는 조선총독부와 식산은행 분들을 끊임없이 뵙고 많은 친구 지인이 생겼습니다. 쿠사마(草間)씨에 이어 재무국장이 된 하야시씨, 대장성 출신으로 사계과장이 있었던 미즈타(水田)씨 등은 특별히 친한 사이로, 그동안 여러 차례 조선으로 출장을 가서 공공사업이나 산미증식 관련 경지 등을 시찰하며 조선에 큰 관심을 가지게 되었습니다.

그 무렵도 오늘날과 마찬가지로 골프가 성행하였는데, 우에노(植野)나 저축은행의 이모리(伊森)씨가 상경(上京: 도쿄-역자)할 때마다 골프백을 지참하고 항상 나에게 도전을 하였습니다. 특히 우에노(植野)군처럼 상경 도중에 부산에서 당시 요코하마(橫浜) 세관에 근무하고 있던 나에게 전보를 보내, 요코하마(橫浜) 역에서 도중 하차하여 만나기로 하고 호도가야(程ヶ谷) 컨트리에 가서 자주 플레이 했습니다. 후에 오바야시

(大林組)28) 기업에 들어간 토지개량 부장인 나카무라 토라노스케(中村寅之助)씨는 골프 싱글의 명수였지만, 융자 교섭으로 상경하게 되자 나에게 도전해서 1포인트 이길 때마다 100만 엔 증가해 달라고 농담을 하였는데, 그것은 늘 나의 부담이었습니다. 그렇게까지 친한 사이였는데, 그 우에노(植野)군이 1936년에 갑자기 감기가 병든 지 며칠 만에 쓰러졌다고 들었을 때는 정말로 유감스럽기 짝이 없었습니다.

그 후 어느 날, 재무국장인 하야시씨가 나에게 "우에노(植野)군이 사망해서 식산은행의 이사에 결원이 생겼는데 우에노(植野)군이 식산은행에 입사 할 때 당신의 이야기를 들은 관계도 있으니까 또 누군가를 추천해 주지 않겠느냐"고 했습니다. 나는 농담으로 "나는 어떻겠느냐"고 입밖에 내었더니, "당신이라면 나무랄 데 없다."고 하야시씨는 진지해지셨기 때문에 나는 놀라서 "농담입니다."라고 취소했지만, 그것이 조롱박에서 망아지가 나오는 것으로29) 총감 이마이다(今井田)씨로부터도 "조선은 좋은 곳인데 오지 않겠느냐"고 권유받기도 했습니다. 그러나 나는 가정의 사정으로 도쿄를 떠날 수 없었기 때문에 거절했습니다.

그 때 대장대신은 바바 에이이치(馬場鍈一)씨였고, 권업은행 총재는 이시이 미쯔오(石井光雄)씨였습니다. 바바(馬場)씨나 이시이(石井)씨는

---

28) 오바야시는 시미즈(Shimizu), 다케나카(Takenaka), 카지마(kajima), 다이세이(Taisei)와 함께 일본 5대 건설업체 가운데 하나이다. 1892년 오사카에 설립된 오바야시는 일본, 동남아시아, 호주, 미국, 유럽 등지에서 사업을 진행한다. 일본 내의 주요 건축물로는 교토 기차역사, 도쿄방송국센터가 있다. 주요 사업으로는 일본과 해외의 건설공사, 지역개발, 도시개발, 해양개발, 환경정비, 기타 건설에 관 한 사업, 건설에 관한 엔지니어링, 컨설팅 업무의 수탁 및 부동산 사업 등이 있다.
29) 농담으로 말한 터무니없는 일이 실현됩니다. 농담으로 한 것이 뜻밖에 진실로 실현됨의 비유.
(놀라운 상황)에 대한 은유로 사용되는 관용구.

그 이전부터 아는 사이였지만, 바바(馬場)씨, 이시이(石井)씨, 아루가(有賀)씨, 하야시씨 등이 의논해서 식산은행의 부은행장 자리를 만들어, 도쿄 주재의 와타나베(度辺)씨가 부은행장이 되어 경성에 가기로 했기 때문에, 나에게 도쿄 주재 이사로 취임해 달라는 이야기가 나왔습니다. 이것은 전혀 내가 모르는 사이에 이야기된 것이었는데 그렇게 되면 거절할 이유가 없어졌기 때문에 그 결정에 따랐습니다. 그래서 1936년 8월 식산은행의 주주총회에서 선임된다고 하니, 그곳에 참석하기 위해 경성으로 가던 도중에 큰 수해를 당해 기차가 크게 지연되어 총회에 늦게 도착하여, 밤늦게 은행 간부들이 모여 있는 치요모토(千代本)의 연회장에서 아루가(有賀) 은행장의 환영을 받았던 일을 지금도 기억하고 있습니다.

내가 취임한 후 1년 만인 1937년 10월에 아루가(有賀)씨가 은행장을 사임하고, 하야시씨가 재무국장에서 은행장으로 취임했습니다. 나는 당초부터 양해를 구하고 도쿄에서 주재했고, 조선에서는 1년에 3, 4회 주주총회나 금융대회 등의 기간에 출장을 가서 한 달 정도 머물렀습니다. 도쿄에서는 오로지 자금 도입에 종사하고, 대장성 예금부로부터 장기, 단기 산업자금과 공공자금을 차입하고, 이와 병행하여 일본본토의 내수 시장에서 식산채권의 발행에 힘썼는데, 다행히 식산은행의 신용을 배경으로 순조롭게 일을 할 수 있었습니다.

하야시 은행장은 가끔 상경했지만, 주로 경성 본사에 있어 같은 장소에서 함께 근무할 기회가 많지 않았지만 하야시씨의 총명한 두뇌에 늘 감복하고 있었습니다. 하야시씨는 나와 같은 은행원은 아니었지만, 은행의 지점장 회의 등에서 지도하는 모습은 참으로 훌륭했습니다.

1945년에 들어서 전쟁의 상황은 나날이 악화되어 본토의 결전이 화제에 오르게 되면서, 하야시 은행장과 상의하여 비상시 금융상의 조치를 철저히 강구하라고 하여 나는 일본본토에 머물러 있었는데 8월이 되어 갑자기 형세가 바뀌어 조선이 일본본토보다 더 혼란에 빠져 식산은행 본점 직원들이 고생을 많이 하셨습니다. 더구나 하야시씨는 그 무렵 갑자기 병이 위중해져 어려움을 겪고 경성을 떠날 운명에 이른 것은 참으로 딱하기 짝이 없고, 저로서는 정말 미안한 마음이 듭니다. 나를 식산은행으로 처음 이끌어준 하야시씨가 돌아가신 지 벌써 17년이나 지났는데, 나는 아직도 식산은행의 뒤처리 같은 일을 하고 있는 것을 생각하면 금석지감(今昔之感)을 금할 수 없습니다.

(전 조선식산은행 부은행장, 현 식산부동산(주) 사장)

22. 무나카타 기숙학원과 무나카타 신사

카마세 토미타(釜瀬富太)

나는 1930년 일본본토로 돌아왔기 때문에, 그 후는 자연스럽게 하야시씨를 만날 기회가 적었는데 하야시씨는 전쟁이 끝난 후에 귀국해 오신 것 같다. 당시 병환으로 규슈대학병원에 입원해 계셨던 것으로 기억되는데, 그곳에서 뵌 것이 마지막이었다. 당시 나는 규슈여고(九州高女)를 경영하던 때였는데, 우리 학교는 전쟁의 화재 때문에 전부 소실되어 내일의 과업을 어떻게 해야 할 것인지 갈피를 못 잡고 있던 시기로 단지 한번 뵈었을 뿐인데 그것이 마침내 마지막 이별이 되었다. 그러나 그 때는 더없이 쾌활하게 담화도 나눴는데 결국 돌아올 수 없는 객이 되었다고 들었다. 그래서 올해가 바로 17년째의 기일에 해당하지 않을까 싶다.

그런데, 하야시씨는 일찍부터 조선으로 건너가 마지막까지 30여 년의 긴 세월에 걸쳐 총독부의 재무국, 이후에는 은행에 있으면서 재정, 금융의 일을 맡았으니 이른바 조선 재계의 중진으로 중요시되었음은 말할 것도 없다. 이런 것들에 대해서는 다른 분들로부터 충분히 언급되었을 것 같아서 나는 같은 고향 무나카타군 사람의 입장에서 하야시씨의 인물에 대해 한, 두 가지를 서술하고자 한다.

그 중 하나는 무나카타 기숙학원의 일이다. 우리 무나카타군에는 선배인 후카타 센타로우(深田千太郎)씨가 있었다. 지금도 여전히 건강하게 잘 계시는데 1897년경의 일이다. 당시 후카타씨는 도쿄대학 재학 시절이었는데 도쿄에 있는 무나카타군 출신의 학생을 자택에 동거시키고, 부인과 함께 학생들을 위해서 편의를 도모하였다. 한편 같은 고향 학생들의 훈육에도 큰 힘을 쏟았는데, 대학 졸업 후에는 조선에 가서 총독부에 근무하였다. 이것에 이어 역시 무나카타의 선배인 이리에 카이헤이(入江海平)씨가 조선으로 건너가 행정면에서 크게 활약하고 있었다. 하야시씨가 총독부에 들어간 것은 이들 선배들이 그 원인을 제공하였다. 그 다음으로 나 또한 1920년부터 10년간 신세를 졌다. 그동안 주로 재무관계에 있었기 때문에 하야시씨로부터 각별한 지도를 받으며 지냈다.

이야기는 뒤로 되돌아가는데 위에서 말한 바와 같이 후카타씨가 같은 고향의 학생들을 돌보고 있었던 것이 동기가 되어 그 후 도쿄에 무나카타 기숙학원이 설치되었다. 무나카타군 출신의 학생 십수 명이 공동생활을 하는 동시에 서로 절차탁마(切磋琢磨)[30]하여 학문과 함께 자기 수양의 기회를 가지게 되었다. 하야시씨가 고등상업학교 재학 중에는 주

---

30) 옥이나 돌 따위를 갈고 닦아서 빛을 낸다는 뜻으로, 부지런히 학문과 덕행을 닦음을 이르는 말.
《시경》의 <위풍(衛風)> <기오편(淇澳篇)>과 《논어》의 <학이편(學而篇)>에 나오는 말이다.

로 이 무나카타 기숙학원에 있으면서 고향 후배의 학생 지도에 전념하였기에 모두 대단히 감사해하며 그의 지도하에 한 치의 오차도 없이 학업에 열중했다. 후배 학생들은 그의 열정적인 지도에 탄복하며 하나가 되어 무나카타 기숙학원을 발전시켜 나갔다.

무나카타 기숙학원의 일을 이야기했지만, 이와는 별도로 지쿠젠(筑前)[31] 출신 학생을 지도하는 의미에서 1899년부터 설립된 '코코쿄(浩々居)'[32]라는 것이 있다. 이것은 히로타 고키(広田弘毅), 히라타 카즈오(平田和夫) 두 사람이 1고(고등학교) 시절에 발기하여 만들어졌으며, 두 사람 지도하에 지쿠젠(筑前) 학생이 공동생활을 하는 동시에 정신을 단련해 나갔는데, 이것도 그 근원은 후카다(深田)씨의 무나카타 학생의 지도 방법을 보고 생각해 낸 것으로 알고 있습니다. '코코쿄'는 60여 년이 지난 오늘날에도 여전히 존속하여 고향 출신 학생 지도에 효과를 거두고 있다.

그리고 하야시씨 고등상업학교 시절에는 코이시카와(小石川) 식물원 뒤 시라야마고덴마치(白山御殿町)에 무나카타 기숙학원이 있었고, '코코쿄(浩浩居)'도 같은 마을 내에 마치 눈과 코의 사이처럼 있었기 때문에, 아침 저녁으로 서로 왕복하며 학생들끼리 서로 사기를 북돋아주었다. 하야시씨가 훗날 국사(国士)의 품격이 있다는 평가를 받은 것도 사실 학창 시절에 타인을 지도함과 동시에 자기 수양을 쌓고, 또한 다른 한편으로는 항상 히로타(広田), 히라타(平田) 두 사람과 같은 인격을 접하면서 부지불식(不知不識) 사이에 품격을 얻은 것으로 생각된다.

다음으로 우리 무나카타군에는 무나카타 신사가 있다. 이곳은 천조대신(天照大神)[33]의 세 여신을 사당에 모시고 있으므로 이세신궁(伊勢神

---

31) 옛 지방 이름(현재의 福岡県의 북서부).
32) 집에 붙이는 아호

宮)과 지극히 연고가 깊다. 세 어신이기 때문에 세 곳 즉, 무나카타군 내의 다지마(田島)와 해상 3리의 오시마 섬(大島)과 또 해상 48리에 있는 오키시마 섬(沖の島)에 각각 제사 지낸다. 오키시마 섬은 워낙 해상에서 멀리 있기 때문에, 쉽게 섬의 그림자조차 보는 것이 불가능하다. 그래서 위의 세 신사중에서 오키시마 섬은 여인금제(女人禁制)로 되어 있으며, 참배할 때에는 목욕재계를 하고 가야 한다고 되어 있다. 또 섬의 물건은 절대로 가져오면 안 되는 것으로 되어 있다. 그 금기를 어긴 자는 즉각 신의 벌을 받는다고 하며, 그 예는 일일이 열거할 수 없을 정도로 많다.

그 일례를 들어보면 어떤 청년층 사람들 몇 명이 힘을 합쳐서, 세상에는 이렇게 전해지지만, 어찌된 일인지 감히 신의 위력을 두려워하지 않고 오키시마 섬을 향해 배를 타고 나아갔다. 도중에 어느새 모두 잠이 들었고 눈을 떴을 때는 배가 나가사키현(長崎縣)의 모(某)항에 도착해 있었다고 하니 끝내 오키시마행의 목적을 달성하지 못했다. 이러한 일로 해서 오키시마 섬의 신위숭엄(神威崇嚴)[34]한 것을 무나카타군 내에서는 모르는 사람이 없을 정도였다. 그래서 무나카타 신사에 제사를 모실 수 있는 우리 무나카타군 내의 사람은 스스로를 신군(神郡)이라고 부를 정도이며, 그만큼 또 신을 공경하는 마음도 두터운데 특히 오키시마 신사에는 쉽게 참배할 수도 없었고, 단순히 멀리서 바라보는 것조차도 이루어지지 않았다.

하야시씨는 우리 무나카타군 사람이니만큼 원래 신을 공경하는 사람이었다. 이 신령스러운 오키시마에 요배(遙拜)[35]하기에 적합한 장소라

---

33) 일본 신화의 해의 여신, 일본 황실의 조상이라고 함.
34) 신의 위력이 숭고하고 존엄한 것
35) 멀리서 절을 함.

고 생각한 것이 무나카타군 내에 있는 성산(城山)이다. 성산(城山)은 곧 하야시씨가 성장한 마을에 있는 산이다. 이 산 정상에 오르면 날씨가 좋은 날에는 섬 그림자도 보이고, 신사를 향해 요배를 하면 좋겠다고 생각하여 스스로의 힘으로 산 정상에 요배소를 건설하였다. 이리하여 이곳에서 신령스러운 오키시마를 향해 요배할 수 있게 되었으며 무나카타군 내의 사람들에게도 그 기회가 주어졌다. 이것은 전적으로 하야시씨가 신을 공경하는 생각이 두터웠음을 말해주는 것으로 그의 인격의 일면을 엿볼 수 있는 대목이다.

앞에서도 말했듯이 조선반도에서의 하야시씨 업적에 대해서는 다른 분이 말할 수 있을 것이기 때문에, 같은 무나카타군의 사람으로서 하야시의 일면을 전하는 것도 좋은 기회라고 생각하여 여기에 한 줄 적었다.

(전 인천세관장 · 현 구주(九州)여자고등학교명예교장)

23. 경성역 앞에서 작별

사이다 고로우(税田谷五郎)

나는 조선총독부 재무국 관세과에서 20여 년간 같은 책상에서 일했다. 그 동안 직접 지도를 받은 상사(과장)는 십여 명을 셀 수 있는데, 그 중에서도 하야시씨 시절이 가장 장기간인 것 같다.

당시 하야시씨는 머리가 좋고, 상당히 예리한 편이라 작은 일에도 눈치를 채고, 좀처럼 속임수를 쓰지 않았다. 큰 틀에서 꿰뚫어 보시고 한 번 결정된 일은 쉽게 변경하지 않았기 때문에 우리 부하로서는 일하기가 수월했다. 이 기간 동안 나는 정말 친절한 지도를 받았고, 특히 같은 고향인 관계로 개인적으로도 여러 가지로 보살펴 주신 것에 대해 진심으로 감사하고 있다.

나는 이탈리아 여행 중에 소매치기에게 주머니 전부를 빼앗겨서 제노바 명예영사로부터 돈을 빌려서 그 여행을 마쳤는데 주머니 속에는 이탈리아 여행에 필요한 만큼만 있었다. 이후 여행에서 마음만 먹으면 되찾을 수 있는 정도여서 큰 고통도 느끼지 못했지만, 그 실패담을 하야시씨에게 편지했다. 나는 돌아오는 길에 포트사이드(Port Said) 영사관을 통해서 하야시씨로부터 전보환(電報換)을 받았다. 하야시씨는 이런 작은 일까지 배려해 주었다.

나는 예전부터 두, 세 명의 지인으로부터 관리 생활을 그만두고 자신들의 일을 도와줄 수 있겠느냐는 권유를 받았다. 오랫동안 함께 일했던 책상이나 친구들에 대한 애착을 느껴 좀처럼 결단을 내리지 못했는데 이번 기회에 과감히 결단을 내리고 하야시씨에게 부탁하여 부산의 회사 일을 도와주게 되었다. 나의 회사는 공공사업을 하는 관계로 총독부의 여러 종류의 감독을 받고 있는데 어려운 문제가 생기면 그때마다 하야시씨에게 도움을 요청했다. 하야시씨는 흔쾌히 들어주었고, 여러 가지 편의를 제공해 주었다. 하야시씨가 식산은행장으로 취임한 이후에도 재무국장 시절과 마찬가지로 많은 도움을 주신 것은 감격스럽기 그지없다.

종전(終戰) 당시, 나는 경성, 평양 방면의 회사 사업 뒷수습을 위해 출장을 갔다. 경성역 앞에는 병환으로 귀국하는 하야시씨를 배웅하는 사람들로 가득했다. 간신히 나는 하야시씨에 인사할 기회를 얻었지만, 동행하여 부산까지 따라가는 것은 당시의 사정이 허락하지 않았다. 그러나 나는 이것이 마지막 작별 인사가 될 줄은 꿈에도 몰랐다.

전쟁이 끝난 후 나는 파산한 상태로 고향에 돌아왔다. 얼마 안 되는 땅을 밑천으로 무아지경으로 괭이를 휘둘렀다. 묵묵히 주변을 전혀 살피지 않고, 처음에는 살기 위한 일이 점점 재미있어지고 이것으로 인해 삶의 보람을 느끼게 된 것이 행복이라고 생각한다.

꿈속에서 10년이 지나고 점차 허탈한 상태에서 벗어나, 조선에 있을 때 여러 가지 신세를 졌던 그리운 사람들을 만나기 위해, 아내와 함께 도쿄를 비롯한 각지를 여행했다. 이 여행에서 그리운 많은 분들을 만날 수 있어서 즐거웠지만, 반면 관리로 재직했던 시절 신세를 졌던 하야시씨, 아루가(有賀)씨, 야나베(矢鍋)씨, 미즈구치(水口)씨, 이노우에(井上)씨 등의 불행을 접한 것은 슬픈 일이었다. 게다가 나는 이분들에게 조의를 표할 기회를 얻지 못한 것은 돌이켜보면 아쉬움으로 남는다.

(전 조선총독부 관세기사)

24. 마음먹은 그대로 행동하는 사람

하가 분조오(芳賀文三)

저는 조선에 거주하는 동안 한 번 잠깐 전북 내무부장으로 전출한 것 외에는 거의 재무관계에만 줄곧 근무했고, 따라서 오랫동안 하야시씨로부터 지도를 받았습니다. 하야시씨가 재무국에 재직하는 동안에 저는 영림창(営林廠), 도재무부(道財務部), 전매국, 관세, 세무감독국으로, 또 식산은행장에 취임할 무렵에는 조선은행 감사가 되어 항상 많은 도움을 받았습니다.

저는 학창시절 스포츠 선수로 활동하며 해외로 나가고 싶다는 희망이 있었기 때문에 졸업 후 얼마 지나지 않아 칭다오(靑島) 민정부(民政部)

의 사무관이 되어 선배인 유명한 야구 응원대장 야마구치 도쿠안류(山口独眼龍)씨의 후임으로 사무를 담당하고 있었으나, 1923년에 칭다오 환부(還附)가 되어 아키야마(秋山) 칭다오 민정장관과 오오츠카스 네사부로(大塚常三郎) 내무국장의 도움으로 조선총독부로 전근하게 되었다. 처음 신의주에 있던 영림창의 사무관 서무과장으로 부임한 지 얼마 되지 않아 당시 사계과장으로 있던 하야시씨를 왜성대(倭城台) 옛 청사에서 처음 만났습니다.

조선에 부임하는 사람은 대개 부산에서 조선으로 들어오는 것이 선례이지만, 저는 칭다오에서 대련(大連), 봉천(奉天), 안동(安東)을 통과하여 신의주 도착해 반대 코스로 조선 내에 한 걸음을 내딛은 것도 추억의 하나입니다.

그 무렵 가미타키 모토이(上滝基)군이 산림과, 지금은 돌아가신 곤도 토모노부키(近藤常尚)군이 식산국, 코지마 타카노부(児島高信)군이 사계과에서 각 사무관들을 하고 있어, 세 친구에게 여러 가지로 신세를 졌습니다. 특히 코지마(児島)군이 신혼 초에 욱정(旭町)의 관사 2층에 묵게 해주어 코지마군의 소개로 하야시 사계과장을 만나게 되었는데, 영림창도 압록강, 두만강 두 유역에 걸쳐 상당한 양의 사업을 가지고 있고, 작업관청으로서 수입과 지출 모두 사계과와 깊은 관계가 있어 간곡히 지도를 받았습니다. 그 후에도 하야시씨는 의회관계로 상경하는 일이 많았기 때문에 가끔씩 만나 뵙고 여러 가지 가르침을 받았습니다.

그 후 제가 충남 재무부장을 거쳐 전매국에 들어갔을 무렵에는, 하야시씨는 이재과장을 맡았고, 인천세관장이나 함흥, 평양감독국에 있을 때는 재무국장이 되어 크게 두각을 나타내며 종횡무진으로 활약하셨습니다. 1939년에 저도 오랜 관리 생활을 마치고 조선은행 감사에 취임했을 때는 하야시씨는 식산은행장을 하고 계셔서 그 방면의 일에 대해 여러 가지로 지도를 받았습니다. 원래 하야시씨는 그 경력이 말해주듯이 아주 이치에 밝고 매우 예리한 두뇌를 가지고 있으며, 또한 마음먹은 그대로 행동하는 사람이었다고 생각합니다. 술도 꽤 드셨던 분이셨지만 흐트러진 모습을 본 적이 없고, 인정이 매우 두터워 누구의 말이라도 잘 들어주시고 보살펴 주셨습니다.

하야시씨의 전임자였던 아루가(有賀)씨는 귀족원 의원(勅選議員)도 되셨고, 고주파(高周波)공업도 일으켜서 일본을 위해 큰 활약을 하셨음을 생각하며, 아울러 저는 시종일관 상경하여 조선은행 관계자 뿐만 아니라 여러 사람을 만나면서 생각했던 적이 있었습니다. 하야시씨 같은 영재를 아깝게도 조선에만 묻어두는 것은 아쉬움이 남는다고 생각했기 때문에, 실례였지만 식산은행장 시절 연회 자리에서 "조금 자주 상경하여 여러 사람을 만나는게 어떻습니까?"라는 내용의 이야기를 한 적이 있었는데, 다소 건강이 안 좋으셨던 탓일지도 모르지만, "좀처럼 생각대로 되지 않네요."라고 말씀하셨다. 말년에는 그다지 상경할 기회도 적었고, 그러다가 병을 얻어 세상을 떠나신 것은 돌이켜보면 안타까운 일이었습니다.

(전 평양세무감독국장 · 조선은행상임감사 · 현 일본지소(日本地所)(주)감사역)

25. 하야시씨의 인생행로

후루조 이츠오 (古庄逸夫)

(1) 하야시씨와 내가 공무상 밀접한 접촉을 갖게 된 것은 내가 경기도

재무부장으로서 1928년 8월 말, 구미(歐米)출장에서 돌아온 뒤로 당시 하야시씨는 본부 이재과장으로서 금융제도 개정 입안에 매우 바빴다. 나도 지방청 대표로서 금융제도 조사회의 간사였던 관계로 하야시씨의 허락을 받아 금융조합령 개정안 심의에 참여했다.

또 금융조합협회(조선금융조합연합회의 전신)에서는 하야시씨도 나도 이사였던 관계로 이사회에서 자주 만났다. 이 관계는 1929년 말, 하야시씨가 재무국장으로 승진하고, 내가 본부 토지 개량 과장으로 동시에 옮길 때까지 약 1년 3, 4개월간이었는데 서로 잘 알게 되면서 허심탄회하게 이야기를 나누게 되었다.

하야시씨가 승진했을 때 나는 "젊고 혈기 왕성한 국장으로서 상당히 고생이 많으시겠네요."라고 말하자 하야시씨는 "종래 재무국은 조금 아전인수(我田引水)[36]에 지나지 않았다. 앞으로 각 국과 협조해 나가야 한다."고 말했다. 하야시씨는 이 협조주의로 오랜 재무국장 재임 시절을 일관되게 유지할 수 있었다고 생각한다. 지금 그 사례를 이야기하고 싶다.

(2) 내가 토지개량과장으로 재임한 기간은 거의 만 4년이 넘었는데, 1930년 가을 쌀값 폭락 이후 사업의 부진, 공사 실패 속출로 수리조합비의 부담 어려움, 경영이 곤란한 조합 속출하는 등 토지개량사업이 상당한 어려운 상황에 직면했다.

그래서 이것의 대책으로 예금부 저리 자금으로의 차환, 특별보조금의 교부 또는 수리조합 폐지의 보조 조치, 또는 대행기관의 통합폐지, 마침내는 토지개량부 해산, 산미증식계획의 중단이 이루어졌다. 이러한 이례적인 조치는 하야시씨의 협조적 정신이 없었으면 도저히 달성할 수 없었다.

---

[36] 자기에게만 유리하도록 말하거나 행동하는 일.

(3) 1931년, 1932년 무렵에는 농촌 불황의 영향을 받아 총독부의 재정도 궁핍했던 것 같아 하야시씨가 대단히 고생하셨으리라 생각한다. 당시 토지개량 관련 예산 집행 및 편성으로 하야시씨도 나도 매우 궁지에 처해 있었는데, 마침내 하야시씨의 특별한 이해와 동정으로 내가 도움을 받았던 사연을 이야기해 보겠다.

1930년도 총독부 결산이 불황으로 세입이 감소했을 때, 그대로 두면 적자가 되기 때문에, 경지개량 확장비용의 보조금 잔액을 전액 다음 연도로 이월하지 않고, 100만 엔 정도를 불용액(不用額)으로 책정하여 삭감해 줄 수 없겠느냐는 재무국의 간청이 있었다. 그래서 사업 진행의 앞날을 충분히 검토해서 "만약 내년도에 사업이 예상보다 더 진전되어 편성된 예산으로 부족하게 될 경우에는, 삭감한 100만 엔을 증액 편성해 달라."고 하는 공문교환 형식으로 약속을 받아내어 이 요구에 응했는데 그 후 간척사업은 갑자기 공사가 진행되어 보조금 예산이 부족하게 되어 부득이하게 다음 연도에 보조금을 교부한다는 예산 외 부담의 보조 지침을 내리고 어물쩍하게 1933년도 예산에서 전에 삭감했던 100만 엔 가까운 예산의 증액을 재무국에 요청했다.

재무국에서도 계속된 사업으로 이미 실시된 공사에 대한 보조이므로 교부를 요구하는 사정은 충분히 이해하면서도, 1932년도 예산편성 후의 단계에서 총독부의 재정난으로 그 증액 편성이 아무래도 곤란한 상황에 처해 있어서 나는 상경해서 그 진행 상황을 주시하고 있었는데 하야시 재무국장은 곤혹스러워하면서 "어쩔 수 없으니 이번 1년 참아달라."고 간곡히 부탁했다. 나는 이미 각오하고 있었던 '사업과 함께 전사하기'의 기회가 도래했다고 생각하며 국장에게 나의 고충을 말하면서 "이대로 경성으로 돌아갈수 없으니 이만 물러나겠습니다. 여러 해 동안 신세를 많이 졌습니다."라고 인사하고 사무소를 떠나면서 사표를 내기로 결심하고 그 뜻을 가족에게도 알리며 감회가 깊은 하룻밤을 보냈다. 다음날 점심 무렵 이마이다(今井田) 정무국장에게 고충을 토로하고 사표를 제출할 생각으로 출근했는데, 나를 기다리던 수행원은 얼굴을 보자마자 달려와서 "그만두지 않아도 되게 되었습니다. 다시 살아났습니다."라고 기쁨이 만연한 얼굴로 말했다. 나도 안도하며 재무국장에게 깊은 감사 인사를 표하였다.

(4) 이상과 같은 이유로, 내가 1933년 여름 농정(農政)과장으로 전근 가게 되어 인사를 하러 갔을 때 하야시씨는 "자네 마음이 후련하겠네."라고 말했다. 나의 토지개량과장 시절의 노고를 잘 알고 있었기 때문일 것이다. 농정과는 우가키(宇垣) 총독이 시정의 근본방침으로 삼은 농촌진흥운동을 주관하고 소작령의 제정, 면양 장려 등 총독 자신이 발안한 중대 시책의 실행을 담당하였다. 그 운동에는 총독 자신이 특별히 열의를 가지고 시종일관 진두지휘를 하였고, 관계 각 국(局)은 이 대방침에 따라 협력일치(協力一致) 정책의 중점을 이 운동의 추진에 두었다.

그런데 이 운동 추진 경비는 매우 적은 액수로 나는 자주 국(局)내 다른 과로부터 경비를 지원받았지만, 운동의 대부분은 지방청이 추진하면서 니시오카(西岡) 지방과장의 협조를 받았다.

1934년도 예산 편성 시 농촌진흥관계 예산을 최소한도 경비로 재무국이 결정한 것에 와타나베(渡辺) 농림국장은 격앙하여 하야시씨에게 들어가 따지며 격론을 벌여 정면충돌을 하였다. 나는 완전히 당황해서 하야시씨에게 사과하고 와타나베씨를 달래어 결국 화해의 악수를 하게 했던 일화도 있었다.

이리하여 농촌진흥운동을 영구적으로 보편화하여 지방청에 상당한 경비를 배포한 것이 초미의 급무가 되었다. 기존의 농가갱생계획으로 농촌 모범 부락에 산발적으로 설정한 것을 전체 조선의 각 면(面), 각 부락에 10개년 계획으로 보편적으로 책정해 실시하기 위한 지도 경비를 요구한 농림국 원안을 작성하였다. 그러나 이것을 해결하려면 우가키(宇垣)총독의 결단을 기다려 그 명령에 따라 예산을 편성하는 수 밖에 없었다. 농림국과 재무국과의 사무 교섭에서도 도저히 타결의 길이 없다는 것을 와타나베(渡辺)씨도 나도 뼈저리게 느꼈다. 그래서 내가 도쿄에서 먼저 출발해 돌아와서 총독에게 설명하고 승낙을 받기로 하였으나 나는 공교롭게 도중에 이하선염(耳下腺炎)에 걸려 집에 돌아오자마자 쓰러져 버렸기 때문에 야마구치(山口) 이사관이 대신 원안을 총독에게 설명했더니 총독은 "농림국이 이렇게까지 철저한 안을 생각해 주어서 만족스럽다. 당장 도지사 회의를 소집해서 자문해라."고 말씀하였다.

그리하여 1935년 2월 초순에 이 '농가 갱생 10개년 계획'이라는 유일한 의제로 임시 도지사 회의가 이틀간 개최되었지만, 각 지사는 인원, 경비 부족으로 실행하기 어렵다고 호소했다.

총독은 둘째 날 마지막에 약 1시간에 걸친 장엄한 대연설을 통해 조선을 다스리는 대방침을 설파하며 "농촌진흥운동의 달성이 통치의 근본이념이다. 그것이 우가키(宇垣) 필생의 사업이다. 인원 경비의 부족, 약 100만 엔의 예산은 우가키(宇垣)가 직책(職)을 내려놓아도 실현해라."라고 강하고 명쾌하게 밝혔다.

이때 총독의 열변은 참석자 모두에게 큰 감명을 주었다. 이렇게 해서 약 100만 엔의 큰 틀 안에서 나는 관계국(局)의 요구를 취합해서 재무국에 제출했다. 나는 하야시씨에게 "본 계획의 완수는 사실 매우 어려운 사업이다."라고 말하자, 하야시씨는 "10년 계획이라는 목표를 정해서 실시하는 것은 괜찮지 않겠느냐"라고 매우 이해심 있는 이야기를 했다. 결국 본 계획의 예산을 대장성에서 승인시키는 것은, 이마이다(今井田) 총감과 하야시씨의 양어깨에 달려 있었는데 약간의 삭감을 제외하고는 통과되었다. 처음부터 우가키(宇垣) 총독의 단호한 의지와 발언을 실현하는 것은 재무국의 당연한 책무이지만, 농림국이 재무국을 앞지른 경위에도 악감정을 품지 않고 총독의 대경륜을 실현하는 것에 나는 오늘날에도 가슴속에 가득 찬 감사의 마음을 금할 수 없다.

(5) 곧 이어서 와타나베(渡辺) 농림국장은 퇴임하고 동양척식주식회사의 이사로 취임하였다. 와타나베 국장은 농촌진흥운동에는 특별히 흥미와 열의를 가지고 있어 직접 지휘명령을 내린 적이 많았다.

나는 와타나베 국장 재임 중에 다른 곳으로 옮기고 싶다는 희망을 말한 적도 있었는데 국장은 이것을 승낙하지 않고 퇴임하면서 뒷일을 나에게 맡겼다. 후임 국장으로는 전남지사 야지마(矢島)씨에게 발령이 났다.

나는 야지마(矢島)씨와는 내무국 시절 오즈카(大塚) 국장의 밑에서 같이 근무했던 선배로 인품도 잘 알고 특별히 사이가 나쁜 것도 없었다. 야지마(矢島)씨는 농촌진흥운동에 대해 비판적이었지만 우리의 설명으로 이해했다. 이 이동에 따라 인사과장이 하야시씨와 상의하여 당시 다가히데토시(多賀秀敏)군이 사망해 공석으로 되어 있던 광주세무감독국장으로 전출하기로 결정한 것 같다.

이러한 사정으로 내가 하야시씨의 직접 지휘하에 들어간 것은 농림국 내의 인간관계에서 비롯된 것으로, 완전히 우연에 의한 것이었다. 이것은 하야시씨는 내가 5년 동안 재무부장으로서 재임하여 세무행정의 전문가로 여겨졌기 때문일 것이다. 내가 부임 인사를 하러 가자 하야시씨는 예의를 갖추어 "고생이 많으시겠지만 잘 부탁드립니다. 천천히 생각해서 해 주십시오." 라고 말했다. 나는 재임이 극히 짧을 것이라고 예상했기(이마이다(今井田) 총감도 잠시 참고 가 있으라고 간곡히 말씀하셨다.) 때문에 관내를 빠르게 순회하며 세무서의 새로운 경영, 전북의 누룩(麯子) 통제, 전남의 조선주 제조장의 적정 배치, 각 세금 사무 취급 절차 제정 등 세무기관 특설 후의 기본시설을 약 반년 만에 정리해 버렸다.

이리하여 재임 약 7개월 동안 나는 관내에서 한 발짝도 나가지 못했고, 하야시씨와도 만날 기회가 없이 1936년 3월 말 경성감독국장으로 전임되었다.

(6) 세무기관의 특설과 관련해서 나는 상당한 인연이 있다. 1924년 와다(和田) 재무국장, 오츠카(大塚) 내무국장과의 사이에서 세무기관 특설 논의가 있어, 인원수 배분 문제에 대해 내무국 안을 마련하기 위해서 내가 오츠카(大塚) 국장의 특명으로 입안한 것이 기본안으로 하여 두 국(局)의 합의가 성립되었는데 행정정리를 위해 중지가 되어 나는 재무부장으로 전출되었다. 쿠사마(草間) 재무국장 재임 중 5년간 나는 재무부장으로 재임하면서, 충북, 평남, 경기의 3도의 재무부장을 역임하였다.

1929년 재무부장 회의에서 나는 세무기관 특설의 필요성를 역설했는데, 그 연설에 후배 재무부장도 모두 공감했다. 대개 개인소득세의 실시는 필연적으로 세무기관의 특설을 필요로 했다. 하야시씨가 이것을 실현한 것은 1924년 이래 숙제를 완수한 것으로 물론 하나의 커다란 업적이라는 것은 말할 필요도 없다.

그러나 내가 특히 이에 강조하고 싶은 것은 청사 신축의 막대한 임시비를 국비 예산으로 충당하는 이른바 관례에 따르지 않고, 부지는 대부분 국유자산의 교환으로 조달하고, 관사는 동척에 신축시켜 대용관사로 빌리고, 세무서 청사는 재무협회의 차입금으로 조달하는 변칙적인 조치로 처리하여 국비를 절약한 것이었다. 광주, 경성의 양 국(局)은 국비로 신축했지만 예산 부족으로 감정실(鑑定室) 시설이 없어 나는 이와는 별도로 관내 담당업자의 기부로 주조(酒造)회관을 건립하였다. 또 세무서의 신축비도 부족했기 때문에 일부 지방 관계자의 기부를 받아 업무에 불편함이 없을 정도의 규모로 설치했다. 이것은 재무부장 또는 농림국 과장 재임 중 관내의 유력인사들과 친분이 있어 기부금은 이들 유력인 사들이 흔쾌히 협력 지원해 주어서 아무런 고충도 없이 원만하게 진척되었다.

경성감독국이 태평통(太平通)의 요지에 3층짜리 건물의 현대식 청사를 준공한 지 얼마 되지 않아, 하야시씨는 퇴임해 식산은행장에 취임하면서 후임인 미즈타(水田)군과 함께 경성국에 인사차 방문했던 기억이 난다. 내가 경성국장으로 하야시씨의 직접 감독하에 있는 동안에는 하야시씨와 상의할 만한 문제가 없어 회의석상 이외에는 별로 만나지 못했다.

(7) 1939년 1월, 나는 퇴임하여 조선중앙무진주식회사의 사장에 취임한 것은 주로 미즈타(水田)군과 하야시씨의 합의에 의한 것이었다. 하야시씨의 나에 대한 호의에서 비롯된 것임은 미즈타(水田)군이 취임 교섭을 할 때 친히 알려주었다. 당시 나는 신경통으로 오른손이 불편해져 요양이 필요했고, 또 무진회사 경영에 자신이 없어 취임을 고사했는데 하야시씨의 재무국장 시절에 세워진 무진회사가 한 개의 도에 하나의 회사(一道一社)로 합병하는 것이 경기도에서는 미완성이었다. 이것의 완수를 나에게 기대하는 사정도 넌지시 알았다. 또 전무로서 나와 친분이 있는 조선신탁회사 이사 지배인 미키 세이이치(三木淸一)군이 추천하여 주었으므로, 나는 전 조선의 대합병을 총독부의 회의로 결정하고 그 수

행을 나의 사명으로 맡긴다는 결정을 미즈타(水田)군에게 듣고 나는 마침내 취임을 승낙했다. 임원 자격획득 등에 대해서는 하야시씨가 배려해 주셨다.

이후 3개년 만에 15개 회사의 대합병을 실현하여 조선무진회사라고 하는 일본 제일의 무진회사를 설립한 것은 미즈타(水田)군과 함께 하야시씨의 후원과 조선은행의 지원에 힘입은 바가 컸다. 이렇게 합병을 완성한 후에는 조선금융단(朝鮮金融團)의 일원으로 회의 석상에서 하야시씨와 얼굴을 마주하는 적도 있었다.

나는 재임 만 5년만에 무진회사 사장을 퇴임하였는데, 1944년 2월 초 조선호텔에서 재임 중에 사의를 표하기 위해 초대했을 때 하야시씨와 이별한 것이 마지막이 되었다. 위와 같이 하야시씨의 호의는 1928년부터 1944년에 걸쳐 있었다. 시종일관 하야시씨는 주는 사람이었고 나는 받는 사람이었다.

하야시씨는 팔방미인이고, 원만하고, 명석한 두뇌와 과감한 결단력을 가지고 대세를 꿰뚫어 보는 데는 민첩하고, 사람을 대하는 데는 봄바람 같은, 우리 총독부 출신의 뛰어난 재능을 가진 그런 사람이었다. 재무국에서 줄곧 근무하면서 조선 통치를 위해 위대한 공헌을 하였다. 전쟁이 끝난 이후 16년 하야시 씨가 후세에 남긴 은덕을 추모하여 본 회고록 간행을 계획하고,병석에 누운 지 벌써 3년 반, 신체의 자유를 잃어 집필이 곤란한 내가 하야시다 사하치로(林田佐八郎)군을 번거롭게 하고 하야시씨의 은혜를 추억하며 본고의 초고를 작성하였다. 삼가 고인의 명복을 빈다.

(전 경성 세무감독국장 · 조선무진회사 사장)

26. 하야시씨의 바둑

콘도오 토쿠조오(近藤得三)

하야시씨의 바둑은 하야시씨에 대한, 또 상사로서 여러 가지 도움을 주신 분에 대한 매우 실례가 되겠지만, 서투른 바둑의 동료였습니다. 나도 송현동(松峴町)의 은행장 저택 근처에 살았기 때문에 심심할 때는 자주 바둑의 상대로 호출이 되었습니다. 바둑의 상대는 대체로 하야시다(林田)씨와 저였고, 가끔 후지모토(藤本)씨가 참가했고, 야마구치(山口)씨는 월등히 강했기 때문에 항상 관전하고 있었습니다.

대개 하야시, 하야시다(林田) 두 분과 나는 서로 굳이 차이를 둔다면 기껏해야 한, 두 집 정도의 차이였고, 3번 연속 승패에 따라 서로 한 집씩 올렸다 내리는 약속을 하고 서로 주거니 받거니 하면서 스피드가 빠르게 기다릴 수 없는 결전에서 패권 유지도 오래가지 못하고 자주 교체되었습니다. 바둑의 모범으로 보면 변칙일 수도 있는데 서로 승패의 스릴을 즐겼기 때문에 하야시씨는 특히 상대의 허를 찌르는 국면의 급반전에 흥미를 가지고 있었습니다. 복잡한 귀퉁이의 수에도 때때로 고민하긴 했지만, 대부분은 중앙의 각축장 안에서 우열을 가리는 것을 통쾌하게 여겨 기세를 몰아 초스피드로 열중하다 보면, "아차"하는 사이에 너무 늦었다는 것을 깨닫는 경우가 있었습니다.

늘 그렇기 때문에 그 귀퉁이 근처의 흐름은 모두 알고 있었지만, 무심결에 판세의 기회를 포착하여 끌어들이는 일이 있습니다. 성공하셨을 때 득의양양한 모습은 지금도 눈에 선합니다. 바둑의 패에 걸리면, 역시 재무분야의 베테랑인 분이라서 수를 읽는 것이 빠르고 정확하기 때문에 저희들은 자기 방어 차원에서 패를 최대한 피하려고 노력했습니다. 컨디션이 좋으면 하룻밤 사이에 몇 번을 싸우지만, 늦어도 11시에는 일단 끝을 맺습니다. 이러한 점은 매우 엄격한 편입니다.

업무상으로는 여러 가지로 지도를 해 주시고 보살펴 주셨습니다만, 적은 힘으로 조금도 기대에 부응하지 못하고 조선에서 물러날 때도 전쟁이 끝난 직후 가장 혼란스러운 상황 중에 배웅조차 하지 못해 진심으로 유감이었습니다. 생전에 바둑의 상대를 하다가 잘하는 상대에게 속수무책으로 참패를 당하고 그 당시에는 필승을 기약하고 오히려 대항하는 마음이었음에도 불구하고 결과적으로는 무심코 회심의 미소를 지은 적도 몇 차례 있었던 것이 그나마 위안이 되었습니다.

(전 조선식산은행 이사)

27. 선배 히로타 고키(広田弘毅)씨의 기대

타니 스케시(谷 助市)

하야시씨와 알게 된 것은 다음과 같은 사정 때문이었습니다.

총독부 출범 당시 사무분장 규정상 예산 편성은 탁지부 사계과가 담당하고 예산의 배부, 회계감사는 관방회계과가 담당했는데 1923년 2월 분장규정이 개정되어 예산의 배부와 회계감사는 사계과로 이관되었고, 당시부터 명성이 높았던 하야시씨가 사계과장이 되었습니다.

이관된 동료 수십 명과 함께 하야시씨의 밑에서 감사계 일원으로 합류하여 이후 14년간 1936년 11월 10일, 경성토목건축협회로 전출할 때까지 시종일관 회계감사 사무를 담당하며 근무하게 되었습니다.

매년 예산편성기인 9월 중순경부터 이듬해 4월 초순경까지는 도쿄로 올라갔기 때문에 부재중의 감사사무 현안은 대체로 양해되었습니다. 돌발적인 중요사항은 다른 부국(部局)에서 도쿄까지 출장을 와서 압력을 가하더라도 부재중인 사람이 승인하지 않은 것은 전혀 상대하지 않도록 할 테니 그 각오로 확실히 해달라는 부탁을 받고 사람에 대한 마음이 깊은 것에 감격한 사람은 나 혼자가 아니었을 것입니다.

하야시씨가 재무국장으로 승진하여 방을 바꿀 때 사계과장으로서 오랫동안 사용하신 책상을 "운수가 좋았던 것 같으니 사용해 주라."는 말을 들었을 때, 나는 이 사람 밑에서 평생 일할 수 있다면 이런 행운은 없을 것이라고 생각했습니다.

또한 토지개량사업에 대한 보조금으로 지출이 문란해지기 시작한 사실을 깨닫고 하야시 재무국장과 아다치(足達) 토지개량부장이 협의하여 보조금 지출은 현장 조사를 통해 실태 파악이 불가능한 것에는 보조금을 지급하지 않도록 최대한 억제하는 대책을 취했습니다. 산미증식계획에 대한 보조예산은 계속되는 예산으로 거액에 달했고, 매년 보조 억제에 의해 예산 미집행으로 끝난 금액은 예산액 대비 20%, 30%이상에 달했던 것으로 기억하고 있습니다.

오랫동안 각별한 사랑과 보호를 받은 사람으로서 수많은 추억 중에서도 특히 후세에 기록으로 남기고 싶은 것은 총독부 재무국장 퇴임 전에 아무도 손을 대지 않으려 했던 토목담합사건을 근절하고, 그것을 실현한 후 그 후속 조치로 업계의 질서화, 재건을 지원받아 쇄신을 도모한 것입니다. (이 사항은 앞에서 게재함)

또한 하야시씨가 사계과장 시절에 본부 산림부에서 발생한 산림오벌 배상문제(山林誤伐賠償問題)의 추억이 있습니다.

사건은 미국인이 경영하는 동양금광주식회사(東洋金鑛株式會社) 소유의 산림과 인접한 총독부 관유림(官有林)의 경계에 있는 회사 소유지 내에서 총독부가 벌목을 잘못했다는 이유로 회사 측에서 소송을 제기했습니다.

총독부에서 벌채한 삼림이 회사 소유라는 것에 대해서는 총독부 내에 특설되어 있는 임야조사위원회에서 확정된 것으로 오벌(誤伐)이라는 것은 논란의 여지가 없었고 또 이 위원회의 결정에 대해 불복이 있어도 제2심으로 끌고 갈 제도도 없었습니다.

이에 대해 당시 쿠사마(草間) 재무국장은 패소로 총독부가 배상금을 지출하는 것은 예산이 남아있지 않다는 것, 회계감사원에 적발될 우려가 있다는 것을 염려해서 지출 승인을 해 주지 않았습니다. 당시 소노다(園田) 산림부장, 하야시 사계과장으로부터 임야 분쟁은 임야조사위원회의 판결에 따르게 되어 있어 보통 재판의 최종심과 마찬가지로, 대외적으로는 판결에 따라 총독부는 배상의 책임을 져야 한다는 설명을 들었고, 재무국장은 예산이 남아 있지 않고, 또 그 책임을 총독부가 져야 할 명확한 근거가 없다는 의견으로 3개월이 넘도록 해결의 기미가 보이지 않았습니다. 그 사이 산림부장은 속수무책으로 버텼고, 하야시 과장의 고민도 깊다는 것을 알 수 있었습니다.

그 후 산림부장이 재무국장실을 방문해 논쟁이 다시 제기되고 있을 때, 뜻밖에도 제가 다른 용건으로 국장실에 얼굴을 내밀자, 갑자기 국장이 오벌 배상금을 지출한다면 어떤 항목으로 지출할 것이냐, 예산이 남아 있지 않기 때문에 신규로 요구하지 않으면 지출할 수 없을 것 같은데 어떠냐는 질문을 하셨습니다. 나는 재판 결과의 판결에 따라 배상을 요구하는 것은 모든 지출금의 항목, 소송배상의 비목에서 지출할 수 있는 점, 예산이 부족할 때는 예비금에서 필요금액을 보충할 수 있다는 것이 칙령으로 인정되어 있어 감사원의 비난을 받을 일은 없다고 말씀드렸습니다. 그래서 분명히 이해해 주셨고 재무국장이 산림부장에게 오랫동안 폐를 끼쳐 미안하다고 말하는 것을 곁에서 지켜보고 뭐라고 말할 수 없을 정도로 기분이 좋아서 그 사실을 하야시 과장에게 보고하였더니 "오랫동안 껄끄러운 문제로 술맛이 좋지 않았는데, 오늘 밤부터 술맛이 좋아질 것이다."하며 얼굴을 활짝 펴고 웃으시던 그 밝은 모습이 언제까지나 잊혀지지 않을 것 같습니다.

다음은 제1차 세계대전 직후로 기억하는데 네덜란드에서 국제열차로 귀국하는 도중 히로타 고키(広田弘毅) 씨로부터 들은 일화입니다.

그 무렵 유럽에서 시베리아를 경유하여 돌아오는 여행객들은 대부분 조선 철도를 국제노선으로 이용하는 경우가 많았던 시대였는데 내가 어느 날 공적인 일로 이 열차를 탔을 때, 내가 예전에 규슈대학병원에서 치료의 시기를 놓친 동상으로 입원했을 때 외과부장이었던 미야케 하야리(三宅速) 박사가 이탈리아에서 열린 만국외과대회(萬國外科大会)에 참석한 일행과 함께 이 국제열차로 귀국하는 것을 우연히 만나게 되었는데, 이 우연한 재회는 오랜만에 만남이었습니다. 그 때 전망차 옆자리에 앉아 있던 언뜻 보기에는 시골 선생님 같은 인품이신 분을 박사가 나에게 소개해 주었는데 그 분이 히로타 고키(広田弘毅)씨로 처음 뵙게 되었습니다.

그 때 히로타(広田)씨가 말하기를 시베리아, 만주는 광활해서 눈에 들어오는 것은 초원뿐, 며칠이나 계속되었는지는 모르겠지만 매우 지루했다. 압록강 다리를 건너서부터 들도 산도 초록색으로 가득해서, 일본으로 돌아간 기분이었다. 자신은 젊었을 때 경성에서 잠시 일한 적이 있다.

그때 종로라고 하는 외가닥으로 뻗은 번화가가 있었는데, 지금도 발전하고 있을까. 일본본토인들은 주로 남산을 중심으로 주거하고 있다고 들었는데, "어느 정도 사람들이 살고 있는가?" 하고 물으셨다.

교통, 치안, 교육, 토목, 산업 방면에 대해, 그리고 그 밖에도 매우 관심을 가지고 조선 통치 전반에 관한 시책, 성과를 들은 후에 이야기한 것은 (일본이 조선을 합병할 때) 유혈을 보지 않고 병합이 평온하게 이루어졌다는 것은 유럽에서는 유례가 드문 일이다. 일본은 식민지 정책의 경험이 부족한 편이기 때문에 몰래 걱정했지만, 우선 치안이 유지되고 교통이 개통되어 지방 구석구석까지 자동차로 갈 수 있는 것은 굉장한 일이다. 학교가 병합 초기의 1군(郡) 1교(校)가 1면(面) 1교(校)로 증설된 것, 국어(일본어: 역자)도 보급하고, 세금 부담도 가벼워 불만이 없는 것, 위생 방면에까지 시책이 빈틈없는 시행하고 있다는 것을 듣고서는 대성공이라고 해야 한다. 외국에 선전은 하고 있지만, 서양에 있던 우리 동료들은 물론이고, 서양 사람들은 조선 통치의 업적에 대해서는 아무것도 모르는 것 같다. 대외 선전에 많은 힘을 쏟을 필요가 있는 것 같다고 열심히 이야기 하셨습니다.

자신은 후쿠오카(福岡)가 고향이다. 학교는 우리보다 조금 후배인데 하야시 시게조(林繁蔵)라는 후쿠오카(福岡)에서는 보기 드문 수재가 나왔다고 해서, 우리 친구들 사이에서는 장래가 크게 기대되어 관심을 가지고 지켜보는 즐거움이 있는 남자가 있다. 대학을 졸업하자마자 즉시 총독부에 발탁되어 지금 요직에 있다고 들었는데, 지금 어떤 방면을 담당하고 있느냐는 질문에, 나는 히로타(広田)씨가 하야시씨의 고향 대선배라는 것을 알고, 뭐라고 말할 수 없는 친근함을 느꼈습니다. 하야시씨는 나의 직속 장관이고, 오랜 동안 그 밑에서 일하고 있기 때문에 하야시씨에 대해서는 잘 알고 있다고 말씀드렸더니 하야시군 밑에서 근무하고 있는가하면서 반가워해 주셨습니다. 자신은 네덜란드 공사(公使)를 그만두고 돌아가는 도중이고 당분간 외무성에 있게 될 것이라고 전해 달라는 부탁을 받았습니다.

하야시씨의 일은 오로지 총독부 예산 편성 집행과 회계의 감독으로, 예산이 책정되면 대장성과 절충에 임하고, 의회에서는 정부 위원으로서 활약하여 매년 9월부터 도쿄로 출장을 갔다가 이듬해 3월 말에 경성으로 돌아왔는데, 도쿄 체류가 긴 관계로 도쿄에도 주택을 마련하고 있다는 점, 집이 양쪽에 있다는 것 등을 이야기 나누다 보니 자신도 그런 경험이 있지만 생활이 이중으로 되어 힘들다. 일하는 사람은 적재적소로 총독부에서는 없어서는 안 될 사람이 되어 있을 것 같다고 말씀하시는 등, 그 한마디 한마디에 풍부한 정감이 넘치고, 고향 출신의 선배님들이 하야시씨에 대한 기대가 얼마나 두텁고 큰지 엿볼 수 있었습니다.

(전 재무국 이사관, 현 시(市)감사원)

28. 고(故) 하야시 시게조 대인의 추모

하야시다 사하치로(林田佐八郞)

하야시 대인을 처음 뵙게 된 것은 하야시 대인이 사계과장이 된 지 얼마 되지 않았을 때인 1923년 도쿄에 출장을 가 계실 무렵이었다. 저는 그 무렵 총독관방(總督官房) 철도부에 근무하고 있었고, 조선사설철도의 합병 문제로서 도쿄로 올라온 철도부장을 수행하여 돕던 중으로 근무처가 다르고, 또 다른 업무에 쫓기고 있어서 같은 사무실이라도 다른 방에 있었기 때문에 그냥 인사드린 정도였다.

1925년 봄, 본부 사계과의 타니(谷)씨로부터 사계과장의 일임으로 사계과로 전입해 달라는 부탁을 받고 근무하게 되었다. 그 타니(谷)씨는 철도부와 겸직으로 우연히 1925년 초에 만주철도 위탁경영 중인 조선철도를 국영(国営)으로 환원하게 되었는데, 그것에 대비하여 현재 만주철도 직원인 조선철도 직원의 직종과 직책의 중요성에 따라 정한 모든 급여제도를 관사(官史)로 개편하는 모든 규정을 입안하여 대장성과 절충하였는데, 나도 그것을 보조한 것이 인연이 되어 같은 해 8월 본부에 들어가게 되었다.

그 해 재무국 전입 후 저는 사계과 감사계 타니(谷)씨의 밑에 배치되어 정부에서 받는 보조단체의 조사사무를 맡아 즉시 당시 총독부의 중요 정책이었던 산미증식사업의 주체인 전국 조선 수리조합 사업의 실태조사를 명령받았다. 수개월에 걸쳐 40여 조합에 대해 현장조사를 실시하여 과거의 추이, 현황 개선의 필요성 여부, 장래의 전망 등 공통된 일정 기준에 따라 검토를 거쳐 예산 조치상의 자료를 제공하였다. 또한 지방청에 대한 정기회계 감사에 참여하여 보조관계 사항을 조사 때 지방청의 양잠(養蚕)-제사(製糸)[37]-판매(販売)에 이르는 일관된 사업 겸영(兼営) 사실을 발견하고 그 처리대책을 자세히 말씀드렸다. 더욱이 소속관서인 외국(外局) 주관하에 항로(航路) 보조에 대한 조사를 통해 압록강 항로가 자립경영이 가능한 실정임에도 불구하고, 계속해서 국가 보조금을 교부하고 있다는 것을 밝히고 보조금 교부의 필요 여부에 대한 자료를 제공하기도 했었다.

당시 재무국장은 작년에 고인이 된 쿠사마 히데오(草間秀雄) 대인이

---

37) 솜이나 고치 따위로 실을 만듦.

었으나, 1927년 2월 쿠사마 재무국장 곁으로 근무 지령을 받고, 쿠사마 대인의 밑에서 대신하는 것이었는데 사계과는 당시 산미증식사업단체 또는 개인사업에 대한 보조금 교부 등의 결의(決議) 서류는 계속해서 사전조사를 실시하도록 명령이 내려왔다.

그것은 이전의 현장조사 결과는 대체로 불만족스러운 것이 많아서 나아가서는 정부 보조의 효과 여부에도 영향을 미칠 것으로 보이며, 한층 주의가 요구되는 부분으로는 보조를 받는 단체의 주관 국부(局部)의 보조 관계 결의서류는 사전에 재무국장과 합의해야 한다는 요지의 정무총감 명령서인 관(官)의 통첩(通牒)을 하야시 대인의 발의, 쿠사마(草間) 대인의 결정을 거쳐 정무총감의 결재에 의해 결정 통보된 데 따른 것이었다.

이것은 거액에 달하는 국고보조금을 적절히 유효하게 하기 위한 재정조치였음은 말할 것도 없지만, 1929년 쿠사마(草間) 대인이 퇴임하고 뒤를 이어받았던 하야시 대인 밑에서 계속 근무하였고, 1930년 이재과 근무와 함께 금융제도의 대쇄신에 따라 각종 금융업무의 지도 감독을 적정하게 하기 위해, 은행감사관의 설치는 사실상 필수 불가결한 것이 되었으므로 준비를 진행시켰다. 또는 정부의 외환관리에 의한 산금장려정책에 따른 생산지 금(金) 등이 조선 국경에서 밀수출되는 조선의 특수사정에 비추어 볼 때, 밀수출 방지를 위해 담당업자, 금 보유자 등에게 금 보유분량 보고를 요구할 수 있도록 준비를 진행하는 것 등에 대해 하야시 대인은 정의롭고 논리에 맞는 것에 대해서는 주저 없이 채택 여부를 선택해 즉시 결정하고 실행에 옮겼다. 그 물오른 결단에 감탄하지 않을 수 없었다.

1936년 10월 퇴임과 함께 조선금융조합연합회 자금과장이 되었다. 시간이 지나 1938년 5월 중순의 일이었는데 그 전년 11월 조선식산은행 은행장에 취임한 하야시 대인으로부터 뜻밖의 전화가 와서 이 시각에 무슨 일입니까 여쭈어 보니, 동행 비서과장의 후임으로 와 주지 않겠느냐는 말씀이었는데, 전혀 처음 듣는 일이라서 유예를 구하고 물러났으나 나중에 청탁을 받은 것이었다.

타고난 무뚝뚝한 사람인데, 그 성격과는 달리 늘 도움을 받으면서 간신히 아무렇게나 적당히 말하거나 행동하면서 벌써 5년 남짓한 세월을 보낸 어느 날의 일로, 이 또한 생각지도 않게 갑자기 인사과장으로 오라는 말을 들었다. 거기서 그 순간 차가운 것이 등줄기를 찌르는 느낌이 들었다. 그것은 은행장 측근 비서로서 앞전의 사정도 있고, 은행 밖에서 들어온 사람이므로, 은행 주류 사람이 인사과장이 되는 것은 어떨까 하는 생각이 들었다.

그러나 하야시 대인의 심경을 어느 정도 알 것도 같았다. 왜냐하면 그 무렵 과장회의의 화제나 분위기에서 인사정책 면에서 약간의 막막한 기색을 감지할 수 있는 대목이 있었기 때문이다. 식산은행에서는 이전부터 과장회의가 주 1회 열렸고, 각 과 업무상 연락을 중심으로 각종 보고와 협의를 이끌어 내는 사례도 있었지만 화제는 걸핏하면 급여 문제에 이르게 되었다. 그 무렵은 전쟁 시기이기 때문에 국가 총동원법의 일환으로 급여통제령이 내려져 은행, 회사 등의 급여에 제약이 가해져 기존에 임의로 꾸려나갈수 없는 상태였다.

1943년 3월 인사과장을 대신할 때 하야시 대인에게 말한 것은, 인사와 급여는 사람들이 가장 예민하게 반응함으로 주도면밀하게 비밀을 지키기 위해 모든 사항은 사전에 누설하는 일이 없도록 하고, 본부 급여 담당자와의 절충 경과는 필요하면 보고해야 하겠지만 진행 상황의 완급에 대해서는 일임해 주시면 좋겠다고 당연한 것을 말씀드렸더니 "좋아, 그

렁게 해라."라고 참으로 간결하고 명쾌하게 말이 떨어지자마자 승낙하셨다. 그래서 곧바로 사항의 완급과 경중을 따져 실행해야 할 20여 항목을 생각하여 순위 예정표를 만들었다.

일례로서 장기근속한 일본인, 조선인 고용인 중 성적이 좋은 사람은 신분을 올리고 이에 따른 급여를 개정하는 것, 지방지점 재직자 자제의 도시진학에 따른 지장, 부담 등의 완화를 위해 장학 수당 지급제를 마련하는 것, 도쿄지점 직원에 대해서는 출장소 당시부터 지급되어 온 수당 급여가 이례적이기 때문에 이것을 일반 급여로 전환하는 것, 직제상의 파행상태를 개선하기 위해 비서실의 외에 부(部)제로 통일하는 것, 전쟁 국면의 변화에 따라 남자은행원 응소자의 보충은 여자 직원으로 대체할 수 밖에 없는 형편이며, 여자는 고등여학교 졸업 후 긴 세월 근속자도 신분은 고원(雇員)[38]에 그치는 반면, 남자 중등상업 졸업자는 처음부터 행원(行員)인 것에 비해, 대우상의 차별적인 불균형을 개정하는 것 등 시국하 대응책을 포함해 불합리, 불균형을 시정하는 것 등이 이에 해당한다. 그러나 가볍고 쉽거나 또는 긴급한 것을 앞선 순위로 착수하고, 마지막으로 이들 신분 급여의 개정에 걸맞은 간부행원 이하 일반행원의 급여도 개정이 불가피한 실정을 설명하여 마침내 인정되어 수용하기에 이르렀다. 이리하여 주요 안건인 급여 문제도 해결하고, 대우 개선, 급여에 관한 전 과정은 몇 개월 안에 실현을 보았다.

그러한 일이 70%, 80% 진행되었다고 생각될 무렵, 은행장으로부터 "모든 급여 개선에 의해서 증가한 경비만 6개월의 기간에 100만 엔 가까이 올랐다는 서무과장의 보고가 있었다. 앞으로 급여 개정안에는 소

---

38) 식산은행에 직제하의 신분은 행원(行員), 고원(雇員), 용원(傭員)으로 셋으로 나누어져 있다.

요액을 추산하여 첨부해 주시오."라는 지시가 있었고, 그 후에는 월별 소요액, 반기별 소요액 추산표를 첨부해서 임원회에 제안하였다. 결국에는 증가분만 해도 100만 엔을 훌쩍 넘었다.

수지(收支) 손익상태는 지극히 순조로워서 지장 없이 지불할 수 있었지만, 당시의 화폐 가치로는 이 증가분만큼으로 충분히 매우 유력한 기관의 1분기 경비에 해당한다고 생각된다. 그것을 직원 대우 개선을 위해 주저하고 망설임이 없다고 해야 할까, 선뜻이라고 해야 할까, 쉽게 지출하는 태도는 훌륭하다고 해야 할까, 대범하다고 해야 할까, 아니면 호쾌하다고 해야 할까, 사실은 나중에서야 눈이 휘둥그레지고, 놀라움을 금치 못하였다.

그 이전의 간부직원 이하의 급여개정 발표에 있어서 하야시 대인의 탁월한 아량을 접하게 되었다. 그것은 현안이었던 이 문제가 결실을 맺어 이미 은행장의 결재를 거쳐 본결정이 되어 발표만을 남겨둔 채 모든 절차가 끝난 당일, 정례부장회의에 은행장 이하 참석하였는데 그 석상에서 은행장은 "인사부장, 저 급료개정을 발표하시겠는가?"라고 발언하셨다. 그 순간 나는 간담이 떨어졌다.

왜냐하면, 그러한 일을 부하인 나에게 시키실 줄은 꿈에서도 생각하지 않고, 오늘이야말로 자유롭게 마음 편안하게 발표를 들을 것이라고 생각했기 때문이었다. 나는 뜻밖의 일에 당황하면서도 "이미 은행장님의 결재를 마쳤으니 어서 하십시오."라고 대답했지만, 짐작컨대 나의 소소한 노력이 많다고 여겨서 고목나무에 꽃을 달아주려는 깊은 배려에서 그런 말씀을 하신 것이 아닌가 싶다.

이처럼 임원 일동, 각 부장들이 나란히 앉아 있는 석상에서, 조금의 구차함도, 사심도, 잘난 체도 없이, 겸허하게 지극히 자연스럽게 그러한 발언 형식을 취한 하야시 대인의 심정을 헤아릴 수 없지만, 혹은 그 말씀 외에 인사부장은 신출내기라도 다소 도움이 될 수 있으니 협력해 주라는 뜻으로 한 것이 아니겠는가. 이 얼마나 크고 깊은 배려인지 심오하다고 할까, 미묘하다고 할까, 숭고하다고 할까, 이해하지 못하면서도 공연히 가슴이 뭉클해지는 기분이 들었다.

또한 하야시 대인은 은행장 취임 이후, 기존에 있던 행우회(行友会), 공조회(共助会)를 하나의 재단법인으로 개편할 의도를 가지고 조사부, 인사부 등 수차례에 걸쳐 조사 연구 또는 추진방침을 지시했는데 그때마다 고민하며 보류되었다.

그것은 법인 성격이 불특정 다수를 대상으로 공익성을 표방하는 법제 명분상, 특정 기관의 직원을 대상으로 하는 것에 어려움이 있었던 것 같고, 그것은 내부적 연구에 그쳤는지, 아니면 관계 당국과도 일단은 절충된 것인지는 알 수 없으나, 어쨌든 타결된 것이었다. 하야시 대인은 그것을 되풀이하여 급여 문제를 일단락하여 안심하고 있던 차에 해 오라는 지시하였다. 재빨리 구상을 생각하고, 미리 알고 있던 주관처인 본부심의실 수석사무관에게 여쭈어 보았더니, 말이 떨어지자마자 흔쾌히 승낙을 받아 즉시 서류를 갖추어 신청한 후 은행장의 지시를 받은 이후 한 달이 채 지나지 않아 인가 지령을 받았다.

이로써 앞서 언급한 그동안의 과제였던 모든 단체에 속하는 재산 300만 엔의 기부행위에 의한 재단법인 조선식산은행 공제회는 설립을 알리고 관계된 모든 규정을 제정하는 한편 재단 기금 운용 이익이 소요비에 부족한 금액은 은행에서 보충하기로 결정되었다. 공제회 집행기관은 은행장을 회장으로 하고, 주로 업무는 전무이사가 맡기로 하였으며, 당분간은 인사부장이 겸임하기로 하여 명실상부한 기관 활동의 틀을 갖추게 되었다.

이것은 뒷이야기 같지만, 인사부장을 대신한 지 얼마 되지 않았을 때, 그러니까 그것은 간부 행원 이하의 급여 개정이 끝났을 무렵으로 기억하는데, 하야시 대인으로부터 임원 급여의 개정절차 방침을 지시받은 적이 있었다. 이것은 비서실의 담당사항으로 생각되어 몰래 물어보니, 분담한 업무에 구애받지 말고 해달라고 해서 다루게 되었다. 그 무렵의 은행장 이하 임원 급여는 창립 이래 동결로 여러 해를 지난 당시의 급여는 용돈 정도에 불과하고, 도중에 설치된 상임감사 급여의 절반에 그치고 있어, 물론 이것으로는 생계를 유지할 수 없으므로 반기별 임원 상여금을 바라보며 겨우 살아가고 있는 상황이었다.

관료로서 청렴한 생활을 대신하여 그 관료 이하의 보수로 큰 무대에 서서 반년치 대우를 받으면서 견뎌내야 하는 것이 얼마나 힘겨운 일인지 짐작할 수 있지만, 그 고통을 감내하며 부하 직원의 급여가 개정되는 것을 보면, 그 깊은 의의를 엿볼 수 있었다.

이것은 오랜 관례에 따라 연 2회의 결산총회 후 지급되는 고정급여화된 임원 상여금과 이미 정해진 월례 급여를 균형을 맞추어 그 범위에서 재편성하려는 것으로, 새롭게 재원을 필요로 하는 것도 아니고, 또 전체를 합하여 계산한 총액의 증액을 의도한 것도 아니었다. 그때 미즈타(水田) 재무국장에게 그 실상, 내용 등을 설명하고 검토한 결과 잘 이해해주셔서 요청액에 가까운 적정액으로 승인되었다.

이것도 뒷이야기 중 하나인데, 비서역에서 인사부장으로 적절히 자리를 옮기고, 재단법인 설립도 끝난 시기에 옛날부터 보살펴 주신 은혜와 자비를 베풀어 주셔서 깊이 감사드리며, 예정된 업무도 틀을 잡아가고 있던 시기에 정년을 채우지 않고 퇴직을 신청했더니, 잠시 기다리라는 말을 들었으나, 1945년 4월 정년퇴직과 함께 재단법인의 전무이사로 지명되었다.

다른 곳에서 불쑥 들어온 내가 직계단체의 중심적 역할을 하는 인사에 대해 내부에서 반발이 있다는 이야기를 듣고 하야시 대인의 입장도 생각하며 퇴임을 결심했지만, 그것도 막혀서 물러나지 못하고 꼼짝 없이 끌려가는 형국이라 솔직한 말로서 즐거운 분위기라고는 할 수 없었다.

때마침 나의 후임 인사부장의 보충 등으로 임원들이 이동함에 따라 사택이 교체되었고, 나에게도 이사하라는 통지가 있어서 준비를 진행하였다. 은행장 저택 옆 사택에 살았던 관계로 이사 전날 인사를 드리러 올라갔더니, 하야시 대인은 지난 겨울부터 병환으로 칩거 중이었는데, 말이 떨어지자마자 기다리라고 해서 어리둥절하였다. 이 일을 빨리 들려드려 신경을 쓰시게 해서는 안 된다고 생각하여 일부러 이사 전날 인사하러 간 것인데, 그때의 말이 또 뜻밖에도 "임원 외 사택 중에서 제일 좋은데 들어가야 한다. 누가 그랬느냐?"라고 반문하여 말문이 막혀 우물거릴 수밖에 없었다. 결국 그대로 정착하게 되었지만, 그러한 은행장의 사고방식이나 견해의 이치에 맞는 것에는 말할 수 없이 함축하는 바가 크다고 생각하였다.

이렇게 말했다고 해서 자화자찬을 하려는 생각은 털끝만큼도 없고, 다만 하야시 대인의 밑에서 일하게 된 일을 통해 하야시 대인의 진면목을 조금이라도 접할 수 있었으면 하는 생각에서 사례를 들었다. 내 생각에 소인배인 나는 하야시 대인의 광대한 기개와 도량 속 (그것을 예를 들면 인간이 우주의 은혜를 알든 모르든 간에 구애받지 않고, 그 신비로운 섭리 속에 살아가고 있는 것과도 통하는 것이지만)에 놓인 안정감 아래에서 살아있는 표시로 항상 최대한 움직이기로 했기 때문에 만약 내가 그 입장에 있으면서 움직이지 않고 그저 정지된 상태로 있었다면, 그러한 생사불명체의 존재는 무용지물일 뿐만 아니라 거기에 머물게 할 가치도 없는 자에 지나지 않았다. 언제 어디서나 항상 용감한 장수 밑에 있다는 것을 잊지 않고, 용감한 부하가 되기를 염원하여 적어도 하야시 대인의 대우에 보답하려고 마음먹었다.

그러므로 내가 문자로 표현한 사례만 눈여겨본다면, 그것은 나를 감싸고 있는 눈에 보이지 않는 그리고 눈에 띄지 않는 큰 것을 간과하고 있는 것이며, 그것은 육안의 시야 밖을 알지 못하는 분별없는 관점이 될 수밖에 없다. 그와 같이 생각해도 생각되어서도 안 되는 이유이기도 하지만, 만약 그렇게 생각되지 않는 부분이 있다면 그것은 나의 문장이 미숙하고, 능력이 모자라 표현을 잘못한 데서 온 것이다.

또한 그것은 장기를 두는 사람과 말이라고 한다면 하야시 대인은 두는 사람이고, 나는 꽂히는 말이다. 장기판 위에 졸(步)로 두는 사람에 의해 마침내 걸음을 멈추지만, 명인이 되면 그 졸(步)에 상대의 왕(王將)마저 추격하는 일을 하게 된다. 나는 어디까지나 졸에 불과하지만 만약 졸보다 더 나은 일을 했다면 그것은 하야시 대인의 두는 방법이 탁월하여 졸의 고유한 실력 이상의 힘을 발휘하게 되었기 때문임에 틀림없다. 이 경우 졸(步)의 움직임만을 보고 그 졸을 두는 사람을 잊어버리는 것은 비뚤어진 사시(斜視)의 안목에 불과하다.

옛말에 "한 장수의 빛나는 공명 뒤에는 무수한 병사의 희생이 있다." 라는 말이 있다. 하야시 대인에게는 그러한 기개는 조금도 찾아볼 수 없었다. 그렇다는 것은 그러한 독재성 전횡 모습은 없었다는 것으로, 항상 "한 장수의 지덕은 능히 수많은 병사를 번영시킨다." 라는 사실에 감명을 받았다.

마지막으로 나는 나의 재능이 없고, 지혜가 없고, 세력이 없고, 또 덕이 부족함으로 인해 그 결함을 항상 하야시 대인에게 보충을 받아 순환이 되어 폐를 끼치고, 발목을 잡고 있었음을 고백하고, 지금은 살아계시지 않는 하야시 대인에게 최소한의 사과의 말씀을 드려야 한다.

잊을 수 없는 것은, 하야시 대인이 도쿄 출장길에 호쿠리쿠(北陸) 지방을 시찰한 후, 니쓰(新津) 유전 지대를 끝으로 다카사키(高崎)를 거쳐 도쿄로 들어간 여정이었다. 그 여행에 대해서는 일본권업은행에서 각별한 배려와 호의를 베풀어 주었고, 일부러 본점 이토(伊藤) 비서과장이 앞장서서 안내를 해 주었다. 그 일본권업은행에는 업무상 여러 가지로 신세를 지고 있었고, 이시이(石井)총재가 일찍이 식산은행 임원이었던 관계로 공과 사적으로 한층 친밀해지길 바라고 있었다.

그 여정에는 각 지역 지점장들이 다음 지점장에게 차례로 환송을 하며 맞이해 주는 빈틈없는 접대에 과연 큰 권업은행이라고 탄복했지만, 실은 그것이 철저하면 철저할수록 솔직히 말하면 나는 울상을 지어야 했다.

왜냐하면 은행장은 자신도, 다른 사람에 대해서는 빈틈없는 의무를 다하시면서, 다른 사람에게 폐를 끼치지 않으려는 생각을 늘 하고 있었다. 가장 정신적인 호의는 기쁘게 받아들이고 한층 더 감격하는 분이었지만, 만약 금전적인 면에 있어서는 표면이 닳아 버린 나쁜 돈 한 푼도 폐를 끼쳐서는 안 된다고 여겨졌고, 그것은 이미 신념화되어 있었다.

일이 진행되는 과정의 첫걸음에서 특히 주의를 받은 일이기도 하고, 또 평소 알고 있는 것까지 충분히 신경을 써서 양측의 지불분은 모두 우리 쪽에서 부담으로 하고 투숙하자마자 담당 여종업원에게 그 뜻을 알리고, 출발 전에도 늦지 않게 도착하기 위해 기다리지 못하고 재촉하자, 이미 계산이 끝났다는 대답으로 때가 늦어서 소용없게 되어 은행장은 몹시 심기가 편치 않았다. 다음 숙소에서도 또다시 패전 장군이 아닌 패전 졸병의 비참함에 참으로 처량하고 과감하지 못한 나의 모습이었다.

그 때 요시츠네(義経)[39]는 조금도 당황해 하지 않고 궁리 끝에 다음 숙소에 도착하자마자 카운터에 단단히 부탁하고, 한편 권업은행 측에도 터놓고 신신당부하여 겨우 우리쪽 일행의 몫만 부담할 수 있게 되었다. 얼마나 기개가 대단한 일인가 하는 생각이 절로 들었다.

그 권업 은행 분들의 환대와 접대 솜씨가 좋았고, 머리가 좋지 않고 무뚝뚝한 나는 이때만큼 비서의 그릇이 아닌 것을 맛본 적은 없고 흔히 말하는 것처럼 스스로 자신이 싫어진 적이 없었다.

또 하나는 은행장에게는 매 분기마다 허용된 기밀비용이 충당되고 있고 그 수령과 지불은 내가 담당해서 월 2회 그 현황을 보고하고 증명하는 도장을 받았는데, 그것의 존재에 대해서 하야시 대인은 고양이에게 작은 엽전처럼 담담했지만, 이를 알고 있는 단골손님은 끊임없이 성황을 이뤘다. 그중에는 그럴만한 인맥도 있었지만 그렇지 않은 단순한 단골도 많았다. 대부분의 경우 면접은 고참인 비서에게 맡겼지만, 신참인 나로서는 이해할 수 없는 상황도 있어 문득 떠오른 생각은 가령 큰소리 치더라도 그 이름에 걸맞게 접대를 정리해야 한다고 의견을 말하니 하야시 대인은 할 수 있는지 없는지 해보면 좋겠다고 해서, 그 뜻을 받들어 해 보니 생각보다 견고하여 결국 없애지 못하고 패전으로 끝난 깃발을 내걸고 말았다. 이치는 어찌됐든 상대가 그것이 삶을 지탱하는 일부를 이루는 것이라면, 그것이야말로 진검승부로 쉽게 물러날 수 없는 일이었고, 또 어떤 때는 상대방을 역전의 용사로 알지 못하고, 타고난 무뚝뚝한 말투로 분노를 사서 은행장이 달래기 역할을 하는 식의 주객전도의 보기흉한 모습을 보여 머리를 싸쥐고 이 멍청한 비서 녀석이라고 자조한 적도 있었다.

---

39) 요시츠네 센본자쿠라(義経千本桜).

또 하나 의회에서의 실패, 그것은 1930년 2월경, 하야시 대인이 당시의 제국의회에 정부위원으로 상경해 수행했을 때였다. 저녁 무렵 "전골 먹으러 가자."라고 권유 받은 대로 간 곳은 신바시(新橋) 근처의 '오늘아침'이었다. 대인은 스키야키(鋤燒)을 좋아했고, 지방 출장 때에는 생선요리를 피하고 닭고기 전골을 즐기곤 하였다. 이날도 그 취향에 따라 동료 타키구치(滝口)씨도 함께 하였다. 세 사람은 탁자에 둘러앉아 리필을 거듭했지만, 굽는 법은 하야시 대인이 잘해서 좀처럼 남의 손에 넘기지 않고 부지런히 구웠다. 여종업원은 자주 술병을 나르고, 하야시 대인은 권하는 것도 잘해서 술도 전골도 꽤나 많이 먹어서 말 그대로 배가 불렀다.

하야시 대인은 이제부터 좋은 곳에 데려가겠다고 앞장서서 신바시(新橋)를 건너 긴자(銀座) 뒤의 유럽풍의 가게로 들어갔다. 그곳은 잊지 못할 미국에서 배운 칵테일 전문 퍼시픽 살롱이라는 것을 가르쳐 주었다. 하야시 대인은 술 이름을 말하며 큰 컵으로 만들어 달라고 주문했다. 그것은 보통 맥주 컵이지만, 어쨌든 쇠고기에 사케를 다량으로 가득 채워 온몸에 열기를 띠고 있으니 입에 닿는 감촉이 좋아 단숨에 삼키면 다음은 "이것은 맛이 보통과는 달라서 좋은 거야."라고 권했다. 맛을 보니 그 말이 맞았다. 그리하여 하야시 대인의 주문에 따라 다른 풍미가 차례차례로 권해져서 몇 잔이나 마셨는데 그래도 쌀쌀했기 때문인지 별로 취기를 느끼지 못하고 헤어져 숙소로 돌아왔다. 그런데 한밤중이 되자 다량의 술과 일시적으로 냉장되어 있던 칵테일이 체내에서 혼합되어 열을 내며 타는 듯이 뱃속을 돌아다녔다.

다음 날 아침 의회에 나간 사람은 지독한 숙취로 누런 침을 꽉 깨물며 수시로 화장실에 뛰어 들어가는 딱한 모양으로, 저녁 무렵까지 중요한 업무도 다하지 못하고 실이 끊어진 연처럼 보냈다. 하야시 대인은 술이 강한 편이었지만, 자기만 만족감에 젖는 것이 아니라 상대방을 만족감에 젖게 하는 데에 오히려 특기를 가지고 있었다. 그만큼 권유를 잘 했다. 그것을 알고 있으면서도 권하는 대로, 본래부터 좋아하는 터에 다른 사람으로부터 호의로써 권유를 받아 더욱더 이것이 입에 닿는 감촉이 좋은 곳에서 무심코 하야시 대인의 비장의 수법에 이끌려 정량을 돌파하고 싶어서 적당량으로 멈출 수 없었던 나 자신의 한심스러움을 또 다시 비로소 맛보았다. 그날만큼은 하야시 대인의 밤늦은 후한 대접과 스스로의 어리석음에 대한 원망이 뒤섞인 희로애락의 감정에 휩싸여, 그날은 굉장히 낮이 긴 원내 근무의 하루라고 느꼈다. 특별히 봐주는 실패는 이 정도로 기억하지만, 하야시 대인이 보았다면 아마도 실패와 어리석음의 연속이었을 것이다. 지금도 식은땀이 서 말이나 난다.

하야시 대인은 1944년 연말 무렵부터 안색이 좋지 않다가 전쟁이 끝난 설날 그때부터 병상에 누워 회복이 순조롭게 되지 않고 있다가 패전이 결정된 후 무리하게 은행에 출근한 것이 혹시 무리가 아니었을까. 주치의 나리타(成田) 박사는 세상이 어수선한 그 무렵 경성의 환경이 요양에 부적당하다고 여긴 듯 그해 9월 3일, 친척과 박사님의 부축을 받아 자동차로 옮겨 타지 않으면 안 되는 모습으로 지난 세월의 추억이 깊은 경성역을 떠나는 것을 배웅하였다. 하카타(博多)에 상륙하여 그 길로 바로 규슈대학병원에 입원해서 한 달째, 달이 바뀐 음력 10월 초에 돌아올 수 없는 손님이 되었다. 소식을 받고 그저 목이 메였지만, 그 작별이 이번 생의 마지막이 될 줄은 꿈에도 생각하지 못했다.

아, 거성이 드디어 구름 위 멀리 저편에

나는 그때 이렇게 생각하였다.

무가시대(武家時代)에 있었던 순사(殉死)[40], 추복(追腹)[41]은 주인과 부하가 삶과 죽음의 갈림길에서 고락을 함께 했던 간절한 그리움으로 인해 죽음은 기러기 털보다 더 가벼운 심정이었을 것이다. 아카호 로시(赤穂浪士)[42]가 한 번의 죽음으로써 군주의 은혜에 보답한다는 심정도 잘 알 수 있다. 또한 자신과 가까운 사람이 병든 아이의 치유를 신에게 매달리는 부모의 마음으로 대신 죽고 싶다는 간절한 마음도 남의 일이 아니다. 그 일의 옳고 그름은 떠나서 일본인에게 많든 적든 간에 그 심정은 일맥상통하는 면이 있다.

하야시 대인처럼 아직도 크게 될 수 있음을 의심하지 않는 큰 그릇에, 만약 대속(代贖)적 죽음과 같이 대신할 수 있는 것이라면 마다할 것이 아니라, 그것은 최고 좋은 줄기와 뿌리를 길고 오래 보존하기 위해 마르고 죽은 가지는 제거하는 방법이 자연의 이치에도 부합하는 것이 아닌가하고 미치지 못 할 일이지만 생각해 본 것이었다.

하야시 대인이 전 생애를 쏟아 부은 조선은 이 허무한 이별로 만족할 것인가? 그 온정을 품은 산이여, 강이여, 그런 것 등은 하야시 대인의 배려로 녹음이 짙어지고 반듯한 모습으로 흐르게 되었다. 그곳의 옥토여, 너의 몸은 하야시 대인의 보살핌을 받아 비옥하게 되었구나. 모두 함께 말 없는 이별로 끝날 것인가, 현세의 냉혹함은 무정함인가.

마음 있다면 산과 강 모두 흐느껴 울고
마음이 부서지는 하야시 대인의 서거로

---

40) 무사가 자신이 모시는 주군이 죽으면 그를 따라 죽는 것을 의미한다.
41) 옛날에 신하가 주군을 따라 할복(割腹) 죽는 일.
42) 47명의 무사가 억울하게 죽임을 당한 주인을 위해 복수를 한 다음 모두 할복 자살한 소설.

넓은 하늘과 어찌할 바를 모르는 대신의 마음속에
키우고 싶어도 완고한 나도
그리워하는 마음이 통하는가
존재의 모습을 간간히 꿈에서 보고
영령은 해맑게 계시고
세상을 떠나보내는 세상으로서

하야시 대인의 생전 모습 그대로 지금 태관원전인공덕광영달거사(泰寬院殿仁空德光栄達居士)[43] 위패에 금빛 글자로 새겨져 빛난다.

하야시다(林田) 비서역 귀하
은행장

소생 집에 사정이 있어 이번 달 중에 출발이 어려운 것으로 생각되어, 제시하신 각 분야의 안내에는 결석에 대해 조치를 취하고 돌아가는 대로 차차 통지하겠습니다.

대우 문제 등에 관해 여러 가지로 말씀드리자면, 내 생각으로는 다음과 같은 사항을 일반 문제로 논의하는 것은 현 시국 상황에서 타당하지 않다고 판단하여 본 회칙에 게재하는 것 외에는 다른 방법이 없다고 생각합니다. 은행원 중 현재 대우에 불만을 품고 다른 곳으로 전근을 희망하는 사람의 상생(相生)을 도모하는 것은 일면 시국 산업 등의 관계상 정말로 부득이하게 어쩔 수 없는 일이지만, 이 사람들은 가령 이 기회에 다소간의 일을 있으면 결국 마음이 움직이기 쉬운 사람으로 은행으로서는 그다지 아까운 인물이라고 생각하지 않고 이들을 오히려 이때 다른 곳으로 전출시켜 진정으로 우리 은행을 위해 견마지로(犬馬之勞)[44]를

---

43) 계명(戒名)으로 승려가 죽은 사람에게 지어 주는 이름.

하려는 결의의 사람으로 교체하는 것이 유리한 계책입니다.

청진지점의 은행원 중에 아래와 같은 희망자라면 임의로 맡겨도 됩니다. 또 우리 은행의 현재 급여는 은행원의 생계를 위협할 정도로 빈약하며, 또 다른 조선 내 여러 회사 직원 대우에 비해 열등한 처우를 받고 있습니다. 그러나 조선은행 등에서 다년간 불이익을 시정하기 위해, 개선을 한다면서 당장 이와 같은 비율을 운운하는 것은 각 은행 각 회사 이들의 입장을 고려하지 않는 판단으로, 이것을 이유로 대우 문제를 간부 은행원이 솔선수범하여 논의하는 것은 어떻습니까? 서로 그것보다도 업적을 올리는데 전념해서 다른 것은 돌아볼 틈이 없는 심정이야말로 바람직한 일이라고 생각하고, 그래야만 대우 개선도 비로소 실현될 수 있을 것입니다. 원래 이런 일은 임원들이 끊임없는 고심과 노력을 기울여 모든 기회에 모든 가능한 개선을 실현할 수 있음에도 불구하고, 이러한 태도를 취하지 않는다면 이는 옳지 않은 일이라고 생각합니다. 조사부 창설의 취지는 그러한 행동을 취하기 위한 것은 아닙니다. 오히려 임원들이 수행하려고 하는 여러 시책의 내부적 검토와 입안 등을 맡기고, 동시에 내부의 모든 자료를 조정하는 데 중점을 두어, 일반적으로 중대한 영향을 미칠 수 있는 그러한 문제를 지휘 없이 진행시키는 일은 소생(小生)이 할 수 있는 일이 아닙니다. 앞으로의 일로 인하여 이러한 일반적 문제에 있어서는 먼저 지도자의 속뜻을 헤아려서 조치해 주기를 간곡히 부탁드립니다. 은행 전체를 통솔하는 소생의 심경의 일부분을 진술해 회답을 드립니다. 조사, 인사의 담당자에게도 대체로 전해드렸습니다. 이제 돌아가서 자세하게 알려드리겠습니다.

(전 조선식산은행공제회전무이사 · 현 도쿄상공조성(주)사장)

---

44) 개나 말 정도의 하찮은 힘.

29. 애정 어린 말씀

노무라 츠루기지로(野村劔次郎)

하야시 대인과 알게 되어 따뜻한 정을 받은 것은 내가 경상북도 회계과장에 취임한 1924년 6월 이후의 일로, 해를 넘겨 1927년 7월 경성제국대학에 전임한 무렵부터, 다시 1941년 7월 퇴임 후 조선주택영단(朝鮮住宅營團)에 근무하게 된 꽤 오랜 기간 동안이었습니다.

1927년 4월경 본부 산림부장과 하야시 대인(사계과장 말기)이 경북의 안동(安東), 영주(榮州), 상주(尙州), 김천(金泉) 각 군(郡)의 사방공사 실시상황 시찰의 업무로 경상북도로 오시게 되어, 도(道)에서는 야마모토 미치(山本道) 산림과장과 저에게 수행을 명령했습니다. 따라서 짧은 시일인 6, 7일이지만, 사숙(私淑)한 하야시 대인과 숙식을 함께 할 수 있게 되어 만족감을 느꼈습니다. 그때 하야시 대인이 말씀하시길 "노무라(野村)군, 경성제국대학으로 옮긴다고 하던데, 현직이 있는 것이 좋지 않겠는가. 그러나 이제와서 어쩔 수 없는 것 같지만" 라고 모르실 거라 생각한 하야시 대인으로부터 이 의외의 따뜻한 말씀에 놀랐습니다. 이성과 지혜가 풍부하고 날카로운 명검(名刀)과 같은 풍격의 하야시 대인이 이 보잘것없는 소생에게 이 애정 담긴 배려에 나는 지금도 추모하고 가슴이 뭉클합니다.

또 하나는 수행 중 각 군에서는 최선을 다해 환대해 주었는데, 그 중에서 상주에서는 진행형 군수는 손님이 귀찮아함에도 아랑곳하지 않고 밤늦게까지 은근히 집요하게 하야시 대인을 모시고 접대하는 이러한 불쾌한 지경임에도 하야시 대인은 관용 그 자체로 어떠한 내색도 나타내지 않고 절도를 잃지 않으며 응대받고 기회를 봐서 돌아왔습니다. 다음 날 아침은 전날 밤의 술의 피로도 완전히 잊고서 남보다 먼저 일어나 예정된 시간에 숙소를 출발하여 사방공사 지대의 산야를 종일 두루 돌아다녔습니다. 지금에 와서 생각해보면, 이때 이미 조선의 계몽, 산업개발 촉진에 대단한 열정을 쏟았던 것이 떠올라 존경스럽기까지 합니다.

해를 넘겨 1942년 조선주택영단의 총회에서 하야시 대인이 재무국장으로 참석했을 때도, 조용히 나에게 "야마다(山田) 이사장은 좋은 분이다. 잘 보좌하는데 노력해 주시오."라며 평소 서먹서먹했던 나를 걱정해 주셨습니다. 애정이 깊은 것에 지금도 감격하고 있습니다.

(전 경북 및 경성제국대학회계과장 · 조선주택영단총무부 차장)

30. 1945년 8월 15일 정오의 회상

다네가 시마겐 (種子島蕃)

제2차 세계전쟁 종결에 관한 조칙을 받기 위해 은행장실에 각 임원부장이 모여, 포츠담 선언을 무조건 수락하는 천황 폐하의 음성이 애수의 선율처럼 그저 망연할 뿐이었다. 이 얼마나 가장 불행한 날인가. 일본인 유사 이래 아직 맛보지 못한 고배를 오늘 맛보지 않을 수 없다. 작년 하반기에 제국의 전쟁 상황이 나쁜 것은 꿈인지 환상인지 귀에 들렸지만, 마지막에는 반드시 승리할 것이라고 굳게 서로 믿어왔는데, 이제 최악의 상황에 이르게 되었다. 비탄함을 글과 말로 표현하는 것이 불가능하다.

우리 은행장은 예상보다 불쾌하셨겠지만, 당일은 평상시처럼 출근해서, 책상의 청소, 서류의 정리 등을 하고 언제 귀환해도 지장이 없는 자세를 취하며 상황을 지켜보며 판단하였다. 정오에 조칙을 받은 후 나에게 은행장실로 오라는 말에 "지금부터 총독부에 중요한 일이 있으니까 자네가 같이 가 주게."라고 하였다.

정오를 기점으로 남대문 거리는 일본인이 탈 수 있는 자동차는 모두 끌어내려지는 사태가 벌어지고, 여러 곳에서는 만세 만세의 함성 소리로 살기가 가득하고 서대문 형무소에서는 조선인 사상범들이 풀려났고, 그들은 인력거에 타고 팔짱을 끼고 왔다갔다하고, 거리는 경찰이 없는 상태로 변했다. 은행장은 신중을 기하여 총독부까지 걸어가기로 하고, 남대문 앞거리의 골목길보다 종로의 뒷길로 빠져 중학정(中學町)으로 나와 총독부에 도착했다. 도중에 은행장은 진땀을 뚝뚝 흘리며 "조금 피곤하니 여기서 잠깐 쉬자."라며 길가에 쌓여 있는 목재 위에 걸터앉아 잠시 쉬었다. 은행장은 평소 이 근처를 걷지도 않았을 텐데 말이다. 초췌함이 심한 모습을 보니 떠오른 생각은 작년 가을 우리 은행이 금강산 목욕재계의 도장을 열어 은행장을 비롯한 지점장 십수 명도 함께 일주일간 수련을 할 때 은행장의 기력에 젊은 지점장들은 깜짝 놀랐지만, 지금은 사기의 저하로 기운을 잃어 안색에 생기가 없고, 이윽고 병상에 누워 여러 가지 각 방면에 걸쳐 먼 장래의 계획을 짜면, 짜는 만큼 고민은 넓은 바다의 성난 파도와 같이 밀려와 정신적 피로에 정신적 피로를 거듭해 저승사자에게 쫓기다니는 것 같았다.

총독부에서는 정면 2층 응접실에서 기다렸다. 조선군 참모 몇 명과 동석했다. 참모들의 이야기는 일본본토 철수 이야기로 들렸다. 참으로 절차가 빠른 것에 깜짝 놀랐다. 잠시 정무총감과 만난 후 돌아왔다. 은행장은 그 길로 귀가했고, 나는 은행으로 되돌아갔다. 그것이 은행장의 국민복(國民服)[45] 차림을 보는 마지막이었다니 슬프구나. 마침내 은행장은 다시 일어나지 못했다.

　오호라 은행장은 기억력이 뛰어나고, 용의주도한 말투를 사용하며, 연설은 당당하고, 높고 맑은 목소리는 막힘없고, 눈빛은 날카로워서 사람을 꿰뚫는 기개가 있고, 웃을 때는 얼굴에 웃음이 가득해서 소리도 내지 못하고, 틀림없이 이와 같다고 생각한다. 이제 그 모습을 볼 수도 목소리를 들을 수도 없으니, 참으로 아까운 사람을 먼저 앞세운 것이 유감이다. 남은 식산은행원이 일본본토로 귀환한 후 자신의 방향에 키가 없는 배와 같이 비참한 파국을 맞이하는 것이 경감되지 않았다. 그러나 은행장의 지도가 보람이 있어서 식산은행 정신의 발로에 의하여 옛 은행원들이 점차 뚜렷이 두각을 나타내고 있다. 은행장의 덕택으로 감사하지 않을 수 없다. 은행장의 명복을 기원하는 바이다.

(전 식산은행 상임감사 · 현 가고시마(鹿児島)현 외자(外資)동 고문)

31. 찾아낸 아카사카 고우메(赤坂小梅)[46]

코니시 미츠오(小西三雄)

　하야시씨와의 추억이라고 하면, 저는 전 식산은행 이사 시절 와타나베 야유키(渡辺弥幸)의 수행으로 따라가 술 상대로서 하야시씨를 연회석에서 알게 되어 신바시(新橋), 아카사카(赤坂)에서 자주 마신 것이 인

---

45) 국민복(国民服)은 1940년에 정해져 태평양전쟁 중에 사용되었던 일본 국민 남자의 표준복장이다.

46) 아카사카 고우메(赤坂小梅)는 쇼와시대(昭和時代)에 활동했던 일본의 게이샤 출신 가수이다. 본명은 무코야마 고우메(向山 コウメ)로 후쿠오카 현(福岡県) 다가와군(田川郡) 가와사키마치(川崎町) 출신이다. 1906년 4월 20일 아홉 형제 중 막내로 태어났다. 1920년인 14살 때 스스로 예기(藝妓)가 되어 1981년까지 연예 활동을 하다가 1992년 1월 17일의 일기로 죽었다.

연의 시작이었습니다. 연회석에서는 노래를 좋아해서 곧잘 부르곤 했는데, 그 당시 능숙한 후쿠오카 출신의 게이샤를 찾아내어 우리들에게 소개한 것이 고우메(小梅)라는 게이샤였습니다. 이 고우메를 콜롬비아의 전속가수에게 소개한 것이 저였고, 오늘날 유명해진 아카사카 고우메(赤坂小梅)는 하야시씨가 찾아낸 것이었습니다. 이렇게 도쿄에 갔을 때는 자주 만났기 때문에, 우리들이 아카사카(赤坂)[47]에 갔을 때 항상 하야시씨의 연회석에 나오는 게이샤들이 모이면, 자주 요세가키(寄(せ)書き)[48]를 하야시씨에게 주곤 했는데, 그 당시의 답장 편지가 남아 있어서 이것을 게재하고자 합니다.

이밖에 편지가 2, 3개 남아 있는데, 모두 붓글씨의 달필로 꼼꼼한 성격이 엿볼 수 있습니다. 또 참으로 친절하신 분으로, 내가 병으로 식산은행을 그만두고 빈둥거리고 있을 시기가 조선금융조합연합회(朝鮮金融組合聯合會) 도쿄사무소를 설립하였을 때 저를 도쿄사무소의 주임으로 추천해 주신 분이 하야시씨였습니다.

1933년 6월 1일짜 하야시씨의 편지

삼가 아룁니다. 얼마 전 아카사카(赤坂)가 보낸 편지를 바로 받아 보았습니다. 그 후 계속 회의가 이어져 조금 지쳤고, 오는 7일까지는 자유롭지 못하지만 단지 틈틈이 관공서 뒤편 연습장에서 가끔씩 슬럼프를

---

47) 도쿄 도(都)의 미나토 구(區) 동부의 고급주택지 · 환락가. 영빈관, 미국대사관, 도쿄 방송국이 있음.
　　여기서 아카사카(赤坂)는 게이샤 이름으로도 쓰이고, 지역명으로도 쓰이고 있다.
48) 요세가키(寄(せ)書き) : 여럿이 한 장의 종이에 서화를 쓰는 일; 또, 그렇게 해서 쓴 것.

벗어나기 위해 노력하고 있습니다. 요전날 나카노 긴지로(中野金次郎) 군이 입성해 도쿄에 있는 조선회를 현지에서 개최하여 우승컵 등의 많은 상품이 걸려 있었을 때 아쉽게도 좋은 기회를 놓쳐 6등이 되었고, 우승컵은 조선은행 마쓰하라(松原)가 차지하였습니다. 그러나 그 다음날 개최된 경성 골프구락부의 월례회 토너먼트에서 제가 골프를 시작한 이후로 최고의 기록을 세우며 오전 91타, 오후 83타라는 뜻밖에도 굉장한 스코어를 내서 단연 1등으로 우승컵을 획득하여 불과 하루 차이로 큰 우승컵을 작은 우승컵으로 만들어버려서 기억에 많이 남습니다. 또한 83타라고 하는 스코어는 앞으로 당분간 6등이 최선을 다해 80대의 스코어를 계속해서 유지하려고 갑자기 의기승천하는 모습이 되었습니다. 이토(伊藤)군에게 이와 같이 보고한 후 열심히 도쿄에서 프로라도 가르치고 돌아오는 모양새로 성원에 힘입어 경성으로 돌아온 그 날에, 저의 실력을 보여 드리려는 뜻에서 덧붙여 말씀드립니다. 막상 지난번에는 신세를 졌습니다. 주식 중 일당(日糖)[49]은 50엔 납입의 구주(舊株)로 되어 있어, 과연 그렇지만 수고스럽게도 구주주에게도 더욱 확실하게 다짐해 두기 위해 통지하였고, 신주(新株) 납입의 통지가 있었음을 알려드리고자 하오니, 참고하시기 바랍니다. 와타나베(渡辺)군에게도 안부 전해주십시오.

(전 조선식산은행 도쿄사무소 주임)

---

49) 1883년 스즈킹 의해 설립된 스즈키 설탕 공장을 인수해 1896년 일본 정제 설탕 주식회사로 설립되었습니다. 1906년 일본 정제 설탕을 흡수하고 Da Japan itan Sugar Co., Ltd. (약칭 일본 설탕)로 이름을 변경했습니다.

32. 논어에서 만들어진 인품

타케구치 시게루(滝口 茂)

나는 하야시씨의 사계과장, 재무과장, 식산은행장 시절을 통해 1922
년부터 신세를 졌습니다. 하야시씨가 대단히 수재였다는 것은 모두가 잘
아시는 바와 같이 중학교, 대학을 항상 수석으로 통과하였고, 교토제국
대학은 장학생으로, 고등문관시험은 재학 중에 이미 합격하였습니다만,
내가 신세를 지면서 겪은 수많은 추억 중 두, 세 개를 말씀드리겠습니다.

어린 시절에 대해서는 잘 모르지만, 학생시절 야간공부를 할 때 당시
에는 전등이 없고 램프였는데, 그 램프 위에 술을 데우기 위한 그릇을 올
리고 램프의 열로 술을 데우며 홀짝홀짝하면서 밤을 새워 공부한 적이
있다고 하는데, 이 추억담은 하야시씨로부터 가끔 들었습니다. 애주가였
지만, 특별히 건강에 신경 써서 말년에는 과음을 피하고 건강관리를 하
고 계셨다고 합니다.

하야시씨 장녀 미요코(美代子)씨(남편은 현재 오사카부(大阪府) 경찰
본부장(警本部長) 야마모토 사치오(山本幸雄)씨)의 결혼식 때, 하야시
씨 지인 히로타 고키(広田弘毅)(당시 외무장관(外相))가 내빈으로서 축
사를 하셨습니다. 그 중 한 구절에 "코코쿄 (도쿄에 올라온 고향 출신을
위한 학생 기숙사) 시절, 하야시군(히토쓰바시(一ッ橋)고등상업학교 시
절)과 오랫동안 일상생활을 함께 하였는데, 하야시군의 공부하는 모습
에 감탄했던 경우가 많았다. 그 중에서도 하야시군은 책상 위에 논어 책
을 소장하고, 항상 이것을 가만히 읽고 있었던 것을 기억하고 있다. 당시
의 학생 중 논어에 관심을 기울이는 일은 거의 없다고 해도 좋을 정도로

이러한 공부에 열심히 노력했던 일이 오늘날 하야시군의 인품을 만들어 낸 것으로 탄복하고 있다."라고 말씀하셨습니다.

하야시씨는 신을 공경하는 사람이었습니다. 공적인 업무가 허락하는 한 정월에는 부인과 함께 이세신궁(伊勢神宮)에 참배했습니다. 사계과장, 재무국장 시절에는 매년 의회 관계로 도쿄로 가기 위해 관부연락선을 타고 1년에 몇 번씩 왕복했습니다. 시모노세키(下關)와 부산의 정확히 중간에 있는 고향 마을 무나카타군(宗像郡)의 한 외딴 섬 오키노섬(沖ノ島)에는 무나카타 신사(宗像神社)의 오키츠궁(沖津宮)이 모셔져 있기 때문에, 그 오키노섬의 앞바다를 연락선이 통과할 때는 낮에는 물론이고, 밤에는 한밤중에 이 지점을 배가 통과할 때 아무리 센 비바람 때문에 바다가 거칠어 질 때에도 반드시 배의 갑판에 올라 멀리 오키노섬을 향해 절을 올리고 두 홉들이 신주(神酒) 1병과 시줏돈을 바다의 중앙에 던져 기원을 담았습니다.

하야시씨의 고향 마을 무나카타군(宗像郡) 아카마(赤間)에 성산(城山)이라고 하는 군내(郡內)에서 가장 높은 산이 있습니다. 이 산 정상에 오르면, 군내(郡內)의 평야가 한눈에 펼쳐지고, 멀리 현해탄의 외딴 섬 오키노섬도 시야에 들어옵니다. 하야시씨는 이 풍경에 마음을 빼앗겨, 재무국장 시절에 성산(城山) 정상에 콘크리트 전망대와 오키노섬 오키츠궁의 요배소(遙拜所)[50]를 건설하여, 현재는 관광지로서 많은 사람들에게 즐거움을 주고 있습니다.

그 외에 츠리강(釣川, 무나카타군의 제일의 강)의 양쪽에 벚꽃을 심어 일대 관광 지대를 조성하는 계획을 추진했지만, 이것은 여러 가지 사정으로 실현되지 않았습니다. 새삼스럽게 유감으로 생각하고 있습니다.

---

50) 멀리서 기도하는 장소.

마지막으로 종전(終戰) 당시 하야시씨는 병으로 요양 중이라 충분히 활약을 하지 못한 마음을 헤아리고도 남음이 있습니다. 당시 저는 식산은행 도쿄지점에 근무하고 있었는데 종전 직후인 8월 19일자 편지를 경성에서 항공편으로 받았습니다. 불행히도 규슈대학병원에서 병사했기 때문에 이 편지는 실제로 하야시씨의 마지막 절필(絶筆)이 되었습니다. 그런 의미에서 편지는 내 수중에 보관하고 있었지만, 당시의 하야시씨의 심경을 엿볼 수 있고 무엇인가 강하게 가슴에 와 닿는 것이 있어 이 기회에 별지(77페이지)에 하야시씨의 자필 편지를 공개합니다.

(전 식산은행 도쿄지점 비서역)

33. 하야시씨와 나

미즈타 나오마사(水田直昌)

내가 조선총독부 사무관으로 부임한 것은 1925년 1월이었다. 내무, 경무, 재무 등 각 국(局)의 주요 각 과(課)에는 고등문관을 패스한 사람이 사무관으로서 배속되었고, 재무국에는 세무, 사계, 이재의 각 과에 1명씩 사무관이 있었는데, 1924년 행정, 재정정리가 실시되어 그 결과 사무관은 국에 한 사람만 두게 되었고, 나는 국(局)의 사무관으로서 당시 재무국장 쿠사마(草間)씨로부터 부름을 받아 처음으로 조선에 발자취를 남겼다.

쿠사마(草間)씨는 대장본성의 국세과장을 거쳐, 오사카(大阪) 조폐국장 자리에 있었는데, 사이토(齋藤) 총독, 시모오카(下岡) 정무총감 밑에서 총독부 재무국장에 취임한 것이 1924년 가을이었다. 나는 후쿠오카(福岡) 세무서장에서 오사카(大阪) 남부 세무서장으로 옮긴 지 불과 1년

이 지났다. 당시 주세국장(主稅局長)인 쿠보타(黑田)씨와 국세과장인 후지이(藤井)씨로부터도 3년 정도는 대륙의 공기를 마시고 오는 것도 나쁘지 않을 것이라고 동의하여 현해탄을 건너게 되었다.

나는 재무국 3과 중 처음에는 주로 사계과에서 업무를 배우게 되었는데, 사계과장이었던 하야시씨의 밑에서 전임자인 미시모토 케이죠(西本計三)군의 뒤를 이어 근무하게 되었다. 사계과는 총독부 전체의 예산을 편성, 결산의 정리, 회계의 감사 및 주요 장부를 맡는 업무를 관장하는 곳이었다. 부임 후 얼마 지나지 않아 2월 초 지방청의 회계감사를 명령받아 오카베(岡部), 마토노(的野) 두 사람의 속관(屬官)[51]과 함께 경상북도의 상주, 안동, 의성 방면으로 현장 조사를 실시하러 가게 되었다.

근무지로 돌아온 후 그 결과를 사계과장에게 보고했더니 하야시씨는 "조선에서는 하루 종일 외딴 시골길을 조선 말(馬)에 흔들려 여행하거나, 조선 백성들이 좋아하는 '마늘'과 '부추'의 냄새에도 익숙해져 절임 '김치'의 진정한 맛을 알게 되고, 더러움으로 까맣게 변색된 흰 옷이 신경이 쓰이지 않게 되거나, 빈대(남경충: 南京蟲)의 습격에도 태연하지 않으면 조선의 실정에 잘 적응할 수 없다." 그런 마음으로 하라는 가르침을 받았다.

구한말 쇠퇴의 한 원인은 회계 기강의 해이, 재정의 문란에 있었다고 이야기되고 있어서 회계경리의 엄정화(嚴正化)에 대해서는 회계감독의 위치에 있는 사계과장으로서 언제나 신경을 쓰고 있다는 것을 부하로서 마음속 깊이 새겨 두게 되었다. 지방청 등에 대한 새로운 운영비는 3천 엔을 한도로 재무국장의 전결(사실상은 사계과장에게 위임)로 되어 있

---

51) 속관; 속리(屬吏) (특히, 2차 대전 전에 각 성(省)에 소속된 판임관(判任官)인 문관(文官)의 일컬음; 사무관에 상당).

었는데, 가끔 고집을 부렸다고 들었던 평안남도 요네다 진타로(米田甚太郎) 지사(내무부장은 와타나베 시노부(渡辺忍)씨였다.)는 그 각 소(所)의 새로운 운영비의 용도와 제한에 대해 재무국의 제약이 무슨 소용이냐며 경비 절약 방침에도 불구하고 평안남도 회계과장의 충언도 물리치고, 지사 관사의 응접실에 다소 과하게 돈을 많이 들여 장식을 하여, 평안남도 회계과장이 곤란해진 것을 내가 회계 실제 감사보고의 한 항목으로 보고했더니, 하야시씨는 그 후 평안남도의 예산집행이 적정화될 때까지는 그 예산 요구에 귀를 기울이지 않았고, 그 때문에 역시 대선배도 약간 난처해져 풋내기인 나도 안타깝게 생각한 적이 있었다. 예산 집행의 실무를 통해 돈에 대해 적어도 하지 말 것의 가르침을 받는 것이 평생 나의 피가 되고 살이 되었다고 생각한다.

1926년 하야시씨가 총독관방인 하기와라 히코조(萩原彦三)씨와 서양에 가게 되었을 때, 나는 사계과장 대리를 명령받았고, 약 6개월 그 대리역으로 근무했는데, 당시 국(局) 내에는 세무과장 다나카 미쯔오(田中三雄)씨, 이재과장 소노다 히로시(園田寬)씨 두 선배가 계셨고, 세무과에는 무라야마(村山) 사무관, 오래 근무한 원로격인 세관의 사이다(稅田) 기사와 술의 시미즈(淸水) 기사가 오셨다. 1926년 경복궁 터에 신축된 웅대한 신청사로 이전하기 전까지는 하야시씨를 비롯한 이들과 함께 욱정(旭町)의 관사에서 남산 중턱 왜성대의 옛 청사로 출퇴근하였다.

하야시씨는 이전에 관세과장으로 근무한 적이 있어, 전부터 나에게 사계과 업무뿐만 아니라 국(局) 내 다른 과의 업무에 관해서도 공부할 것을 권유했고, 특히 사계과 업무를 철저하게 공부하면 혼자서 재무국뿐만 아니라 총독 시정의 방침과 이것의 구체화 경위 및 그 전체의 모습 또는 일본본토, 만주 등과의 관계에 이르기까지, 조선 전체의 사실과 현상을 빠짐없이 파악할 수 있는 입장이 된다는 것을 친철하게 설명해 주셨다.

조금 개인적인 일로 죄송하지만, 나는 원래 몸이 허약한 편이었는데게다가 술주정뱅이 아버지의 행동에 반대해서 술은 한 방울도 하지 않았다. 그런데 쿠사마(草間) 국장은 대단히 술을 잘 마시는 분으로, 술자리에서 자정이 지나서야 귀가하는 '오전님(午前樣)'이라고 불릴 정도였다. 하야시씨 역시 이 방면의 남자였다. 그 무렵 젊은 사무관들은 대부분 대주가여서 총독, 총감, 국장 관저의 신년 축하 자리 등에서는 말술 또한 술을 사양하지 않는 건강한 사람 아니면 이야기할 수 없을 것 같은 분위기였는데, 나로서는 기생 한명도 상대할 수 없다고 생각되었기 때문에 나는 내 입장을 고민한 끝에 어느 날 하루 쿠사마(草間) 국장의 그 관저로 찾아가 나의 심신의 사정을 털어놓고 조선에 건너올 때 복잡한 사정도 있어 그만두고 대장성으로 돌아갈 것을 원했다.

쿠사마(草間)씨는 잠시 생각한 후 "자네는 자네의 길을 가면 되지 않겠느냐. 술을 잘 할 필요는 없다. 하야시군은 안목이 있는 사람으로 자네의 장점, 단점은 잘 알고 있어 자네에게는 신뢰를 걸고 있다. 자네는 자네의 길을 가면 된다. 일의 귀신이 되어 큰일을 해 내라."라고 말씀하였다. 나는 복잡한 심경이었지만, 결국 업무 공부에 집중하기로 결심하고 "제 업무에 대해 물었을 때 한 치도 모르겠다는 대답은 절대 하지 않도록 공부하고 보완하도록 노력하겠습니다."라고 답하였다. 이후 내 나름대로의 생각한 방법 위에 편안하게 생활하며 업무에 부지런히 힘쓸 수 있었는데, 그런한 대답이 재무국장이 되었을 때, 나의 머릿속에는 '사계과 업무를 정말로 공부한다면, 총독부 전체의 동향을 파악할 수 있다. 그 마음가짐으로 해라.'는 하야시씨의 가르침이 번개처럼 번뜩이며, 이것인가 하는 마음이 되었기 때문에 조선에 뼈를 묻겠다는 결심도 부끄럽지만 사실은 이때로부터 생겼다.

1926년 하야시씨가 서양에 가서 부재중에, 지금 생각하면 아무것도 아닌 일이지만, 당시에는 신문에 화제가 될 만한 한 가지 문제가 일어난 적이 있다. 그것은 1926년 총독부 세입세출 예산 각 항목의 명세서가 외부로 누설되었다는 소문이 돌면서, 출입 신문기자들 사이에서 문제로 거론되기에 이르렀다. 각 항목 명세서는 전문가가 세밀하게 검토하지 않으면 상당히 내용파악이 쉽지 않으며, 이것이 외부로 유출되었다고 해서 핏대를 세울 만한 일은 아니었음에도 어쨌든, 일단 비밀로 취급된 문서는 외부에는 내놓지 않는 것이 원칙이었기 때문에 그것을 전보통신사 기자인 요시오카(吉岡)군이 알고 있다는 것이 문제가 되었다.

이것은 하야시씨가 서양에 간 사이에 잠깐 보여 달라고 부탁해서 요시오카(吉岡)군에게 보여주었던 것인데, 요점은 정치성과 신뢰의 문제인 것을 당시 3파전 상태에 있던 사이토 고키치(斉藤吾吉)씨의 조선일일신문(朝鮮日日新聞)과 마키야마 고조(牧山耕蔵)씨의 조선신문(朝鮮新聞)과 어용지인 경성일보(京城日報)의 세 신문이 다루어, 신문사간의 서로 논쟁과 변론의 중심과제로 삼게 되어 젊고 미숙한 과장 대리였던 나는 몹시 힘겨웠던 괴로움은 지금도 생생하게 기억에 남아 있다.

당시 나는 젊고, 경험도 부족하고, 진심 정면으로 한결같이 나아갈 줄만 알았지 인간 세상에는 맛과 멋이 있는 뒷골목이 있는 줄은 몰랐다. 이런 종류의 문제를 다루는 방법이 서툴렀기 때문에 다른 사람들의 일을 번거롭게 해서 폐를 끼친 것을 반성함과 동시에, 하야시씨의 언론기관에 대한 배려, 그 대접 방법, 태도 등에 대해 배울 점이 많았으며, 후일 내가 재무국장이 되어 경성의 본부 기자구락부, 시모노세키(關門), 부산의 기자들, 국회 기자단에서 결국에는 기밀비용 (機密費)을 다루는 기자들에 이르기까지, 이런 접대에 있어서 미흡한 점은 있어도 심각한 실수는 하지 않을 것이라고 스스로 위로할 수 있었던 것도 하야시씨에게 배운 점이 많았기 때문이다.

1927년 하야시씨는 귀국 후 얼마 지나지 않아 이재과장으로 승진하셨고 나는 하야시씨의 뒤를 이어 사계과의 일을 맡게 되었는데, 그 때의 비서과장 후지와라 키조(藤原喜藏)씨가 임명장을 건네 줄 때 "자네는 아직 나이가 어리니까 과장 직무 대리로 해 주었으면 한다."라는 부언을 하였다. 서른 살의 젊은 우두머리라 지당한 말씀이다. 이재과장은 재무국 최측근의 과장으로, 재무국장이 대장성에 대한 예산의 절충 및 의회인 정부위원으로서 도쿄에 출장 중에는 유수사단장((留守師団長)으로서 국장의 업무를 대행하는 것이 관례였는데, 하야시씨는 이미 그때부터 사실상 재무국장의 직을 맡게 된 것이다.

1929년 하야시씨가 정식으로 재무국장이 되었을 때, 나에게 "자네는 사계과장으로서의 일에도 꽤 익숙해졌고, 총독부 예산 절충에 대해서는 대장성과 차분히 논의하지 못하면 곤란하지만, 자네는 대장성 출신으로 그 점에서 유리하니 사계과장을 맡아 크게 해 주었으면 한다."라고 하였다. 나는 앞서 잠깐 말했듯이 주변의 상황에 지장이 없다면, 조선에 평생을 바칠 각오이며, 특히 평소 존경하는 하야시씨의 밑에서라면 일한 보람도 있다는 것에 대장성 복귀는 완전히 단념하고, 이후 하야시 재무국장의 밑에서 사계과장을 10년간, 동(同) 과장직무 대리를 합해 12년간 예산 편성, 대장성과의 절충에 대해서는 물론 의회에서는 하야시 정부위원의 보좌관으로서 항상 그림자처럼 함께 줄곧 일해 왔다.

1937년 가을, 하야시씨는 재무국장에서 조선식산은행장으로 옮겼고,

나는 하야시씨의 뒤를 이어 재무국장에 취임했다. 이것은 미나미(南)씨가 총독으로, 오노(大野)씨가 정무총감으로 취임한 이듬해의 일이다. 재무국장의 역할로서 나는 대장성, 국회관계에 대해서는 어느 정도 익숙해져 있었기 때문에 어떻게든 해낼 수 있을 것이라는 마음가짐도 없지 않았지만, 특히 중요한 일 금융계에 관해서는 각종 금융기관의 분야를 지켜 조화로운 발전, 장단기 자금의 도입 확보, 금융기관 수뇌인사의 문제, 중앙은행인 조선은행과 장기자금은행인 조선식산은행과의 조정 등 사무적 및 정치적 배려가 필요하고, 또한 조선 재계, 금융계와 일본본토 대장성 및 금융시장과의 관계에 부단한 주의를 기울여야 하는 등 익숙하지 않는 업무의 짐은 상당히 무거운 편이었다.

1927년의 경제공황으로 인해 조선 이외의 지역에 지나치게 세력을 확장하고 있던 조선은행은 차질을 빚고, 조선의 발권은행이자 중앙은행이면서 자본 감소 재건을 계획해야 하는 궁지에 몰리면서 조선식산은행이 사실상 조선은행의 지위를 대신하는 결과가 되어 지방은행에서도 그렇게 인식하게 되었으며, 또한 금융조합에 대해서도 중앙기관으로서의 지위를 차지하는 등 식산은행이 중앙은행이라는 관점을 가지게 되었다.

그 중 조선은행에는 가토 게이자부로(加藤敬三郎)씨가 총재로 취임하였고 그 실적도 점차 정비되고, 업계의 현황도 발전하여 체면을 회복하기에 이르렀는데, 이런 정세 아래 큰 마찰을 일으키지 않고 식산은행을 그 본래의 모습으로 되돌리기 위해서는 어떻게 해야 할 것인가에 대해서는 내가 가장 고심했던 부분이었다. 가토(加藤)씨의 후임 총재는 마츠바라 준이치(松原純一)씨인데, 그는 조선은행의 창립 멤버로 인격은 원만하고 소탈하고 활달한 고풍스러운 인사로 하야시씨와는 오랜 지인으로 너, 나 하는 사이였던 것은 조선 금융계를 위해 참으로 바랄 나위 없는 행복이었다.

하야시씨로서는 관료 재임 시절부터 조선은행, 식산은행의 본연의 모습은 잘 알고 계셨지만, 입장을 바꾸어 자신이 식산은행의 책임자가 된 경우 총독부 방침이라고 해서 자신의 지분을 감소시키는 방향으로만 갈 수는 없고 그 조정에 대한 하야시씨의 고충은 충분히 짐작할 수 있었다. 식산은행의 입장도 고려하면서 조선은행이 본래의 모습으로 돌아가는 것에 대해 그 동안 신문 기삿거리가 되는 마찰도 없이 하야시, 마츠바라 (松原) 양대 명콤비에 의해 두 은행의 조화가 잘 이루어져 간 것은 하야시씨의 식견과 수완이 가져온 것으로, 마음의 경의를 표하지 않을 수 없는 일이었다.

식산은행장의 임기는 5년이며, 그 임명과 면직은 대장대신과 협의한 뒤에 조선총독이 그것을 시행하도록 되어 있었다. 하야시씨의 임기 1기 (一期)가 끝나갈 무렵, 대장성에서 총독의 보좌역인 나에게 사전 의논이 있었을 때, 나는 하야시씨가 그 본래의 능력을 충분히 발휘할 수 있도록 하기 위해서는 적어도 지금 1기(一期)를 더 맡겨야 한다는 굳은 신념 아래 그 이유를 설명하고 선처를 요청하였다. 총독은 반대의사가 없었음은 물론이었다.

이상 서술한 것처럼 나는 하야시씨와는 1925년부터 1945년 사망할 때까지, 20여 년의 오랜 관계로, 때로는 상사로서, 때로는 선배로서 지도를 받으며, 항상 형님으로 모시고 그 사소한 것도 닮고 싶다고 염원했던 사람이었다. 하야시씨의 식산은행시절에는 총독부에 있으면서 하야시씨의 업무에 협력하였고 또 때로는 식산은행의 은행장실에, 혹은 그 사택에 은밀히 하야시씨를 찾아가 조선 금융계의 발전을 위해 가르침도 받고, 또 기탄없이 의견도 말씀드리며 상담에 응해 주셨던 것은 참으로 감사하고 행복이었으며, 이런 선배가 오늘날까지 여전히 살아 계셨다면 얼마나 많은 가르침을 주셨을지, 또 나의 인생행로에 얼마나 많은 혜택을 더해 주셨을지 생각할 때, 59세를 일기로 비교적 일찍 돌아가신 것이 후회스러 우면서도 아쉬울 뿐만 아니라 새삼스럽게 애석하지 않을 수 없다.

재무국장의 자리를 물려받은 당시 나의 심경

나는 하야시씨 사계과장 밑에서 사무관으로, 또 재무국장 밑에서 사계과장으로 전후를 통틀어 대략 13년간 근무했다. 그 사이 공적, 사적인 생활을 통해 하야시씨라는 분은 나의 눈에는 이러한 모습으로 비춰지고 있었다.

하야시씨는 두뇌가 매우 치밀하고 명민하며, 언변은 눈에 띄게 시원 시원하며 게다가 친절하고 공손하며, 가려운 곳을 긁어 준다는 것은 이런 분을 말하는 것이 아닌가 하는 생각뿐이었다. 상대방이 무엇을 말하려고 하는지, 의회에서 응답을 할 때도 질문자의 몇 마디 안 되는 짧은 말에서 통찰하여, 답변은 명쾌하게, 응대는 상냥하게, 이렇게 항상 상대방이 마음에 들 때까지 납득시키지 않은 적이 없었다.

하야시씨가 공적, 사적인 자리에서 말하는 모습은 완전히 사람들을 매료시키는 힘이 넘쳐 천마가 하늘을 나는 듯한 기개가 있었다. 각종 대회에서의 연설과 강연, 또는 주례자로서의 식장 인사 또는 주빈 원로로서의 축사와 이야기 등 내가 들은 것만 해도 수백 건이 넘는데, 미리 준비된 것은 말할 것도 없고 때에 따라 그 자리에서 갑자기 이루어지는 짧은 말, 인사 등에 있어서도 군더더기도 부족함도 없었다. 사람의 마음을 찌르는가 생각하면 따뜻한 봄바람과 같이, 때로는 유머도 섞인 말솜씨는 듣는 내내 지루할 틈이 없었고 흠잡을 곳이 없다는 것이 이런 말인가 하고 들을 때마다 감동이 새로웠다.

또 하야시씨는 결코 화를 밖으로 드러내지 않는 분으로 부하를 대할 경우 마음속의 초조함을 얼굴에 드러내지 않고 태연하게 부하의 갈 길을 지도하는 모습은 성격이 급한 나로서는 많은 배울 것 중의 하나였다. 어느 해 가을, 경성상공회의소 회관에서 전선주류품평회(全鮮酒類品評會)가 열렸던 때의 일이다. 개회 시간도 다가오고 있는데 중요한 역할을 맡은 핵심 전임자 시미즈(淸水) 기사가 품평회장에 나타나지 않자, 관계자가 본부로 달려가 보니, 시음주가 여기저기 흩어져 있고 개회의 시간에는 무관심한 모습이었다. 품평회장에서는 정무총감을 비롯한 다수의 내빈과 관계자 등 10명 가운데 9명 정도 입장해서 개회만을 기다리는 상황이었는데, 주임기사는 위의 사정으로 그 자리에 없었다. 주최책임자인 국장으로서는 초조하기 짝이 없었겠지만, 분노나 초조함을 조금도 얼굴에 드러내지 않고 그 자리에서 취할 수 있는 어떤 것이라도 이리저리 지도하시던 모습이 지금도 눈앞에 있는 것처럼 인상 깊었다.

하야시씨의 편지는 이 회고록에도 수록되어 있는데, 이목산인(二木山人)[52] 등의 호에서 보더라도 지칠 줄 모르는 활달한 필력이라고 나는 생각한다. 글씨가 적혀 있는 색지 등 여러 가지를 받았으나, 1945년 11월 경성에서 귀환할 때 아쉽게도 욱정(旭町) 관사에 전부 남기고 왔다. 글씨가 써져 있는 색지, 액자 등은 조선 내 각종 금융기관 등에는 남아 있을 것으로 생각된다.

하야시씨는 스포츠도 하는 것마다 잘 하고, 골프도 다이쇼(大正)[53] 말

---

52) 하야시 시계조의 아호(雅號)이다. 아호는 본명 외에 갖는 호(號)로, 이 호를 아름답게 표현하는 말. 문인·학자·화가 등이 갖는 풍아한 호를 아호라 한다.

경에 일본에서는 아직 처음이었던 것으로 기억하는데 나의 기억이 틀리지 않는다면, 하야시씨의 핸디캡은 10대였고, 도쿄를 왕복할 때도 항상 골프가방을 들고 다녔다. 바둑, 장기도 물론 능통하고, 목소리 역시 구성지며, 술 쪽으로는 양적으로도, 술자리를 주선하는 데 있어서도 남에게 뒤쳐지지 않았고, 남의 비위를 잘 맞추어 대접하는 모습은 몸에 배어 있는 것 같았고, 혼자 술 마시는 거 역시 잘했다. 술을 가볍게 마시고 낮은 소리로 흥얼거리는 이런 상황에 이르러서는, 술과 인연이 먼 나는 끝내 짐작할 수 없는 경지였는데, 그 인품으로 보면 욱정(旭町), 아카사카(赤坂), 신바시(新橋), 야나기바시(柳橋) 등 가는 곳마다 멀지도 가깝지도 않은 인연으로 가지 않을 수 없는 것은 상당한 고충이었음을 짐작할 뿐이다.

단 하나, 제가 아는 한에서는 아카사카(赤坂)의 목소리인 게이샤 고우메(小梅)씨가 아직 지금의 명성을 얻지 못한 젊은 시절부터 고우메, 고우메 하며 상당히 사랑을 받았던 것으로 고우메씨가 현악기를 손톱 끝으로 타며 야마나카부시(山中節)[54]를 흥겹게 부르던 모습이 인상 깊게 나의 기억에 남아 있다.

하야시씨의 피부색은 거무스름하고, 눈썹은 짙고, 얼굴은 옹골차고 야무지고, 눈빛은 날카로워서 사람의 마음 속 깊이까지도 꿰뚫어보는 예리함이 있는가 하면 환하게 웃어 사람을 매료시키고 녹아들게 하는 자비로운 눈빛이 번쩍이는 모습도 수시로 볼 수 있었다. 이렇게 사람을

---

53) 대정천황(大正天皇) 시대의 연호(1912-26).
54) 야마나카부시(山中節)는 이시카와 현의 야마나카 온천 지방에서 불리워진 민요. 본
    오도리(盆踊り:음 력7월15일 밤에 남녀들이 모여서 추는 윤무(輪舞). 본래는 정령
    을 맞이하여 위하는 뜻으로 행한 행 사임.) 심구(甚句: 7.7.7.5의 4구로 된 일본 민요
    의 하나(가락은 지방에 따라 다름).)에서 나와 목욕객 다다미방에서 부르는 노래로
    바뀌었다.

끌어당기는 장점은 타고난 것도 있겠지만 본인 스스로가 갈고 닦은 수양 덕분이라는 생각이 든다.

키시(岸)씨에게는 실수가 없다는 것은 총리대신 시절 자주 듣는 말이었지만, 하야시씨에게는 지나칠 만큼 개성이 강함을 조금도 티내지 않고, 깔끔하고 실수가 없다는 것을 느낄 수 있었다. 이러한 인품으로 보면 하야시씨가 저널리스트와의 만남에 있어서도 당당한 자세로 임했다는 것은 누구나 수긍할 수 있으며, 그러한 면의 배려에 대해서는 한 치의 흐트러짐도 없이 물 흐르듯이 자연스럽게 나왔다.

내가 사계과장이 된 지 얼마 되지 않아 어느 연회 자리에서 경무 분야의 어느 고위 관료로부터 "하야시군은 이해력이 좋은데, 자네도 수양하는 것을 보고 배워라. 자네는 아직 젊다."라는 훈계를 듣고 하야시씨와 비교해 스스로 돌아보고 부끄럽다는 것을 절실히 느꼈다. 그 하야시씨가 재무국장으로부터 조선식산은행장이 되기 2, 3일 전 "뒤를 맡아 자네가 한번 해 주게."라는 말을 들었을 때, 나는 천부당만부당한 일로 도저히 그 직책을 맡을 수 없었고, 맡는다는 것은 전혀 분수에 맞지 않고, 만약 하는 수 없이 맡았다고 해도 결코 1년도 감당해 낼 수 없을 것이라 가슴이 철렁 내려앉는 심정이었다. 그것은 하야시 전 국장의 장점으로 지금까지 말한 여러 가지 특징들이 전부 그대로 뒤집어 나의 단점, 즉 그 발밑에도 미치지 못하는 수많은 것들을 나 스스로가 제일 잘 알고 있었기 때문이었다.

만일, 공부하면 사무적인 업무 면에서는 어떻게든 된다고 해도 재무국장이 되면 의회를 비롯한 재계 등 접촉면이 넓어 단순한 사무가만으로는 그 임무를 감당할 수 없고, 다분히 정치성이 요구되는 것은 당연하며, 그런 점에서 사무에 숙달되고 정통하고 있는 데다 풍부한 정치적 수완을 겸비하고 있던 하야시씨의 뒤를 이어 그 이름을 욕되게 하지 않도록 노력하는 등 도저히 그 그릇이 아니라는 것을 스스로 잘 알고 있었을 뿐만 아니라, 게다가 나로서는 재무국장과 같은 직무가 아닌 다른 방면에서 약간의 공헌을 하고 싶다는 야망을 전부터 품고 있었다.

그것은 시노다 지사쿠(篠田治策)씨가 한일합방 전후의 간도지방 외교문제에 대한 연구 성과로 따라 법학박사의 학위를 받았고, 또 와다 이치로(和田一郞)씨는 총독부가 5년의 세월과 3천만 엔의 국비를 들여 완성한 조선토지조사 대업을 편찬한 그 업적으로 법학박사학위를 취득한 것은 누구나 다 아는 사실입니다. 나는 이런 선배들의 뒤를 이어 조선의 재정, 금융, 세제의 역사를 조선시대로 거슬러 올라가 뒤이어 보호시대, 한일합방 이후를 차례로 일련의 역사를 편술하여 이로써 시노다(篠田), 와다이(和田) 두 박사의 뒤를 잇고 싶다는 것이 나의 오랜 염원이었다.

나는 그 때문에 사계과장에 취임하자마자 그것에 대해서는 전 재무국장 쿠사마(草間)씨의 선배 카츠 마사노리(勝正憲)씨의 옛 친구인 쿠로베(黑部)씨와 나중에는 다시 니시무라(西村)씨에게도 의뢰하여 오로지 자료의 모집과 조선실록의 일본어 번역 등을 진행하여 이미 「조선재정사의 한 구절, 이조시대의 재정」(500페이지의 미완성 원고)를 간행함으로써 이 일에 첫걸음을 내딛었다. 이 재정사의 편찬이야말로 내 평생의 사명이라는 비장한 각오로 재정국장의 일은 단호히 거절하였다. 그런데 후일, 오노(大野) 정무총감에게 불려가 "자네의 심정은 하야시군에게서도 잘 들었지만, 함부로 말해서는 안 된다. 뒤를 이어 하라."는 엄명에 가까운 말씀이었다.

나는 "그 일은 하야시씨로부터 들은 대로이며, 여전히 국장의 직책은 나에게는 무거운 짐이며, 결코 미나미(南) 총독의 시정을 더럽히는 일이 되어서는 안 되기 때문에"라고 대답하며 단호히 거절하였다. 거듭 "재무행정면에서는 후루쇼(古庄), 코지마(児島), 하가(芳賀)씨 등 수많은 선배들이 건재하고 후계자로 부족하지 않을 텐데 애송이인 내가 받아서는 안 된다."는 의견도 아울러 말씀드리고 아무쪼록 거절했지만 총독, 총감은 "그런 것은 이쪽에서 생각할 문제이며 제멋대로 말하는 것이 아니다."라고 꾸짖었고, 하야시씨로부터도 "잘 할 수 있도록 지원하겠다."라는 말을 듣는 등으로 의지가 약한 나는 결국 본의 아니게 다른 자리에 앉을 수밖에 없는 처지가 되었다.

맡은 이상, 우둔하더라도 최선을 다하는 것은 당연하지만 술도 못하고, 정치성이 부족한 나는 결국 1, 2년 만에 부적격성을 드러내 퇴진하기에 이른 것은 필연적이었지만, 그때야말로 숙원인 조선재정사 편찬에 임할 수 있다는 희망을 가슴에 품고 시작했는데, 준전시체제에서 태평양전쟁으로 돌입한 비상시국하의 조선통치에 있어 후배에게 길을 양보할 기회도 고민할 겨를도 없이 미나미(南)(오노(大野)총감), 고이소(小磯)(다나카(田中)총감), 아베(阿部)(엔도(遠藤)총감)의 3대 총독으로 역임하고 패전을 맞이하여 애착의 땅을 뒤로하고 1945년 11월 말, 혼자 쓸쓸히 초연하게 배낭 하나를 등에 지고 귀환하였다.

다만, 귀환할 때에도 십여 년 동안 수집한 조선재정사의 방대한 자료는 국장실의 옆방에 보관하여 신뢰하는 조선인 관리에게 보관을 부탁하고, 전쟁 후의 혼란도 가라앉고 한일국교가 정상화 될 그 때에 다시 조선에 건너와 그 자료와 씨름할 희망을 품었으나, 1951년 공산당이 경성에서 패하고 물러날 때, 내가 사랑하는 자식처럼 집착을 가지고 있던 그 자료도 전부 잿더미로 변해버렸다는 소식을 들었을 때, 삶의 희망도 잃고 나의 일이 끝났다는 것에 몹시 서운하고 섭섭한 오랜 슬픔은 지금도 사라지지 않는다.

(전 조선총독부 재정국장, 현 전국은행협회연합회 전무이사)

34. 하야시씨의 추억

후지모토 슈조(藤本修三)

관동대지진 직전부터 패전의 날까지 20여 년 동안 저는 조선에서 처음에는 관료계의 선배로서, 나중에는 직속 상사로서 지도를 받고 신세를 졌기 때문에 하야시씨에 관한 기억은 끝이 없습니다만, 이번 회고록을 만들면서 잊을 수 없는 하야시씨의 장점 2, 3가지에 대해 말씀드리고자 합니다.

첫째는 하야시씨는 두뇌가 명석하고, 영리하며, 이해력이 매우 빠른 분이었다는 점입니다. 그래서 조선총독부에서는 항상 중요한 지위에 있으면서 사이토(斎藤), 야마나시(山梨), 우가키(宇垣), 미나미(南)의 각 총독의 시정의 중요한 시책에 대해 능숙하게 표면에 나서지 않고 그늘에서 진력을 다하며 조선 전반에 걸쳐 향상과 발전에 힘썼습니다. 역대 총독들의 조선의 개발, 각종 시설은 하야시씨의 예산 편성의 노력에 의한 것이었습니다.

둘째는 16, 7년간 계속해서 사계과장 또는 재무국장으로서 예산편성에 있어서 상당히 힘을 기울인 결과, 조선 전반의 상황에 정통하고 진실로 조선의 지극히 중요한 보배였던 점입니다. 후일 조선식산은행의 은행장이 된 이후 일본본토의 전시체제하의 금융경제의 압박에도 불구하고, 조선의 특수사정에 잘 적응한 각종 사업의 발전에 기여할 수 있었던 이유라고 생각됩니다.

셋째는 온화한 얼굴로 사람을 대하며, 자신의 주장을 강행하거나 사소한 일에 구애받는 않고, 타인의 의견을 잘 수용하고, 원만하게 일을 진행하며, 상황에 따라 시국의 정세에 적응한 업무를 하신 점입니다.

패전 후 점령하에 일본의 부흥을 도모함에 있어 종래의 추세나 사고방식에 구애받지 않고 새로운 마음으로 시국의 정세하에서 가장 좋은 방법을 발견하고 시책(施策)할 필요가 있는 시기에 더할 나위 없는 적임자인 하야시씨가 전쟁 후 얼마 지나지 않아 세상을 떠나신 것은 일본을 위해 큰 손실이라고 저는 생각하고 있습니다.

(전 식산은행 이사 · 현 지바사철공업(千葉砂鉄工業)(주) 촉탁)

35. 젠틀맨 용기론＝나와 하야시 시게조씨＝

가마타 사와이치로(鎌田沢一郎)

(1) 화경정적(和敬静寂)[55]의 하야시 골프도(ゴルフ道)

3년 전 식산은행 간담회가 일본 클럽에서 열렸을 때, 저는 그 전년도 가을 호치신문사(報知新聞社) 주최의 전국 드라이빙 콘테스트에서 우승한 골프 사진을 하야시 미네코(林みね子)부인에게 증정하고 남편의 불전에 공양해 달라고 건넸더니, 미네코 부인은 "남편이 살아 계셨다면 얼

---

55) 화경정적(和敬静寂): 온화하고 삼가며 맑고 조용하다는 뜻이다. 일본에서는 와케이세이쟈쿠(화경청적(和敬清寂)로 다도(茶道)에서 유의(留意)해야 하는 말로, 남에게는 화경(和敬)으로 대하고, 다실(茶室)이나 다구(茶具)는 조심스럽고 깨끗이 하는 일이라는 뜻이 있다. 원문에서는 화경정적으로 표기되어 있는데, 본문의 내용상 화경청적을 말하고 있음을 알 수 있다.

마나 기뻐하실까요?" 라며 기뻐하며 받아들였고 곧 영전에 바쳤다고 알려주는 전화가 있었다.

그 골프사진은 호치신문 운동부 사진반이 촬영한 스냅사진으로 나의 우승에 대해 브리지스톤에서 호치에 기증했던 소파베드[56]를 나카무라 토라키치(中村寅吉)가 가져 와서 두 사람 모두 스포츠맨다운 웃는 얼굴로 악수하고 있는 포즈이며, 호치 본지에도 실린 사진부의 자랑할 만한 것이었다.

어떤 연고로 그것을 고인의 영전에 바쳤느냐 하면 사실 경성 시절의 하야시씨야말로 나의 골프를 키워준 부모이며, 또 내가 식산은행에 관련된 창시자였기 때문이었다.

내가 유럽여행에서 돌아온 것은 1938년이었는데 왜 미나미(南) 총독이 특히 나를 기용하여 시베리아 경유해서 유럽으로 보내고 귀국길에 캐나다, 미국에 들르게 하는 대일정을 만들게 했는지에 대해서 그 당시에도 그 진상을 아는 사람은 적었는데 하야시씨가 전쟁이 끝난지 얼마 지나지 않아 먼저 세상을 떠났고, 미나미(南), 우가키(宇垣) 두 전직 총독이 그 뒤를 좇아 내용을 잘 알고 있던 세 명의 사람들이 지금은 사망해 버렸으므로, 나머지는 겨우 두세 사람만 남아 오늘날 이 자리에서 펜을 들어 진상을 발표하는 것이야말로 고인의 인격을 존경하고 그 훌륭함을 추억하며 또한 실증적인 공양이 될 수 있을까 싶어 정직하게 서술해 보려고 한다.

왜냐하면 조선식산은행이 만철(滿鉄)[57]에 비견할 만한 대조사부(大調查部)를 만들었고, 대륙으로 이어지는 반도 특유의 경제와 문화의 종

---

56) 소파 베드(ソファベット): 등판을 뒤로 젖혀서 침대로 사용하는 소파.
57) 남만주철도주식회사(南滿州鉄道株式会社) 또는 남만주철도(南滿州鉄道).

합조사진(綜合調査陳)을 충실하게 하려는 하야시의 구상과 관련이 있고 내가 지금도 여전히 식산은행부동산을 식산은행의 후신으로 보고 그 번영에 협력하고자 하는 실학 실천의 사례와도 역사적으로 연결되어 있기 때문이다.

생각해 보면 그로부터 4반세기 이상의 세월이 흘렀지만 내가 신임 우가키 총독과 함께 부산에 상륙하여 '엄숙한 한 걸음을 내딛는……의' 총독성명을 쓴 것이 1931년 6월 12일이었으므로 모든 역사적 기인(起因)인 나와 우가키 가즈시게(宇垣一成)가 조선에 건너온 것이 벌써 30여 년이 넘었으니, 이제는 모든 것이 꿈속에서 일어난 일처럼 느껴지기도 한다.

이제 이야기를 일단 골프로 돌려보자. 나의 골프 경력은 런던의 벤세이어스(Ben Sayers)[58]에서 시작된다. 여기서 키, 몸무게 등을 재어 자신의 몸에 맞게 세계 제일의 클럽 제작회사인 벤세이어스의 가장 저렴한 클럽 7개를 주문했는데, 분명히 가방을 합쳐 일본 돈 1,700엔 정도였던 것으로 기억하고 있다. 그 변변치 않은 7개의 클럽을 가지고 스코틀랜드로 가서 작은 퍼프릭 코스에서 최초의 가르침을 받았는데, 동서도, 앞뒤도 모르는 그야말로 유치원 초보 골퍼에게 "당신은 골프 경기를 할 때, 상대가 묘기를 부렸을 때 진심으로 나이스 샷이라고 외쳐 줄 수 있습니까? 그것이 근대 스포츠맨십이고 영국 기사도나 일본 무사도로도 이어질 수 있는 것 아니냐"는 말을 들었을 때는 다소 놀랐다.

이 노신사는 나중에 들으니 어느 대학의 만년 조교수였다. 그 이듬해인 1938년 조선으로 돌아와 총독부 국과장(局課長) 회의 때 나의 구미시

---

58) Ben Sayers는 1873년에 영국의 North Berwick Golf Club 인근에서 시작한 세계에서 가장 오래된 골프 회사 중 하나로 1902년에는 King Edward VII를 위한 클럽 세트를 만들기도 했다. (출처: Ben Sayers 홈페이지)

찰 보고를 하라고 해서 소련의 내막에서 시작하여 히틀러의 독일, 무솔리니의 이탈리아 등 최근 정세를 본 그대로 이야기했는데 영국의 앵글로색슨 기질을 이야기하는 중에 이 골프 일화를 한 마디 넣었더니, 회의가 끝난 후에도 회의실에 남아서 국가의 내외정책도, 행정의 요령도 라이벌을 사랑하고 또 존경하는 신사도가 아니면 안 된다고 몹시 감격한 것이 당시 하야시 시게조 재무국장이었다.

그리고 얼마 지나지 않아 한 번은 군수리(君首里)[59]의 골프장으로 초대해 주셨지만, 스코틀랜드에서의 약간의 가르침과 돌아오는 길에 시모야마(下山)(고(故) 국철총재), 카가야마(加賀山) (현 참의원 의원), 미하라(三原)(현 닛켓이(日交)공사전무) 세 사람 등을 따라 캐나다, 미국의 대형 코스를 어리둥절하게 그냥 걷고 온 정도로는 하야시씨를 모시고 그 홈 코스인 경성 골프장 등에 화려하게 나가 볼 용기 따위는 도저히 없었다. 공연히 꽁무니를 빼서 모처럼의 벤세이어스의 클럽도 가지고 있을 뿐 활용하지 못한 모습이었던 나를 열심히 권유하여 몇 차례 코스로 데리고 나갔던 사람이 하야시씨였다.

"골프 입문은 무리하게 이끌어 주는 사람이 없으면 좀처럼 실력이 오르지 않는 거야." 라고 항상 말씀하였는데, 그 열정의 근원은 스코틀랜드에서 내가 레슨을 받았을 때 노신사 조교수의 말이었다. '상대를 존중하는 것' 말을 바꿔서 말하면, '영국의 신사도, 일본의 무사도'를 스포츠화 것이 상당히 마음에 들었기 때문이었다고 생각되는 대목이 종종 있었다.

5, 6번 가르쳐 준 후에 "이 정도에서 프로에 입문하는 것이 가장 좋다." 고 말하며, 그 무렵 경성 골프클럽의 연덕춘(延德春)[60] 프로를 데리고 왔

---

59) 군자리 골프장의 오류로 보임, 현재 어린이대공원이 있던 성동구 군지라에 있던 골프장으로 해방후 서울 CC로 운영되었다.

다. 연(延)군은 소년 캐디 출신의 프로로, 그 점에서는 나카무라 토라키치(中村寅吉)군과 비슷한 행보를 보였는데 21세의 어린 나이에 전국 일본 프로 경기대회에서 우승을 하고, 그 이듬해 계속해서 일본에서도 전부 우승한 대단한 남자이며, 같은 시기 베를린 올림픽에서 마라톤 우승자 손기정(孫基禎) 선수와 함께 조선 출신 스포츠맨의 쌍벽이었다.

연덕춘의 성품은 손기정과 달리 온순하고 성실하여 특별한 민족의식 등은 조금도 드러내지 않았지만, 하야시씨는 "당신이라서 조심할 필요는 조금도 없지만 연덕춘군에게 레슨을 받을 때에는 역시 스승의 예를 취하는 것은 당연하고, 일부 총독부 낙하산 재계인사들에게 있는 버릇처럼 캐디의 위라고 깔보거나, 조선인이기 때문에 차별을 두는 마음이 있다면 골프는 결코 향상되지 않습니다. 그는 천재골퍼이고 전국 일본의 우승자니까 그런 생각으로 대해 주세요."라는 말했던 것을 지금도 기억하고 있는데, 이 한마디야말로 앞에 기술한 '신사도 · 무사도'로 통하는 것이라고 생각한다.

나는 순수하고 젊은 연(延)군의 레슨을 받았다. 하지만 기껏해야 한 달에 두 번 정도밖에 서로의 시간 조절이 안 되었다. 그러나 그것으로 충분했다. 원래 골프는 고독한 스포츠이기 때문에, 나중에는 혼자 뚜벅뚜벅 동대문에서 출발해 왕십리로 가는 전차로 군수리(君首里) 코스로 가

---

60) 연덕춘(1916년~2004년) 서울 출신으로 1930년 14세의 나이로 경성컨트리클럽에서 캐디 보조를 시작하여 골프와 인연을 맺은 뒤, 1935년에 한국인 최초로 프로골퍼 자격을 획득함. 프로골퍼로 데뷔한 뒤 참가한 1937년 일본PGA(Professional Golfers' Association)에서 3위로 입상. 이듬해인 1938년 일본오픈골프선수권대회에서 5위 1941년에는 일본오픈골프선수권대회의 우승을 차지함. 해방 후 1956년 최초로 한국대표로 골프 월드컵 참가. 한국골프발전에 기여함. 한국프로골프협회(KPGA)의 창립에 주도적인 역할을 하였으며, 1972년부터 1973년까지 한국프로골프협회 제2대 회장 역임함.

서 하야시씨의 말과 연덕춘의 기술을 여러 가지로 조합하여, 그 무렵 세계 제일이었던 미국의 바비 존스(Bobby Jones)[61]의 책을 읽으며 가마타 (鎌田) 특유의 스윙을 단시간에 완성해 버렸다.

그리고 1942년의 골프는 전국적으로 자숙하며 중지되었지만, 마지막 토너먼트인 창덕궁 사배전(賜杯戰)에 출전하여 준결승에서 승리하고 드디어 결승전에 오른 것이었다.

나는 그 무렵부터 사치 골프, 다이묘 골프, 허영 골프를 싫어했고, 다도에서는 리큐(利休)[62]가 만년에 우라센케(裏千家)[63]의 은근하고 깊은 정감이 있는 차(さび茶), 다도(茶道)에서 다구(茶具)나 예법보다는 화경청적(和敬淸寂)의 경지를 중시하고 차(わび茶)를 사랑하고, 그 다도 철학에 심취되어 있던 때이므로 골프도(ゴルフ道)에도 화경정적(樂敬靜寂)의 와비(わび)[64]골프, 사비(さび)[65]골프가 있어서 좋다고 생각하여

---

61) 바비 존슨(Robert Tyre "Bobby" Jones Jr. 1902.3.17.-1971.12.18.)는 미국 아마추어 골퍼로, 스포츠 역사상 가장 영향력 있는 인물 중 한 사람이었다. 그는 오거스타내셔널 골프 클럽(Augusta National Golf Club)을 설립하고 디자인을 도왔으며, 마스터스 대회를 공동 창설했다. 그가 마스터스에서 도입한 혁신 기술들은 사실상 전 세계의 모든 프로 골프 경기에서 모방되었다.

62) 오늘날 일본인의 마음속에 뿌리내리고 있는 "和"의 사상은 千利休가 주창한 四規和敬淸寂의 根本이 된다. 茶道를 완성, 대성시킨 千利休는 茶道精神으로 4規 7則을 강조하였는데 4規는 지켜야 할 네 가지의 규율을 말한다. 禪宗 승려들의 생활 규범인 和敬淸寂을 茶人이 갖추어야 할 기본정신으로규정한 것이다. 다시 말하면 인간의 윤리도덕에만 국한시킬 것이 아니라 사물에도 적용되어야 한다 는 것이다. 인간도 사물도 불이일여(不二一如)하니, 이것이 곧 和의 정신이며, 서로 공경하는 마음으 로 茶道에 임해야 하는 것이 敬의 뜻으로, 모든 茶會는 一期一會의 마음가짐으로 정성을 다해야 한 다는 것이다. 정신세계의 淸淨뿐만이 아니라 茶室과 茶道具를 청결하게 다루는 일이 淸의 정신을 實現하는 길이며, 공간의 정적과 함께 주위에 동요되지 않는 마음의 정적, 적연부동(寂然不動)의 심 경은 寂을 말한다. 和敬淸寂은 다회를 통해서 구현되는 다도의 이상적인 정신세계를 의미한다.

63) 다도 유파의 하나이다.

64) わび(侘び): 다도(茶道)·배구의 극치로서의) 간소하고도 차분한 아취, 유한(幽閒)한

혼자서 꾸준히 고독의 스윙을 즐기고 있던 시절이라서 영광스러운 무대의 결승전에 진출하는 것은 꿈에도 생각하지 않았다.

그런데 나의 상대가 된 플레이어가 나이가 어리고 상당히 극성맞은 남자로, 교양도 낮고 평소 이 코스에서도 에티켓 등을 잘 지키지 않고, 다소 자만하고, 평소 미움을 받았던 것 같아 결승전의 응원은 모두 나에게 집중되는 모습이었고, 견학 온 회원분들이 "와아와아"라며 코스를 쫓아다니는 바람에 큰일이 나 버렸다.

그 응원단 중에 홍일점인 야마 가문(山家)의 경성제국대학(城大) 총장 부인 미에(美惠) 여사가 있었던 것을 기억하는데, 작년 여름 그녀의 자녀분이 아사마(淺間) 산의 분화구에서 조난당했을 때 바로 근처의 가루이자와(輕井沢) 산장으로 문병을 가서 나중에 그 때의 일 등도 이야기한 적이 있는데, 아웃으로 2점 이기고 있던 내가 인으로 3점 내주어 불과 1점 차이로 우승을 놓친 것을 가장 아쉬워해 준 분이 이 야마 가문의 부인과 하야시 시게조씨였다.

그러나 여기까지 실력을 쌓고 또 기술을 연마할 수 있었던 것은 전적으로 하야시씨 덕분이며, 그야말로 전쟁 후 부활 우승전에서도 그 정신과 기술이 남아 있었기 때문에 다시 한번 감사의 마음을 부인을 통해 고인의 영전에 펼쳐 보였다.

(2) 우가키(宇垣) 통치와 하야시 재정

그럼 골프에 있어서 진중한 하야시 신사도(紳士道)의 역사적 표현이 다소 길어졌는데 그 도(道)야말로 줄곧 우가키(宇垣) 통치 6년간의

정취.

65) さび(寂): 예스럽고 아취가 있고, 은근하고 깊은 정감이 있는 느낌을 나타냄.

재정 책임자로서도, 또 식산은행 은행장에 취임한 이후 어려운 전시 금융을 지휘하는 동안에도 쭉 일관되었던 하야시 철학의 인생길이었다고 할 수 있다.

우가키 가즈시게(宇垣一成)는 그 하야시 관(觀)을 자주 나에게 말하곤 했다. "농촌진흥과 산업개발 행정에 대한 적극적인 예산으로 어설픈 대의원들이 국회에서 심술궂게 공격을 해 왔다. 그때 이사로서 하야시 재무국장의 답변은 언제나 훌륭했다. 그냥 훌륭하다고 말하는 것이 아니다. 정확한 숫자를 들이대며 친절하고 자상하게 또 성실하며 강한 책임감이 넘쳐나므로, 독기를 품고 공격해오는 닳고 닳은 의원들의 그 날카로운 기세를 교묘히 피하면 '조선총독부에는 훌륭한 관리가 있다. 정말로 훌륭한 식견과 용기와 책임감을 가진 영국형의 신사다.'라고 뒤에서 끊임없이 감탄하고 있었다. 그리고 만약 우가키 내각이 등장한다면, 일찍이 다카하시 고래키요(高橋是淸)[66]옹은 젊은 대장관료 후지이 사다노부(藤井眞信)[67]를 대신(大臣)으로 기용한 것처럼, 당신도 저 하야시 군을 조선에서 끌어와서 대장대신으로 해서 중앙정계를 깜짝 놀라게 해주면 좋겠어요. 하고 하야시의 답변으로 끽소리도 못하게 된 대의원이 저항하듯 이런 말까지 하면서 스스로 훌륭하게 소질 있는 젊은이를 찾아냈다고 생각하고 있다. 사람들이 다양해서 세상은 꽤 재미있는 것이야."라고.

그 우가키 가즈시게(宇垣一成)가 5년 반의 충실한 선정(善政)을 펼치는 데 있어 그림자처럼 따라다니면서 꾸준한 공적을 쌓은 것이 하야시 재정

---

66) 다카하시 고래키요高橋是淸(1854- 1936) 는 일본의 막말의 무사、明治、大正、昭和時代 初期의 官僚、政治家。立憲政友会 第4代 総裁。第20代 内閣 総理大臣 (재위 : 1921.11.13.~ 1922.6.12.)
67) 후지이 사다노부(藤井 眞信; 1885 - 1935) 는 日本의 財政家、大蔵官僚. 大蔵大臣.

의 뒷받침이었다는 것을 아는 사람이 의외로 많지 않다. 그 편성이나 집행에 있어서도 관료의 독단적인 명령을 쫓아 오로지 하나만 밀고 나가는 것은 아니었다. 문제의 핵심에 대해 국가를 사랑하는 재무 당국자로서 해야 할 말은 과감하고 용감하게 진언하고 충고도 아끼지 않았다. 그러나 일단 결정된 것, 또 총독, 총감과 약속한 것은 우가키(宇垣), 이마이다(今井田)가 떠난 후에도 성실하게 이것을 실행했고, 일부의 국장과 지사에게도 있었던 행동처럼 떠난 사람과의 약속 등은 어겨도 좋다는 등 관료의 교활함 따위는 조금도 없었다. 내가 식산은행 조사부에 고위직 촉탁으로 채용된 것은 하야시 인격의 이 사례에 속한다고 할 수 있다.

(3) 고시엔(甲子園) 회담

우가키 가즈시게(宇垣一成)가 후임 총독으로 미나미 지로(南次郎)[68]를 밀어, 부임 도중의 미나미씨와 함께 총독의 업무 인계를 한 곳은 한신(阪神)[69] 국도변의 '고시엔호텔'이었다.

---

68) 일본의 군인·정치가(1874~1955). 육사, 육군 대학 졸업. 러일 전쟁(露日戰爭) 때 기병(騎兵) 중대장 으로 출전하였고, 전후에는 육군 대학 교관 · 관동 도독부 참모(關東都督府參謀) · 기병 연대장 · 육군 성 기병과장(騎兵課長) 등을 역임하였다. 1930년 대장으로 진급하고 1931년 와카쓰키 내각[若槻內 閣]의 육군 대신이 되어 만주 문제에 강경론을 주장하였으며 그 해 12월에 군사 참의관(軍事參議官) 이 되었다. 1934년 관동군 사령관 겸 만주국 주재 특명 전권 대사 · 관동 장관(關東長官) 이 되어 만 주 사변과 만주 침략을 추진하였다. 1936년 3월, 2.26 사건의 책임을 지고 예비역에 편입했으나 그 해 8월에 우카이[宇垣一成]의 후임으로 조선 총독부에 부임하였다. 총독으로 재직 중 한국인에 대하 여 창씨(創氏)를 강요하였고, 내선일체(內鮮一體) · 지원병(志願兵) · 학병(學兵) 등으로 탄압과 암흑정치가 극에 달하였다. 재임 6개년이 되던 1942년 총독을 사임하고, 추밀 고문관(樞密顧問官)이 되 었으며, 종전 후 A급 전범(戰犯)으로 종신 금고형을 선고받았으나 1954년 병으로 가출옥하여 사망했 다.
69) 오사카(大阪)시와 고베(神戸)시 사이의 지방.

그때 인사(人事) 인계로서 두 사람만을 추천하였다. 한 사람은 다나카 다케오(田中武雄)였고, 나머지 한 사람은 이렇게 말하는 필자였다.

　"다나카군은 석 달 전에 경무국장으로 임명해 두었는데, 이것은 나의 논공행상(論功行賞)[70]인사라기보다는 미나미(南)군, 당신에게 큰 도움이 되는 인물이라고 생각했기 때문입니다. 장대한 기골과 그 강한 정의감, 게다가 피도 눈물도 있고, 조선민족과 부하경찰관에 대한 애정 등이 깊어 매우 평판이 좋습니다. 성실 근면한 것은 말할 것도 없고, 관동군 사령부와의 연락과 양해 등도 융통성이 있어 일경부(一警部)[71]부터 근무하고 고생해서 올라간 사람에게 흔히 볼 수 있는 고집불통 같은 것은 없고, 그야말로 근대형의 최고로 유능한 관리입니다. 결코 강요하는 것은 아니지만 잘 생각해 주십시오.

　또 한 명은 가마타(鎌田)군입니다. 저서를 여러 가지 읽으셨으니 잘 아시겠지만, 이곳 조선에 온 지 6년간, 10권의 저서를 세상에 내놓았고 그 하나하나가 실학 실천의 방향에서 조선의 민족대책, 산업개발에 대단히 큰 도움을 주고 있는데 본인은 전혀 욕심이 없이 담백하게 얼마 전에도 작별에 임하니 특별임용으로 지사 코스는 어떻습니까. 그것이 싫으면 도쿄로 돌아가 고향에서 선거를 하면 반드시 당선되도록 도와 정무차관까지는 책임지고 맡을 수 있도록 해 주겠다고 했지만, 둘 다 마음이 내키지 않는다고 말합니다. 그것은 일본의 관료구조의 냉혹함과 추락의 위기에 내몰리고 있는 의회정치의 표리(表裏)를 알고, 완전히 정나미가 떨어졌다고 생각해서 어느 것도 별로 권유하지 않았지만, 본인은 조선에 와서야 비로소 알게 된 아시아의 민족문제를 추구하여 학문적

---

70) 공적의 크고 작음 따위를 논의하여 그에 알맞은 상을 줌.
71) 우리나라의 경위(警衛)에 해당.

체계를 만들고 재야의 학자로서 독자적인 '민족학'을 창조해 보고 싶다고 했습니다. 게다가 무엇보다도 조선의 산천과 사람을 좋아하기 때문에 그냥 이대로 가만히 놔두면 앞으로는 원고료와 강연료를 중심으로 그런대로 먹고 살 수 있다며 웃고 있었다. 생각해보면 육군대신 시절부터 조선총독에 이르는 십여 년의 친분으로 단순한 나의 측근자일 뿐만 아니라 나라를 위해 대단히 잘 해 주었다. 뭔가 후임인 자네의 시절에 그의 처우를 생각해 주었으면 좋겠다."라고 말해 주었다.

우가키(宇垣) 육군대신과 당시 미나미(南)씨는 차관을 지냈고, 그 당시의 고이소(小磯) 군무국장와 함께 저도 두,세 번 만난 적도 있고, 다나카(田中) 경무국장의 문제에 대해 미나미씨는 이 고시엔 인계 회담에서, 실로 흔쾌히 우가키의 발언을 승인해 주었으나, 결국 오노 로쿠이치로(大野綠一郎)씨가 정무총감에 취임했을 때 "다나카(田中) 경무국장 문제는, 신·구 총독 두 사람의 인계 인사로서 모처럼 약속하신 것이긴 합니다만, 그러나 경무국장만은 심복자가 아니면 위험합니다. 특히 다나카군은 경기도 경찰부장 시절, 야마나시(山梨) 총독 및 그 측근자를 포박한 장본인으로 방심할 수 없습니다. 이 인사만은 총감에게 맡겨 주십시오."라고 말하며, 우가키와 상의도 없이 후닥닥 내무 출신의 미츠하시(三橋) 경무국장으로 실현하고, 다나카씨를 경기도지사로 격하시켜 버렸다.

화가 난 것은 다나카 다케오(田中武雄)였다. "결코 다섯 말 쌀에 무릎을 꿇지 않는다."며 소세키(漱石) 작품 『도련님』처럼 경기도 지사의 사표를 내던지고 바로 도쿄로 귀환해 버렸다. 그때 도경부(道警部)의 다카다 주조(高田柱造)군이 다나카가 귀환할 때 그의 가족 모두를 돌봐주었기 때문에 "다카다(高田)군, 돈은 이것밖에 없다. 모든 것을 이 범위에서 부탁한다."라고 하면서 식산은행의 예금통장을 주었는데, 잔고가 겨우 3천여 엔이고, 가족 모두의 2등표와 가재의 짐꾸러미 운임 등을 지불하면 2백여 엔 밖에 남지 않았다고, 그때까지 다나카씨의 검소하고 청렴한 생활을 필자에게 말하며 "식민지 경찰관을 오래 하다 보면, 아무리 본인이 강한 의지를 가진 사람이라도 반드시 부패하는데 다나카씨와 같은 사람은 정말로 드물다."라고 마음에 품었던 생각을 말했다. 그것은 그렇다 해도 다나카씨는 도쿄로 돌아간 후, 고이소(小磯) 관동군 참모장 시절, 우가키의 『조선인 만주 이민 문제』(졸저, 천창서방판(千倉書房版))에 의하면 가끔 만주로 건너가게 되어, 개인적으로도 고이소(小磯)와 친분이 있었기 때문에 위의 실정을 분개하며 이야기하였는데, 결국 고이소(小磯) 대신 밑에 탁무차관으로 기용되고, 그리고 고이소(小磯) 총독이 실현(이것도 당시 내각의 의논이 있어 우가키의 천거에 의한다) 됨에 따라 당당히 정무총감으로 경성에 올라왔다. 그때 사정을 잘 알고 있는 필자는 "다나카씨, 바로 남자의 본심이군요."라고 말했더니, 그 무뚝뚝한 얼굴에 웃음을 가득 띠우며 "평생을 통해 이런 통쾌한 일은 없다."라고 솔직하게 말하였다.

(4) 조선경제회의의 개최

그런데 이상은 훗날 이야기를 포함한 우가키 · 미나미 특별인사의 다나카(田中)이지만, 가마타(鎌田)편도 수많은 곡절을 겪었는데, 조선총독부로서도 또 일본정부로서도 전혀 선례가 없는 일개의 자유인 '재야의 학자가 관의 비용으로 외국에 여행하는 것'이 실현되어 1937년 7월 7일, 노구교 사건이 발생한 날에 신경(新京)[72]을 출발해서 시베리아를 경유

---

72) 신징; 만주국의 수도(1932년부터 1945년 중일 전쟁이 끝날 때까지). (→長春)

하어 소련에 입국한 뒤 유럽 각지로 유학하는 것이 가능해졌지만, 이 경우에도 그것을 방해하려 했던 미나미 측근의 어리석은 사람들의 은밀한 활동, 드러난 활동이 있었다. 그것들을 마츠모토 세이초(松本淸張)[73]식으로 쓰면, '음습(陰濕)한 관료의 잔혹 이야기'라는 스릴러가 되겠지만, 그것은 이미 「소설 민족·가마타 사와이치로(鎌田沢一郎) 자서전」에 쓰여져 있기 때문에 본문에서는 생략하고 진실한 젠틀맨 하야시 시게조 씨가 용기있게 관료 파벌을 누르고 또 다른 '가마타(鎌田) 인사(人事)'를 단행해 준 진상을 언급하며 본문 제목의 결론으로 삼고자 한다.

우가키 정책의 최종기획은 밖으로는 다나카 인사가 쓴 "만주로 조선인 이민을 다수 보내 이미 진출한 백만 명에게 생활의 향상과 안정을 주는 것"이었는데, 안으로는 가까운 장래에 반도의 자치를 부여할 예상으로 (졸저『조선은 일어난다』참조) 자치의회의 구상과 그 훈련을 부여하려 했다. 그것이 경제 회의의 내용을 반영하는 '조선산업경제조사회'의 구성이었다.

즉 대체로 일본·조선 반반 정도의 인원으로, 도지사나 총독부의 추천으로 최고의 유력자를 모으고, 그 밖에 반도의 산업개발 경제향상에 관계가 깊은 학자, 연구가, 유력 대기업 사장 등을 일본본토에서 뽑아 일본과 조선 전부 평등의 자격으로 위원회 즉 의회를 구성하고 각 부(部)로 나누어 논의와 연구를 거듭하여, 그 결정사항을 성실하게 총독 행정에 반영시키려는 진지한 기획으로, 특히 조선 측으로서는 다음 단계(자치의회)에 대한 희망이 인기가 있는 단계였다. 따라서 사람에 뽑는 문제로

---

73) 마츠모토 세이초(松本淸張, 1919~1992) 일본의 소설가. 추리소설을 많이 썼다. ≪얼굴≫은 탐정작가클럽상을 받기도 하였다. 단편 ≪기억(記憶)≫, ≪어느 고쿠라 일기전[小倉日記傳]≫ 등으로 아쿠타가와상 [芥川賞]을 받았다.

격렬한 운동이 일어났는데, 필자도 관공서 측에서 눈치채지 못하게 조선 측 두 사람, 일본 측 한 사람의 위원을 몰래 추천한 적도 있었는데 모든 것에 상당하고 방대한 재정조치를 수반하는 역사적인 새로운 사태인 만큼 하야시 재무국장의 고심은 정말 이만저만이 아니었다.

우가키 총독 시대에 그 근본적인 기획이 추진되어 다음 미나미 총독에게 이어져, 미나미씨의 취임 첫 번째 통치정책으로 실현된 것이지만, 시대를 깊이 인식한 전진적 조치로서 대륙·일본본토에서도 진심으로 호평을 받았다.

그 윤곽이 세워지던 어느 날, 필자는 용산의 총독 별장에 묵으러 오라는 연락을 받았는데, 그 별장은 병합 전 군사령관들의 저택으로 아직 세계 각국의 대공사관이 경성에 있던 시절에, 일본의 위용을 보여주고 국제적 행사를 치르기 위해 설계된 것인 만큼 현란하고 호화스러웠다. 대식당과 그 샹들리에와 댄스홀은 동양 제일이라고 불리던 것으로, 병합 후 군대에서 총독부로 인계되었는데, 너무나도 크고 훌륭하여 각 방의 난방과 전기료만 해도 총독의 월급 전부에 맞먹을 정도였기 때문에 낮이 길고 밤이 짧으며 또 난방을 필요하지 않는 여름 무렵, 독서와 휴양의 시내 별장으로 그저 조금만 사용하였다. 정원도 있고 나무도 무성하고 건물이 중후한 만큼 실내는 시원하고, 거기에 머물면서 예전에도 가끔 일을 했는데, 이 연락을 받았던 날도 한여름의 8월로, 우가키는 여기에서 처음으로 사임의 의사를 밝히고, 두 차례에 걸친 중앙정부의 간절한 만류를 뿌리치고, 폐하에게도 은밀히 말씀드려 왔다고 하며 "인간의 나설 때와 물러남은 언제나 이것을 분명히 해서, 아쉬워하며 떠나는 것이야말로 역사에 공헌하는 것이다."고 말하고, 후임으로는 미나미 지로(南次郞)야말로 적합한 사람이라고, 육군대신 당시 차관으로 활동한 미나미의 장점을 칭찬하여 필자에게 숨김없이 이야기를 해주었다.

그때에 앞에서 기술한 지사 특임의 문제나 다나카 경무국장의 이야기도 나왔지만, 필자가 일본귀환도, 특임지사의 일도 거절했기 때문에, 그렇다고 해서 "조선산업경제조사회의 기획이 진행되고 있으니까, 그 위원 중 한 사람이 되든지, 관리인이 되어 주든지 해서, 자네의 독특한 연구를 더욱 살려주게."라고 다짐했기 때문에 그 따뜻한 배려에 깊은 감동을 받았다. 그리고 드디어 경성을 떠나기 2,3일 전에 "이전 건은 이마이다(今井田)[74]와 자주 상의했는데 자네 입장은 위원 중 한 사람이 되는 것보다는 간사로서 전반적인 기획에 발언을 하는 것이 적임이니, 크게 도움이 될 것이기 때문에 그렇게 하기로 했다. 간사는 본부 과장급에 해당하는데 정무총감이 X국장에게 말하지 않았기 때문에 미나미 총독 시절에 들어서 발족을 하게 되었다. 흔쾌히 받아 주게."라는 것이었다.

이윽고 미나미 시대에 접어들면서 획기적인 조선산업경제조사회는 발령되었고, 신문은 제1면 전체를 할애해서 위원, 간사를 대대적으로 보도했는데 필자의 이름은 어디에서도 찾아볼 수 없었다. 원래 명예와 이익에는 무덤덤한 편이라 별로 신경 쓰지 않고 잊어버릴 무렵, 우연히 조사회의 수석 간사인 본부 N과장(현존)을 경성역 플랫폼에서 만났는데, "N군, 나는 우가키, 이마이다 두 사람이 떠날 때, 이런 말을 들었는데, 그것은 어떻게 된 것입니까? ……"라고 말해 봤다. 착하고 정직한 N군은 뭔가 몹시 당황한 모습으로 "저도 그 말을 들었는데요. X국장의 선에서 묵살되었던 모양입니다. 한번 국장에게 담판해 보시면 어떨까요?"

---

74) 이마이다 기요노리(今井田清德, 1884年-1940年)은 日本의체신관료, 정치가, 귀족원의원, 조선총독 부정무총감, 체신차관을 역임했다.

"천만에요! 나는 본래 스스로 그러한 지위를 조금도 바라지 않았고, 그렇다면 그렇게 하면 되겠지만, 적어도 총독, 총감과 굳게 약속한 것을 그 사람들이 권력의 자리를 떠났다고 손바닥을 뒤집듯 약속한 인사를 밟아 뭉개는 관료 근성은 정떨어지네요. 더군다나 X국장이 이 일을 했다니 좀 놀랍네요."라고 말했다.

관료 근성의 추잡스러움은, 조직위에 주어진 국가권력을 자기의 인격 수준으로 착각하고 국민에 대한 봉사정신을 망각한 채 행동하여 민중의 반감을 불러일으키는 것은 오늘날에도 계속되고 있지만, 식견이 높고 유능한 관리로 인정받은 하야시 시게조에게는 추호도 그런 기미는 없었다. 또한 총독의 절대적인 신뢰를 받고 있는 경우에 일어나기 쉬운 내부에서의 사칭이나 독단은 조금도 없었고, 물론 앞에서 기술한 X국장처럼 감정적 타산(打算)의 위약 등은 있을 리 없었다. 그러나 그 봉사정신을 잊지 않고 식견과 신념을 실행해 나가는 데는 용기가 필요하다. 우선 골프도(ゴルフ道)의 하나이기도 한 자신과의 싸움이자 수련도(修練道) 확립이다. 즉 진정한 젠틀맨으로서의 용기이다. 이것은 뒤에 기술할 군부와의 경제 제휴 때에도 구체적으로 나타났다.

그런데 이상 필자를 둘러싼 인사나 그 밖의 안과 밖의 여러 가지 사항을 하야시씨는 우가키씨로부터 자주 들은 것 같았다. 특히 식산은행장으로 처음 상경했을 때, 우가키를 만나 산업경제조사회의 간사문제는 하야시씨가 상당히 신경을 쓰고 있다는 것을 필자는 우가키로부터 듣고 있었는데 얼마 지나지 않아 필자는 외국으로 유학을 갔고 조선으로 돌아온 후 만주, 중국 및 남방 방면의 현지 군대의 초대강연도 대충 끝났을 무렵 도미나가 후미카즈(富永文一)이사(같은 고향 도쿠시마(德島)현 출신)을 시켜서, 필자에게 식산은행 조사부 입사를 권유받았는데, 거기에는 단순히 필자에 대한 능력의 판단뿐만 아니라 재무국장 시절의 총독부 및 전 총독, 전 총감에 대해 신의를 동료인 X국장을 대신하여 완수하고 싶다는 강한 책임감과 신사도(紳士道)를 실천하는 그 용기가 그러한 역사의 한 국면을 만들어 낸 것임을, 살아계신 우가키씨와 진지하게 이야기를 나누면서 알게 되었다.

그래서 기대하며 식산은행에 들어갔지만 이곳에도 오랜 전통과 조직의 벽이 있어 필자와 같은 제멋대로인 자유인은 종종 잘 융화되지 못했다. 특히 도미나가(富永) 이사를 통해 햐야시씨가 내린 필자의 임무는 우선 조선군대와 은행의 조화였고, 이것은 고이소(小磯), 이타가키(板垣) 두 사령관 및 이하라(井原) 참모장 및 군 경리국장 기타 막료 등과 사이가 좋았던 필자는 참으로 원활하게 일을 진행할 수 있었고, 두 번째는 중앙재계인에게 조선경제의 객관적 인식 운동도 10권의 이미 출간한 저서가 각각의 역할을 예상한 대로 해 주고 있었는데, 일개 조사부원으로서는 풀과 가위[75]처럼 일에 가장 적합하지 않은 필자는 여러 가지 식은땀을 흘릴 뿐 아무런 도움이 될 것 같지 않았고, 겨우 이시바시 단잔(石橋湛山)을 초청한 기념강연회 일체를 은행장으로부터 일임 받아 큰 실적을 낸 줄 알았으나, 조직상에서는 도를 지나쳐서 나중에 배척 운동이 일어나는 상황이 되어, 그때 어떤 사람이 하야시 은행장에게 가마타(鎌田) 해임을 촉구한 적이 있었는데, "자네들은 진정한 인물을 보는 눈이 없다."라고 단호하게 그 의견을 기각시켰다는 것을 같은 고향 도미나가(富永)이사로부터 듣고, 급히 사표를 갖고 은행장실을 노크하자 "참으로 부모의 마음을 자식은 모른다고 말해야 할 것인가. 당신에게 미안함이 가득합니다. 아무쪼록 신경 쓰지 말고 다른 사람들은 전혀 할 수 없는 일

---

75) 糊と鋏: 풀과 가위; 남의 주장을 이것저것 이어 대어 자기주장처럼 말하는 것의 비유.

을 맡아주고 있는데, 이것만 잘 참고 게다가 편하게 계속해 주세요. 진퇴(進退)는 저와 함께 하시죠."라는 말을 들었다. 나는 그 신의의 한마디가 깊이 사무쳐 사표를 철회함과 동시에 은행장이 희망하는 어떤 한 분야의 일에만 진지하게 임하고, 나머지는 확실히 편안하고 자유롭게 행동하며 은행원으로서는 파격적인 프리랜서로 종전을 맞이할 때까지 식산은행과의 인연을 끊지 않은 것은 하야시 은행장이 신의와 은혜로 보살펴 준 것에 대한 보답의 마음에서 비롯되었다.

나는 그 밖에 스스로 중심이 되어 창립한 북선제지화학공업, 서해수산 및 제주도 개발을 위한 전라남도, 본래 총독부 등의 고문, 고위직 촉탁을 계속 겸임한 채로 종전에 들어갔는데, 그때나 지금이나 식산은행이 가장 그립고, 쓰라린 경험에도 그 의미의 깊이를 알면서도 오해하고 배척하려 했던 사람들도 오히려 그립고, 후신의 식산은행 부동산의 성장과 그 번영에 자연스럽게 힘이 들어간 것도 생각해보면 하야시 시게조씨에 대한 존경의 흐름에 편승한 것같다. 그 근원이 존재하고 있는 것 같아서 자신을 중심으로 이야기 하지 않으면 당시의 총독정치의 비사(祕史)라고 할 수 있는 실제 국면을 접할 수 없기 때문에, 조금은 조심스럽지만, 그 실화를 중심으로 서술해 보았다.

또한 이번 「회고록 간행」은 상당한 대사업으로 참으로 대단한 일이며 발기인 각자의 노고가 많았다. 그 중 한 사람인 다나카씨의 문제에 대해서는 앞에 기술한 바와 같이 그 인격, 식견을 굳이 언급하지 않아도 알 수 있을 것이다. 필자에게 또 한사람 발기인 가운데 다시 역사적으로 소개해 두고 싶은 사람이 있다. 그는 미즈타 나오마사(水田直昌)씨다. 다만 그 소개평은 한마디로 끝난다. 즉 "하야시 시게조씨가 그대로 현세에 살아 있다. 그가 미즈타 나오마사(水田直昌)씨다." 라고. 그리고 그것은 재무국장으로서 하야시씨의 후임에 오른 총독부 관리로서의 당시부터 의회의 답변, 재정용어의 종횡무진 활용, 일반 강연 시 내용에서 그 제스처, 총명, 관용, 게다가 예민하고 성실한 인생 철학의 길을 걷는 그 모습, 조금 새우등으로 뚜벅뚜벅 카펫을 짓밟고 걷는 실내의 실제 행동까지, 조금도 하야시씨와 다르지 않는 것이 이 얼마나 불가사의한 일인가. 생각컨대 총독부 시절, 국장, 과장의 계급 관계를 초월하여 전혀 스승과 제자 이상의 정신적 결합이 일상생활 속에 깊숙이 침투되어 있었던 것으로 생각되며, 미즈타씨와 이야기할 때 항상 살아 있는 하야시씨가 떠오르는 것은 이 또한 기쁜 일 중의 하나이다.

(일본학술회의 소속 · 민족경제문화연구소장)

36. 결점 없는 상사

세토 미츠카즈(瀨戶道一)

일본 번영 발전의 기반은 대륙에 있고, 일본인들은 조금 더 밖을 인식하고 진출해서 활약해야 한다는 것은 내가 학생 시절부터 항상 염두에 두고 있었다. 그래서 3, 4명의 학우와 함께 특히 조선총독부에 지원하여 채용된 것이 1924년 5월이었다.

당시 하야시씨는 쿠사마(草間) 재무국장의 밑에서 이재과장을 하고 있었다고 생각하는데 업무상 직접 가르침을 받을 기회도 없었고, 하야시씨 자체의 기침76)에조차 접하는 일도 극히 드물었다. 그 후 1928, 9년 무렵 내가 전라북도 지방과장 재직 당시 도(道)의 예산 문제나 가뭄 대책

---

76) 존경하는 사람이나 높은 지위에 있는 사람의 말을 직접 듣고, 가까이서 만나는 것.

등으로 각종 보조금을 받기 위해, 경성에 가서 여러 차례 하야시씨를 만나 직접 이야기를 나눌 기회가 있었는데, 더욱더 하야시씨의 지극히 치밀한 재능과 인품을 기억하며 하야시씨야말로 총독부 관계의 수많은 상사 관리들 중에서 내가 가장 존경하고 본받고 싶은 선배 중 한 사람이었다.

그 후 나도 강원도 재무부장, 경기도 재무부장 및 신의주 세관장 등을 역임하면서 직접 하야시 재무국장의 부하로 재무관련 업무를 담당하면서 더욱더 하야시씨에 대한 존경심이 깊어졌다. 소위 재무 분야에서만 자란 관료들은 하여튼 계산적으로는 밝지만 너무 숫자에 얽매이는게 지나쳐 대국을 그르치는 행동을 하여 세상의 지탄을 받는 일이 자칫하면 많겠지만, 하야시씨는 전혀 그런 느낌 없이 역대 총독의 대방침을 잘 지켜 조선산업 개발 촉진에 있어서 수많은 획기적인 새로운 계획을 세워 조선의 비약적 발전에 기여하였다. 그 공적은 지극히 대단했다.

분명히 내가 경기도 재무부장 당시였던 것으로 생각되는데, 각 도의 재무부장은 대체로 내무, 경찰 각 부장에 비해 비교적 젊은 사람이 많아 재무부장보다 경찰부장으로 가는 코스가 많았는데 하야시 재무국장은, "재무부장은 경찰부장의 견습생이 아니다. 재무 분야의 적임자는 계속 재무 분야에서 나아가지 않으면 재무행정의 혁신을 할 수 없다. 자네들은 재무 분야의 인재로서 크게 성장해 주기 바란다."고 격려해 주셨다.

그 후 나는 하야시씨와는 각별하게 인연이 깊어져 하야시씨의 식산은행장 시절에 또 그 이사의 일원으로서 함께 책상을 나란히 하고 은행경영에 대한 가르침을 받고 매우 친절한 가까운 친척도 하지 못하는 극진한 보살핌을 받아 참으로 모든 것에 있어서 결점이 없는 상사라는 인상을 더욱 깊게 받았다.

태평양전쟁 말기이긴 하지만 아직 비교적 물자가 풍부한 조선에서 하루하루를 유쾌하게 업무에 임하고 있었는데 그 무렵 하야시씨는 불행히도 병마에 시달리며 쾌차하지 못하고 계셨기 때문에 우리들은 요양을 권유했지만 책임감이 강한 하야시씨는 좀처럼 동의하지 않았다. 그러나 여전히 병세가 좋아지지 않아서 최대한 일본본토에서의 요양을 권유한 결과 드디어 후쿠오카 병원에 입원하기로 결정하고, 경성역까지 배웅한 것이 마지막 작별이 되었다.

나도 전쟁이 끝난 후 일단 도쿄로 돌아와서 도쿄의 카미우마(上馬)[77]의 하야시 미망인의 댁을 여러 차례 방문하여 각별한 친분을 얻었고, 나의 장녀 결혼에 사실상의 중매인 역할을 해주셔서 여러모로 신세를 지고 지금도 옛날 그대로의 친분을 이어가고 있다. 이에 하야시씨의 회고록을 편찬함에 있어 지난날을 그리워하며 하야시씨의 명복과 유족 여러분의 건강과 발전을 진심으로 기원한다.

(전 경기도 재무부장·식산은행이사, 현 귀국자전국연합(引揚者全連)부이사장)

37. 옆에서 본 국장

카케야마 기케이(景山宜景)

고(故) 하야시 시게조씨는 총독시정하의 조선 관료계에서 으뜸가는 뛰어난 인물이었다. 두뇌가 명석하고, 생각이 주도면밀하여, 다년간 조선총독부의 재정을 맡아서 처리하며 한 치의 흔들림도 없었던 뛰어난 솜씨는 경이로운 것이라 할 만하다. 수재에게 흔히 있는 영리한 척하는 모습은 추호도 없고, 중후한 국사형(國士型)이라고도 평가할 수 있는 것

---

77) 일본 도쿄도 세타가야구의 지명.

은 출신지 후쿠오카의 현양사(玄洋社) 무사의 기풍을 물려받은 것이라고 생각했다.

회고록 편찬 취지서를 보면, 고(故) 나카노 세이고(中野正剛)[78]씨가 '우국지정(憂国至情)[79]의 남자다.'라고 평했는데, 진정으로 그렇다고 수긍이 된다.

패전 후 부당하게 왜곡되기 쉬운 그 이전의 총독시정은 누가 뭐라해도 훌륭했다. 그러나 오랜 세월 동안 미곡문제 그 외에 일본과의 사이에 혼란이 발생한 적도 있었고, 정당으로부터 비교적 화를 입지 않았다고는 하지만, 때로는 이권장악의 암투도 없었던 것은 아니다.

그 사이에 처해진 조선의 시정이 정의의 대도를 활보한 느낌이 드는 것은, 무엇보다도 하야시 재무국장(이하 단지 국장이라고 칭함)의 명백한 관리로서 임무에 임하는 정신(吏道精神)이 재계를 통찰해서 잘못을 저지르지 않는 데에 기인했다고 확신한다.

시정이 확충됨에 따라 대장성과의 절충도 쉽지 않을 것으로 짐작되었으나, 국장은 놀라운 수완으로 어렵지 않게 이것을 완수하였다. 재무관계의 회의에 옵서버로 온 대장관료도 국장의 물 흐르는 듯한 회의의 통솔 방식과 실수 없는 테이블 스피치의 솜씨에 감탄했다고, 전 세무과 기사 시가세츠 토시오(志賀俊夫)군이 필자에게 말했다.

나는 수년에 걸쳐 부하직원으로서 가르침을 받았으나, 민첩하지 못해 기대에 부응하지 못하여 정말로 부끄럽기 짝이 없었다. 말년에 병이 걸렸을 때도 원래 훌륭한 체격이었고, 잠시 요양하면 회복될 것으로 믿어 의심치 않았는데 일찍 세상을 떠난 것은 지금도 아쉬움이 남는 일이다.

---

78) 나카노 세이고(1886년-1943년)
79) 우국지정은 憂國之心(우국지심)과 비슷한 말로 나랏일을 근심하는 마음이다.

국장의 재간(材幹)은 패전 후의 모국 새건에도 필수석이었을 텐데 참으로 원통함을 견딜 수 없다. 또 패전 후의 다크 체인지 중에 돌아가신 것으로 은혜를 입은 필자 등도 추모의 정을 다할 기회를 갖지 못했는데, 이번 기획인 눈부시게 아름다운 추모록 한권을 통해 국장의 위대한 발자취를 접할 수 있게 된 것은 기대 이상의 기쁨이며, 다시 한번 고인을 그리워하며 마음속 깊이 명복을 빌고자 한다.

　국장은 까다롭거나 대하기 어려운 분은 아니었지만, 너무 실수가 없고 빈틈이 없었기 때문에 후배나 부하직원들 중에도 두려워하는 사람이 많았다. 꽤 이해심이 좋은 분이고 친절한 분이기도 했지만, 빈틈없는 엄격한 눈빛은 지금도 잊을 수 없다. 한마디로 말하자면 한 치의 오차도 없는 면모를 지닌 분으로, 이러한 점에서 보아도 비범한 사람이다. 그래서 그 만큼의 일도 할 수 있었다고 생각하지만 건강에 너무 자신감을 갖지는 않았는가.

　요즘에서 생각해보면, 국장의 요절은 평안한 날이 없는 격무의 연속과 많은 모임이 건강을 빼앗은 것으로 생각한다. 좀 더 주말의 휴식이나 오늘날처럼 레크리에이션을 충분히 즐기면서 오래 사셨으면 좋았을 텐데 하는 아쉬움이 남는다. 여기에도 국장의 국사적 인품이 작용한 것이라고 말할 수 있다. 후에 제사를 지내면서 통탄하지 않을 수 없었다.

　그런데 국장의 위대한 업적에 대해서는 이야기하는 사람이 많다. 필자로서는 일찍이 부하로서 본 측면관(側面觀)이라고도 할 수 있는 3, 4가지의 디테일한 사항을 열거하여 추모하는 글로 남기고자 한다. 귀환으로 인해 오래된 일기 등 자료를 잃어버렸기 때문에 날짜, 시간 등의 정확성은 반드시 기약할 수 없으므로 미리 양해해 주기 바란다.

① 히유나오우게(ヒユナオウゲ)

1931년 4월, 유럽과 미국 출장 직전 도쿄사무소에서 뵈었다. 두, 세가지 주의를 받은 후 "베를린에 가면 '히유나오우게'라고 불리는 '물고기의 눈의 약'을 사다 주게."라고 주문했다.

여름에 본거지인 파리에서 베를린으로 여행, 카이저[80] 거리의 펜션[81] 오리엔트에 들어가 먼저 온 고(故) 임업과장(林業課長) 이토 주지로(伊藤重次郞)씨의 얼굴을 보고 안심했다.

우선 약속을 지키기 위해 독일어에 약하기 때문에 이토군을 가이드로 삼아 드럭스토어를 방문했지만 좀처럼 알아듣지 못했다. 학의 마크가 그려져 있다는 것을 들었기 때문에 귀띔을 해 주었더니, 표일(飄逸)한[82] 이토씨는 손을 퍼덕이며 학의 울음소리를 흉내 내어 겨우 목적을 달성한 것에 놀라웠다. 가이드를 해 준 감사의 뜻으로 돌아오는 길에 맥주로 만족하였는데, 조선으로 돌아온 후 이 이야기를 하자 소리 내어 크게 웃었다. 두 분 다 지금은 돌아가셨다. 마음속에 간직한다.

② 삭주(朔州)[83] 온천의 2차 모임

1933년 7월 평북 농촌 진흥을 위해 압록강을 내려왔다. 고(故) 우가키(宇垣)총독의 분부로 여러 기관을 아우르는 종합운동이었기 때문이었다. 예산 절충 등을 위해 도쿄 출장이 많았기 때문에 조선 내의 출장으로는 드문 장거리 여행이었다.

---

80) 카이저는 독일어로 황제라는 뜻이다.
81) 민박의 가정적 분위기와 호텔의 편의성을 갖춘 소규모의 고급 숙박 시설.
82) 세상의 평판 등에 신경을 안 쓰고 유유히 마음 내키는 대로 행동하는 모양.
83) 평안북도 삭주군의 군청 소재지. 신의주에서 북동쪽에 있음. 쌀 · 콩 · 담배 등의 농산물과 축산물 · 공산물 · 광산물의 집산지임. 삭주 온천과 금의 산출로 유명함.

선례에 따라서 신안주(新安州)에 내려 자동차로 희천(熙川)과 강계(江界)를 거쳐 만포진(滿浦鎭)에 머물던 날, 당시 신의주 세관장이었던 필자는 회의 때문에 처음부터 동행하지 못하고 감시과의 낡은 자동차로 수십 리를 강을 거슬러 올라가 만포진에서 합류했다. 조선인 운전수가 길이 나쁜 강변도로를 마구 쏜살같이 몰아서 간담이 서늘해지면서 밤이 되어 도착해 다음날부터 동행했는데 젊은 시기인 만큼 피곤하지도 않았다. 국장은, 여름옷에 니츠카포츠카(ニッカーポッカー)의 골프바지, 장화를 신은 말쑥한 스타일로 열심히 시찰하며 일일이 메모를 하였다. 틀림없이 후일 농촌진흥위원회에서 매우 적절한 보고가 있었던 것으로 생각된다. 훗날 농촌진흥주관과장을 대신한 필자에게도 이 여행은 참으로 의미가 있었다.

더운 날씨에 풍토병의 우려도 있으므로 위생에 유의하도록 했고, 밤의 연회석에서도 술은 적당히 하고, 생선회 등 날 것은 피하고, '후우후우'라는 닭 스키야키를 특히 맛있게 먹었다.

평북도청에서는 아사쿠라(朝倉) 재무과장 외 한, 두 명이 자동차로 마중 나왔고, 아사쿠라군이 수행장의 입장에 있었으나, 아사쿠라군은 신임으로 도(道) 내 사정도 자세히 알지 못했다. 지방과장, 재무부장을 지낸 필자는 평북도 출신으로 설명하러 나온 군수 등도 안면이 있어, 둘째 날부터 국장의 지시로 국장차에 동승하여 설명하는 역할을 맡아 아사쿠라군이 돌아간 것이 미안했다.

모범부락이나 농사를 열심히 짓는 착실한 농가를 격려하고 압록강 연안의 험난한 길을 서쪽으로 내려와, 7월 6일 삭주온천에서 1박을 했다. 강기슭에서 3리 정도 계곡을 따라 가면 경치 좋은 곳에, 올해 사망한 국경의 유명한 남자 타다 에이요시(多田栄吉)씨가 경영하는 라이온 호텔이 있었는데, 며칠간의 국경여행의 땀을 온천으로 씻어내는 오아시스로서 누구나 안심하고 휴식을 취하는 신선의 세계였다.

온천 근처에 이르러 승용차 한 대와 마주치자 차를 세우고 인사하는 것은 다름이 아닌 타다 독군(多田督軍) 자신으로 "서비스해야 하는데 급한 용무가 생겼으니 천천히 오세요."라며 북쪽으로 향했다. 당시에는 증축 전이라 호텔 객실도 적었기 때문에 많은 인원을 수용하기 위한 타다 씨의 방법으로 능숙한 몸놀림이었다고 생각한다.

아직 해가 높아서 마침 함께 타고 있던 도(道) 지방과장 호소미 마사요시(細見正義)군 등과 부근의 계곡에서 수영을 하고 있었는데, 유카타 차림의 국장이 산책하러 왔다가, "무엇을 하고 있느냐?"는 질문에 "오늘밤 2차 모임 장소를 정비하고 있습니다."라고 대답하자 "그것은 재미있겠다."라고 웃었다. 오늘 밤의 모임은 목욕 후 기분도 상쾌하고, 압록강 하행도 내일은 신의주로 해서 끝나가니까 위안을 겸해 크게 즐겼다. 국장님도 기분이 좋아서 생선회 금지에서 해방되어 왕성하게 술잔을 높이 들었다.

밝은 달빛이 좋은 밤을 맞이하여 자리를 계곡의 큰 바위 위에 옮겨 맥주를 가득 채웠다. 큰 바위로 가는 통로는 낮에 수영할 때부터 만들어졌고, 술과 안주의 운반에 여자종업원들은 비명을 질렀지만, 젊은 사람들의 장난기에 한껏 동조하는 모습이 유쾌했다.

등 뒤의 언덕에 달이 뜰 때까지 술을 마시고 큰 소리로 떠들었으나 피곤한 것 같아서 끝내기로 한 것은 밤이 깊어서였다. 돌아오는 길에는 필자의 어깨를 빌려 드렸는데, 술이 강한 국장에게는 드문 일이었다고 생각한다. 덧붙여서 말하면, 국장의 연회석에 자주 함께 자리했지만, 태연하게 흐트러지지 않고, 취한 것을 본 적이 없었다. 단가(端歌)라도 흥얼거리는 것은 상당히 기분이 좋을 때라고 짐작할 수 있었다.

국장님이 쉬시러 가고 나서 젊은 사람들을 모아 "맥주를 가져오라." 고 했더니 품절이라는 것이었다. 사케로 임시변통했지만, 훗날 타다 (多田)씨에게 "맥주가 떨어지면 안 되지 않느냐"라고 놀리자, "매일 자동차편으로 4다스[84]가 들어간 큰 상자를 제공하고 있기 때문에 그럴 리가 없다."라고 정말로 정색하였다. 기분이 좋게 일 잘하는 사람들이 모두 모여 4다스를 비운 것을 알았다. 그렇다고 하니 타다씨도 당황해 하였다.

이 길의 대단원인 신의주에서 하룻밤, 안동 '제비꽃'에서 관계자의 환영회를 마치고 돌아오는 길에, 국장은 필자에게 귓속말로 "집안에서 마시자."라고 도(道) 경찰부장 시라이시(白石)군 외 한, 둘을 지명하였다. 차에 타자 "진강산(鎭江山)에서 압록강 야경을 보고 싶다."라고 말했다. 산 꼭대기를 도는 급커브로 차가 크게 기울어져서 내심 아찔했지만, 앞서 무사히 '유라노스케'[85]에 올라탔다.

신의주를 출발할 때, 손이 베일 듯한 빳빳한 백 엔 지폐 한 장을 필자에게 건네며, "이것으로 처리해라."라는 것이었다. 당시 백 엔 지폐 등을 본 적도 없는 시절이었던 만큼 국장이라도 되면 대단한 것이라고 동료들 사이의 이야깃거리로 삼았던 것도 이제는 참으로 그리운 추억이다.

③ 샤벨[86][サーベル] 문답
1934년에는 세무기관 특설과 3종 소득세 실시 등 조선세무행정은 새로운 시대를 계획했지만, 아주 적절하고 주도면밀한 국장의 지휘와 빈

---

84) 12개로 한 조를 이루는 것,
85) 그 장소만 운행하는 순환버스.
86) 네덜란드어로 양검(洋劍). 군인이나 경찰이 허리에 찬 서양풍의 도검.

틈이 없는 당시의 세무과 사무관 무라야마 미치오(村山道雄)군의 협력으로, 신의주에서 올라온 과장인 필자도 어떻게든 버티고 있는데, 하루는 19사단 경리부에서 무카이(向井) 2등병 회계 담당자로 반듯하고 용감한 사람이 두 사람을 데리고 커다란 군도를 허리에 차고 달그락거리며 찾아왔다. 만주사변으로 기세가 거칠어진 군부(軍部)를 등에 업고 개인소득세로 시비를 걸었다.

"목숨을 바치는 황군 장병에게 과세라고 하니 무슨 일이냐?"라는 항의였고, 동원부대와 평시부대 소속을 구별할 수 없다는 것이었다. 어떻게든 필자가 있는 곳에서 저지하려고 이야기를 들으려고 했을 때 "너는 모른다. 국장을 만나겠다."라고 뛰어 나갔다. 국장실에서도 상당히 위협적이었는데, 이것을 차근차근 친절하고 자상하게 설명하는 설득력에 저항하지도 못하고 돌아갔다. 소위 군대의 위신 같은 것을 보여주기 위해 무리수를 둔 것일 수도 있지만, 끝내 방파제 역할을 하지 못하고 결국 국장을 번거롭게 한 것은 미안한 일이 아닐 수 없다.

④ 금융조합으로의 기대

통감부 시절, 메가다(目賀田) 재정고문의 뛰어난 의견에 의한 금융조합은, 큰 성공을 가져온 획기적인 시설로 연합회를 가진 큰 조직체였다.

오랜 기간, 지도 육성된 만큼 큰 관심을 기울였지만, 경성이나 지방에서 개최되는 금융조합대회도 비교적 세월이 더해져 나중에는 다소 축제소동으로 변질된 느낌도 없지 않았다. 몇 년이었을까, 경회루에서 개최된 대회가 너무 화려하다며 시기하는 분위기로 신문에서 비난한 적이 있었다. 기회를 잘 보는 민첩한 국장은 바로 이어지는 주조조합대회(酒造組合大会)의 여흥 등의 자숙을 필자에게 명령하였는데, 기쁨에 겨워하고 있던 필자도 문득 짐작이 갔다.

이전에 소액생업자금의 대출이라든가 근농공제조합의 설치 등 농촌 사회사업 같은 것들이 갑자기 출현해 필자도 회의석상에서 전체 조합운동을 저해하는 것이라고 격분한 적이 있었는데 가득 차면 빠져나가는 것이 세상의 이치인데 너무 번성하면 오히려 역풍을 맞아 더욱더 강해지는 것을 절실히 느낀 적이 있었다.

⑤ 춘향 초상화의 유래

대선배답게 조선 사정에도 잘 알고 있었다. 1935년경이라고 생각되는데, 평양에서 주조(酒造)업자 대회가 있어 먼저 가 있었던 필자가 이른 아침 역에서 맞이하자, "호텔에서 아침식사를 해도 어쩔 수 없으니 조선메밀을 먹자."고 말씀하였다. 당시 문예춘추에서 문인들에 의해 평양 메밀이 선전된 직후였던 것으로 생각된다. 마중 나왔던 금융조합연합회관계자의 추천으로, 조선정(町)의 메밀집에 들어가 고기가 들어간 냉면을 맛있게 먹었다. 메밀을 좋아하는 필자에게는 드물지도 않았지만, 국장이 특별히 메밀을 주문하였던 것이 뚜렷하게 기억에 남아있다.

시대는 늦어져서 1940, 41년경이라고도 생각되는데, 식산은행장 재임 중 호남지점을 순시하게 되었다. 전주 전매국장이었던 필자는, 도(道) 내무국장 노부하라 사토시(信原聖)군과 '고후지(小富士)'의 연회에 참석하였는데, 그 자리에서 호남은행장으로 광주에서 온 현준호(玄俊鎬)군의 이야기에 의하면, 전주로 가는 길에 남원 광한루에 들러 춘향사당을 보았는데, 사당 내의 춘향 초상화이 너무 초라한 것을 한탄하며 기부형식으로 갹출해서 유명한 화가에게 그림을 부탁하여 기증할 것을 제안 받았으므로, 자신도 무리를 해서라도 동참하고 싶다고 이야기 하는 것이었다. 밀고 당기는 수완이 그 사람다운 행동이라며 옅은 쓴 웃음을 지었는데, 이 사건에는 사연이 깊다고 생각했다.

춘향전이 유명한 조선의 비사라는 것은 모든 사람들이 아는 사실이지만 연출가 무라야마 토모요시(村山知義)씨가 그 무렵 경성에 있었다. 군부(軍部)에 감시를 받아 도피행각을 벌이고 있었던 모양이었다. 무라야마씨에 의한 신판 춘향전이 상연된 것을 보고 강한 감흥을 받아서 연회석인지 어디선가 길게 이야기를 나눈 적이 있었다.

그 춘향과 관련된 광한루를 여행하는 도중에 방문하여 감명을 받아 갑자기 초상화 기부를 제안한 것으로 고적보존과 예술을 사랑하는 국장의 숨겨진 일면을 보는 것 같아 고개가 숙여졌다.

이와 관련하여 약속은 훌륭하게 지켜졌고 훌륭한 초상화가 사당전에 모셔져 있는 것을 몇 번이나 보았다. 38선으로 갈라진 조선은 몇 번이나 전쟁의 불길로 거리가 다 타버린 것 같은데, 조선 남쪽의 소도시인 남원 근교의 광한루는 파손되지 않았는가.

한일관계도 호전될 것 같다가도 정체되고 있지만, 훗날 조선의 남쪽을 방문할 마음 있는 사람들은 남원 교외에 춘향 초상화의 존재를 확인해 주기 바란다. 거기에도 고(故) 국장의 위대한 업적이 찬란하게 남아 있을 테니까……

추억은 아직도 무궁무진하지만, 너무 길게 지면을 더럽히지 않도록 이 정도에서 그치고 붓을 놓는다.

합장
(전 조선총독부 세무과장)

38. 탁주 지참 명령

카미타니 고이치(神谷小一)

하야시 국장 밑에서 나는 지방에서 재무부장과 세관장으로 근무하고 수많은 온정이 있는 지도를 받으며 항상 감사와 함께 인자하신 아버지처럼 생각하고 존경해 왔습니다.

전쟁이 끝난 후 얼마 지나지 않아 총독부에서 하야시씨가 미즈타(水田)재무국장을 방문했을 때 공교롭게도 재무국장의 부재로, 병환 상태였지만 복도에서 온정이 넘치는 이야기를 들을 수 있었습니다. 지금까지 요양 중이셨고, 오늘 병상에서 일어나 외출을 하신 것 같은 상태로 조금 아파보였으나 곧 회복하실 것으로 생각하고 있었는데, 그것이 마지막이 되었습니다. 참으로 안타깝기 그지없습니다.

여러 가지 추억이 있습니다만, 제가 경상남도 재무부장 재직 중에, 대장성에서 열린 전국 세무 감독국장 회의에 참석할 기회가 생겼습니다. 그 때 특히 국장의 명령으로 조선탁주와 약주를 지참하여 회의에 참석한 모든 관리에게 시음하게 한 적이 있었습니다. 흔하지 않은 물건이기 때문에 여러 사람들로부터 다양한 감상도 들었습니다. 조선인이 애용하는 탁주가 어떤 것인지 잘 알아주시고, 조선인의 생활에 없어서는 안 될 것이기 때문에, 이 조선의 탁주를 통해 실생활에 가까운 것에서 조선민중의 생활 방식을 대장성의 모든 관리들에게 설명하고, 총독정치의 기본방향에 대해서도 예산상으로도 세심하게 고려된 것임을 절실히 느낀 적이 있었습니다.

(전 인천세관장 · 조선총독부 철도국 이사 · 현 일본모노레일(주) 이사)

39. 하야시씨의 추억

산치 야스유키(山地靖之)

개인적인 일을 말씀드려 정말로 죄송하지만, 1937년의 7월, 당시 충청남도의 경찰부장이었던 나에게 총독부 사무관으로 취임 발령이 났다는 뉴스가 날아들었다. 본부에 갈 수 있을 것 같다는 그런 생각을 하고 있었는데 이재과장이라고 한다. 설마! 그것은 나만의 설마가 아니라 주위 사람들에게도 의외인 인사였다. 그만큼 선배 이재과장은 재무국에서도 고참인데다가 총독부에서도 으뜸가는 인물들만 차지하고 있던 지위였다. 그래서 관리가 되기 시작부터 여기저기 돌아다니기만 하고 본부에서 근무한 적이 없는 내가 갈 수 있을 거라고는 상상도 할 수 없었다. 관청에서 치는 공무의 전보가 와서 그것이 사실이라고 확인할 때까지 정말로 이상하게 말할 수 없는 기분이었음은 지금도 또렷이 기억난다. 총독부에 간 그때가 구름 위의 사람이었던 하야시씨에게 친근하게 항상 지도를 처음으로 부탁한 때였다. 왜 나 같은 사람을 이재과장으로 삼는 것에 동의하셨는지 솔직히 여쭈어 보려고 그 순간부터 생각하면서 얼굴을 마주보고는, 그것이 술자리가 되었든, 또 하야시씨와 둘이서만 있는 상당히 여유로운 자리가 되었든, 끝내 들을 기회를 놓치고 말아서 영원히 묻지 못한 것은 아쉬운 일이 아닐 수 없다.

그때까지의 하야시씨는 말하자면 무서운 사람이라는 느낌이었다. 도지사로서 재직했던 하야시 시게키(林茂樹)씨 등의 추천으로 당시 하야시 국장의 판단에 의해 이루어졌을 평남 재무국장 시절, 재무부장회의의 통재관(統裁官)으로서 하야시국장 앞에서 어눌하게 자문사항에 답변을 하는 자신을 다른 각 도(道) 부장의 답변 태도와 비교하며 겨드랑이에 축축히 땀을 흘리면서 국장을 정면으로 바라보지를 못해서 자기혐오에 빠졌고, 상체를 단정히 하고 옥좌를 등지고 있는 국장의 찌를 듯한---이라고 생각한---시선과 마주칠 때마다 오싹함을 느끼곤 했다.

나의 전매국 시절에는 매년 예산과 반드시 매년 있었던 추가예산 사정(査定)으로 도움을 받았다. 어쩐지 어둑어둑하게 느껴지는 국장실에서 벼잎(米糵)의 수입예산 부활 요구의 설명으로 물고 늘어졌다. "자네! 잎을 수입하면서까지 넣을 필요는 없다. 콩잎을 말려서 넣을 것을 생각하면 어떨까. 콩잎은 꽤 괜찮은 담배의 원료가 될 거야." 결국은 항상 수입 예산을 인정해 주셨지만, 전쟁이 끝난 후 포로시절 및 귀환 직후 담배에 대한 미각을 잃은 채 담배를 찾던 무렵, 그리고 당시 원료에 대해 여러 가지 항간의 이야기가 있었을 무렵, 이 국장의 말이 이상하게 절실히 생각났다.

나의 이재과장 시절에 직접 지도를 받은 기간은 불과 몇 개월에 지나지 않았다. 임시자금조정법 등 일련의 전시경제입법이 만들어지기 시작한 무렵이며, 제71의회에서 상경하자마자 바로 도쿄로 갈 것을 명령받아, 도쿄사무소에서, 탁무정부위원실에서, 의회식당에서, 또 밤의 술자리에서, 더위가 한창인 날씨였지만 경성에서는 아마 바랄 수 없었을 것으로 장시간 집중인 지도를 받았다. 퇴임하시는 것도 결심하고 계셨는데 재임 중 마지막 집중 지도 시간을 가장 신참이고, 가장 소양이 없는 나에게 할애해 주신 것이 고마웠다고 생각함과 동시에 새삼스럽게 행복했다는 생각이 든다.

지금도 마음에 남아 생각날 때마다 미안하고 가슴 아팠던 것은 만주국 화폐의 조선 유입 저지 조치의 문제 때, 그토록 도움을 주셨던 하야시씨의 부탁에 대해 정면으로 그 뜻에 부응할 수 없다는 뜻으로 거절한 때의 일이다. 1937, 38년경부터 국경지방의 조선 내 도시에, 만주국 화폐가 유입되어 통용되기 시작하였다. 선만일여(鮮滿一如)[87]라는 정책이 수립되고, 조선과 만주 국경에 국제가교 등 교통이 용이해짐에 따라 만주 측의 일용잡화가 조선 내에서 구매가 급격히 증가하면서 만주국 화폐 유통 대상 지역이 점차 그 폭이 커졌고, 유통 통화의 비율도 방치할 수 없는 상황이 되었다. 만주국 화폐 등가의 원칙 등으로 만주국 측의 강한 반대, 나아가 대장성에서의 여러 가지 간섭이 있었으나, 조선 내 통용의 금지, 가장 가까운 금융기관에서 교환하는 것으로 결정하고, 교환수수료를 징수하여 교환하는 것이지만—이 수수료가 할증금이라며 만주국은 반대하고, 대장성도 움직인 셈이다.—그 회수 루트는 조선은행 금융조합 라인으로 했다. 하야시 은행장은 꽉 찬 이재과 방을 나와 자리가 없어서 베란다로 나와서 이야기를 들었는데, 식산은행과 금융조합과의 관계, 은행장으로서의 입장 등에 대해 누누이 이야기를 나누다가 마침내는 "어떻게 안 될까?"하고 우리 후배들에게 아마 가당치도 않다고 생각되는 말씀까지 하셨다. 그러나 대답드린 것은 "노" 였던 셈이다. 마지막으로 "혹시 생각하실 수 있다면 어떻게든 생각해 주시지 않겠습니까?"라는 말을 남기고 돌아가셨는데, 마음속으로 이렇게 부탁하고 있는데 하는 왠지 모르게 쓸쓸한 뒷모습이 지금도 나의 망막에 새겨져 있다. 하야시씨 정말로 죄송했습니다.

(전 조선총독부 이재과장, 현 일정(日精)(주) 상무이사)

---

87) 조선과 만주는 둘이 아니고 하나라는 뜻.

40. 조세제도정비의 위대한 업적

테라야마 토키지(寺山時二)

조세제도의 정비에 대해 하야시씨가 완수한 공적을 서술하고 싶다. 조선의 국세제도로서는 1927년까지는 볼만한 것이 없었다. 토지에 대한 부담을 주었던 지세제도가 유일한 것으로 조세제도로는 단일세주의에 대한 아쉬움이 있었기 때문에, 이 점에 대해서는 국세제도를 체계적으로 정비하고 싶다는 염원을 가지고 있던 하야시씨는 1927년도 재정계획의 일환으로 수익세제도 정비에 참여하여 주요 구상을 결정하고 재정 당국은 그 실현에 힘써 왔으며, 현행의 지세제도에 영업세 및 자본이자세를 신설하여, 수익세제도 확립을 도모하는 동시에, 같은 해의 재정의 기초를 다지게 되었다.

그 후 하야시씨는 재무국장에 승진되어 예전부터 지론이었던 국가재정의 기반은 그 주요의 재원을 조세에서 찾아야 한다는 것과 또 그 세제는 소득세 중심주의여야 한다는 이론이었다. 그 이론을 항상 가로막고 있는 의무교육비 부담의 현실문제, 곧 조선인 교육비는 조선인에 의해서 일본본토인 교육비는 일본본토인에게 부담하고 있는 의무교육제도가 미치는 지방 조세 부담과의 관계를 어떻게 할 것인가 하는 현실적인 문제는 역대 재정 당국이 쉽게 손을 대지 못했던 부분이었다. 하야시씨는 그 명철(明徹)한 성격으로 그 중요한 문제를 해결할 수 있다는 자신감을 가지고 1934년 마침내 조선에 일반소득세를 실시하여 다년간의 현안을 해결하고 완비된 국세제도의 체계를 갖추게 되었다.

또한 이와 동시에 정비한 조세제도도 이것을 집행하고 운영하는 기관이 부족하여 이 위대한 업적이 실로 결실을 맺지 못한다는 것을 간파하고, 종래 국가의 세무행정이 지방청에 소속되어 있던 것을 지방청으로부터 국세의 행정사무를 분리하여 새로운 세무관서를 신설하고 여기에 사무를 이관해서 국가 세무행정을 하면서 면모를 아주 새롭게 한 것은 하야시씨의 위대한 업적으로 추앙하고 싶다.

(전 조선총독부이사관 · 현 이행(二幸)(株)감사역)

41. 하야시의 위엄과 덕망을 기리며

소노다 마사키(園田政毅)

하야시 재무국장을 제가 직접 모신 것은 1929년 말에 시행한 조선총독부 관제 대개정의 결과, 우리가 오랫동안 근무하고 있던 국유재산의 업무가 토목국 소관에서 전부 재무국으로 이관된 후 국장이 조선식산은행의 은행장으로 옮기기 전까지 불과 몇 년밖에 되지 않았다. 그러나 언뜻 보기에 그 강직해 보이는 풍채 속에서도 지극히 따뜻한 인간미가 넘치는 인품에 대해서는 오히려 총독부를 떠난 이후 더욱더 존경하는 마음이 깊어졌던 것은 국장의 위대한 인격이 드러나는 대목으로 깊은 감명을 받았다.

내가 국장을 처음 알게 된 것은 대학을 졸업하고 조선총독부 시보(試補)로 부임한 것이 관보에 실렸을 때부터였다. 오래된 일이라 그 연도와 날짜 등의 기억은 없지만, 당시 나는 고마다(児玉) 회계국장 밑의 영선과(営繕課)에 근무하고 있었는데, 우연히 같은 과에 동명이인으로 1, 2년 전에 변호사 시험에 합격한 하야시 시게조씨가 있었으므로, 우리는 그가 이번에 시보로 발령받은 줄 알고 즉시 축사 인사를 드렸더니, 그는 얼굴을 펴고 활짝 웃으며 "실은 사람을 착각했네요. 같은 이름 때문에 착각을 하여 축전이나 축하까지 받아서 매우 당황스러워하고 있습니다."라는 말에 깜짝 놀라 크게 웃었고, 젊은 시절의 일이라 약간의 호기심도 작용하여 곧바로 2, 3명의 동료와 함께 젊은 동명이인의 하야시씨를 재무국까지 가서 본인을 실제로 보러 간 일화도 있었다.

그것이 인연이 되어 그 이후 깊은 관심을 가지고 있었는데 시보-사무관-과장-국장의 초스피드로 승진하는 모습은 당시 총독부에 인재였던 많은 고관들 중에서도 전적으로 경이로운 존재였으며, 선망의 대상이었던 것 같고, 우리 다른 부서 근무자들조차 그 인격과 뛰어난 식견에 대해서는 항상 존경과 사모하는 마음을 품고 있었던 만큼 우연히 관제개정에 의해 앞에서 기술한 바와 같이 직접 그의 곁에서 일하는 것이 희망대로 된 것은 더 없는 영광이었고, 또 남들보다 갑절이나 큰 기쁨이기도 했다.

그런데 얼마 지나지 않아 조선식산은행장 아루가 미츠도요(有賀光豊)씨가 귀족원 의원(貴族院議員)으로 조선을 떠나면서 하야시 국장이 그 뒤를 이어 은행장으로 취임했을 때는 아주 희비가 교차하여 이별의 감정을 억제할 수가 없었다. 그러나 은행장으로 취임 후에는 당시의 중대한 국책에 따라 평온할 날 없이 활약한 결과, 갑자기 큰 도약을 보게 된 것은 예전부터 부하였던 우리들까지도 어쩐지 일종의 큰 긍지와 기쁨이었는데, 더욱이 젊어서 앞길이 창창한데 결국 타계하신 것은 국가를 위해서도 참으로 가장 원통한 일입니다.

만약 그 국장이 오늘 계셨더라면 반드시 의정단상(議政壇上)의 한 사람으로서 국가재건을 위해 크게 기여하셨으리라 생각하면 감개무량하고 애석한 마음을 금할 길이 없습니다.

회고하자면 하야시 국장은 타계 후 벌써 16년이 지났고, 인정이 자칫하면 종이보다 얇은 세상에서 이번에 여러분들의 따뜻한 우정으로 하야시 국장 회고록 편찬 소식을 듣고 깊은 감명을 받아 새삼스런 말 같지만 하야시의 위엄과 덕망을 기리는 동시에, 그 미덕에 대해 하야시의 영혼도 기뻐하고 만족하시리라 짐작됩니다. 기쁜 나머지 독필(禿筆)[88]에도 아랑곳하지 않고 추억의 하나, 둘을 적어 이 기획에 깊은 경의를 표함과 동시에 고인의 명복과 유족 일동 여러분의 행복을 기원합니다.

(전 재무국 사계과(司計課) 근무)

42. 차 안에서 들은 처세훈

스에다 에이노키치(末田惠猪吉)

하야시씨가 돌아가신 지 올해로 17년째, 세월이 참으로 빠른 것 같습니다. 전쟁이 끝난 해 10월, 저는 경성을 떠나 하카다(博多)에 상륙하여 누나 집에 일단 머물면서 피로를 풀고 휴식을 취하고 있었습니다만, 염려대로 병의 요양을 위해서 한발 일찍 귀환하신 하야시씨를 찾아갔더니, 규슈대학부속병원에 입원 중 갑자기 돌아가셨다는 소식을 듣고 정말 놀랐고, 완전히 꿈만 같은 기분이 들었습니다.

1937년 하야시씨는 재무국장에 취임한 이후 조선의 재정 경제 발전을 위해 노력해 왔고 또 예산 편성에 있어서는 조선의 산업개발 촉진에 수많은 새로운 방법을 수립하는 등 그 업적은 참으로 컸습니다. 명재무국장이라는 칭송받는 것은 우리가 말하지 않더라고 일반적으로 잘 알려

---

88) 자기 문장(필력)의 낮춤말.

진 일입니다. 한편 의회에서의 답변은 참으로 맹쾌하고, 논리가 정연하고, 친절하고 자상하며, 빈틈이 없고, 성의 있는 설명은 그 재정적 식견과 함께 당시 의회 관계 방면에 널리 알려졌습니다.

일면으로는 부하직원을 잘 지도하며 육성에 있어서 그 온화한 성품에 다 같이 존경했습니다. 몇 시였을까? 의회가 끝나고 돌아가는 차 안에서, 무심코 이런저런 잡담의 꽃이 피었을 때 이러한 이야기를 하셨습니다. "스에다(末田)군 인간의 생애 속에는 여러 가지 기복이 있기 마련이다. 잘하는 시절도 있고 실망 할 때도 있다. 실망할 때는 누구나 당황하기 마련이고 그래서 점점 궁지에 빠지는 경우가 자주 있지만, 실망할 때는 결코 당황해서는 안 된다. 굴복하지 않은 태도를 가지고 참고 견뎌라. 잘하는 때도 실망할 때도 언제까지나 계속되는 것이 아니라 머지않아 그 벽을 뚫고 나갈 때가 온다. 그때까지 기다려야 한다. 또 실패의 씨앗을 얻어서 잘하는 시기에 뿌려라. 서로가 서로를 위해 명심해야 할 일이네." 이상의 이야기는 우리가 명심해야 하며, 지금도 여전히 깊은 인상으로 남아 항상 좌우명으로 삼고 있습니다.

오랜 시간 동안 보살펴 주시고 많은 가르침을 받고, 지도를 해 주셨던 하야시씨의 당시를 회고하면 감회가 더욱 깊어집니다.

(전 재무국장 부속(附)·1962년·10 · 8사망)

43. 배려심 깊은 분

히구치 키요(樋口きよ)

하야시씨는 배려심이 깊은 분이었습니다. 하야시씨를 처음 알게 된 것은 확실히 1915년 무렵이었습니다. 하야시씨는 그 무렵 남산정(南山町)에 하숙하고 있었습니다. 근처의 수정(寿町)에 하숙하고 있던 조선은행의 콘도우(近藤)씨, 다카하시(高橋)씨도 알게 되어 가끔 만나기도 했습니다.

1926년 가족이 함께 오모리(大森)의 자택으로 귀향하여 목만정(木挽町)의 '봉룡(鳳龍)'에서 근무하다가 1930년 다시 조선에 돌아와 남산정(南山町)의 '화선(花仙)'의 권리를 양도받아, '키라쿠(きらく)'로 개업했지만, 그 중 조선질소비료(朝鮮窒素肥料)사장 노구치(野口)씨가 가지고 있던 욱정(旭町)의 전 조선은행 부총재 사택지 부지 850여 평을 양도해 주시고 이곳에 475평을 신축하게 되어 총 대금은 연부(年賦)[89]로 갚기로 조치를 취해 주셔서 그것을 해결하고 어떻게든 혼자서 일어설 수 있게 되었습니다.

이런 과분한 큰 문제에 대해서는 항상 하야시씨에게 물어 지혜를 빌렸습니다. 말수는 적은 분이셨지만 확실히 하라고 항상 친절하게 주의를 주셨기 때문에 그 말씀을 듣고는 꼼꼼히 생각해서 실수가 없도록 유의했습니다.

하야시씨는 무슨 일이라도 확실하고 꼼꼼한 분이셨습니다만, 상담을 하면 부담없이 친근하게 잘 챙겨주셨기 때문에 제가 어떻게든 독립할 수 있게 된 것은 선의(善意)의 조언과 지도를 받은 덕분이라고 생각하며, 그 때를 그리워하며 항상 감사하게 생각하고 있습니다.

하야시씨는 매우 자상하신 분으로 연말에는 고참 기생들을 불러주시는 선례가 있어서 당일 불러지는 기생들은 그것의 즐거움을 기대하고 기쁜 마음으로 참석하곤 했습니다.

전쟁이 끝난 후 병환을 무릅쓰고 은행에 나오셨을 때 만날 수 있는 기

---

89) 빚이나 값을 해마다 얼마씩 나누어서 갚아 가는 일.

회를 얻었으므로 일본본토 귀환에 관하여 각 은행에 예치되어 있는 예금의 처리를 물었더니 환불을 받아 제일은행에 부탁해서 송금받는 것이 좋겠다고 주의를 받아 그대로 실행하였습니다. 언제나 배려심이 깊고, 참으로 정이 두터운 분이셨습니다.

양생(養生)[90]한 보람도 없이 돌아가신 것을 알게 되어 자상한 아버지를 잃은 것 같고, 기댈 수 있는 큰 나무를 잃은 것 같은 기분에 휩싸여서 아주 낙담한 나머지 저도 모르게 소리 내어 쓰러져 울었습니다. 바로 얼마 전의 일이라고 생각되지만, 16년이나 지나 버렸다고 생각하면 전부 꿈만 같습니다.

(전 경성요정 기라구(幾羅) 여주인)

44. 누구에게도 말하지 않는 추억

카와지마 기요오(川島淸雄)

인천세관장이었던 와타나베 히데오(渡辺秀雄)씨의 주선으로 하야시 이재(理財)과장 밑으로 내가 부임한 것은 1928년 3월 6일이었다. 당시 나는 내가 처음 관직에 근무했을 때 주임이었던 야마시타 신이치(山下真一)가 고등문관시험에 패스한 것에 자극을 받아 나도 마음을 굳게 먹고 분발하여 수험 준비에 힘쓰고 있었기 때문에, 고등문관시험을 치르는 일이 내가 본청으로 옮겨가는 유일한 희망이었다. 그 무렵 이재과는 금융제도조사 그 외에도 매우 바빠서 연일 해가 뜨기 전에 퇴근한 적이 없었고, "드물게 해가 있을 때 집으로 돌아가면 누가 왔느냐고 하면서

---

90) 오래 살기 위(爲)하여 몸과 마음을 편안(便安)히 하고 병에 걸리지 않게 노력(努力)함.

아이가 울기 시작했다."고 히야마(檜山) 주임이 자주 웃게 만들어 주었다. 또 한여름에 반일 휴가에도 본부 앞의 조선보병대에서 부는 낮잠 나팔소리를 부러워하며 들으면서 심한 더위에 나른해져서 일을 했다.

이러한 와중에도 나카무라 아츠시(中村篤志), 이토 게키치(伊藤源吉) 군 등과 함께 오쿠무라 시게마사(奧村重正)씨에게 법학을 배우기도 하면서 수험준비에 힘쓰고 있었는데 1931년 6월부터 반년 넘게 병상에 누운 이후로는 건강상 마침내 뜻이 좌절되고 말았다. 이 위약(違約)에도 불구하고 한 번도 문책을 받은 적이 없었고, 그만큼 부끄러움을 느끼지 않았으며, 이 일은 지금도 뇌리에 굳게 박혀서 떠나지 않아 아마 평생 잊을 수 없는 일로 남을 것이다.

또 내가 병상에 있던 시기는 행정정리가 있어, 언제 치유될지도 모르는 병세에 있던 나는 머지않아 해고될 것이라는 소문도 들리면서 참으로 불안한 요양의 하루하루를 보내고 있었는데, 6개월 만에 병도 낫고, 해고되지 않고 계속 근무하게 된 것은 상사였던 하야시 재무국장의 은혜로운 정 때문이라고 깊은 감명을 받았는데, 이것 또한 평생의 추억거리이다.

여기에 다른 사람에게 말하지 않았던 나의 부끄러운 추억과 기뻤던 추억을 적어 당시의 하야시 시게조(林繁藏)씨를 추모하는 바이다.

(전 재무국 이재과(理財課) 근무 · 현 후쿠오카(福岡) 향란(香蘭) 여학원 사무장)

45. 고(故) 하야시 은행장의 사랑

마츠무라 타이신(松村大進)

우리 식산은행 사람들이 하야시 은행장을 조선총독부로부터 맞이한 것은 1937년 11월이었다. 이후 종진(終戰)까지 약 8년간 나로서는, 나남 (羅南), 신의주(新義州), 인사과(人事課), 조사부(調査部), 도쿄(東京) 등 에서 재직 중에 친히 은행장의 친절한 지도를 받았던 것을 돌이켜보면 참으로 감사한 일이 아닐 수 없다.

재임 중에는 중·일전쟁에서 태평양전쟁으로 국가존망의 중대한 위기 에 직면하여 은행업무도 새로운 분야로서 중요 산업의 개발 조성에 매 진했기 때문에, 단순히 하나의 은행 업무를 통해서만 아니라 전체 조선 의 산업경제 전반의 지도 조정에 탁월한 식견과 과감한 실천력을 보여 주었는데, 그 동안 얼마나 심신이 고달팠을까 생각한다.

1944년에 들어서면서, 전쟁의 국면은 중남태평양방면과 버마방면까 지 확대되었고, 전쟁의 상황은 곳곳에서 아주 참혹하기 그지 없었기 때 문에, 전장의 후방 생활은 긴장에 이어 긴장을 거듭하여 국민의 체력과 정신력의 단련은 날이 갈수록 더욱더 절실하게 요구되기에 이르렀다. 당시 나는 식산은행 재향군인분회에 관계되어 있었는데, 우리 분회의 강화는 은행장의 일대 관심사였고, 아미도 유이치(綱戸雄一), 마츠모토 젠타카(松本善高), 세노 슈지(瀬野周二), 에가시라 마사키(江頭正樹)씨 등 다수 간부들의 눈물겨운 협력으로 본점 200여 명의 분회원을 조직하 여 은행 내의 중견으로 크게 질실강건(質実剛健)[91]한 풍토를 진작시켰 으니 당시 정세로서는 당연한 시책이었지만, 한편 가중되는 긴박감에 마음의 여유를 잃어가고 있는 것을 깊이 우려하여 심신의 단련에 변화 와 활력을 불어넣을 필요가 있다고 판단하여 하야시 은행장은 내가 속 해 있던 조사부에 이것의 실행안 제출을 지시했다.

여기서 조사부는 나가야마 카오루미(永山薫三), 오쿠마 료이치(大熊

---

91) 내용이 충실하고 가식이 없어 심신에 강한 늠름한 모습.

良一), 나카야마 코자부로(中山幸三郎)씨 등의 중지를 모아 강원도(江原道) 고성군(高城郡) 거진리(巨津里) 근처 화진포(花津浦)에 식산은행의 일대 해양단련도장의 건설계획안을 세워 은행장에게 보고했더니 즉시 그 자리에서 혼쾌히 승인하였다.

화진포는 장전(長箭)지점의 관내로, 동해안에 인접한 맑고 찬 담수호이며 당시 그다지 세상에 알려지지 않은 경치 좋은 보건지(保健地)[92]였다. 동쪽으로는 동해에 접하고 해수욕하기에 적합하며, 남, 북, 서쪽의 세 방면은 깊숙한 소나무 숲으로 둘러싸인 별천지로 새들의 낙원이기도 했다. 숲속에는 약 5, 60채의 외국인 별장이 산재해 있어 매년 6, 7월이면 조선 내는 물론 멀리 상해(上海), 홍콩(香港) 등지에서 많은 외국인이 모여들어 9월 말까지 휴양하고 돌아간다는 이야기가 있었는데, 우리 일행이 1944년 5월 말, 제1회 현지조사로 장전(長箭)[93]에 시라이 테츠지로(白井哲次郎) 지점장의 안내로 들어갔을 때는, 외국인 체류자는 전부 추방된 직후였고, 별장 전부가 빈집처럼 되어 조사하기에 매우 편리하였다.

이들 호숫가의 임야 일대는 그리스도교 재단의 소유로 별장, 보트 등 제반 시설도 같은 재단의 관리 하에 있던 것을 식산은행이 전부 양도받는 것으로 협상이 타결되었다.

화진포는 해면으로 연결되는 부분에는 지역어업조합의 손에 의해 굴을 양식하고, 안쪽 넓은 부분에는 식산은행의 직영으로 빙어를 양식하여 보건식량의 자급증산을 도모하기 위해 조선 호수와 늪 어업(朝鮮湖沼漁業)의 지도원 스즈키 센노스케(鈴木專之助)씨(아키타현(秋田県) 하치로가타(八郎潟) 출신)를 초청해서 현장 연구와 함께 어류 관리를 맡기

---

92) 특히 공기와 시설이 건강에 좋게 되어 있는 지역.
93) 강원도 고성군에 있는 장전읍(長箭邑).

는 것까지 협상이 진전되었을 무렵 은행장은 의기양양해졌다.

　여하튼 시기도 7월의 폭염을 앞두고 화진포 단련도장은 현재 상태 그대로 이용할 수 있다고 하니 은행 내에도 기쁨이 넘쳐났다. 그리하여 은행장의 구상에 따라 화진포 도장이 개설되어 1944년 가을, 제1회 단련 행사로 남조선 및 북조선 조(組)의 각 지점장과 차석급의 인사들이 번갈아 합숙하며 단련을 겸한 업무 협의가 이루어졌다. 그 후 나는 1944년 10월 전쟁의 불길로 도쿄로 전근하라는 명령을 받아 본점을 떠났지만, 결국 이것이 은행장과의 영원한 이별이 되었다. 화진포의 숲도 호수도 인적도 없이 지금도 더욱 조용히 과거의 꿈을 간직하고 있는 것일까.

　마지막으로 개인적인 추억인데, 1944년 늦봄의 어느 날 밤 10시경, 갑자기 하야시 은행장으로부터 당시 사간정(司諫町)에 있던 나의 사택으로 전화가 걸려 왔다. "지금 당장 차를 보내 줄 테니 타고 와라." "무슨 일이 있습니까?" "좋은 일이니 아무 말하지 말고 빨리 와라."는 것이었다. 왠지 밝아 보이기는 했지만 무슨 소집령인가 하고 생각하며 따라간 곳은 욱정(旭町)의 모 요정이었다. 안내에 따라 얼굴을 내밀자, 2층의 큰 방에 경성 재계의 각 대표의 얼굴들이, 오늘 저녁 화북 시찰에서 도쿄로 돌아가는 도중에 있던 시부사와 게이조(渋沢敬三)씨를 맞이하는 자리였다. 시부사와(渋沢)씨의 학창시절 친구 2명이 경성에 있다는 것을 듣고, 한사람은 조선군의 법무소장인 오츠카(大塚)씨라는 것을 알고 나서야 비로소 전화의 의미를 알았다. 이로써 뜻밖에도 세 사람의 2고(高) 학교 모임이 되었고, 연회가 끝난 후에도 시간을 잊은 채 옛 이야기의 꽃을 피운 것이었다. 그 후 얼마 지나지 않아 오츠카(大塚)씨는 버마 전선으로 가서 호국의 이슬로 사라졌지만, 그 때의 은행장의 배려에 지금도 나는 마음이 따뜻해지는 것을 느끼고 있다. 그 후 몇 번의 서리가 내리고 식산은행인의 고난도 이제 옛이야기가 되어 가는 오늘 이 추억을 떠올리며 하늘에 계신 영령에게 바치리라 생각한다.

(전 조선식산은행 도쿄지점장)

46. 하야시 은행장의 추억

후지타 쿄우(藤田 强)

하야시 은행장을 알게 된 것은 식산은행장으로 취임하면서부터이며, 이른바 하야시 인사의 첫 시작에 나는 직책 승진의 감사한 명을 받아 감정(鑑定)역을 발령받았다. 그 후 얼마 지나지 않아 조사부가 창설되었고, 금융조합연합회(金融組合聯合會)로부터 혼다 히데오(本田秀夫)씨를 영입하여 부장이 되었고, 혼다씨는 조사부 구성원 짜임새를 정비한다는 의미에서 말도 잘하고 일도 노련하게 잘하는 사람들을 은행 안팎에서 선발하였다. 이 인사에 무슨 잘못이 있었는지 실제 이상으로 평가되어 나도 조사역으로 혼다 부장의 부하로 발탁되어, 그 해 가을 10월로 다가온 식산은행 창립 20주년 기념식 행사 준비를 하게 되었다. 그때부터 나로서는 하야시 은행장과 친분이 깊어졌다.

여러 가지의 준비나 업무는 각각 분담했지만, 나는 기념행사의 핵심인 은행장의 기념사와 더불어 기념식 행사 전날 거행되는 작고한 직원의 위령제(慰靈祭)에서 은행장의 추도제문 원고 작성하라는 지시받았다. 이것은 물론 혼다 부장에게 지시가 내려서 혼다 부장이 나를 천거했을 것이다. 이렇게 과분하고 중대한 임무를 맡게 된 나는 정말로 심하게 고뇌하여 일주일 정도 걸려서 횡설수설하면 쓴 원고를 카마다 사와이치로(鎌田沢一郎)씨나, 혼다 부장에게 교열을 받은 후 은행상에게 제출했다. 2, 3일이나 지나서 돌아온 원고는 더함과 빼는 첨삭을 심하게 한 것이었고 바로 수정해서 제출하면 다시 가감되어 원고가 더러워졌다. 그래서 세 번 다시 쓰고 세 번 더러워지고, 4번, 5번 정도 은행장과의 사이에서 원고를 주고받음을 되풀이하였다.

생각하건대 은행장은 원고를 가지고 또는 원고 없이 연설이나 인사말은 직책상 자주 하셨을 텐데 식산은행 20주년 기념식 행사는 은행장으로서는 가장 빛나는 자리였을 것이다. 그런 까닭에 퇴고(推敲)는 이렇게 엄격하게 일개 은행원인 나의 서투른 원고에 잔소리도 하지 않고 꼼꼼하게 다듬어 써내려간 것이었다. 그래서 한 글자, 한 구절까지 나는 암기하고 기념식 행사 당일 은행장의 연설에 귀를 기울였습니다. 원고는 연설대에 펼쳐져 있으나 전혀 보지 않는 모습이었는데 원고를 벗어난 단어도 없고, 원고와 한 구절의 차이도 없는 참으로 멋진 기억력이었다. 이리하여 이 기념사는 15분에서 20분 정도 걸렸을 것이다. 내가 이 원고의 한 글자 한 구절까지 외운 것은 업무로서 몰두했기 때문이지만, 은행장은 잡다한 용무로 많은 사람들이 찾아오는 와중에 어떻게 이렇게까지 자신의 것으로 소화해 냈는지 놀랐다. 그 기념식 행사에 즈음하여 은행기(行旗)를 제정하여 조선신궁 앞에서 본점의 영업부와 60여 개의 지점장에게 각각 수여할 때 은행장의 훈화와 은행기를 받은 지점장 대표의 답사 양쪽의 원고도 썼지만, 이것은 다른 일이 있어서 듣지 못했다.

한동안 그가 훌륭한 머리를 가진 사람이라서 무심코 어설프게 말을 하면 안 되겠다고 한때는 경계심도 들었지만, 대하면 대할수록 인간미가 넘치는 사람이었다. 그러나 공과 사의 구별은 지극히 엄격했다. 은행장으로 오신 그 당시는, 우리 은행쪽에서 쭉 근무한 은행원이 은행장이 되는 것은 아무렇지도 않지만, 다른 곳에서 온 사람이 은행장을 하는 것은 자리를 빼앗기는 듯한 느낌이 들어서 차가운 눈빛으로 맞이했다. 검은 피부색, 그리고 날카로운 눈매, 큰 입 등 따르기 어려운 풍채도 더해져 거만하고 관료적이라는 등의 소문이 있었다. 은행장의 취임과 거의 동시에 전 임직원에 군복과 같은 국민복 차림으로 매주 월요일 아침마다 교련을 시켰던 무렵, 은행장에게 경례를 해도 답례가 없었다. 퉁명스럽게 하고 있다는 등 누군가가 말을 꺼내자 나도 그것을 알아차렸다. 예비소위(少尉) 타카하시 요시로(高橋吉郎)군에게 말했더니 장관(将官)에게는 정지경례를 해야 한다고 가르쳐 주어서 이후 정지경례로 고쳤더니 훌륭하게 답례해 주었다.

어떤 계기였는지 업무와는 관계없이 상대해서 잡담을 할 때, 공인, 직책, 공적인 직무, 임무를 띠고 있는 사람의 풍채와 언행은 단순한 개인적 취향이나 감정에만 좌우되어서는 안 되며, 잘 살펴야 한다고 장황하게 논한 적이 있다. 사가(佐賀)[94]의 하가쿠레(葉隱)[95] 가르침에 '무사는 매일 아침 거울을 보고 자신의 풍채를 바르게 한다.' 또는 '겉은 호랑이 가죽, 속은 개의 가죽과 같아야 한다.'는 말이 지금도 유훈(遺訓)[96]으로 가슴 속에 남아 있다.

지금부터 이미 20년 전, 태평양전쟁의 개전 소식이 전해지자 각 신문사에서 은행장의 소감을 물었다. 은행장으로부터 간단하고 명료한 원고

---

94) 규슈(九州) 서북부에 있는 현.
95) 하가쿠레는 에도 시대 중기(1716년경)에 쓰여진 책입니다. 히젠 지방의 사가 나베시마 번(Saga Nabeshima Domain)의 일원인 야마모토 쓰네토모(Yamamoto Tsunetomo)는 사무라이로서의 지식을 구술했으며, 이는 동료 봉건 장교인 진키 타시로(Tashiro Jinki)가 필사하고 편집했습니다.
96) 죽은 사람이 남긴 훈계.

를 작성하라는 지시가 있었기 때문에 "오늘 아침 개전의 기쁜 소식은 오히려 늦게 전해졌지만, 기다려왔던 전 국민은 한결같이 쾌재(快哉)를 부르고 있다. 이제부터는 총력집결만 하면 된다."라는 요지로 적어드렸더니, 은행장은 각계각층에 그렇게 말씀하셨다. 그 당시 식산은행 은행장의 입장에서는 이렇게 말하는 것 외에 다른 방법이 없었고 대중들도 역시 동조하는 표현을 당연하게 받아들였다.

패전, 그리고 종전, 혼란의 한가운데 3천 명의 은행원을 남겨두고 태풍에 큰 나무가 쓰러지듯 하야시 시게조 은행장은 세상을 떠났다. 완전히 아까운 사람을 잃었다. 오호라(嗚呼).

(전 식산은행 감정역 · 현 농협조합장)

47. 하야시님의 추억

오쿠무라 시게마사(奧村重正)

내가 하야시님을 처음 만난 것은 1928년의 4월이었다. 내가 갓 학교를 졸업한 견습으로서 총독부 이재과(理財課)에 근무를 명령받았을 때 당시 하야시님은 이재과장이었다. 그래서 나는 돌아가시기 직전까지 18년간 공적, 사적으로 각별하게 보살펴 주시는 인연을 얻게 되었다. 생각해 보니 여러 가지 지도를 해 주시고, 또 자주 맛있는 요리도 해 주셨다. 이렇게 하야시님의 추억에 잠기다 보면 신세진 그 때의 장면이 줄줄이 주마등처럼 머릿속에 떠오른다. 새삼스럽게 고마움이 뼈저리게 느껴진다. 나도 나이만큼은 남들처럼 들어서 올해 환갑이 되었다. 하야시님이 지금도 살아계셨다면, 세상 이야기를 들어드릴 말벗이 되었을 텐데 일찍 돌아가신 것이 안타깝다.

전쟁의 상황이 더욱더 불리해진 1945년 초봄, 국회 업무를 마치고 경성으로 돌아왔을 때, 어느 날 저녁 경화정(京和亭)에서 대접을 받았다. 키노 후지오(木野藤雄)님이 동석했다고 생각하지만 틀렸을지도 모른다. 그 때 하야시님은 드물게 건강이 좋지 않다고 호소하며 "감기를 걸리고 난 뒤 아무래도 안 좋다. 젊었을 때 골프공을 등에 맞은 적이 있다. 그런 것도 원인일지도 모른다."라고 허리의 위쪽을 문지르고 있었다. 일찍감치 해산해야 하는데 그 때도 무심코 오래 앉아 있었던 것으로 생각된다. ―여느 때와 다름없는 환대에 응석을 부리면서―

나는 그 후 얼마 지나지 않아 다시 도쿄로 가서 전쟁이 끝나기 직전에 조선으로 돌아와 8월 15일을 맞이하였는데, 하루 이틀 후에 저 광화문 거리가 소란스러울 때, 사계과의 나가오(永尾)씨 등을 불러 은행에 인사드리러 찾아뵈었다. 저희들은 "이와 같이 일이 되었기 때문에 언제 어떻게 될지 모르겠습니다. 작별 인사를 드리러 왔습니다." 라는 말했다. 하야시님은 그때 몹시 괴로운 듯 은행장실의 긴 의자에 누워 계셨는데 일어나서 목이 잠긴 목소리로 "너희들도 조심해라."고 하며 자신도 열심히 하겠다는 뜻의 말씀을 하셨다.

세상이 어수선했던 당시의 상황이라 저희는 그럭저럭 작별을 했다. 그 다음날인가 광화문 거리를 인력거에 흔들리며 지나가시는 모습을 보았다. 병세가 점점 좋지 않다는 소문은 풍문처럼 들었지만, 저희도 하루하루 두려워하며 꼭 붙어 지내고 있었기 때문에, 바로 병문안도 잘 드리지 못하고 있었는데 어느 밤 아베 무라이치(安部村一)군이 찾아왔다. 그리고 나리타(成田) 박사의 진단 결과와 본인께서 드디어 후쿠오카(福岡)로 귀환할 것을 결정하셨다는 이야기를 들었다. 병세의 위독한 사실을 명확히 알고 나는 깜짝 놀랐다. 두 사람과 함께 고바야시(小林) 철도국장의 댁을 밤늦게 급히 방문하여 하야시님이 귀환할 때 편의 제공을 부탁드린 바 있었다. 그 다음날 송현정(松峴町)의 사택에 병문안을 갔더니, 이미 완전히 초췌하고 누가 봐도 중태였다. 손에서 미끄러 떨어진 부채도 줍지 못할 정도였고, 일반적인 위로의 말 따위는 도저히 입 밖으로 할 수 없는 상황이었다. 그래도 본인은 꿋꿋이 "후쿠오카에서 요양을 해서 6개월 정도 지나면 조선으로 돌아와 뒷수습을 할 생각이다. 그 비상시에 병으로 오래 자리에 누워 있어 모두에게 미안하다." 라고 들리지 않을 정도로 낮은 목소리로 반복해서 말씀하였다. 나는 그 자리에서 거의 감정을 억누를 수가 없었다. 현관 쪽에서 많은 손님들의 기척이 있었기 때문에, 쏜살같이 도망치듯 자리에서 일어났다. 사모님의 목소리가 들려왔고 하야시님이 부르신다는 말도 들렸지만, 그 때 나는 병상으로 돌아갈 수도 없이 손님들 사이를 빠져나와 인사를 하고 물러났다. 이것이 마지막 만남이었다.

이러한 회상에 잠겨 있으면 "오쿠무라(奧村)군, 좀 더 건강할 때의 이야기를 해라."고 고인 하야시님이 꾸짖을 것 같아서 술과 관련된 추억을 말씀드리고 싶다. 하야시님은 대단히 술을 좋아하셔서 이미 학생시절 소맷자락 속으로 은화를 움켜쥐고 좋은 술?을 구하려고 배회했다고 말씀하신 적이 있다. 경성에서는 그렇지 않았지만, 도쿄 출장 중에는 점심도 외식하는 경우가 많았는데 당시 호출종 소리에 방에 얼굴을 내밀면 "너는 어때?"라고 하는 눈짓으로 자주 '하마사쿠(浜作)'[97]에 걸터앉아 술벗을 했다. 그 당시에는 2홉들이 하얀 술을 데우기 위한 그릇이 있어

---

97) 일본식당에서 요리사가 중앙이 있고, 그 요리사를 중심으로 둘러 놓은 의자. 손님들은 요리사를 향해 앉아 요리하는 모습도 보면서 식사를 할 수 있다.

서 나에게도 똑같이 한 병을 주셨다. 생선회 등을 안주하고, 자작으로 정말이지 맛있게 마셨다. 오쿠무라(奧村) 녀석 마시는 속도가 늦구나 하는 듯이 곁눈질로 쳐다보았기 때문에, 나도 노력 분투해서 페이스를 맞추어 한 병을 바닥이 드러나도록 마셔버렸다.

이윽고 사무실로 돌아왔다. 곧 무엇인가 명령이 있었다. 그 분은 태연하게 침착했지만, 나는 급한 속도로 2홉을 모두 마셔서 (무엇보다 나는 통상적으로 붉어지지 않기 때문에 술이 취한 것은 눈치채지 못하셨으리라 생각한다) 명령의 요지를 머리속에 남기는 것이 급급해서 대답을 하지도 않고 물러나왔던 것이다. 어쨌든 오랜 수련의 결과인지 낮술의 2홉이나 3홉에서는 꿈쩍도 하지 않았다.

밤의 연회에서도 손님들에게 즐거움을 주는 것을 좋아하셨고, 또 잘하셔서 스스로도 위세 좋게 술잔을 쌓아 올렸다. 그러나 몹시 취한 일은 거의 없었다. 술이 거나하게 취한 경지를 넘는 것은 가끔씩 보았지만, 앞뒤를 가리지 않는―모습은 한 번도 볼 수 없었다. 오랫동안 모시고 있는 운전기사에게 "오랫동안 모시고 있으면서 하야시님이 몹시 취한 것을 본 적이 있니?"라고 은밀히 물어 보니 그는 "하라주쿠(原宿) 댁의 돌계단에서 비틀거리신 적이 한번 있었습니다. 그 때는 상당히 취한 것 같았습니다." 라고 대답했다. 아이고 맙소사 취했다고 하는 것이 그 정도인가―취기에 지는 버릇이 있는 나는 크게 부끄러움을 느꼈다.

조선의 재무국장은 국회 참석 관계로 도쿄 출장이 길어 본거지인 경성에는 부재중 상태였기 때문에 오래만에 경성으로 돌아오면 국내(局內) 간부를 초대하여 친목회를 개최하는 것이 관례였다. 당시의 풍습으로, 모두 하오리(羽織)98)와 하카마(袴)99)를 입고 줄지어 앉아 처음에는

98) 일본옷의 위에 입는 짧은 겉옷이다. 외출을 위해 덧입는 방한 · 방진을 목적으로 하

예의가 좋으나 잠시 지나면 술렁술렁거리며 왁자지껄하게 여흥이 튀어나온다. 그 여흥의 마지막에는 하야시님의 춤이 있다. 그 춤은 도쿄에서 배워서 춘 춤으로 대체로 민요 안무이다. 하야시도 이때쯤 되면 완전하게 기분이 좋아 춤을 모두에게 전수해 준다.

그리고 모두가 어렴풋이 습득할 무렵, 전원 총출연이 이루어졌다. '둥근 달걀도 자르면 네모' 등 죽 늘어서서 라인댄스를 하는 것이다. 나 같은 사람은 춤만 추면 손도 발도 중추신경의 명령에 따르지 않는 체질이므로 완전히 엉터리로 추었는데, 어쨌든 전원 등장했기 때문에 좌석에서 놀리는 사람은 아무도 없었다. 참으로 여유롭고 유쾌한 분위기였다. 당시 그 연회는 즐거움의 하나였다.

술 이야기는 이쯤에서 멈추고, 이제 화제가 된 하야시의 웅변에 관한 추억을 이야기하고 싶다. 이상하게 들릴지 모르지만, 하야시님은 스스로 자신의 언변이 유창하다고 생각하지 않았던 것은 아닐까. 이재과장 당시 문득 나에게 "나는 말이 서툴러서 곤란하다. 마츠모토(松本)군이 부럽다." 라고 귀띔해 준 적도 있다. (마츠모토 마코토(松本誠)님은 전임 이재과장으로 용의주도한 연설을 하기로 유명하다.) 그 마음 때문인지 간단한 인사말 등까지도 반드시라고 해도 좋을 정도로 미리 요지를 적어 놓으셨다. 아마 준비가 되어 있지 않는 상태에서 시작하는 일은 거의 없었던 것은 아닐까. 저희는 이렇게 생각합니다. 하야시님은 타고난 각별히 유창한 말솜씨가 이러한 노력에 의해 지금까지 다듬어졌을 것이라고 말입니다.

어쨌든 무슨 일에도 준비가 잘 된 공부가였다. 이런 일도 있었다. 재

고 실내나 실외를 막론하고 어디서나 입을 수 있다.
99) 일본 옷의 겉에 입는 주름 잡힌 하의(下衣).

무국장을 물러나 식산은행장이 되셨을 때, 나는 국장실의 개인 물품 정리를 도와드리다가 우연히 책장 구석에 대학 노트의 상당한 수가 쌓여 있는 것을 발견했다. 살짝 페이지를 넘겨 보여주셨는데 그 전부가 '의회 설명자료'의 서브노트였다. 그 선명한 펜글씨로 빽빽하게 적혀 있었다. 나는 그 공부하는 모습에 깜짝 놀라고 말았다. 국회 답변의 그 유창하고 아름다움 뒤에도 이런 준비가 있었음을 알게 된 것이다. 대단한 분이었다. 생전의 모습을 떠올리며 수많은 깊은 은혜를 베풀어 주셔서 진심으로 감사드립니다.

(전 조선총독부 사계과장, 현 일연화학(日硏化学)(주) 사장)

48. 추억

후쿠다 켄지로(福田謙次郎)

"자네, 이 대출은 어떤가?", "유쾌하지 않다."

분명히 1938년의 일이었다고 생각한다. 내가 심사과장 대리로 임명받은 지 얼마 되지 않은 어느 날의 일이었다. "은행장님께서 부르십니다."라는 것이었다. 공교롭게 이시카와(石川) 과장(키요후카(清深)씨)이 자리를 비웠기 때문에, 내가 은행장실로 겁을 먹고 갔더니 저 날카로운 어조로 갑자기 '쾅' 하고 당하고 말았다. 은행장의 책상 위에 놓여 있는 중역회의록을 들여다보니 북조선 모 지점 취급의 (조선인) 모씨에 대한 어음대출이었다. 모씨는 이른바 사장으로, 예년에도 무담보 대출이 반복되고 있어 정말이지 유쾌하지 않는 것이다. 그것을 은행장이 들추어낸 것이다. 그러나 지점의 입장도 있기 때문에 기존 경위를 설명하고 대출의 불가피한 사정을 설명하자 '툭' 하고 결재 도장을 찍으면서 "자네 무담보 대출은 안 되네."라고 비로소 방긋 웃었다. 내가 업무상에 있어서 하야시 은행장과 논의한 것은 이것이 처음이었다. 그리고 그때 하야시 은행장에 대한 인상은 지금도 나의 뇌리에서 떨쳐낼 수 없다.

당시 우리 은행원들 중 일부는 신임 은행장의 능력에 대해 왠지 모르게 불안을 느끼고 있었다. 그것은 은행경영에 대한 전혀 경험이 없었던 은행장으로서 당연한 일이긴 했지만 나는 그때 이후로 이런 의구심은 사라졌다. 그리고 이 안도감은 그 후 내가 계산과, 특별금융과의 일을 담당하면서 여러 가지로 하야시 은행장과 접촉하면서 한층 강화된 것이다. 아루가(有賀)씨는 식산은행의 기초를 다진 큰 공로자였지만 사업가 기질인 분이었다. 그것에 반해 하야시 은행장은 가장 견실한 뱅커로 느껴졌다.

식산은행에 특별금융과(후에 부(部)제도로 변경)가 설치되었던 것은 1940년의 일이었다고 생각한다. 일본고주파공업주식회사를 비롯한 이른바 기업금융에 속하는 거액의 대출을 특별금융과에서 맡아 취급하게 되었으며, 초대 과장에 동료였던 고야마료(小山亮)군이 임명되었다. 무엇보다도 고주파나 그 계열회사에 대한 대출은 아루가(有賀) 은행장 시절에 이루어졌던 것으로 그 금액은 식산은행 자본금의 몇 배에 달하는 거액으로 식산은행은 고주파와 정사(情死)[100]하는 것이 아니냐는 소문까지 나왔던 것이다. 그리고 하야시 은행장 시절 농업조선에서 공업조선으로 전환기에 접어들면서 이런 종류의 기업금융은 필연적으로 증대하여 특별금융의 업무도 점점 더 바빠지게 되자, 1942년에 이르러 특별금

---

100) 서로 사랑하는 남녀가 현세에서 사랑을 이루지 못할 적에 이를 슬퍼하고 미래의 행복을 꿈꾸어 함께 죽는 일.

융과는 제1과와 제2과로 나누어 제1과장은 고야마(小山)군, 제2과장은 못난 내가 임명되었다. 나는 그때까지 주로 자금, 증권, 회계방면의 사무를 담당했고 현업 관련의 업무에는 경험이 부족했기 때문에 이런 중책을 명령받고 당황스러웠지만 그렇다고 해서 별다른 어려움도 없었다. 그것은 하야시 은행장의 금융방침이라는 것을 나는 분명히 알고 있었고 담당자인 야마구치(山口) 이사의 마음도 잘 이해하고 있었기 때문이었다.

지금 생각해보면 식산은행만큼 다각적인 성격을 가진 은행은 달리 유례가 없지 않은가. 농업금융, 상업금융, 공공금융 거기에 공업금융에 광업금융까지 하고 있었기 때문에 놀라지 않을 수 없다. 그러나 식산은행은 특별은행이긴 했지만 정부 금융기관은 아니었다. 다른 민간은행과 마찬가지로 다수의 주주로 구성된 영리기업체였던 것이다. 따라서 국가적으로 필요한 금융이라도 회수에 불안을 느끼는 것은 피해야 했다. 특별금융부에서 취급하던 거액의 대출도 모두 이 원칙에서 벗어나서는 안 된다. 다만, 특별금융에서 취급하는 대출의 대부분은 기업금융이었기 때문에 대출 초기에는 무담보였고 나중에는 건설된 공장 등을 담보로 철저하게 하였다. 거기에 불안감이 있었던 것이다. 그러기 위해 대출에 있어서 충분한 사전 조사가 필요했고 그것이 특별금융의 업무이기도 했다.

그리고 이제 와서 지난날 우리가 관여한 거액의 대출에 대해 반성해봐도 그렇게 터무니없는 것은 없었을 거라고 확신한다. 일부에서는 소림(小林) 광업에 대한 대출을 운운하는 적이 있었지만, 그 회사는 나의 담당으로 그 사업 내용에는 조금도 불건전한 것이 없었다고 생각한다. 그 회사 전체 중 상동(上東)광산101)은 매우 훌륭했다. 고주파 사업에 대

---

101) 강원도 영월군 상동읍(上東邑) 구래리(九來里)에 있는 우리나라 제일의 중석광산 (重石鑛山). 중앙선 제천역 동쪽에 있는데, 1916년에 흑색의 철망간중석이 발견되

해서도 여러 가지 우려가 있었지만 그 회사 진체 사업의 주체였던 그 거대한 성진(城津)공장의 시설이 지금도 건재했다면, 이것이 북쪽 조선 공업계에 얼마나 도움이 되고 있을지 상상할 수 있다. 전쟁 말기에 설립된 박흥식씨의 조선비행기주식회사와의 관계에 대해서도 그 당시 그와 같은 회사를 만들어낸 박씨의 수완은 그렇긴 하나 이런 사업에 대해 식산은행 자체의 금융 조달이 어렵다는 것은 누가 생각해도 이해되는 일이었다. 그렇게 때문에 이 회사에 대한 대출은 전시 금융 금고로 취급하여 약간의 연결 자금만 융통해 주었을 뿐이었다.

전쟁 상황이 급박하게 전개된 1944년경부터 일본본토 주변의 어중이떠중이들이 특별금융에 여러 가지 금융을 가지고 온 것이다. 그 대부분이 군대의 증명서 등을 내세워 크게 국가 정책에 협력하는 것처럼 강조했지만, 속내는 먹느냐 먹히느냐의 결전 상황에서 한밑천 잡으려는 속셈이니 한심스러웠다. 나는 아무리 국가 정책적으로 필요한 사업으로 보일지라도 또 비록 군대의 증명이 있더라도 이치에 맞지 않는 것은 거절하기로 했다. 그것은 하야시 은행장의 방침이기도 하다고 생각했기 때문이다. 1945년에 일어난 일이었다. 내가 어떤 대출을 꺼리고 있었는데, 어느 날 해군 무관부에서 전화가 걸려 왔다. "뭘 꾸물거리고 있느냐. 과달카날에서 전함 한, 두 척이 침몰할 것을 생각하면 식산은행 따위는 쓰러져도 아무것도 아니다. 빨리해라…"라고 했다. 나는 창자가 끊어오르는 느낌이 들었다. 나는 그 전화의 내용을 은행장에게 보고하자 은행장은 그저 쓴웃음을 지으며 아무 말도 하지 않았다.

이런 일도 있었다. 나의 중학교 시절 친구 중에 T라는 남자가 있었다. 나는 그의 집에서 하숙한 적이 있는 사이다. 이 T가 우연한 일로 특별금

고 1917년에는 회중석(灰重石)이 발견되었음.

융 관련 모회사에 근무하다가 어떤 사정으로 그만두고 말았다. 그 T가 같은 1945년에 갑자기 나에게 금융을 신청하러 온 것이다. 그것은 소림 광업의 상동광산에서 광석으로 선택되지 못하고 유출된 텅스텐을 하류에서 채취한다는 것이다. 해군의 사업증명서가 첨부되어 있었다. 상당히 많은 금액의 대출 신청이었는데 아무리 생각해도 이러한 기획에 대해 금융을 해줄 수 있는 것은 아니었다. 그러나 상대는 나의 친한 친구였다. 어떻게 할까 나는 어찌해야 좋을지 갈팡질팡하다 은행장에게 상담하러 갔더니 은행장에게도 여러 가지 손을 써서 부탁했던 모양인지 은행장도 곤란해 하고 계셨다. 내가 사정을 설명하자 은행장은 하라고도 하지 말라고도 하지 않았다. 그래서 나의 판단으로 결정해야 할 처지가 되고 말았다. 그래서 나는 눈물을 머금고 거절하기로 하고 그 사실을 은행장에게 보고하자 은행장은 "그래, 잘했다."라고 웃으며 말씀하셨지만, 나는 뒷맛이 개운치 않아 어쩔 수 없었다. 나는 아직도 T군에게 미안하다고 생각하고 있다.

또 이런 일도 있었다. 역시 1945년의 일이었다. 전쟁의 상황이 급박하고 선복(船腹)[102]이 부족해지자 조선에서도 기범선 운항을 통제하게 되면서 통제회사가 설립되었다. 그리고 그 운영자금의 차입 신청이 있었다. 당시의 상황으로는 대출이 불가피한 것으로 담당인 야마구치(山口) 이사는 본부 당국에 비공식적 승낙을 주고 있었던 것 같았다. 그런데 은행장은 완강히 반대하는 것이었다. 전쟁이 끝나버리면 이러한 사업은 어떻게 될지 알 수 없다는 것이었다. 그 사실을 야마구치(山口) 이사에게 말하자 야마구치(山口) 씨도 약해졌다. 결국 은행장의 뜻을 명심하여

---

102) 배의 동체(胴體) 부분을 일컫기도 하고 배의 내부의 화물 적재 장소를 말하기도 한다.

강제 융자를 하도록 본부(本府)에 청원서를 냈지만, 이후는 어떻게 되었는지 기억이 나지 않는다.

이러한 사실을 내가 장황하게 말한 것은 요약하면 하야시 은행장의 은행 경영 방침이 매우 확고했음을 말하고 싶었기 때문이다. 그렇다 치더라도 당시 특별금융 관계자였던 하야시 은행장, 야마구치(山口) 이사, 고야마(小山) 부장의 3인은 이미 세상을 떠나셨고 나만 남았다. 옛 추억은 끝이 없지만 서로 만나 추억의 이야기에 잠길 수도 없는 것이다. 내가 하야시 은행장을 알게 된 것은 1930, 1931년 무렵 식산은행 도쿄사무소 재직 시절이었다. 당시 본부 재무국장이었던 하야시씨는 아루가(有賀) 은행장과 주재이사인 와타나베 와타루(渡辺弥幸)씨를 자주 찾아왔다. 그리고 가끔 우리 사무소 사람들을 아카사카(赤坂) 근처의 요정으로 초대해 주신 적이 있다. 그 술자리에서 오쿠무라 시게마사(奥村重正)씨와도 서로 알게 되었는데 두 사람 모두 술이 센 것에 무엇보다도 놀랐다.

또한 지금도 에도(江戸)시대 대중가요계의 인기인인 아카사카 고우메(赤坂小梅)씨를 우리에게 소개해 주신 분도 하야시 국장이었다. 하야시씨와 고우메(小梅)씨는 같은 고향이며 고우메(小梅)씨가 콜롬비아에 진출하게 된 것은 하야시씨의 일방적인 노력에 의한 것으로 알고 있다. 이러한 관계로 우리 사무소의 사람들은 종종 고우메(小梅)씨를 부르고 그 아름다운 목소리에 귀를 기울이고 있었다. 그 고우메(小梅)씨가 분명히 1944년에 군대의 위문여행으로 경성에 왔을 때 하야시 은행장은 즉시 고우메(小梅)씨를 '키라쿠(喜楽)'으로 불러서 고우메(小梅)씨 특기인 민요를 우리에게 들려주었다. 그 이후 나는 고우메(小梅)씨와 이야기를 나눌 기회가 없었지만 고우메(小梅)씨에게도 하야시 은행장에 대한 여러 가지 추억을 가지고 있을 것이다.

하야시 은행장은 성격이 강해 하급 관리들이 접근하기 어려울 것 같았지만 꼭 그렇지만은 않았다. 두뇌가 명석하고 달변가이셨기 때문에 우리 같은 사람은 모든 면에서 상대가 되지 않았지만 우리의 의견은 잘 들어주셨다. '키라쿠(喜楽)'에 코야마 아키라(小山亮)군이나 와타나베 세이헤이(渡辺清平)군 등과 함께 가서 대접을 받은 적이 있다. 그러한 때는 은행장이 왠지 학생 시절의 동창인 대선배 같은 느낌의 분이었다.

1945년 6월이 되어 나에게도 드디어 빨간 종이가 왔다. 전부터 기약된 일이라 크게 놀라지는 않았지만, 45세의 우리 같은 사람까지 사냥당하기에 이르러서는 '이제 안 되겠다.' 라는 느낌을 깊게 받은 것이다. 입대 하루 전인 6월 29일에 나는 은행장 댁에 인사드리러 갔다가 그때 건강을 해쳐서 요양하고 계셨던 은행장은 일부러 현관으로 나와 격려해 주셨다. 그러나 그때 은행장에게는 평소의 건강함은 전혀 찾아볼 수가 없었다. 어쩐지 초라하고 허약한 듯이 느껴진 것이었다.

그리고 내가 입대하고 경성에서 부산으로 전진하여 영도에서 종전(終戦)을 맞이한 것이 8월 말쯤이었다고 생각된다. 부산지점장의 기시다 키요시(岸田清淑)씨로부터 하야시 은행장이 일본본토로 귀환하던 도중 시내 모씨 집에서 쉬고 계신다는 연락이 와서 입대 이후 고생을 함께 했던 헤이겐 에이이치(平原英一)군과 함께 모씨 집에 서둘러 갔지만 그때 은행장은 이미 이 세상 사람이라고 생각되지 않는 정도로 초췌했다. 그 애처로운 모습에 나는 뭐라고 드릴 말이 나오지 않았다. 하염없이 쏟아지는 눈물에 어쩔 수 없었다. 헤이겐(平原)군은 엉엉 소리를 내며 울고 있었다. "자네들! 수고했네." 이것이 은행장으로부터 들은 마지막 말이 되어 버렸다. 그로부터 얼마 지나지 않아 은행장은 하카타(博多)의 대학 병원에서 돌아가셨다.

그해 10월 말쯤이었을까. 나는 가족을 고향으로 보내고 다시 하카타에 왔더니 운 좋게도 하야시 은행장의 이장이 이루어진다고 해서 도쿄지점에서 파견된 바로 마스오(益夫)군과 나 두 사람은 그 식에 참석하는 영광을 누렸다. 그러나 그곳에 참석한 사람들은 은행장 미망인이나 가까운 친척분들과 우리 두 사람뿐 극소수였다. 들은 바에 의하면 장례식 때도 은행대표로서 차석급인 모군이 조문을 낭독했을 뿐이라고 하는데, 한때 조선총독부의 재무국장, 식산은행장으로서 나는 새도 떨어뜨릴 정도의 지위에 있던 분의 마지막을 애도하기에는 너무나 쓸쓸했던 것이었다.

녹색의 넓은 바다 남쪽으로 뻗어
대륙 북쪽으로 이어지는 곳
빛이 넘쳐나고 환희는 춤을 춘다
이곳에 번성하는 산업조선
개척할 사명을 짊어지고 일어선다
그 이름이야말로 우리가 식산은행

이것은 말할 것도 없이 하야시 은행장 시절에 만들어진 식산은행의 은행가이다. 은행장도 우리도 조칙을 삼가 받는 날 등에는 자주 이 은행가를 제창하곤 했다. 국민복에 몸을 단단히 하고 삭발하신 은행장의 그 모습, 선전의 조칙을 읽으신 힘찬 그 목소리, 그리고 우리와 함께 황국의 필승과 행운의 융성을 기원하셨는데, 그것도 허망하게 하야시 은행장의 그 모습도, 목소리도 종전(終戰)의 먹구름 저편으로 홀연히 사라져간 것이다.

지금 하야시 은행장의 넋은 후쿠오카(福岡)현 무나카타(宗像)군 겐카이마치(玄海町) 천복사(泉福寺)의 묘지에 조용히 잠들어 계신다. 하얀 모래 푸른 소나무의 해변을 마주하고 있는 곳이다. 아득히 풍랑이 휘몰아치는 현해탄을 사이에 두고 조선의 산들이 줄지어 늘어서 있는데, 하야시 은행장은 지금도 38도선으로 갈라져 고난의 길을 걷고 있는 한반도를 깊이 생각하고 계시는 것은 아닐까.

(전 식산은행 특별 제2금융부장, 현 송판(松坂)고등상업학교)

49. 하야시 은행장을 기리며

아카기 마스오(赤木万壽夫)

내가 비서역으로 하야시 은행장의 측근에서 직접 지도를 받으면서 근무한 것은 1943년 4월에 시작되어 이후 전쟁이 끝날 때까지 약 2년 반에 걸친 짧은 기간이었다. 그러나 이 기간이야말로 전쟁의 말기였고 우리나라(일본: 역자)는 역사상 처음인 국난 속에 전 세계가 비상한 긴장감에 휩싸여 있었고, 그 와중에 하야시 은행장은 식산은행의 수장으로서 또한 수많은 공직을 겸임하면서 최고지도자로서 중대한 직책을 맡아 하루도 긴장과 격무로 심신의 피로 속에서 한시도 마음 편히 쉴 틈도 없이 활동을 계속하였다. 또한 그 후반기에는 오랜 세월에 걸친 심신의 과로로 인해 반년 동안 중병에 걸려 병상에 누워 계셨으며, 병상에 있으면서도 여전히 당당한 의지를 가지고 계속해서 행정 업무의 지휘·지도를 하루도 쉬지 않고 나날이 심각해지고 중대화되는 시국에 대처하여 그 직책을 완수하기 위해 마지막까지 노력하셨다. 마침내 다시 일어나지 못하고, 종전(終戰) 직후 우리나라(일본: 역자)와 운명을 같이 하듯 수많은 한을 품고 세상을 떠나게 되어 참으로 파란만장한 세월이었다. 그 기간 동안 매일 측근으로 모셨던 나로서는 잊을 수 없는 길고 긴 세월로 느껴지며 당시를 돌아보니 그 이후 17년이 지난 오늘날 더욱더 수많은 추억과 감회는 끊이지 않고 절절하게 가슴에 와 닿는 것이다.

내가 비서역에 취임할 무렵에는 태평양전쟁 서전(緖戰)103)에서 찬란한 전쟁의 승리의 꿈도 희망도 이미 깨지고, 태평양 저편의 적의 반격은 나날이 날마다 격렬해지고 전쟁의 상황은 장기전 단계에 접어들면서 우리나라(일본: 역자)의 사정은 점차 긴박하고 고뇌가 많은 양상을 보이기 시작하면서 거국적으로 생산력 확충을 외치고 있었다. 식산은행도 역시 그 짊어진 중요한 사명에 기초하여 조선의 중요 광·공물자의 개발, 생산력 확충 자금 공급을 최우선 과제로 삼아 전쟁 시 금융의 강화 추진과 저축의 증강에 총력을 결집해야 할 중요한 시기를 맞이하고 있었다.

하야시 은행장은 식산은행장으로 취임하기 전, 오랜 기간 조선총독부 관리로 근무하였으며, 마지막에는 재무국장으로서 조선의 재정경제를 관장하였다. 그 명석한 두뇌, 명쾌하고 유창한 언변은 그 품고 있던 깊은 식견과 함께 일찍부터 일반적으로 명성이 높았고, 또한 당시 의회에서 널리 의원들 사이에서도 높은 칭송을 받고 있었다. 1914년 조선총독부 관리로 임명된 이후 24년간에 걸친 경력의 그 대부분을 재무 관련 요직을 역임한 은행장에게는 조선의 경제, 산업에 관해서는 누구에게도 뒤지지 않는 깊은 조예를 가지고 있었다. 따라서 조선총독부 정치와 표리일체(表裏一體)를 이루는 특수은행인 식산은행의 은행장으로 취임한 하야시 은행장으로서는 다년간의 재임기간 동안 축적된 조선 산업경제에 대한 심오하고 또 귀중한 지식과 체험에서 생기는 강한 자신감과 식산은행 본래의 사명에 더하여 전쟁의 시국하에 새롭게 부여된 생산력 확

---

103) 전쟁이 시작될 무렵의 처음에 하는 싸움.

충이라는 전시 금융의 새로운 중대 사명에 대한 강렬한 책임감에 근거한 견고하고 확고한 신념을 굳게 가지고 이 난국을 맞고 있었다.

이미 1937년 취임 초기부터 기존의 은행조사과의 조직체계를 확대하여 대조사부로 발족시켜 전쟁 시국하의 금융 태세 확립, 조선 산업 전반에 걸친 철저한 조사, 나아가 일본본토와 대륙을 통한 경제·산업 그 외의 만반의 자료수집 조사를 통해 시국의 진전에 즉시 대응할 수 있는 업무전개에 대비하였다. 또 한편, 조선 내 중요자원 긴급개발을 위한 시국자금의 수요 급증에 대처하여 1940년에는 본 시국자금 업무를 전담하기 위해 새롭게 특별금융 제1부 및 특별금융 제2부를 설치하여 각 산업분야로 나누어 전문적으로 또 적극적으로 중요자금 공급의 적절화, 원활화를 도모하고, 나아가 이들 중요 자금조달을 위한 채권발행 업무의 확충 강화를 기대하기 위해 증권부의 독립을 꾀하였다. 이러한 시국에 부응하는 부서에는 은행 안팎에서 뛰어난 인재를 발굴하여 이에 배치하는 등 착착 조직 및 인사면에서 전시체제를 정비하고, 이를 이끌며 열렬한 기백으로 밤낮으로 선두에서 몸을 바쳐 일하신 모습은 지금도 생생하게 떠오른다.

은행장은 일상적인 은행의 운영 통솔에 있어서는 항상 선견지명을 가지고 대국적으로 임원과 직원을 강하게 지도하셨고, 부하의 적극적이고 또 솔직한 의견을 열심히 듣고 난 뒤 심사숙고를 거듭하여 그 뒤에 신속하고 명쾌하게 옳고 그름을 판단을 내렸다. 이를 실행에 옮기자 진정으로 대담하고 강력하게 책임을 한 몸에 지고 과감하게 실행을 명령하였으며 바로 뒤얽힌 마(乱麻)를 끊는 것처럼 그 탁월한 식견과 과감한 실천력은 항상 모두의 존경의 대상이었다.

은행장의 방침 전달하기 위해 지점장 회의를 수시로 소집하고 또 본

점에서는 매주 정기적으로 전체 부장을 소집하여 각 소관 업무에 대한 상세한 보고를 요구함과 동시에 은행장의 방침, 소신을 항상 말씀하셨는데, 그 훈화 말씀은 시종일관 논지가 정연하고, 간결하고, 주도면밀하며 또 열정이 넘쳐서 귀를 기울여 듣게 된다. 듣는 사람으로서는 분발하지 않을 수 없는 감격의 연설이며, 그 통솔력이 강렬하고 또 훌륭한 것은 그 누구도 쉽게 비교할 수 없었다.

이리하여 은행장을 중심으로 매일 제반의 업무 방침이 진지하게 검토되고, 시시각각으로 바뀌는 당시의 정세에 따라 유감없는 대책을 세우기 위해 임직원 일동의 총의(總意)와 총력(總力)이 결집되어 은행장실을 중심으로 긴장의 빛이 짙은 날이 계속되었다.

은행장은 규슈 후쿠오카 출신으로, 청년 시절부터 현양사(玄洋社) 정신의 흐름을 잘 알고 있었기 때문인지 기개와 도량이 넓고 커서 사소한 일에 구애받지 않고, 호방하고 깊은 생각으로 항상 국사를 걱정하고 국사를 논하셨으며, 그 풍모와 성품 속에 국사(國士)의 모습을 다분히 간직하고 계셨다. 은행장을 방문한 친구나 지인들 중에서도 당시 자타가 공인하는 국사로서 임명된 유명한 인사가 많고, 또한 이런 분들과의 교제도 지극히 두터웠다. 특히 은행장과 친밀한 교제가 깊었던 고(故) 나카노 세이고(中野正剛)[104]씨가 "진정한 우국충정의 남자다."라고 말했던 것처럼 바로 은행장의 진면목을 잘 보여주고 있다.

하야시 은행장은 한 번 입을 열면 그 감추고 있던 깊은 식견과 조예에서 우러나오는 드문 열변을 토로하기도 했지만, 평소에는 매우 과묵하

---

104) 나카노 세이고우(中野正剛, 1886~1943) : 후쿠오카 출신의 정치가. 신문기자를 거쳐 중의원 의원이되어 헌정회, 입헌민정당에 소속되었다. 동방회를 조직하고 민간에서의 전체주의 운동을 추진했다. 「戰時宰相論」에서 도조 히데키(東条英機) 수상을 비판, 내각 타도를 꾀하다 체포되어 석방 직후 자살했다.

고 또 그 눈빛은 사람을 쏘아보는 듯한 날카로움이 있어 당시 은행장을 처음 접하는 사람들은 누구나 왠지 모르게 가까워지기 힘들고 친숙해지기 어렵다라는 인상을 받고 있었다. 처음 비서역으로 일상적으로 은행장 곁에서 근무하게 된 나로서도 당시 처음에는 같은 마음으로 과연 그 중대한 임무를 감당할 수 있을까 하는 큰 불안감을 안고 그 임무를 맡았는데, 임무에 착수하자마자 은행장은 "이렇게 하라, 저렇게 하라."는 어떤 하나의 지시도 하지 않으셨고, 내 뜻대로 처리하는 일들에 대해서도 아무런 주의도 없어서 오히려 나 자신도 당혹스러운 생각이 들었다. 이것도 부임하자마자 내 마음이 위축되는 것을 막고, 마음을 편안하게 해서 공부시키려는 따뜻한 부모의 마음이었을 것이다. 은행장은 나의 부임 직후에 "이런 시대가 되면 어쨌든 사람들의 마음은 거칠어지기 쉽고, 그러므로 각계각층에서 불화와 마찰이 생기기 쉽다. 이때야말로 일본인은 서로 화합하고 서로 도와야 하는 중요한 시기이며, 은행 내부는 물론 대외관계의 교섭에서도 특히 화합하도록 유의해야 한다."라고 야마토(大和)의 정신[105]을 특히 가르쳐 주셨다. 은행장의 재임기간 동안 이 야마토의 정신은 항상 강조되고 또 그 구현을 위해 노력하셨으며 은행장의 방 벽에 시종일관 걸려있던 액자에 「화이불류(和而不流)」[106]의 문자

---

105) 야마토 정신(大和魂)의 언어·개념은 '한재(漢才)'라는 언어·개념과 짝을 이루어 생성된 것으로 화혼한재(和魂漢才)라고도 한다. '한재(漢才)', 즉 중국 등에서 유입되어 온 지식·학문을 그대로 일본에 이식하는 것이 아니라 기초적 교양으로서 채택하여 이를 일본 실정에 맞게 응용적으로 정치나 생활에서 발휘하는 것을 야마토 정신(혼)으로 여겼다. 시대에 따라 조금씩 다르게 사용되었고 제2차 세계대전기에는 군국주의적 색채를 강하게 띠어 현상을 타파하고 돌격 정신을 고무하는 의미로 사용되는 경우가 많았다. 그러나 여기서는 탁상의 지식을 현실의 다양한 상황에서 응용하는 판단력과 능력을 나타내는 것으로 주로 '실무능력'의 의미로 사용되는 동시에 '정서를 이해하는 마음'이라는의미로 사용된 것이다.
106) 화합하되 휩쓸리지는 않는다.

야말로 은행장이 평소에 품고 계셨던 마음이었을 것이다.

　은행장은 전시금융을 비롯한 기타 중요 시책을 추진함에 있어서는 항상 조선총독부의 시정방침을 근간으로 삼고 무슨 일을 처리할 때에도 항상 총독부와의 연계 협조를 강력히 요청하여 담당 부서에 지시를 내리는 동시에 바쁜 와중에도 친히 자주 연락하고 절충하여 약간의 차질도 없도록 하였다. 또한 당시 전쟁 국면의 진전에 관해 육해군부의 강력한 요청에 따른 교섭도 점차 더해졌고, 더욱더 당시 우리나라(일본; 역자)의 경제, 산업계에서 그 차지하는 중요성의 비중이 현저하게 증가한 조선을 중심으로 한 중요 국책의 검토와 협의를 위해 일본본토에서 관계(官界), 정계(政界), 재계(財界)에 있는 수뇌부의 조선 진출도 계속해서 이어졌다. 이들 인사들과의 중요회의 또는 개별적 회담은 전혀 응대할 틈이 없는 상태에서 은행장은 식산은행장으로서 또는 조선 재계의 거물급 인사로서 자진 출석하여, 마음을 열고 협상에 임해 자리를 비울 날도 없이 이른 아침부터 늦은 밤까지 각 회의에 참석해서 국사를 논하고, 조선의 생산력 확충을 깊이 기대하고 열망하는 우리나라(일본: 역자) 각계의 의견, 요청을 듣고, 그 위에 식산은행 전시금융의 중점적 지향의 문제에 대해 검토를 거듭하였다. 이 무렵 조선총독, 정무총감, 조선군사령관, 참모장, 해군무관부, 조선은행 총재의 각 비서관, 부관, 비서역 등과 서로 상의하여 각 기관 간의 연락을 긴밀하게 하고, 상호 연계를 원활하게 할 목적으로 비서회(祕書會)를 결성하여 수시로 모여 친목과 협조를 돈독히 하기로 하였다. 본 기획에 대해 은행장은 크게 기뻐하며 전폭적인 지지와 격려를 해주었는데, 이것도 평소 은행장이 얼마나 열심히 외부 교섭 면에서 각 방면과의 연계 화합에 힘을 쏟고 염원하고 있었는지를 보여주는 일면이다.

일상의 바쁜 틈을 타서 도쿄에 중요한 직무로 출장, 조선 전역에 걸쳐 산재해 있던 당시 74개를 달하는 지점 및 출장소 시찰, 관계처 중요 광산, 공장 시찰, 지방 관청 간부와의 협의 조정 등을 위한 연이은 조선 내 출장, 나아가 조선총독부의 위촉에 따른 조선 내 농업, 공업, 광업의 각 부문에 걸친 생산 증가 격려를 위한 시찰 여행 등 수많은 출장에도 은행장은 시간을 쪼개어 자진해서 나가셨고 그동안 자신의 피곤함 등의 이유로 이것을 중단하거나 중단할 것 같은 일은 한 번도 없었다. 여행에 나서자마자 시종일관 매우 열심히 적극적으로 각지의 순시에 힘쓰셨고 하루도 지치지 않고 전 여정을 마치셨다.

더욱이 조선농회장을 비롯하여 산업계, 경제계 또는 정신작흥운동(精神作興運動)면에 이르는 조선 각계의 중요 단체의 장으로서 관여되었던 공직은 실로 백 개의 단체에 이르렀고, 이것의 운영도 직접 지도를 하여 다른 사람에게 맡기는 일이 없었다. 이처럼 은행장의 전 활동 범위는 조선의 전 분야에 걸쳐 명실상부한 조선 재계의 거물이자, 최고 권위자로서, 조선의 발전과 그 지위 향상에 중추적인 공헌를 한 것이다.

이와 같이 식산은행 내는 물론 대외적으로도 활동 분야를 넓혀 당시 은행장의 몹시 바쁜 일상생활 모습은 전혀 상상을 허용하지 않을 정도로 혹독하여 연일 한시도 쉴 틈 없이 동분서주하였다. 전혀 자신의 몸과 건강을 돌보지 않고 오로지 나라를 위해 조선을 위해 식산은행을 위해 심혈을 기울였고 또한 건강하게 활약을 할 수 있었던 것은 참으로 상식으로는 생각할 수 없는 일이며 그 기간을 견뎌낸 것은 완전히 은행장의 강한 책임감과 왕성한 정신력이 있었기 때문이다. 식산은행은 특수금융기관이기는 하지만 수많은 주주를 가진 영리기업체로서 또 가장 견실한 경영을 요청받은 금융기관으로서 아무리 중요한 국가의 요청에 의한 자금이라 할지라도 이것이 원만한 회수를 도모하는 것을 전제로 하는 것은 은행인으로서 당연한 책무임은 분명한 이치였다. 평소 특히 견실한 경영을 염두에 두었던 은행장으로서 이 시기에 처한 비상상태와 급박한 전쟁 상황 속에서 긴박함을 알리는 자금 수요는 나날이 증가하여, 이러한 국가 요청과 은행인으로서의 이념 속에서 고뇌하고 번뇌하는 날이 많았고, 또 육체적으로 피곤한 기색을 가끔 볼 수 있었다. 그러나 은행장은 한 마디의 푸념도 입 밖에 내지 않았고, 이 고뇌와 피로를 그저 감추고 진두에 서서 부하를 독려하던 당시 은행장을 회상하며 나아가 이 무리한 생활이 그 직후 중병의 원인이 되었던 것을 생각하니 가슴이 아픕니다.

1943년 여름 은행장은 조선총독부의 위촉을 받아 광공업 생산 증강의 시찰과 현장 독려를 위해 남조선에 있는 대표적인 중요 광산을 순방하게 되어, 나도 이에 수행했다. 목적지였던 광산은 모두 동서 조선의 중앙부, 그 척추 산맥에 따라 산재해 있으며, 무엇보다도 산간벽지의 지역에 소재하고, 원래부터 교통편도 없는 곳이어서 쉽지 않은 난행이 예상되었다. 먼저 강원도 아래의 무연탄 광산, 특수 금속 광산을 시찰한 후 남쪽으로 내려와 당시 그 분야에 걸맞은 생산을 자랑하던 텅스텐 광산, 조선 제일의 산금량을 보유한 금산을 순방하고, 다시 남하하여 경상북도로 들어가 망간, 납, 아연 광산을 시찰하고 산간 지방 여정을 되풀이하는 일이 일주일에 이르렀다. 그 여정의 거의 전부는 인적이 드문 산속의 연속이며, 광석 반출을 위해 급조된 산 정상 또는 산간의 위험천만한 길을 간담이 서늘해져서 차를 몰고 십 수 킬로미터에 이르는 길 없는 산야를 넘어서 길을 건너간 것도 여러 차례 있었고, 또 밤에는 간이 광산시설의 한 방에서, 또 때로는 조선식 온돌의 허름한 방에서 꿈을 꾸는 아주 고된 여정이었지만, 은행장은 이것도 개의치 않았다. 안내인이 준비한

산에서 탈 수 있는 가마도 이 여행 목적이 현지 광산 종업원의 독려에 있다는 것을 고려해서, 이것을 타는 것을 강하게 거절하고, 울창한 관목산초를 헤치며 안내인과 나란히 선두에 서서 나아갔다.

점차 목적한 광산에 도착하자 쉴 틈도 없이 곧바로 갱도로 들어가 일반인은 낙석 사고로 인한 위험 때문에 입갱을 회피하고 있는 갱도 깊숙이 진입하여, 맨 끝자락 채굴 현장의 어둠속에서 묵묵히 일하고 있는 광부들에게 일일이 편안하게 위로와 격려의 말을 해주면서 시간이 허락하는 한 철저하게 갱 내부를 구석구석 순찰하기 일쑤였다. 각 광산에서 갱내 및 선광(選鑛)공장 시찰의 밤에는 해당 지역에서 1박을 하고, 그 다음날 아침 일찍 입갱 전에 전 광부와 광산 관계 직원 일동을 집합시켜 단상에 서서 지극히 열렬한 어조로, 또 간곡히 훈시를 주어 시국의 중대성을 설파하고 중요 물자의 급격한 증산이 우리나라(일본: 역자)에 얼마나 중요한지를 설명함으로써, 이로써 전 직원의 한층 더 분발하고 활약하기를 강력히 요청하였다. 가끔 광부 중 동아시아에 속한 외국인 노무자의 모습이 있다는 것을 알아차리고 이번 전쟁이 전 동아시아를 위한 전쟁임을 강조하면서 지극하게 주도면밀하고 힘찬 연설을 거듭하셨고, 모두에게 강한 감명을 주었다. 열렬한 독려와 시찰로 인해 여정은 점점 예정보다 늦어졌고 마지막 일정에서는 마침내 한밤중 어둠을 뚫고 산간, 해안을 몇 시간 달려서 겨우 목적지에 도착하게 되었다.

은행장은 무슨 일을 처리함에 있어서도 매우 적극적이며, 대단한 열의로 가득 차서 철저하지 않으면 멈추지 않는 기백으로 초지일관하고, 만약 어중간한 것은 강하게 배척하셨다. 이번 여행을 통해 은행장의 직책 수행에 대한 강한 열의와 모든 일을 적극적으로 또 철저하게 규명하려는 태도를 눈앞에서 보고 나는 깊은 감명을 받았다. 여행에서 돌아온

지 2일 후에 나는 출장 중의 모든 자료를 취합하여 제출하기 위해 은행장의 댁을 방문했더니, 은행장은 이미 이번 여행에 관한 보고서라고 할 수 있는 두꺼운 서류를 직접 준비하여 작성을 완료하여 나에게 보여주었다. 실로 세세한 것까지 시찰 결과가 기록되어 있는 서류를 보고 나는 놀라움과 함께 부끄러워서 몸 둘 곳이 없다고 생각을 했다. 언제, 어디서 이만큼의 자료를 수집하고 또 빨리 정리한 것인지, 아마도 밤낮없이 고행의 여행 중에 이미 생각을 정리하여 집에 돌아오자마자 피곤함 속에서 즉시 붓을 잡으셨겠지만, 새삼스럽게 은행장의 투철한 기억력의 위대함과 업무에 대한 열의와 근면의 강대함에 대해 존경과 경외심을 깊이 갖게 되었다.

은행장은 또 남들도 아는 지극히 꼼꼼한 분으로, 어떤 일도 남의 손을 빌리지 않고 최대한 자신의 손으로 일을 처리하여 다른 사람에게 수고와 번거로움을 끼치지 않도록 항상 유의하고 있었다. 공사의 구별은 지극히 확실하고 엄격하여 행동거지 하나하나에 절도(節度)를 중시하여 예절을 지키며, 장난 삼아 친한 사이에도 버릇없이 구는 것 같은 기분과 태도는 절대 용서하지 말라고 평소에 특히 엄격하게 훈계하셨다. 매일 발뒤꿈치가 서로 닿을 듯한 정도로 많은 방문객들에 대해서도 공사를 막론하고, 그 응대는 지극히 엄숙하고 또 정중하였다. 그 성격 때문에 일상의 신변은 언제나 가지런하고 질서 있게 처리되며, 책장, 책상 속의 서류도 사람의 손을 빌리지 않고 스스로 정리해, 각종 업무상의 중요 계획, 중요사항도 반드시 자신의 수첩에 명확하게 분류하여 기입하고, 특히 평소에 힘을 쏟으셨던 예금 증대에 관해서는 전 지점을 통한 성적 일람표를 만들어 매월 그 증감을 스스로 기입하여 그 수첩을 항상 품속에 가지고 다니며 그때그때 언제라도 업무의 대세를 알 수 있는 자세를 유지하였다. 따라서 때때로 급하게 당황하며 서류를 찾아 다닌다는 일은 내 기억에는 한 번도 없었을 정도이다.

또한 당시에는 신문사, 잡지사에서, 시국에 관한 정치, 경제, 산업 각 방면에 관한 은행장의 소견, 감상을 요구하는 의뢰가 잇따랐고, 그때마다 은행장은 최대한 이것을 흔쾌히 응하여 스스로 붓을 잡거나, 혹은 원고 원안 작성 방법을 하명받기도 하였으나, 은행장에게 제출한 원안에 대해서는, 재삼, 재사 정독하여 검토 후 납득하실 때까지 몇 번이라도 가필(加筆) 또는 수정을 명령하셨다. 때로는 인사말과 같이 간단한 것에도 전 항목에 붉은 글씨가 꽉 찰 정도로 교정을 받기도 하며, 어떤 일이든 철저하게, 마음에 들 때까지는 검토를 거듭하고, 아무리 사소한 일이라도 그것을 등한시하는 일은 없었다. 앞서 언급한 바와 같이 하야시 은행장이 달변가로서 언변이 시원했던 것은 그 고매한 식견, 명석한 두뇌와 함께 특히 정평이 나 있었지만, 크고 작은 여러 방면의 집회에서 그 웅변을 펼치기 전에는 확실한 자료의 수집, 연설 내용 원안의 작성에 관해서는 심사숙고하여 몇 시간 동안 이것을 다듬고 다듬어 거의 전체의 원안이 까매질 정도까지 퇴고에 퇴고를 거듭하셨다. 은행장의 정평 나 있는 달변 속에는 보통 사람이 알지 못하는 세심하고 주도면밀함과 노력이 담겨져 있었다.

은행장은 또한 그 호방한 면모에 비해 실로 세세한 것에 마음을 쓰는 분이며 공과 사를 막론하고 놀라울 정도로 세심한 부분까지 신경을 써서 방심해서 실수가 생기지 않도록 노력하셨고, 또 우리도 시종일관 주의를 받았던 것이었다. 특히 공적인 여러 행사 등의 있어서는 만반의 준비에 세세한 부분까지 지시하여 부족함이 없었다. 당시 각계각층에 걸친 폭넓은 업무와 이에 따른 대외적인 업무가 방대했던 관계로 손님 초대 연회도 많았다. 당시 이미 물자의 부족이 심해져 접대에도 평소에 볼 수 없었던 여러 가지 곤란한 사정이 수반되었던 시절이었지만, 은행장은 평소―손님을 초대함에 있어서는 단순한 의례적인 것이 되어서는 안 된다. 성심성의껏 접대할 수 있도록 최대한의 준비와 배려를 해서 맞이하고, 만일 부족하여 예의를 잃는 일은 엄중히 경계해야 한다. 부족한 가운데도 다만 우리 측의 성의와 환대의 마음이 전해지도록 배려하는 것이 중요하다.―라는 말씀을 하셔서 우리도 만반의 준비를 갖추기 위해 노력했는데, 은행장도 미세한 점까지 이것저것 지시를 내리셔서 손님의 좌석 서열에 관해서도 항상 직접 자리 배치를 하실 정도로 신경을 많이 쓰셨다. 연회가 시작되면 손님의 수가 몇 명이든 간에 반드시 그 한 사람 한 사람에게 친근하게 대하고 필요한 이야기, 즐거운 이야기를 나누었고, 마지막까지 정중하게 대접하여 연회장에서 자기 자리에 느긋하게 앉아 있는 모습은 거의 찾아볼 수 없었다. 많은 손님을 초대한 자리에서 은행장은 술 한잔도 사양하지 않는 자세로 접대에 힘썼지만, 초대받은 자리 또는 자택에서는 술의 양을 조절하여 건강에 유의하고 있었다.

은행장의 도쿄 출장은 시국이 진전됨에 따라 평소의 바쁘신 정도가 더해져 그 기회도 점점 줄어들고 있었으나, 중앙부와의 중요한 타협의 요긴한 임무가 발생하여 오랜만에 1944년 3월 도쿄로 출장을 가게 되어 이에 수행하라는 명령을 받았다. 그 당시에는 이미 일본본토와 조선 사이의 여행은 매우 어려워졌다. 특히 부관연락선이 미국 잠수함 때문에 격침되어 다수의 희생자를 내는 안타까운 사건이 있어 매우 위험한 시기였고 긴장감에 휩싸인 여행이었다. 전면이 새까맣게 칠해진 선체, 선실의 창밖 갑판에는 대적할 잠수함용 대포가 한순간의 방심도 없이 사방을 경계하고, 부산 출항 후 한동안 배 위 공중에서 전투기가 낮게 또는 높게 빙글빙글 돌면서 호위하는 긴박한 분위기 속에서 현해탄을 지나가는 연락선, 때때로 갑판에 집합하라는 명령을 받고 모든 승객과 함께 대피 훈련을 받으며 종일 비상용 튜브를 몸 앞뒤로 묶고 옆으로 누워도 불편한 상태에서 묘한 긴장감 속에서 묵묵히 무언가 깊은 생각에 잠겨 있는 은행장을 기다리며 단둘이서 보낸 선실에서의 하루, 고도(高度)의 등화관제(燈火管制)[107] 속에서 발밑도 알 수 없는 시모노세키의 부두 잔교(棧橋)의 어둠 속에 걸음을 옮겼던 밤중, 이것도 저것도 먼 옛날의 괴롭고도 또는 그리운 추억의 한 페이지가 되어 버렸다.

도중에 산요(山陽)선에서는 앞을 달리던 열차의 전복 사건으로 아카시(明石)역에서 아침부터 저녁때까지 꼼짝 못하는 상황이 되어 더구나 도쿄에 도착한 저녁은 때마침 가까운 바다에서 전쟁의 급박한 상황으로 인해 등불은 물론 화기 취급을 일절 금지하는 암흑의 제국 수도의 모습이었으며, 도쿄에 체류하던 약 열흘 동안에도 이미 모든 면에서 기관이 마비 상태를 보이고 있던 무렵으로 소기의 활동도 어려워 은행장으로서도 아쉬움이 많은 출장이었다. 돌아오는 길에도 교통 혼란은 더욱 심해져, 좌석조차 자유롭지 못한 극도로 불편한 여행으로 마쳤다. 생각해 보면 은행장이 조선의 관직에 부임한 이후 이때까지 30여 년 동안, 도쿄 출장 횟수는 수십 회가 아니라 수백 회에 이르렀을 것으로 생각되지만, 이 여행이야말로 은행장의 일생을 통틀어 마지막 도쿄 상경 길이었다. 돌아오는 길에 시모노세키에서 은행장은 시모노세키의 유명한 '복어' 요리점에 나를 데리고 가셨는데, 미리 준비해 두신 것이었다. 당시만 해도 일반인들이 쉽게 먹을 수 없었던 '복어' 요리를 특별히 요청하셨고,

---

107) 야간에 적의 공습 따위에 대비하여 일정한 구역에서 등불을 줄이거나 가리거나 끄게 하는 일.

고생이 많았던 이번 여행에서의 나의 노고를 위로해 주는 말씀과 함께 먹어보라고 권하셨다. 은행장은 원래 복어 요리를 무엇보다도 좋아했고, 여정의 대부분을 무사히 마치고 도착이 가까워지고 있다는 안도감까지 더해져, 나는 암흑의 관문해협의 물살을 창 아래로 바라보면서 마음 편하게 맛을 만끽하며 은행장의 여러 가지 이야기를 들었던 것도 이 여행 중에 잊을 수 없는 추억의 한 장면이다.

그 사이에도 전쟁 국면은 날로 치열하고 우리에게는 날이 갈수록 불리한 양상을 보였고, 민심의 동요도 피하기 어려워 전 국민의 정신작흥운동은 점점 그 중요성을 더해 갔다. 이러한 정세에 더해 은행에서도 전쟁 초기 이후 군복무에 소집, 징용되는 사람이 속출하여, 그 수가 해가 갈수록 가속도적인 증가를 초래하였고, 또한 이들 징용 대상자의 연령도 점차 높아져 은행 간부급에도 소집영장이 잇따르기에 이르렀고 은행 인사도 점차 막다른 곳에 이르렀다. 신규직원의 충원이 도저히 어려운 상황에서 이것을 구제하고 보완하는 길은 오직 남은 직원들의 자각과 분발에 기대할 수 밖에 없었고, 은행장도 이 위급한 시기에 "한 명의 직원이 여러 직원의 직무를 잘 처리하여 다른 사람의 보급·보충을 생각하지 말고 자기의 업무를 완수하도록 하라." 강력한 지시, 격려와 함께 그 왕성한 근로정신을 불러일으키기 위해 정신작흥운동에 관해서는 각별한 노력을 거듭하였다.

은행에서 매월 8일을 중심으로 하는 행사는 물론 관청 주최의 행사, 또는 지구대의 행사에도 새벽부터 반드시 참석해 솔선수범 지도를 하셨다. 당시에 국민복으로 몸을 감싸고 짧은 머리에 각반(脚絆)을 감은 모습은 지금도 눈에 선하다. 또한, 은행 내에 재향군인분회를 설치하여 강력한 심신단련 추진단체로 만드는 것 외에 더욱더 직원들의 체력, 정신력 단련 중심의 단련장으로 강원도 아래 동해를 따라 하얀 모래와 푸른 소나무가 있는 경치 좋은 곳에 단련 도장을 설치하여, 임직원 전원이 교대로 며칠간 숙박 후 '목욕재계'를 통한 심신수련의 대책을 세우셨다. 은행장은 1944년 7월 그 도장 개소식 사회를 겸해서 은행 내의 제1회 수련회에 참석하여 며칠 동안 동해의 거친 파도에 시달리면서도 참가자 일동과 함께 '목욕재계'의 고행을 마치고 몸소 부하 직원 일동에게 모범을 보이고 강한 의지를 보여주었다.

이 행사 기간 동안에도 매우 건강한 젊은 사람 못지않게 여러 행사를 치르셨던 은행장이었지만 그로부터 두 달이 지나고 가을바람이 불기 시작할 무렵 은행장은 가벼운 신경통의 통증을 양팔에 느끼게 되었다. 평소 자신의 건강에 관해서는 일절 입 밖에 내지 않았던 은행장이어서, 처음에는 아무도 눈치 채지 못할 정도였고, 스스로도 개의치 않고 평정을 가장하고 있었지만, 이윽고 상의, 오버코트의 착용에도 상당한 고통이 따르는 것으로 보이기 시작했기 때문에 나는 잠시 휴양을 하시기를 바랐으나, 그저 피식 웃으면서 전혀 개의치 않으시는 모습이었다. 다만 그 후에도 병세는 전혀 호전되는 기미가 보이지 않아 거듭 이사(理事)들과 함께 간절히 휴양을 권유하자 겨우 이를 받아들여, 이 병세에 효험이 있다고 전해지던 조선 최북단 함경북도 주을(朱乙)온천의 모래찜질탕에 들어가 며칠 간 요양하게 되었다. 이 일정 작성 시 은행장은 이번 기회에 북조선 중공업지대 공장과 북조선 연안의 수산업 상황을 견문 시찰해야 한다는 뜻을 강조하셨고, 결국 북조선 중요산업 시찰 가는 도중에 짧은 시일에 치료를 하는 일정이 되어 병세의 치료 시일이 극히 적을 것을 걱정했지만, 은행장의 강한 의지는 아무래도 꺾기 어려워 예정대로 9월 중순에 북조선으로 향하였다. 먼저 함흥, 성진 지구인 당시 조선의 대표적인 중공업지대의 공장을 불편한 몸을 이끌고 며칠에 걸쳐 평소와 다름없이 건강한 모습으로 시찰을 마친 후 목적지인 주을온천에 도착하였다.

　그 다음날부터 즉시 탕에 들어가 치료에 전념하였는데, 다행히 입욕의 효과가 눈에 띄게 빨리 경쾌해져서 이 상태라면 일주일이면 고통도 없어질 것이라는 밝은 전망 아래 계속해서 당분간 요양을 하시길 바랐는데, 마침 치료를 시작한 지 3, 4일째 되던 날 아침에 갑자기 "많이 좋아졌으니 이곳을 떠나 다른 숙소로 옮기고 내일부터 북조선 해안의 어업, 수산업 상황을 시찰한 후 돌아가겠다."는 말씀을 하셨다. 거듭 간곡히 휴양을 부탁드렸으나, 듣지 않고 각 방면으로 조속히 준비를 한 후 그 다음날 청진 방면의 어업, 수산조합을 순방하고, 또 수산 관계 대표자들과 간담회를 갖고, 여러 가지 의견을 교환하셨다. 그 다음 날은 마침 일요일로 휴일이었는데, 은행장은 정오가 지나서 함경북도지사를 그 관저로 불러 함경북도에서 철, 석탄, 기타 광업자원, 중요공업, 또 수산업에 관한 화제를 중심으로 몇 시간에 걸쳐 열띤 협의와 타협을 계속하고, 관사를 떠난 것은 해가 저물 무렵이었다. 마침 그날 저녁 함북지사는 주을온천장에서 중요 회의를 개최할 예정이며, 지사의 권유에 따라 은행장은 지사의 자동차에 동승해서 주을온천으로 향했고 나는 다른 차로 뒤를 따랐다.

　청진, 주을 사이 수십 킬로미터에 이르는 길은 대부분 구릉지대로서, 고개의 오르내림이 잇따르면서 자동차, 말의 통행도 드문 산간벽지를 지나는 길이었다. 게다가 내가 탄 자동차는 구형의 오래된 차로 또 대체용 연료를 사용하다 보니 도중에 갑자기 고장이 발생할 위험은 처음부터 걱정하고 있었지만, 결국 구릉지대 고개 중턱에서 기관부에 고장이 나서 나아갈 수도 물러설 수도 없게 되었다. 수리하는 시설도 산간지역

이라 물론 없고 또 수리를 도와달라고 부탁할 수 있는 지나가는 차조차
도 한 대도 오지 않아 운전자의 필사적인 수리 작업도 좀처럼 혼자서는
할 수 없어 만신창이가 되어 버렸다. 시간은 시시각각 경과하여 주위는
어느새 완전히 해가 저물어 밤의 장막에 휩싸여, 북조선의 쓸쓸한 산간
에 고립되어 불안하기도 하였다. 다행히도 그 때 앞쪽에서 한 대의 자동
차가 오는 것을 만나 그 차의 운전사가 적절하고 친절하게 협력해 준 덕
분에 차의 수리도 겨우 완료하여 속도를 높여 그 길로 주을 여관으로 향
했지만, 여관 도착은 이미 9시가 지나 있었다. 은행장은 앞서 일찍 여관
에 도착하셔서 저녁식사도 하시고 병세를 치료하는 중이라 피곤하셔서
이미 휴식을 취하고 계시리라 생각했지만 도착 보고와 내일 일정을 협
의하기 위해 숙소인 현관에서 바로 은행장의 방으로 찾아가 그 문을 연
순간 나는 깜짝 놀라 숨을 멈추고 그 자리에 서 있었다.

그것은 은행장이 도코마[床の間]108)를 등지고 단정하게 앉아 무슨
생각에 잠겨 있는 모습으로, 그 앞에는 저녁 밥상이 흰 보자기에 덮여 배
달된 채 그대로 놓여 있었고, 은행장은 아직 젓가락도 들지 않은 광경을
접했기 때문이었다. 은행장 앞에 가서 길 위의 사정을 이야기하고 숙소
에 늦게 돌아오게 된 것을 보고하며 심려를 끼쳐드린 것을 사과드리자
은행장은 "무사히 돌아와서 다행이다. 실은 때가 때이기도 하고, 또 한적
한 산간 길이라서 무슨 사고라도 났을까 하고 걱정을 거듭하며 마중 나
갈까 하던 참이었다."라고 하시면서 비로소 웃으시며 안심의 빛을 보여,
내 밥상을 자신의 방에 가져오게 한 후에야 겨우 저녁의 젓가락을 드셨
다. 나의 안부를 걱정하셔서 요양 중임에도 불구하고 내가 돌아올 때까

---

108) 일본식 방의 상좌에 바닥을 한층 높게 만든 곳. 벽에는 족자를 걸고, 바닥에는 꽃
이나 장식물을 꾸며 놓음.

지 식사도 하지 않고, 한결같이 걱정을 거듭해 주신 그 깊은 온정을 나는 가장 깊은 감명과 감격을 받았던 기억으로 지금도 마음 속 깊이 새기고 있다.

그 다음 날 은행장은 산수가 아름다운 주을천의 상류 산골짜기에서 흐르는 시냇물을 따라 깊숙이 절정의 가을빛을 살피다가 드물게 온종일 마음 편히 휴식을 취한 후 돌아왔다. 병세의 고통도 그대로여서 언제부터인가 지쳐셨지만 변함없이, 아니 점점 더 바쁜 나날을 보내셨다.

그해 말 나는 인사부장 겸직을 명령받고 전쟁이 끝날 때까지 그 자리에 있었다. 그때까지도 직무상 인사에 관한 은행장의 방침에 관해서는 기회를 틈타서 여쭈어 보는 입장이었지만, 그 무렵은 바로 결전 중이라서 이른바 송두리째 동원을 위해 직원의 소집은 연일 이어지고 일본인 직원의 대부분이라고 해도 과언이 아닐 정도로 대규모로 동원된 결과, 은행 본 지점의 운영은 극도로 곤란해져 수습하기 어려운 혼란에 빠질까봐 우려되었다. 그 동안 은행장에게 몇 차례 긴급조치를 요청한 적이 있었지만, 은행장은 시종일관 냉정하고, 적절하게 평상시의 인사관리를 무시하는 대담한 결단을 내려서 마침내 마지막까지 인사 통제는 일사불란하고 원활하게 진행되어 사소한 장애물도 없었다.

은행장은 한편으로는 추상열일(秋霜烈日)[109]처럼 자신의 신념에 어긋나는 부분에 대해서는 철저하게 그것을 논하여 깨뜨려 심한 타격을 가하였고, 또한 부하직원의 통솔 지도에 있어서도 그 방침에 어긋나는 사람에게는 냉철하고 혹독한 태도로 임하는 강직하고 엄격한 성격의 면모도 있었지만, 반면에 아니 오히려 본질적으로는 누구에게나 깊은 배

---

109) 「가을의 찬 서리와 여름의 뜨거운 햇살」이라는 뜻으로, 형벌이 엄하고 권위가 있음을 비유적으로 이르는 말.

려와 진한 애정을 가지고 이웃, 부하를 사랑하고 약자를 돕고, 모든 사람의 화합을 요구하는 끝을 알 수 없는 깊은 온정을 품고 있었다. 그 인간성은 지극히 풍부하여, 사람을 대할 때 진정으로 공평무사(公平無私)[110]하고, 인사 문제에 있어서도 폭넓게 관계자의 의견을 구하고, 그 결론에 따라 판단을 내리셨고 그 동안 한 점의 사적인 감정도 개입되지 않았다. 그 인간관의 핵심을 이루는 것은 어디까지나 인간의 성의와 열의에 바탕을 둔 적극성, 진취성과 멸사봉공(滅私奉公)[111]을 받드는 순진성이 강하게 요구되었고, 한편 교언영색(巧言令色)으로 겉만 번지르하게 꾸미는 보수적, 소극적, 아첨하는 인간은 강하게 배격하는 것에 있었다. 그러므로 직원의 경력, 나이를 불문하고 발탁하여 요직에 앉히고 한번 그 임명을 내리면 그 사람에 대해서는 전적으로 신뢰를 갖고 다른 개입은 허용되지 않았다.

한편, 공사(公私)의 사정으로 인해 일시적으로 불우한 지위에 처한 사람에 대해서는, 하루라도 빨리 기회를 주어 재기, 재건을 도모하고 불우한 상황 속에서 그 의욕상실을 초래하지 않도록 항상 배려하였고, 적절한 조치를 게을리하는 일이 없도록 지시하였다. 정년 그 밖의 이유로 은행을 떠나는 사람에 대해서도, 퇴직 후의 거취에 대해 직접 배려하여 새 직장의 알선에 스스로 나서 퇴직 후 생활 안정을 도모하고, 한편 전 직원에 대해서도 평소 그 직무에 안정적으로 근무에 전념할 수 있도록 각별한 배려를 해 주셨다. 지점 순시 여행에도 힘써 나갔지만 그때마다 지점 방문 첫마디로 지점장에게 전 직원의 건강 상태, 가정의 상황 등에 관해서 보고를 요구하고, 이어서 전 직원을 모아 벽지에서 근무하는 직원의 신상

---

110) 어느 쪽에도 치우치지 않아 공평하고 사사로움이 없음.
111) 사(私)를 버리고 공(公)을 위하여 힘써 일함.

에 깊은 위로의 말씀을 하시고 그 후 비로소 업무 전반에 대한 보고를 받는 것을 예로 들 수 있다. 또한 역 앞에까지 배웅하러 나온 직원의 가족, 부녀자에 대해서도 한 사람 한 사람 지극히 정중하게 평소의 노고에 대해 감사하고 위로하는 아름다운 감격의 정경을 자주 접했던 것이다.

그리하여 은행장은 전 부하직원에 대해, 일본인과 조선인을 구별 없이 무한한 사랑의 지극정성으로 애정어린 지도를 하셨고, 대식산은행 일가(一家)에 있어서 엄부자모(嚴父慈母)의 마음으로 취임한 이래 8년간을 이끌어 오셨는데, 이 부하에 대한 강한 신뢰와 깊은 애정의 마음이야말로, 식산은행이 전쟁이 끝날 때까지 훌륭한 인사 통제를 보여 주었고 조금의 해이함도 없이, 또한 전쟁이 끝난 직후의 대혼란 시기에 각처, 각 단체에서 인사에 대한 다툼의 혼란이 잇따른 가운데서, 일본인과 조선인 4천 명의 직원을 거느리고 있던 식산은행이, 사소한 충돌과 소동의 불상사도 보이지 않았던 요인이 된 것이었다.

또한 은행장은 고향을 깊이 사랑해서 고향의 일에는 항상 깊은 관심과 유대를 가지고 향토의 발전에 힘쓰셨고, 또 소년 시절부터 친구들과의 교우관계는 매우 두터워 보였다. 가끔 조선을 방문하는 죽마고우, 학우에게는 은행장은 반드시 시간을 내어 옛 일을 돌이켜 보며 다 같이 즐기는 자리를 마련하여, 평소의 노고를 잠시 잊고 즐거운 이야기로 한때를 보내는 것을 매우 즐거워하고 계셨다. 고향 사람들에 대해서도 신변을 잘 보살펴 주시고 은행장의 가정에는 자주 고향 사람들이 잠시 머물거나 또는 모여서 은행장은 가족들과 함께 고향 사투리 그대로 담소를 나눌 수 있어 참으로 기쁜 듯이 시간을 보내고 있었다.

은행장은 취미로 바둑과 골프를 즐기셨는데, 둘 다 실례이지만 아마추어의 영역을 벗어나지 못할 정도였고, 또 무슨 일을 제쳐놓고 이것에 열중하는 일도 없었다. 특히 태평양전쟁에 돌입한 이후, 평소의 공무가 격하게 바빴기 때문에 느긋하게 이를 즐길 수 있는 시간적, 정신적 여유도 없어서 자신의 취미에 흥미를 느낄 수 있는 일은 거의 없었다. 요전에 근교의 풍경을 찾아 산책을 나가는 것이 평소의 위안거리이자 취미이기도 했다. 특히 봄, 가을의 좋은 계절에는 가족, 친척들과 같이 경성 주위의 산야로 피크닉을 가서 스스로 앞장서서 산길을 따라가면서 계곡 주변에 단란한 장소를 정해서 가지고 간 냄비 요리도 모든 조리과정을 남의 손에 맡기지 않고 전부 자신의 손으로 마련해 모두에게 맛 자랑과 함께 권하는 것을 즐겼고 마음껏 자연의 기운에 젖어 하루를 보내는 일도 있었다. 이 날의 풍류적인 놀이가 당시 고단했던 은행장의 심신의 피로를 풀어주는 유일한 최선의 휴식 시간이었던 것 같다.

1937년 중일전쟁 발발한 때와 동시에 은행장에 취임한 이후, 전쟁 시국 속에서 전혀 숨 돌릴 틈도 없을 정도의 격무와 정신적 피로의 세월은 이미 7년에 이르고, 평소 은행장의 건강에 관해서는 주위 사람들이 한결같이 걱정을 하여, 피로 때문에 몸이 상하지 않도록 때에 따라서는 휴식을 취하시기를 간곡히 건의도 드리고, 부탁도 드렸다. 그러나 은행장의 기백으로서는 우리나라(일본: 역자)의 흥망과 관련된 이 전쟁 시국 속에서, 전선에 있는 사람들을 생각하면 편안하고 한가로울 수 없다며 휴양도 하지 않고 업무에 힘쓰면서 1944년도 연말이 다가왔다. 그리고 점점 절박해질 무렵, 조선총독부의 위촉으로 남조선 전라남도 방면으로 농산물 공출 촉진 독려 업무로 출장을 가셨다. 이미 혹한기 무렵이라 여정 중에 가벼운 감기에 걸려 돌아오셨지만 특별히 별일 없이 건강하게 연말을 보내시고 1945년 신년을 맞이하셨다. 새해 첫날은 이른 아침부터 흰 눈이 펄펄 내려 한기가 감도는 매서운 설날이었다. 이날 새벽부터 거행되는 조선신궁의 연초 행사에 참석할 예정이어서 이른 아침부터 댁을 방문했는데, 혹한으로 자동차의 갑작스러운 고장 때문에 시간에 맞춰 갈 수 없어서 결국 취소하시고 기분은 매우 안 좋았지만 9시부터 거행되는 은행의 연례적인 신년의식에 참석하였다. 3층 대회의실 식장에 참석한 임직원 일동을 앞에 두고 은행장은 약 1시간에 걸쳐 은행이 평소 애송하던 야마나카 시카노스케(山中鹿之助)[112]의 작품이라고 일컬어지는

근심 어린 일은 곧바로 그 위에 쌓아라.
한정된 자신의 힘을 위해서[113]

의 구절을 중심으로 드디어 결전의 해를 맞이하는 연초에 전 직원에게 한층 더 어려움을 참고 부지런히 힘쓰도록 요구하며, 한 마디 한 마디 열변을 토하듯이 신기할 정도의 열정을 담아 훈시하였다. 일동은 고요히 이 열변에 귀를 기울이며 다시 각오를 새롭게 한 것은 말할 것도 없이, 이 훈시 열변이 은행장으로서 직원들을 향한 마지막 훈시가 된 것을

---

112) 전국시대의 무장이다. 시마네현 사람으로 본명은 유키모리(幸盛)이다. 니시코(尼子) 가문을 주군으로 섬기며 모리(毛利) 가문과 싸웠다. 야마나카는 니시코의 항복에도 니시코 10용사와 함께 니시코가의 부흥에 노력했 다. 오다 노부나가(織田信長)에게 의지하여 도요토미 히데요시(豊臣秀吉)를 따라 중국 정벌에 출전하였으나 후에 모리 군에 붙잡혀 죽었다.

113) 아카기 마스오(赤木万寿夫 : 전 식산은행 인사부장 겸 비서)는 이 작품이 '야마나카 시카노스케(山中鹿之助)' 의 작품으로 일컬어진다고 썼다. 그러나 위 가사는『蕃山全集』제7집에 실려 있어 '구마자와 반잔(熊沢蕃山)'이 지은 것이라는 설이 더 설득력을 얻고 있다. 구마자와 반잔은 에도 초기의 양명학자로, 일본에 양명학을 처음 수용한 나카에 후지키(中江藤樹)의 제자이다.『蕃山全集』의 1~6권은 1940년에서 1943년까지 <번산전집간행회>에서 간행하였고 7권은 증정판이다. 이 가사는 '고민거리야 찾아와라. 자신의 힘에는 한계가 있지만, 최선을 다해 노력하겠다.'라는 의미라고 한다.

생각하니 특히 감명이 깊다. 이 마지막이 된 훈시에 인용된 가사의 정신이야말로 평소 은행장의 몸 속에 맥맥이 흐르고 있었던 것이며, 길었던 비상시국 아래 공과 사의 모든 생활의 핵심이 되고, 또한 활동의 원동력이 되었던 것이다.

새해 들어 감기에 걸린 상태는 크게 변화도 없어 요양에 힘쓰고 계셨는데, 1월 8일에 은행장은 모 회합의 자리에 나가기로 약속이 잡혀 있었다. 설날 이후 한기는 여전히 수그러들지 않고 연일 영하 10도를 밑도는 혹한의 날씨였고, 또 집회 장소에는 어떤 난방기구도 없는 상태였기 때문에, 나는 가족들과 함께 은행장의 병환이 악화될 것을 염려하여 당일의 참석 중지를 간곡히 건의하였다. 이에 대하여 은행장은 "오늘 회합은 이미 일찍부터 약속한 것이므로 갑자기 결석하는 것은 상대방에게 매우 폐를 끼치는 일이며 또 다른 사람으로 대체할 수 없는 회합이므로 중지하는 것은 절대로 할 수 없다."라고 단호히 거절하시고 예정대로 참석하시어 무사히 중요한 안건을 해결하고 귀가하였다. 그런데 집으로 돌아온 직후부터 갑작스러운 고열로 역시나 강직한 성품의 은행장도 그대로 병상에 누워, 이 날을 기점으로 긴 병상에서 신음하게 되셨다. 그 후 전쟁이 끝날 때까지 약 반년에 걸친 투병 생활도 허무하게 전쟁이 끝난 직후 결국 돌아가셨지만 은행장이 전쟁이 끝난 직후 고향 후쿠오카로 치료를 위해 급하게 가신 것에 대해 일부 몰지각한 사람들 사이에서 이러쿵저러쿵 비판의 목소리가 있다는 것을 들은 나로서는 이러한 경우에는 은행장의 발병 이후 돌아가시기까지의 과정을 분명히 하는 것이 은행장에 대한 나의 책무라고 생각하므로 이 기회에 다음과 같이 자세히 적어 보려고 한다.

병상에 있었던 초기에는 단순히 감기에 걸리신 정도로 쉽게 회복할 것이라고 생각하여, 본인은 말할 것도 없이 주위 사람들도 큰 불안감을 느끼지 않았는데, 여러가지 치료에도 불구하고 병세는 전혀 수그러들지 않고 상당히 감기가 악성으로 변질된 것은 아닌지, 오히려 악화의 방향으로 진행될 우려마저 생겼다. 주치의였던 당시 경성의학전문학교 내과부장 나리타(成田) 박사의 심혈을 기울인 치료와 은행장 부인을 비롯한 여러 사람의 지극한 간호에도 불구하고, 그 후 병세는 일진일퇴(一進一退)를 반복하며 점차 쇠약해져 갔다.

은행장은 빼빼 마른 몸으로 원래부터 결코 우람하고 튼튼하다고 말씀드릴 육체의 소유자가 아니셨지만, 평소 바쁜 업무가 몸에 무리가 되는 것을 충분히 자각하면서도, 오직 왕성한 정신력에 의해서만 무리에 무리를 거듭해 왔던 것이며 여러 해 누적된 심신의 피로가 이번 발병을 기회로 한꺼번에 덮친 것으로 합병증이 발병해 병세는 깊고 무거워 주치의도 골머리 앓을 정도였다. 그리하여 음력 정월에 접어들 무렵 더욱더 쇠약해져 걱정스러운 상태가 되어, 도저히 조기 회복은 어렵고 장기간에 걸친 치료, 요양이 불가피한 단계에 이르러 은행장도 그 각오를 다지는 듯하였다. 그 무렵에는 의약품도 좀처럼 구하기 어려워 의사조차 쉽게 구하지 못하고, 게다가 일상적인 영양식품조차도 쉽게 구하기 어려운 시대이며, 치료에 필수적인 의약류 또는 영양유지식품의 조달에는 적지 않은 고심을 하며 팔방으로 손을 써서 구하려고 노력한 것이었다. 다행스럽게도 은행 내부의 분들 또는 은행 밖의 많은 분들로부터 많은 원조와 배려를 받아 심각한 물자 부족의 상황에도 불구하고, 귀중한 의약품, 식료품 또는 한방약인 귀중한 초근목피에 이르기까지 조달에 부족함이 없어 당시로서는 충분한 치료, 회복의 길을 확보할 수 있었던 것이 무엇보다도 기뻤다. 배려해 주신 분들에게는 진심으로 감사의 마음을 금할 수 없다.

은행장은 병상에서도 의식은 지극히 뚜렷하고, 평소의 기력은 조금도 쇠약하지 않고 머릿속에서 한시도 은행의 일이 떠나지 않는 모양으로, 항상 은행의 일을 걱정하시고, 나에게 매일 병상에 와서 업무연락을 하라고 명령하셔서 나는 병세에 방해가 될 것을 항상 걱정하면서도 아프신 전 기간 동안 매일 아침과 저녁, 두 번씩 은행장의 저택을 방문하였다.

그 동안 매일 은행에서 있었던 각부의 일일 업무 상황, 사건을 상세하게 보고 드리고, 이에 대한 은행장의 지시 의견을 받아 이를 은행 각 책임자에게 전달하였다. 매일 이른 아침 기분이 좋을 때는 병실에 들어가서 베갯머리 가까이 가서 그날의 중요한 용건에 관해 자세하게 말씀드리고 지시를 받는 것이 일상의 업무로 삼았는데, 은행장은 병세에 따라 때로는 기분이 안 좋을 때에도 결코 그만두라고 하지 않고 베개에 누워 천정을 바라보면서도 열심히 경청해 주시고 평소와 다름없이 날카롭고 또 세세한 질문을 하신 후 재결(裁決)하거나 상세한 것까지 지시를 내리셨다. 이렇게 해서 그 동안 하루도 이것을 중단시키는 일이 없었다. 때로는 긴급한 용건으로 불시에 방문하는 경우도 많았는데, 언제라도 즉시 병실로 불러들여 용건을 듣고, 또 때로는 무슨 일에 대해 갑자기 생각이 났을 때는 바로 병상으로 오라고 명령하여 업무를 지시하는 등 평상시와 변함없이 신속하게 은행 업무의 처리해 주셔서 그 동안 은행장의 병결로 인해 은행 업무 운영의 정체를 보는 것과 같은 일은 조금도 없었다.

1945년 5월의 은행 주주총회—이것이 식산은행 마지막 주주총회가 되었지만—에서는 이사의 개선(改選), 그 외의 중요 의안이 많아 은행장도 병중에도 여러 가지 걱정을 하신 모양으로, 중병의 몸으로 어떻게든 이번에는 참석하여 의장으로서의 책임을 다하겠다는 의사 표시를 접하고 임원들을 비롯한 우리도 놀라고 또 걱정했지만 결국 은행장은 강한 결의로 참석하게 되었다. 오랜 기간 병상에 누워 있었던 몸으로 갑자기 출근한 후 회의장의 의장으로서 사회를 보는 것은 당시의 병세의 몸 상태로 보아 도저히 생각할 수 없는 일이기에 간호사에게 구급 준비를 의뢰하고, 그 외의 만반의 준비를 하고 은행장을 의장석에 모시게 되었다. 안색은 창백하고, 초췌해진 몸을 일본 옷으로 감싸고 한걸음 또 한걸음 겨우 걸음을 옮겨 단상에 올라 희미한 목소리로 중요한 의안의 심의를 진행하던 모습은 참으로 애처로웠으며, 강당의 참석자 모두가 은행장의 강한 의지와 책임감에 감격하여 말을 잃었다.

하루라도 빨리 회복하여 다시 조선 각계 지도의 최일선에 복귀하기를 바라는 은행의 안팎, 전 조선의 수많은 사람들의 깊은 기도와 호의에 둘러싸여 계속 극진한 치료에도 불구하고, 여전히 병세는 나아지지 않았고, 한편 전쟁 상황은 나날이 비보가 전해지면서 은행장의 마음속에도 이에 따라 어두워지는 것을 느낄 수 있었다. 병중이라 할지라도 은행장은 여러 방면에서 직접 전쟁 상황 또는 시국의 움직임에 관한 정보를 항상 수집하여 시국의 실상에 대해서는 항상 깊이 알고 있었고, 매일 찾아뵙는 나에게도 가끔 전쟁 상황에 대해 말씀하시고 깊이 국가의 현황과 장래를 고려하여 국민의 일반적인 분발을 바라며 은행 현실의 문제로 생산력 확충 기타 국가 요청에 따라 더욱 다시 용감하게 나가야 할 필요가 있음을 간곡히 당부하셨다. 온 얼굴이 붉게 달아올라서 나라를 걱정하고 나라를 사랑하는 절절한 이야기를 들을 때, 나는 항상 '은행장 하야시 시게조'를 떠나 '우국국사(憂國國士) 하야시 시게조(林繁蔵)'에 강한 인상을 받았다.

이리하여 세월은 혼란 속에서 흘러 한여름의 계절을 맞이하기에 이르렀다. 7월 말경에 이르러 낫기 어려운 증세를 보였던 은행장의 병세도 조금씩 기운을 차려 나아져가는 것을 느끼게 되었고, 8월 초에는 저택 안에서 걸어 다닐 수 있을 정도로 건강이 회복되었다. 이와 동시에 은행장은 우선 이번 병환에 있어서 각 방면에서 특별히 보살펴 주시고 또 여러 가지 따뜻한 배려를 해 주신 분들에게 깊은 감사를 드리고 싶다는 간절한 뜻에 따라, 어느 저녁 이분들을 특별히 자택에 초대하여 병중에 보살핌을 받은 것에 대한 깊은 감사의 뜻을 표하며, 쾌유한 자축의 기쁨을 모두와 함께 나눌 정도였다. 동시에 발병 이후 만 7개월 만에 은행장실에 모습을 드러내셨다. 은행 직원 모두가 은행장의 건강이 회복된 모습을 접하고 은행 내에도 안도와 축복과 뭔가 마음이 든든한 공기가 넘쳤다. 은행장이 갑자기 몸이 좋아졌다고 말씀하시며 관계자들에게 병중의 인사를 받고, 더구나 무리한 몸으로 은행에 출근을 결심하시고 감행하신 마음 깊은 곳에는 아마도 모든 정보에 의해 전쟁 상황의 위기가 다가오고, 국가 운명이 정말로 위태롭다는 것을 느끼게 되어, 이 시기에 아직 병상에 누워 있는 것을 은행장의 심정으로 참을 수 없어, 몸을 던져 직장의 최일선에 복귀하여 직원 모두에게 용기를 북돋아 주고, 마지막의 직책을 완수하고 싶다는 숭고하고 열렬한 의지의 발로로 자신의 몸에 무리임을 알면서도 감히 이 행동을 취했을 것이라고 나는 믿고 있다.

은행장실에 다시 출근한 지 불과 2, 3일 만에 북조선지구에 소련군의 침입이 있었고, 조선 전역에는 유언비어가 퍼져 전쟁의 상황은 급반전하여 마침내 8월 15일을 맞이하게 되었다. 8월 15일 은행장실에 전 임원부장이 모였고 은행장을 중심으로 종전(終戰)의 천황 조칙을 모두 눈물 속에서 듣게 되었다. 얼굴이 창백해지고, 고개를 숙인 채 한동안 말한마디 없이 지친 듯한 은행장의 모습을 보며 이 날까지 자신의 목숨을 걸고 국가를 위해 자신의 몸을 돌보지 않고 진력한 은행장의 심경이 헤아려져 흐르는 눈물을 주체할 수가 없었다.

이 날을 기점으로 경성의 거리는 사태가 완전히 달라져 소요(騷擾)의 거리로 변했는데, 은행장에게는 종전(終戰)에 이어 아직 남은 일도 있어 이 뒷수습을 위해 계속해서 며칠 동안은 자택과 은행, 총독부 사이를 왕복하였는데, 그 때는 이미 거리에 폭도들도 나타나 은행장의 승용차에 위해를 가하는 사태가 발생하고 마차 통행이 어려워졌기 때문에 걸어서 소용돌이치는 군중 속을 무거운 발걸음을 이끌고 매일 움직일 수밖에 없는 사태에 빠져 있었다.

반년에 걸친 중병으로 몸은 극도로 쇠약해져 있었고, 게다가 종전(終戰)의 파국으로 정신적 타격도 컸으며, 기진맥진한 몸으로 이 급격하고 무리한 행동의 중압감은 갑자기 은행장의 병세를 악화시켜 전쟁이 끝난 후 얼마 되지 않아 다시 중병으로 병상에 눕게 되었다.

그 무렵 은행장은 다시 나를 자택으로 불러 일부러 응접실에 나오신 후 지극히 차분한 어조로, 이번 종전(終戰)을 맞이한 것에 대한 심경을 말씀해 주셨는데, 당시는 앞으로의 정세가 어떻게 전개될지 전혀 알 수 없는 때였지만, 생각을 직원들에게 전달하여 "어차피 모두가 고국으로 귀환하는 것은 어쩔 수 없는 사태가 되겠지만, 앞으로 우리 국민(일본인: 역자)의 수난은 상상을 초월할 정도로 클 것이다. 직원 각자는 공무의 처리를 완수한 후에 각자 빨리 고국으로 돌아가 하루라도 빨리 재기의 길을 강구하고 고난에 굴복한 조국 일본의 재건에 힘써서 일해 주길 바란다. 직원의 일본본토 귀환에 관해서는 조속히 만전의 조치를 강구하도록 해라."며 나에게 인사부장으로서 취해야 할 방책과 앞으로 이것에 전념하여 혼란 등이 일어나지 않도록 결의를 요구하는 지시가 있었다. 또한 은행장은 병환 중에도 가끔 가까운 측근에게 말씀하셨던 것처럼 "우리나라(일본; 역자)에 있어서, 또 은행에 있어서, 매우 중요한 시기에 오랜 기간에 걸쳐 병상에 누워, 지금 또다시 이 종전의 중차대한 시기에 병이 재발해, 직접 선두에 서서 만사를 처리함에 있어 고난을 모두와 함께 할 수 없었던 일을 깊이 유감스럽게 생각하고 또한 모두에게도 미안한 일이다."라고 마음에 품었던 생각을 말씀하셨다. 이 시기에 이르러서도 은행장은 자신의 일에 관해서는 아무 말도 하지 않았지만, 말씀을 종합하면 앞으로 공과 사의 사태가 어떻게 진행될지라도 자신만은 끝까지 조선에 발을 딛고 식산은행의 최종 처리는 자신의 손으로 완수하겠다는 강한 결의가 엿보였다. 마지막으로 은행장은 나의 비서직 재임 중 어쩔수 없었던 근무에 대해 정중한 감사와 위로의 말씀을 해 주셨고 나는 사임을 하였는데, 이 시간을 마지막으로 이후 은행장의 건강한 말씀을 듣지 못했다.

미, 소군 진입의 유언비어, 한국 해방에 들끓는 군중의 운동, 그 동안 일본본토로 귀환을 서두르는 일본인의 혼란 등 전 도시를 뒤덮은 혼란 속에서, 은행장의 병세는 급속도로 악화되어 마침내 복막염을 동반하는 최악의 사태가 되어 절대 안정을 필요로 하기에 이르렀다. 다만 종전(終戰)을 전환점으로 의약식품의 구비가 끊겨 치료를 더할 길도 막히고, 의사, 간호사도 자신의 신변처리에 쫓겨 치료의 손길도 점점 줄어들어 중환자에게 치료할 방법도 없게 되어 모두들 초조한 마음이 깊어져 긴급히 대책을 강구하지 않을 수 없는 상태가 되었다. 이에 이르러 주치의도 도저히 이 환경에서는 은행장의 치료는 불가능하며, 그렇다고 해서 이대로 병세의 악화를 손 놓고 좌시할 수도 없어 이 기회에 과감히 은행장의 몸을 일본본토로 옮겨 치료를 하는 것 외에는 다른 방도가 없다고 판단하고 그 조속한 실행을 주장하기에 이르렀다.

이를 실행에 옮기려면 먼저 은행장께서 조선에 남아 계시겠다는 강한 의사를 번복해 주실 것과 또 이 절대 안정을 취해야 하는 몸을 어떻게 일본본토로 데려올 것인가 하는 문제에 관해서 의사, 가족, 친지들 간에 의논을 거듭하여 결론으로 만사를 제쳐두고 급히 은행장에게 일본본토 귀환을 부탁하기로 결정했다. 주치의도 간곡히 병세가 가볍지 않고 이대로는 병의 치료가 어렵다는 것을 말씀드렸고, 측근 일동 또한 불가피하게 병의 치료 목적으로 우선 귀국해서 회복하여 은행장의 평소 생각과 같이 다시 조선에서 선후 조치를 취할 수 밖에 없음을 건의하였고, 은행장도 심사숙고한 끝에 모두의 의견과 같이 불가피하게 일본의 땅에서 치료하기로 결심을 굳히고 승낙을 하였다. 또한 귀국의 방법에 관해서는 당시 극도로 혼잡한 기차여행은 도저히 무리라고 생각되어 즉시 육군 당국 총독부 당국에 비행기 특별 운항을 간청하였으나, 당시에는 이미 점령군에 의해 일본 항공기의 운항은 엄중히 금지 명령이 접수된 뒤였기 때문에 아무리 해도 진행하기 어려워 이것을 포기하고, 마지막 방책으로 철도 당국에 귀환수송을 위해 열차에 연결이 중지된 침대시설의 특별설비 조치를 간청하고, 또 은행장을 잘 아는 분들이 배려해 주신 결과 이를 승낙 받았다. 이에 따라 은행장의 귀국 준비도 마쳐 하루라도 빨리 출발하기를 바랐는데 드디어 9월 3일 정오 경성발 열차에 승차할 수 있는 만반의 준비를 갖추었다.

9월 3일 은행장은 측근의 손에 의해 병실에서 자동차로 다시 이 또한 철도 당국의 배려로 경성역 플랫폼까지 진입이 허가된 자동차에서 직접 열차 침대칸으로 옮겨져 침대 위에 누웠다. 나는 그 무렵 종전(終戰)에 따른 인사조치로 바빴기 때문에 차내 수행은 할 수 없었고 은행장의 베갯머리 맡에서 작별 인사를 드리며 평안한 여정을 기원하였는데, 은행장은 그저 묵묵히 머리만 가볍게 들고 끄덕이는 것뿐이었다. 은행장은 정각에 동행한 부인과 배웅 겸 수행한 타다나와(只繩) 비서역과 함께 경성역을 출발하여 그날 밤은 부산에서 휴식을 위해 2박을 한 후, 9월 5일 은행장이 사회에 나와서 평생을 보내며 더할 나위 없이 애착을 가지고 있던 그리운 조선의 산천을 뒤로 하고 부산을 출발하여 곧장 일본본토로 향하였다. 도중에 이상 없이 고향 후쿠오카에 무사히 도착하여 곧바로 규슈대학부속병원에 입원해 이에 새로운 치료의 나날이 시작되었다.

아무래도 전쟁이 끝난 직후인 까닭에 대학병원이라 할지라도 시설 등은 황폐화되어 치료 등 만전을 기할 수 없었겠지만, 은행장은 고향의 공기를 마시며 기분도 안정되어 치료에 전념하신 듯하였다. 다만 불행하게도 오랜 세월에 걸쳐 아팠던 은행장의 몸은 당시의 의료로서는 끝내 구할 수 없었고, 10월에 접어들면서 중태에 빠져 10월 3일 끝내 다시는 조선 땅을 밟지 못하고 세상을 떠났다. 병세가 갑자기 악화되어 고열 중 헛소리에도 마지막까지 은행의 간부, 측근 사람들의 이름을 계속 불렀다고 하니, 어쩌면 은행장의 뇌리에는 마지막 순간까지 식산은행의 일을 순간적으로 번뜩이며 많은 한을 삼키면서 숨을 거두었으리라 생각되며 아무리 전쟁 시국이라고는 하지만 너무나도 혹독하고 애처롭고 쓸쓸한 현실에 부딪쳐 몹시 원통해서 할 말을 잃어버렸다.

비보는 곧바로 은행에 전해졌고 종전(終戰)에 이어 지금 또 다시 우리들의 은행장을 잃게 되어, 암담한 공기는 은행을 덮었지만, 모두의 간절한 추모의 마음에서 은행장의 추도회를 개최하기로 결정하고, 은행장의 돌아가신 날로부터 10일째인 10월 13일 은행장의 추억이 깊은 3층 대회의실에서 추도식을 거행하며, 멀리서나마 은행장을 추모하고

그 명복을 기원하였다. 경성에 있는 일본인도 속속 귀환을 서두르는 때에, 추도회의 여러 가지 의식 준비도 뜻대로 되지 않았음에도, 은행장을 추모하는 많은 직원들의 열의와 협력으로 평상시 못지않은 만반의 설비를 갖추게 되어 아주 성대하고 또 엄숙한 제사가 진행되었다. 일본인 누구나 신변의 처리, 귀환의 준비에 몸도 마음도 분주한 상황임에도 불구하고 각계각층에서의 참석자는 매우 많아 1층부터 3층까지 연결된 계단에도 가득 찰 정도로 성대한 의식이 진행되었다. 모두들 은행장의 영전에서 그 유덕(遺德)과 위업을 기리며 한결같이 잠시 멈춰 서서 명복을 빌었다. 은행장이 조선에 남긴 사업적 또는 정신적 부분에서의 발자취가 얼마나 넓고 강한 것이었는지를 새삼스럽게 느꼈다. 특히 이 추도회에는 접수 후 조선총독부 재무국장으로 있던 고든(ゴードン) 중령과 조선총독부 재무관의 지위에 있던 스미스(スミス) 소령(후에 조선은행총재), 로빈슨(ロビンソン) 대위(후에 조선식산은행 은행장)의 세 사람이 화환을 받쳤고, 추도회에도 처음부터 끝까지 참석하여 익숙하지 않은 손길로 분향을 하는 그들의 태도는 참석한 일본인과 조선인에게 깊은 인상을 주었다.

추도회도 성황리에 무사히 끝나고 참석자들도 모두 떠나고 추모식장도 적막하게 황혼이 짙어질 무렵, 나는 홀로 은행장의 영전에 서서 조용히 나의 재임기간 동안의 친절한 지도와 온정에 감사를 드리고, 그 동안 나의 보좌가 충분하지 않아 은행장의 오늘과 같은 사태를 초래한 것에 대해 깊이 사죄드리며, 지쿠시(筑紫)[114] 땅에 잠들어 계신 은행장의 명복을 빌며 떠나기 어려운 영전을 떠났다.

그 후 벌써 17년의 세월이 흘렀지만, 민첩하면서도 보기 드문 명석한

---

114) 규슈(九州)의 옛 이름.

두뇌, 탁월한 수완, 위대한 인격을 가진 은행장을 밤낮으로 우러러 모신지 2년 반, 그 동안 나로서는 평생을 통해 얻기 어려운 귀중하고 위대한 교훈들을 많이 받았고 은행장에 대한 추모의 정은 세월이 갈수록 새롭고 또 강렬해진다.

지금 은행장은 각별히 사랑하신 고향의 지하에서 조용히 세계의 평화를 지키고, 또 멀리 현해탄 저편 반도의 산천을 그리워하며 평생에 걸쳐 염원하셨던 한국의 발전을 기원하며, 더욱이 은행장이 마지막까지 마음에 걸렸던 수 천명에 이르는 옛 식산은행 직원의 신변을 지키주시며 그 행복을 바라고 있을 것이다.

멀리서나마 하야시 은행장의 명복을 빌며 추억의 붓을 놓는다.

(전 식산은행 인사부장 겸 비서역)

50. 꼼꼼한 중매인

키노 후지오(木野藤雄)

내가 하야시 선배를 지인으로 알게 된 것은, 1930년 5월 조선총독부의 직책에 종사하면서부터입니다. 나는 처음에 내무국 지방과에 근무했지만, 겨우 일주일 후에는 재무국 이재과로 전환하게 되었습니다. 이것이 하야시 재무국장의 밑에서 근무하게 된 인연의 시작이었지만, 신참에게는 국장은 너무나 거리가 먼 존재였습니다.

그런데 다음 해인 1931년 저의 혼담 일로 직접 도움을 받게 되었고 지금은 돌아가신 모리오카(森岡) 경무국장과 함께 여러모로 신경을 써 주셨고, 1931년 7월 1일 모리오카(森岡) 국장이 일본본토로 출발하는 날

혼담도 성사되어, 다음 해인 1932년 1월 하야시 국장 부부의 꼼꼼한 중매로 차질 없이 결혼식 그 밖에 만반의 준비를 마칠 수 있었던 것에 전혀 감사의 말도 전하지 못했습니다. 그때 국장의 성격의 일면을 엿볼 수 있었는데, 매우 꼼꼼하다고 할까, 예절을 중시한다고 할까, 예를 들면 예복 같은 것도 모닝코트(モーニング)115)은 좋지 않고, 프록코트(フロック)116), 실크해트(シルクハット)117)가 진짜이다라고 가르쳐 주셨고, 새로 맞추어 처음 프록코트를 착용했던 것이 기억이 납니다. 물론 국장 자신도 프록코트를 입고 계셨습니다. 역시 꼼꼼하다는 말밖에 할 말이 없는 것인가.

관청의 일처리도 만사에 철저한 것으로 하급 관리로서 느낀 것이지만 의회에서의 답변 자료 준비 등 만사에 실수가 없었습니다. 일문일답식으로 작성된 자료는 주도면밀한 것이었습니다.

재무국장이라는 직책상 상경하는 일이 많았는데, 나도 역시 식산국의 과장으로서 상경의 기회가 많아, 가끔 같은 차로 올 때도 있었습니다. 지금도 생각나는 것은 산요(山陽)선 통과때, 우연히 나의 현 거주지인 히로시마(広島)에서 하네다(羽田)별장의 특제도시락을 구입하여 차 안에서 동행하면서 여러 가지 이야기를 들은 것이나, 수해 때문에 산요선이 불통되어 오사카(大阪)에서 시마루(紫丸)를 타고 벳푸(別府)를 돌아서 조선으로 돌아왔던 일 등이 있었습니다.

---

115) 모닝코트(モーニングコート)의 준말. 남자가 주간에 입는 서양식 예복의 한 가지이다. 웃옷은 검정색으로 앞 단이 비스듬하고 뒤가 길며 바지는 줄무늬가 있는 것을 사용한다. 프록 코트의 대용으로도 쓰인다.
116) 프록코트(フロックコート)의 준말. 남성용 예복의 하나로 보통 검정색인데 상의 길이가 무릎까지 오는 형태. 현재는 거의 입지 않는다.
117) 실크해트(シルクハット)는 예장용의 모자. 원통형의 크라운으로 챙이 비교적 좁게 되어 있다.

상경하신 국장도 조선 내 지방 시찰에도 힘쓰셨고, 1933년이었던가 제가 평안북도 학무과장으로 재직하면서 관내 출장 중 우연히 하야시 국장도 만났고, 압록강 상류 만포진의 숙소에서 그 지역 관민 유지와 함께 회식 했을 때 등 진정으로 격의 없는 태도로 대해 주시고, 그 외진 벽지 사람들을 기쁘게 해 주셨습니다.

내가 마지막으로 만난 것은 전쟁이 끝나갈 무렵인 1945년 4월 하순에, 그 송현정(松峴町)의 식산은행 사택에서 병상에 누워 있던 무렵이었다. 공습 당시 도쿄 사무소장으로 근무하다가 본부로 복귀해서 숨 쉴 틈도 없이 함북으로 전근을 명령받고 인사하러 방문했을 때의 일입니다. 나로서는 어쩐지 마음에 내키지 않는 부임이었지만 그것이 통했는지 크게 격려해 주셨던 것을 잊을 수 없고 이것이 마지막 만남이 된 것입니다.

하야시 국장은 결점 없는 것이 결점이라고 말할 수밖에 없을 정도로 뛰어난 선배였지만, 일찍 세상을 떠난 것이 새삼스럽게 안타깝습니다.

(전 함경북도 광공부장(鑛工部長) · 현 히로시마(広島)양공(糧工)(주) 사장)

51. 하급 관료의 원고에도 배려

타카하시 히데오(高橋英夫)

1932년 대학을 졸업하고 견습생으로 조선총독부에 채용되어 재무국 이재과에 배속된 것이 하야시 재무국장을 만나 뵈었던 최초였다. 이후 직속 부하로서 1935년까지 약 3년 3개월(이 기간 동안 평안남도 학무과장으로 약 1년간 지방 근무), 더구나 1936년부터 퇴직할 때까지, 재무국

세무과 사무관으로서 전후(前後) 약 5년간 직접 가르침을 받았습니다.

개인적으로는 이재과 재직 중이던 1934년 10월에, 하야시 국장 부부의 직접적인 중매로 저희 부부가 결혼하였습니다. 저희 가정이 행복하게 오늘이 있음에는 전부 하야시 부부의 지극한 보살핌 덕분으로 감사하고 있습니다.

견습생으로 이재과에 재직 중에는 업무다운 업무도 하지 않았지만, 그래도 이따금 신문 잡지 등에 게재되는 재무국장 담화의 원고를 쓰는 것은 하나의 업무였습니다. 처음에 집필을 명령받은 것은 어떤 내용이 었는지 정확히 기억나지 않습니다만, 어쨌든 채용 첫 해이기도 하여 신문, 잡지 등의 해당 기사를 광범위하게 수집하고, 또 선례 등을 참고하는 것은 물론 국장의 어조 등도 연구해서 몹시 애를 태우며 고심한 끝에 상당한 원고를 작성하여 제출했습니다만, 돌아온 원고는 정말로 고쳐지지 않은 부분이 없는 상태까지 국장 자신의 달필로 정정되어 붉은 글씨로 물들어 있었습니다.

이때 비로소 국장이 정말로 부지런히 한 속관(属官)[118]의 원고라도 점검하는 것, 물론, 원고는 속관의 손에 의해서 작성된 것이라도 국장의 이름으로 발표되는 이상 이것은 국장 자신의 사상을 나타내기 때문에, 주도적인 검토를 하는 것은 당연하지만, 이런 것을 통해 견습 속관을 훈육, 교시한다는 것임을 알고 감사했습니다. 그 후 여러 차례 걸쳐 이러한 사례를 반복하던 중에 점차 붉은 글자의 정정도 줄어들게 되었는데, 이것은 점차 국장의 사고방식이든, 문장 습관이든 자신의 것이 되어 왔기 때문이기도 하고, 또 그만큼 일의 내용이 몸에 배어 온 것이리라 생각합니다.

---

118) 일제 강점기 때에 각 관청의 판임(判任)의 문관(文官).

일반적으로 말하자면, 저희들이 아직 젊었을 때의 일이었기 때문에, 위와 같은 공사(公私)를 넘나들며 각별한 신세를 지면서도 하야시 국장에게는 왠지 범접하기 어려운 위엄 같은 것이 있어 어쨌든 너무 익숙하게 대하는 것은 할 수 없었습니다. 그러나 언제였는지 대구에서 은행대회가 있어서 제가 수행으로 모시고 갔습니다만, 물론, 견습의 시절로 큰 역할도 없었기 때문에 조금 지루해하고 있었던 차에, 국장으로부터 "자네, 여기는 괜찮으니 경주라도 놀러 갔다 오게."라는 말씀으로 '이거 다행이다.'라고 생각하고 혼자서 경주 구경을 하고 온 적이 있었습니다. 이런 것들은 젊은 사람의 심리를 꿰뚫어 보시는 데 있어서도 신경을 쓰고 있었다는 증거이며, 그 때 상당히 배려심도 많은 사람이구나하고 감사했던 것을 지금도 기억하고 있습니다.

(전 조선총독부 세무과장 · 현 일본합성고무(日本合成ゴム)(주)상임감사)

52. 고(故) 하야시 은행장을 기리며

나가야마 쿤상(永山薰三)

고(故) 하야시 은행장이 총독부 재무국장 시절, 한두 번도 아니고 여러 차례 식산은행장 취임 소문이 신문 지상에 보도된 적이 있었다. 당시의 미나미(南) 총독은 "저 사람은 나의 애지중지하는 아랫사람이기 때문에 도저히 손을 놓을 수 없다."라고 말했던 까닭이기도 하겠지만, 확실히 그 무렵의 하야시 국장은 총독에게는 중요한 존재였음에 틀림없었다. 사실 우리 조선에 거주하는 일본인들은 하야시 국장의 의회에서의 수많은 명답변과 기타의 다채로운 강연 등을 통해 얼마나 두뇌가 명석하고 논리가 정연한가를 알 수 있어 한결같이 든든함을 느끼고 있었던 것이었다.

그 유명한 국장이 식산은행의 은행장으로 취임한 것은 중일전쟁 중이었다고 생각한다. 당시 일본군은 파죽지세로 중국 본토를 깊숙이 공략하고 있었다. 식산은행의 실적도 적극적인 하야시 은행장의 아래에서 약진에 약진을 계속하고 있었던 것이었다.

나는 은행에 들어간 이후, 조사부에서 날이면 날마다 해외자료를 번역해서 회심(会心)[119]이나 조사월보(調査月報)에 투고하고 있었다. 그런데 갑자기 1939년 봄, 한 달에 걸친 화중(華中)에 경제조사 여행이 발령되어 좋은 기회를 놓칠 수 없어 상당히 많은 여행 일정을 계획했다. 이리하여 상하이(上海), 항저우(杭州), 쑤저우(蘇州), 난징(南京) 그리고 또 화북(華北)의 칭다오(靑島), 베이징(北京), 톈진(天津), 펑톈(奉天)까지도 순방을 하고 내 나름대로 어느 정도의 수확을 얻어서 조선으로 돌아왔다. 이 기획이 누구의 발상인지는 알 도리가 없었지만, 결재가 하야시 은행장에 의해 이루어진 것은 확실하다. 은행으로 돌아온 후 은행장실에서 각지의 상황 등을 상세히 보고하고, 항저우의 경치가 너무나 아름다운 섬 안에서 입수한 다수의 훌륭한 석판인쇄의 서적을 펼쳐 보였더니 하야시 은행장도 매우 흥미롭게 열심히 바라보고 계셨다.

그 후 얼마 지나지 않아 나는 비서실 근무를 하게 되었고 자연히 하야시 은행장을 가까이에서 접할 기회도 많아졌다. 태평양전쟁 발발 후 은행원의 징집자가 날이 갈수록 증가했고 은행장은 가죽의 각반(脚絆) 차림으로 출근하는 날도 적지 않았다. 우리들에게도 신심양면의 단련이 요구되었다. 그 무렵 문득 나는 금강산 남쪽의 경치 좋은 곳에 미국인의

---

119) 조선식산은행 사보이다.

피서지가 있고 다수의 섬머하우스(피서용 별장: 역자)가 사람도 없이 방치되어 있는 것이 생각났다. 사실은 나도 미국인의 무리에 끼어서 그 한 모퉁이 호수에 접한 곳을 분양받았던 것이었다. 이 소나무 가로수에 가려진 절경의 해안을 은행장에게 알렸더니, 그것을 단련장으로 하자는 이야기가 제기되어 곧바로 관리 중인 총독부 당국과 교섭을 해서 정규 절차를 거쳐 이용하게 되었다. 이리하여 단련의 한 방안으로 목욕재계를 실시하게 되었고, 제1회 조는 확실히 본점 부장급으로 구성된 것 같았다. 나는 은행장을 수행하며 약 일주일 동안 그곳에 참가했고, 연일 이른 아침부터 해변에 원형으로 진(陣)을 만들어 구보를 하고, 물속으로 뛰어 들어가 목욕재계하며 심신의 단련에 힘썼다. 은행장도 솔선수범하여 여기에 활기차게 참여하였다. 나는 같은 섬머하우스에서 일주일 동안이나 친하게 지내며 함께 했던 당시의 일상생활이 지금도 추억 거리가 되고 있다.

전쟁이 길어지면서 조선의 식량 사정도 점점 궁색해졌다. 어느 해 말, 하야시 은행장은 총독부로부터 미곡공출 독려위원으로 추대되어 전남 지방으로 출장이 정해졌다. 나는 수행으로 미지의 조선 남쪽 여행의 기회가 주어졌다. 광주(光州)부터 목포(木浦)까지는 자동차를 타고 서리가 내리는 추운 아침, 진짜 강행군을 했지만 은행장은 건강하게 그 임무를 수행하였다. 그러나 사소한 감기가 심해져 폐렴으로 되어, 오랫동안 병상에 누워 있는 몸이 된 것은 참으로 유감스러운 일이었다. 그 후 가족들의 극진한 간호로 한때 차도가 있어, 잠깐 개성(開城)에서 요양했던 일도 있었다. 돌아오실 즈음하여 나는 개성으로 마중을 나갔는데, 그때 모처럼 개성에 왔으니 조금 구경이라도 하고 가는 것이 어떻겠냐고 친절하게 말씀하셔서 조선 정서가 풍부한 옛 도읍지 곳곳을 방문할 수 있었던 것은 행복이었다. 그것에 대해서도 얼마나 하야시 은행장이 배려가 깊은 분이었는지를 절실히 느꼈다.

한 번은 완쾌 축하까지 받을 정도로 회복되어 어느 저녁 아베(阿部)총독과 엔도(遠藤)총감을 자택으로 초대하였다. 여흥으로 스승이었던 아사이(浅井)선생에게 주특기인 '쿠마사카(熊坂)'의 사무(仕舞)[120]를 추게 하였는데, 그 대단한 은행장도 일본식 방에서 아사이(浅井) 사범이 큰 왜장도(薙刀)[121]를 종횡무진 휘두르는 것에 간담이 서늘해진 모양이었다.

고(故) 하야시 은행장은 그 날카로운 눈빛과 당당한 체구로 처음 만나는 사람에게는 다가가기 어려운 인상을 주었을지 모르지만, 그 사람됨을 알수록 인정이 많고, 사려 깊은 분임을 깨닫는 것이었다. 병중에도 보도(報道) 관계의 한 사람이 "어떻게든 하야시가 다시 한번 건강을 되찾게 해드려야 한다. 이번에는 장어라도 가져와서 드시게 하자."라고 나에게 말했을 정도였다. 귀환 후에도 이것은 하야시 은행장이 주신 양복이라며 고인의 우정을 추억한 사람도 있었다.

지난번 하야시 은행장과 같은 고향으로 게다가 학생 시절부터 특별히 친분이 있었던 히타치(日立) 제작소의 쿠라타(倉田) 회장도 가끔 은행장의 일을 언급하며 "하야시군은 다른 사람들을 잘 돌보지 않았느냐"라는 질문을 받았을 정도였다. "만약 하야시군이 살아 있다면 나의 좋은 의논 상대가 되어 주었을 텐데"라고 회장은 속마음을 털어놓으셨다.

전쟁이 끝난 직후, 나는 조선군사령부의 촉탁(嘱託)이 되어 용산(龍山)으로 출근하게 되었다. 며칠이었는지 잊어버렸지만, 어느 날 나는 조선군

---

120) 반주·의상을 갖추지 않고 노래만으로 추는 약식의 춤.
121) 겐페이(源平) 시대에 한창 사용되었지만, 에도(江戸)시대에는 무가의 여인들이 사용했음.

의 참모와 김포비행장에서 오키나와(沖繩)에서 오는 미군 선발대를 기다리고 있었다. 이 날인 것 같은 생각이지만, 은행장은 나의 방문을 종일 기다렸고 여러 가지 맛있는 요리까지 하고 있었던 것이었다. 나는 이날 무슨 사정으로 방문할 수 없었던 것을 두고두고 유감스럽게 생각하고 있다.

마지막으로 뵌 것은 은행장이 도보로 출근해서 책상 정리를 하신 날이었다. 쇠약해진 몸에도 불구하고 마지막 정리를 하시던 모습은 정말로 마음이 아팠다. 나는 전쟁이 끝난 후 도쿄에 살 집도 없어, 잠시 하야시의 저택에 얹혀 지내는 등 공사(公私) 모두 몹시 신세를 져서 진심으로 감사한 마음이다.

아직 장래에 큰 비약이 촉망되기 때문에, 전쟁이 끝난 후 얼마 지나지 않아 규슈(九州) 땅에서 돌아가신 것은 아쉬움이 남는다고 할 수밖에 없다. 다행히 오늘 하야시 부인은 건강히 계시고, 자녀들도 훌륭한 성인이 되어 사회인으로서 각자 자리를 잡고 있어 분명 고인도 편안하게 영구히 잠들어 있을 것이다.

서투른 글로, 더구나 사사로운 일 등 여러 가지 말씀드려 대단히 송구스럽게 생각합니다만, 생전의 고인을 기리며 명복을 빌고, 아울러 하야시 일가에 많은 행복을 기원하며 감사의 마음을 가득 담아 붓을 잡았다.

(전 식산은행 비서역 · 현 밥콕 히타치(バブコック日立)주식회사 근무)

53. 하야시 은행장과 나의 숨은 이야기

아미토 유이치(網戸雄一)

하야시씨가 1937년 11월 식산은행 은행장에 취임하여 다음해 3월에 시행된 은행 내의 인사 대이동으로, 뜻밖에도 비서역 겸 비서과장 대리를 명령받았을 때 사실인즉 나는 '큰일 났다.'며 라고 내심 당황하였다.

그도 그럴 것이 내가 부산지점에서 재직 중에 부산잔교(棧橋)에서 보내고 맞이할 때 눈에 비친 하야시 재무국장은 키가 크고 눈빛이 날카로워서 접근하기 어려운 관료의 화신 같은 인상을 받은 만큼 그 측근으로 모시게 된 것은 확실히 대단한 일이었다. 그렇다고 해서 은행 내에는 가르쳐 줄 사람도 없는 형편이므로 새로운 임무는 나의 마음에 무거운 앙금을 던졌다.

내가 비서역의 자리에 있었던 것은 1939년 7월에 소집되어 출정할 때까지의 극히 짧은 기간이었지만, 그동안 친하게 은행장을 가까이에서 접하고, 또 3회 수행하며 상경하는 여정을 함께 할 기회를 얻어 하야시씨의 공과 사를 모두 접하면서 나의 두려움은 완전히 기우였음을 알게 되었다.

하야시씨의 인품은 기개와 도량이 웅대하고, 머리가 뛰어나고 깊은 지혜가 있음을 말로 다 할 수 없지만, 그 반면 그 위압감을 주는 풍모에 어울리지 않는 지극히 깊은 정이 있는 사람으로서, 나 자신도 그 마음에 심금을 울린 적도 한두 번이 아니었다.

수행함에 있어서도 할 만큼의 일을 해 두면 나머지는 정말로 손이 가지 않는 분으로, 부담없이 담소를 나누며 때로는 내 쪽에서 위로를 받곤 하였다. 사람들을 대할 때에도 세심하게 신경을 쓰고, 여행지에서 지인을 만났을 때 제가 자기소개로 인사를 드리면, 옆에서 "대학 출신의 사람을 비서로 하니 아까울 뿐이지……" 등 사람을 돋보이게 하는 말을 곁들여 위로의 정을 표시한 적도 여러 번 있었다. 또 저와 같은 당시 젊은이의 의견에도 웃는 얼굴로서 잘 들어주셨고, 은행 내의 젊은 층의 목소리를 진지하게 듣는 것에 노력하셨는데, 그럴 때의 표정에는 날카로움은 사라지고 온화하고 정말 친근하며 따뜻한 얼굴이었다. 이렇게 짧게 있었지만, 측근에 있는 동안 나는 하야시씨의 진정한 인간적인 모습을 접하고, 진심으로 좋아하게 되었다.

(1) 일생의 대실수

하야시 은행장을 생각할 때마다 나는 언제나 큰 실패의 일을 떠올린다. 그것은 1938년의 여름, 수행으로 상경한 뒤 돌아오는 도중에 일어난 일이었다. 때마침 여름휴가로 딸과 한창 개구쟁이인 두 아들이 은행장과 여정을 함께 하였는데, 우연히 고베(神戶) 부근에서 홍수 때문에 산요본선(山陽本線)이 불통이 되어 잠시 다카라즈카(宝塚)에서 대기하였으나, 복구의 전망이 불투명해 코스를 변경하여 오사카(大阪)의 천보산(天保山)[122]에서 승선하여 내해(內海) 항로를 통해 벳푸(別府)로 향했다. 천보산 잔교에 승객들이 배로 몰려들었기 때문에 대혼잡을 빚었고, 빨간 모자[123]도 보이[124]도 찾을 수 없었어, 나는 많은 짐을 여러 번 옮기느라 온몸이 땀투성이가 되었다.

해상의 짙은 안개로 인한 장시간 항해를 정지하여 예정 시각보다 훨씬 늦게 벳푸(別府)에 입항하여 여관에서 잠깐 휴식을 취한 후 벳푸역으로 갔는데, 이곳에서도 플랫폼은 사람들로 가득 차서 열차 안에 일행의 자리를 잡을 수 있을지가 걱정이었다. 열차가 플랫폼으로 미끄러져 들

---

122) 오사카시 미나토구(大阪市港区)、아지가와(安治川) 하구(河口)의 작은 언덕으로 높이는 약 4.5m이다. 에도후 기 인효천황 연간(天保年間, 1830~1844)에 아지가와 개수의 진흙을 쌓아 올려 만든 것으로, 에도시대는 메 기시야마(目印山)라고 일컬어졌다.
123) 포터, 정거장에서 수화물을 나르는 짐꾼.
124) 심부름하는 소년을 일컫는 말.

어오자, 정차를 기다리지 않고 뛰어들이 우선 4인분의 좌석을 점령하고 이어 짐을 가지고 들어갔다. 간신히 출발해서 아찔했지만, 통로도 사람이 가득 차 큰 짐이 방해되었으므로, 선반을 정리해서 큰 트렁크를 올리기로 했다. 무겁고 단단한 트렁크를 받쳐서 선반에 올리려던 순간 열차의 흔들림으로 인해 자세가 흐트러지면서 선반에서 벗어나서 버틸 수 없었다. '앗'이라고 말할 사이도 없이 무거운 트렁크는 바로 아래에 앉아 있던 은행장의 머리 위로 정통으로 떨어졌다.

머리숱이 적은 은행장은 얼마나 아팠을까. 완전히 돌이킬 수 없는 대실수였다. 내가 진땀을 흘리며 거듭 사과하고 용서를 빈 것은 물론이다. 그런데 감사하게도, 정말로 감사하게도……은행장의 얼굴에는 분노의 표정은 조금도 없었다. '은행장의 머리에 트렁크를 떨어뜨렸다.' 하야시 씨의 관료 시절, 민간시절을 통틀어 이런 실수를 한 것은 이후에도, 이전에도 나 혼자였을 것이다. 참으로 죄송스러운 일이 아닐 수 없다. 이 실수에도 불구하고 경성으로 돌아왔을 때 "이번 출장에서는 대단히 고생했고 수고하셨습니다." 라고 노고를 치하하는 것을 잊지 않는 따뜻한 정이 있는 은행장이었다.

(2) 숨은 이야기

1943년 11월, 나는 패색이 짙은 뉴기니아 전선에서 구사일생으로 귀환하였다. 출정 이후 4년 3개월 만에 은행에 복직했다.

은행의 수많은 징집자 중 뉴기니아에서 귀환한 것은 내가 처음이었던 관계도 있고, 일부 과장들이 귀환담을 꼭 해 달라는 요청이 있었기 때문에 은행장실에서 은행장 이하 임원, 과장 다수가 참석한 가운데 한 시간

반 동안 남방 전쟁 상황의 실제 실상을 강연한 것이었다.

나는 뉴기니아 전쟁 지역의 절박한 양상, 항공작전의 파탄, 연합함대의 실상 등을 현지에서의 견문(見聞)을 재료로 해서 어느 정도 진상을 상세히 설명한 후, 마지막으로 "이 종합적인 전쟁의 상황으로 볼 때, 이제 우리나라(일본: 역자)는 중대한 국면에 돌입하고 있음을 깊이 인식해야 합니다."라고 끝맺음을 하였는데, 대본영(大本営)125) 발표의 화려한 전쟁의 성과 보도만을 아는 그 자리에 모인 사람들에게 엄청난 충격을 준 것이 분명했다.

귀환 보고를 한 다음 날 오전 중의 일이다. 급사(給仕)126)가 나의 자리에 와서 "은행장이 부르십니다." 라고 하길래 은행장실로 찾아가니 은행장은 자리에서 일어나셨고 나는 권하는 대로 소파에 은행장과 마주 앉았다. 은행장은 부드러운 표정으로 입을 열었다. "오랫동안의 징집에 고생 많으셨습니다. 그런데 어제 자네의 귀환담 말인데, 왜 우리는 쇠퇴하는 형세를 회복할 수 없는 것일까요?"라는 질문이었다. 나는 은행장이 진실을 알았으면 좋겠다고 생각하여 물량의 차이, 예를 들면 비행장 건설 하나만 보더라도 우리는(일본: 역자) 최단기간으로 한 달이 걸리는데 반해, 미군은 기계 힘과 자재에 의해 불과 4, 5일 만에 비행 가능한 상태로 만드는 것, 항공기 제작의 열세 등을 실례로 들면서 설명하였다. 은행장은 그저 묵묵하게 듣고 계셨지만, 그 마지막에 무겁게 입을 열어 "자네는 이 전쟁의 국면을 어떻게 보는가?" 라는 말을 들었을 때 정말이지 나도 즉각적인 대답을 하기 어려웠다.

그러나 잠시 후 나는 생각을 결심하고 다음과 같이 대답했다. "현지의

---

125) 전시에 천황 밑에 두었던 최고 통수부.
126) 심부름하는 사람.

전시 상황을 눈앞에서 보고 오니, 유감스럽게도 우리나라(일본:역자)의 승산은 정말로 불안하다고 밖에 말씀드릴 수 없습니다. 참으로 중대한 국면입니다. 온전히 우리쪽(일본: 역자)이 극도로 불리하게 될 경우, 그 결과가 어떤 형태로 나타날지는 저로서는 알 수 없습니다. 주제넘는 말씀을 드리는 것 같습니다만, 은행 업무에서도 만일의 경우를 가정해 보는 것도 필요하지 않을까 생각합니다."

은행장은 잠시 침묵하고 있었지만, 이윽고 "잘 알았다. 그러나 지금은 우리나라(일본: 역자)로서는 이제와서 뒤로 물러설 수 없는 이른바 '배수진의 전략'이다. 열심히 해야겠네. 오늘 이 일은 결코 발설하지 말도록… 고맙네." 라고 하며 그렇게 생각해서 그런지 쓸쓸한 느낌의 미소를 지었다. 하야시 은행장과 저 사이의 숨은 이야기이다.

(전 식산은행 산업금융부장 · 1962 · 7 · 17 작고)

54. 23살의 할머니 기생

아카사카 고우메(赤坂小梅)

<그림15> 아카사카 고우메
출처:https://columbia.jp/artist-info/
koume/prof.html

하야시씨를 처음 뵌 것은 1931년 아카사카(赤坂)의 나카가와(中川)였습니다. 그 때 처음 뵈었으니 그 분이 하야시씨라는 것을 알 리도 없었고, 전혀 초면인 손님에 불과했습니다.

일행은 일곱, 여덟 명이었던 것 같은데 저는 각 지방의 민요 등을 불렀는데, 그때

그 손님이 "너는 각지의 노래를 잘 알고 있는 것 같은데 오하마 오토토(大浜音頭)는 모를 것이다. 이 노래는 고쿠라(小倉)의 할머니 기생이 부른 노래이다"라며 불러주셨는데, 이 노래는 내가 2, 3년 전에 고쿠라(小倉)의 빅터(ビクター)127)에서 녹음한 것과 같은 것으로, 손님은 제법 잘하는 창법이었습니다.

"그럼 저도 불러보도록 하겠습니다."라며 그 오하마 오토토(大浜音頭)을 불렀을 때, "대단히 잘하잖아, 할머니 기생과 꼭 닮았다."라며 감탄을 금치 못하는 모습이었기 때문에 그 기생의 이름을 물었더니, 손님이 말하기를 "얼마 전에 만주 방면으로 파견되는 도중에 경성 숙영(宿營)128) 때 여러명의 병사들이 집에 머물렀을 때 무료함을 달래기 위해 레코드를 틀었던 중에, 이 오하마 오토토(大浜音頭)가 있어서 기억하고 있다며 확실히 우메와카(梅若)라고 하는 할머니 기생이야"라고 말씀하시니까 "그것이 저예요."라고 말했더니, 의아한 얼굴로 전혀 이해할 수 없다는 표정을 하고 계셨습니다.

손님은 녹음한 사람이 고쿠라(小倉)에 있는 할머니 기생이라고 생각할 수 있는데, 눈앞에서 풍만하고 생기있는 아름다운 기생이? 그것은 저예요라며 마치 퀴즈의 정답처럼 말씀드리니 이상하다고 의심을 받는 것은 일단 두말할 것도 없이 무리도 아닌 것입니다. 그래서 조금 여담이지만, 복잡한 사정을 말하지 않으면 맥락을 알 수 없기 때문에, 그때 말씀드렸습니다. 그 새로운 민요 오하마 오토토(大浜音頭)는 노구치 우죠우(野口雨情) 선생 작사, 후지이 키요미(藤井清水) 선생 작곡으로, 그 무렵

---

127) 1901년에 창립한 미국의 레코드 회사.
128) 군대가 병영(兵營)을 떠나 다른 곳에서 머물러 지내는 일. 사영(舍營), 노영(露營), 촌락(村落) 노영(露營) 따 위.

으로서는 민요의 시초였기 때문에 그것을 내가 고쿠라(小倉)에서 우메와카(梅若)라는 이름으로 있었던 23세 때 키요미(清水)선생의 권유로 처음으로 녹음한 것이었습니다. 이어서 선생님으로부터 도쿄 진출을 권유받았지만, 어머니와 함께 지내다 보니 쉽게 결단을 내리지 못하고 고민하던 중에 3년이 지나갔고, 1931년 녹음을 위해 상경했을 때에 선생님으로부터 "돌아가면 다시 상경은 어려우니, 이대로 자리를 잡고 살면 어떨까."라고 권유를 받아, 어머니와도 상의를 해서 결정했습니다. 처음에는 신바시(新橋)에서 하려고 생각했습니다만, 이곳은 녹음이나, 연주 여행 등이 자유롭지 못했기 때문에, 아카사카(赤坂)에서 전 이름 우메와카(梅若)를 고우메(小梅)로 바꾸고 와카바야시(若林)에서 올해 공개한 지 얼마 안 되는 현재 따끈따끈한 것이라고 사정을 이야기하고 "고쿠라(小倉)의 할머니 기생 우메와카(梅若)의 정체는 이 고우메(小梅)입니다."라고 이름을 밝히니, 처음으로 확실하게 밝혀져 묘한 만남에 감탄하거나 놀라는 것이었습니다.

그 무렵의 저는 방년? 바로 26살, "고쿠라(小倉)에서의 녹음한 것은 23살이었습니다만, 그것을 할머니 기생이라고 하면 너무 가혹한 것이 아닙니까?, 화가 나요."라고 말하면, "그렇게 화내지 마라, 너라고 알았더라면 할머니 기생이라고 할 리도 없지만, 고쿠라(小倉) 근처 빅터에서 녹음한 기생이라고 하면 상당히 유명한 고참일 것이라고 크게 경의를 표해 할머니 기생이라고 말한 의미이다. 그것이 너였다니 '어허 참' 몹시 놀라운 기이한 만남이 아닌가"라며, 양쪽의 엇갈린 대화의 오해가 풀려서 큰 웃음을 자아냈지만, 이 만들어 낸 이야기 같은 완전 기이한 만남은 지금도 깊은 인상으로 남아있습니다.

그런 기이한 인연으로 하야시씨의 술자리에는 빠짐없이 초대를 받았고, 합석한 손님은 언제나 와타나베 미유키(渡辺弥幸)씨, 고니시 미츠오(小西三雄)씨와 세 사람으로, 노래를 좋아하고 술은 상당히 강해 흐트러지는 모습을 볼 수 없었습니다.

하야시씨는 체면을 차리거나, 숨기는 것이 없고 참으로 시원스러운 분으로, 때로는 "너의 목소리는 방의 칸막이 뒤에서 듣고 있으면 황홀해져 참을 수 없는 것 같다."고 이야기해서 "옆에서 듣고 있으면 안 되겠습니까."라고 되물으면, "그렇게 신경쓰지 마라."고 재치 있는 말을 듣는 경우도 있었습니다.

자리는 언제나 깨끗하고, 이 분은 여자를 모른다고 생각했습니다. 아야타로(綾太郎)[129]의 곡조를 좋아하셨는데, 그 샤미센(三味線)[130]은 보통 기생의 무리에서는 연주할 수 없는 것이기 때문에, 제가 샤미센의 연주자가 되어 연습했습니다. 어떤 때는 "어떻게 깨진 양동이를 두드리는 듯한 소리이냐"고 놀리면 "심한 말은 하지 마세요."라고 마음 편하게 말장난을 하기도 했습니다.

하야시씨는 약속은 꼭 지키는 편이었습니다. 그렇게 해서 며칠 날 연회석에는 나와 달라고 미리 약속을 잡으셨는데, 그것을 어기는 일은 결

---

129) 나니와테이 아야타로(浪花亭 綾太郎)(1889.10.17.~1960.8.9.)은 본명은 카토 켄키치이다. 시각 장애인이었지만 그는 고음으로 유명했습니다. 그는 낭곡사(浪曲師)이다. 낭곡은 메이지 시대 초기부터 시작된 예능으로 샤미센을 이용해 이야기를 마디와 대사로 연기해 말하는 예능이다.

130) 샤미센(三味線, しゃみせん)은 일본의 전통 악기이다. 본래 중국의 전통 악기인 싼시엔(三弦)이 류큐로 전래 되어 산신(三線)이 되었다가, 다시 일본본토에 상륙하여 토착화한 악기이다. 크기가 너무 커 연주가 매우 힘 들어 현재 연주하는 사람이 손에 꼽을 정도로 소멸 위기에 처한 악기였다. 그러나 류큐 왕국에 전해진 이후 크기가 작아지고 개량을 거쳐 산신이 만들어지고, 다시 일본 본토로 넘어가 개발된 샤미센의 경우 적절한 개량과 현지화를 통해 가장 대중적인 전통 악기로 자리 잡았다.

코 없었습니다. 언제라도 꼼꼼하고 성실하셨기 때문에, 저희도 성실하게 한결같이 맞추어 드릴 수 밖에 없었습니다. 만주 방면에는 위문과 흥업(興業)을 겸하여 연예인으로 자주 나갔기 때문에, 그 왕래에는 경성에 들러 하야시씨의 저택에서도 행사를 맡아 그 때 후한 대접을 받았던 것이 그리운 추억의 하나가 되었습니다.

어느 해 만주여행 도중 도쿄에 있는 남편의 부고를 받고도 간판이었기 때문에 빠질 수가 없어서 장례에 참석하지도 못하고, 마음으로 울면서도 그 시절 자주 불렀던 "정말로 그렇다면 기쁘겠다."라는 노래를 부르며 웃는 얼굴을 보여 주지 않으면 안 되는 힘든 여행을 마치고 돌아왔을 때의 일이었습니다. 상경 중인 하야시씨는 특별히 위로와 추모를 겸한 행사를 해 주셨는데, 그때의 따뜻한 정에 정말로 목이 메었습니다. 그러한 점에서 저는 항상 마음속으로 오빠라고 생각했고, 또 의지할 수 있는 큰 버팀목 같은 느낌을 주시는 분이셨습니다. 이런저런 생각을 하면 그의 모습이 지금도 뚜렷이 눈에 선하여 저절로 머리가 숙여집니다.

또한 오랫동안 하야시씨로부터 감사의 말을 받은 적이 한두 번은 있었습니다. 그 중 하나는 1943년으로 기억하는데, 만주에서 돌아오는 길에 경성에 들렀을 때, 그 무렵 정무총감이었던 다나카 타케오(田中武雄)씨 관저에서 열린 원유회였던 것으로 기억하고 있습니다. 그 연회에 초대를 받은 하야시씨의 추천으로 그 자리에 나가게 되었고, 하야시씨가 숙련된 목소리를 들려달라고 부탁해서 몇 곡을 불렀는데, 뜻밖의 아름다운 목소리의 아름다운 기생?'이라고 참가한 내빈 모두의 큰 갈채를 받았기 때문에, 하야시씨는 크게 체면을 세웠다며 감사의 인사를 하신 적이 있었습니다.

전쟁이 끝난 직후는 말할 것도 없고 오늘에 이르러서도 부모와 자식

사이에도 다툼이나 슬픈 사건이 끊이지 않고, 가정도 사회도 혼란이 계속되고 있는데, 하야시씨가 계셔서 정치인이라도 되어 주었으면 그 깊은 배려로 인심을 진정시키고, 틀림없이 좋은 정치가로서 일할 수 있었을 텐데하는 아쉬움이 남습니다.

(콜롬비아 전속가수)

제3편 국회에서의 답변

하야시 재무국장의 국회(당시는 「의회(議會)」) 답변의 능숙함에는 정평이 나 있었다. 대단한 노력가이자 열심히 공부하는 사람이었기 때문에, 국회에 임하는 준비는 주도면밀하였고 오랜 재무국 근무로 인해 조선 시정의 전반이 뇌리에 박혀 있었으므로 참으로 당당한 정부위원으로 답변하는 모습이었다.

1931년 봄 국회에서 모 위원이 "하야시 재무국장은 첫 출전이었지만, 상당히 답변이 뜻 깊었기 때문에 만족합니다."라고 칭찬한 속기가 남아 있다. 전 수상 와카츠키 레이지로(若槻礼次郎) 남작은 국회 답변에서 실수 없는 것으로 특별히 명성이 높은 분이었지만, 하야시는 상체가 좋은 체구, 특히 뒷모습이 와카츠키(若槻) 남작과 비슷한 데가 있어, 그 공통된 시원스러운 언변의 연상 때문인지 '조선의 와카츠키'라는 별명도 있었다.

정부위원으로 임명된 횟수는 15회로, 당시 최고 기록이었다고 생각한다. 실제로 하야시가 발언한 중의원, 귀족원의 위원회명, 그 일시 등을 표로 정리해 보면 별첨과 같다.

즉 처음 정부위원이 된 것은 제57회 제국의회(1929년 12월)이며, 그 후 제72회 제국회의(1937년 9월)에 이르기까지 매번 정부위원으로 임명되었다.(범위내 제61회는 조선관계 의안이 없어서인지 임명된 적이 없다.)

당시 재무국장이었던 정부위원은 정무총감과 함께 조선 시정 전반에 대해 답변을 절충해야 했기 때문에, 그 범위는 단순히 직접 소관하는 재무 문제만이 아니다. 총감은 시정의 근본에 관해서 대강적인 설명을 하고, 나머지 모든 것은 재무국장이 맡은 형식이었다. 상례적으로 설명 내지 답변을 한 것은 결산위원회의 매 회계연도 결산, 청원(請願)위원회의 청원에 관한 것, 조선사업공채법 개정에 관한 것, 조선사설철도보조법 개정에 관한 것 등이 있었다. 그밖에 산미(産米), 산금(産金), 농촌진흥운동 등 그때그때 중요 안건에 대해 관계위원회에서 수시로 하는 질문에 응했던 것이다.

국회 답변의 기록은 본 회고록 중 빼놓을 수 없는 것이지만, 하야시의 발언 기회가 별첨과 같이 많기 때문에 이를 본 책자에 빠짐없이 수록하는 것은 곤란하였다. 그래서 그중 일부를 옮겨 실어 하야시의 모습을 회상하고 싶다.

1. 조선 산미증식계획의 요령에 대해서 (1930년, 귀족원 예산위원회)

◉ 정부위원(하야시 시게조군)

지금 여전히 조선 장래의 산미계획에 대해 연구하고 있기 때문에 제가 답변해 드리겠습니다. 조선에 관해서는 아시는 바처럼 1926년부터 장래 12개년 동안에 약 35만 정보(町步)의 경지 확장을 계획하고 있습니다. 그리고 동시에 비료를 더 늘리고 그 외에 농법의 개량을 계획해서, 장래 12개년 후에는 약 850만 석의 생산량을 목표로 하고 있습니다. 그

만큼을 증수(增收)하기로 계획을 세워 이후 실행하는 중입니다. 그래서 이는 실제 쌀의 수확고(收穫高)는 아시다시피 현재 조선 논의 관개 설비가 충분히 구석구석까지 미치지 못한 결과 가뭄, 그 외 작부 면적, 수확 모두 세월이 흐르면 상당히 차이가 나서 해마다 어느 정도의 비율로 증가하고 있는가에 대한 확실한 숫자를 말씀드리기 어렵습니다. 다만, 앞으로 계획으로서는 12개년 동안 850만 석 정도의 수확량을 높이고자 합니다. 이러한 계획 아래 진행되고 있는 일면으로 조선 내 농가의 쌀 수요량도 점점 증가하고, 그리고 또 다른 일면으로는 조선의 농가가 특히 경제적으로 빈곤한 상태이기 때문에 이들의 경제를 향상하여 생활을 안정시키기 위해서라도 증수를 도모하는 것이 필요합니다. 이것을 시행해서 그와 같은 쌀의 증수를 얻는다면 조선 내의 소비량은 다소 증가하여 현재보다 더 이상의 조선 내 잉여 쌀이 발생하고, 이것으로 일본본토의 산미(産米) 부족액을 충당할 수 있을 것이며 현재 실시중입니다.

2. 토지개량사업의 어려움에 대해서 (1930년, 귀족원 결산위원회)

◉ 정부위원(하야시 시게조군)

본 건은 경기도 파주군(坡州郡) 소재 임진수리조합(臨津水利組合)에 대한 토지개량공사 보조금에 관한 건입니다. 이것은 경성(京城)에서 북쪽을 향해 개성(開城)이라는 곳에 가면 중간쯤에 큰 강이 있는데 임진강이라고 합니다. 그 강의 언덕에 수리조합이 있는데 1921년에 이 수리조합을 계획하여 430정보(町步) 정도의 구역에 관개(灌漑)를 할 목적으로 수리조합 공사를 시작한 것입니다. 그 공사는 이듬해인 1922년에 일단 예정된 공사는 완료했습니다만, 완료한 그 당시부터 여러 해를 계속해서 상당한 수해를 입었습니다. 당초 공사비 예정액는 18만 엔으로 되어 있었는데, 여러 해 계속되는 수해를 당하면서 재해복구비를 충당하기 위해 그 금액은 약 5배 정도의 총공사비가 필요하게 되었습니다. 뿐만 아니라 예정된 관개 면적이 크게 감소하여 겨우 120정보 내외의 면적이 간신히 이 조합의 혜택을 받게 된다고 하는 애매한 상태가 되어 있어, 참으로 조합의 장래에 우려되기 때문에 총독부에서는 그것의 대책으로서 이 강가에 어느 정도의 제방 공사를 다시 일으켜, 이에 대한 보조금을 상당히 지출해 주기로 결정한 것입니다.

지금 말씀드린 것처럼 매년 수해로 인한 재해복구공사비의 부담이 매우 높아져서 조합의 재정이 상당히 어려운 상황에 처해 있는 사정이기 때문에, 총독부에서는 토지개량규칙의 규정에 기초해서 이 조합에는 보통의 정규(定規) 보조율이 아닌 재해로 인해 큰 고통을 받고 있는 사정을 고려해서 특별 보조율을 주기로 결정했습니다. 당초 정규 보조율로 지시를 내려 놓았던 것을 전부 개정하여, 특별 보조율로 보조금을 지출한 것입니다. 그런데 그 특별 보조율로 개정하여 보조하려고 한 것에 대해서 감사원에서는 이는 그 조치가 합당하지 않은 일이라고 이렇게 비난하고 있었습니다. 비난의 요점은 이와 같이 당초 예정했던 설비가 완성되지 않아 해마다 수해를 입어 그 사업이 예상보다 5배에 달하는 엄청난 공사비가 필요하게 되었다는 것은 요컨대, 처음의 설계 조사상에 주의가 주도면밀하지 않았기 때문이다. 그리고 또 다시 이 공사 설계에 의해 계획이 일단 완료되었음에도 불구하고, 그 후 계속해서 하고 있다고 하는 것은 수해복구공사에 지나지 않는 것이다. 본 공사는 이미 일단 완료되었고, 그럼에도 불구하고 앞의 부분을 소급해서 보조비율을 변경해서 추가로 보조를 지출했다고 하는 것은 예산의 목적에 위배되는 것이다.

　이러한 비난이므로 총독부의 생각으로는 본 건에 대해서는 처음 공사였고, 다른 문서에 실려 있는 임진강 홍수에 대한 조사는 충분히 했습니다. 심한 대홍수가 났을 때는 하루나 이틀 정도 침수되어 있는 경우는 있습니다만, 그것도 종래의 '기록'에 드문 사실이므로 이 수해를 방지하기 위해 적당한 시설을 하기 위해서 조합으로서는 특별한 방수 대책에 돈을 들려야 할 뿐만 아니라, 일면에서는 철도 가교(架橋)를 바꾸지 않으면 안 된다고 하니 국가에서도 상당히 부담을 해야 하는 상황입니다. 조합에서도 상당한 부담을 해야 하기 때문에 결국 수리조합의 공사를 끝낼 수 없었습니다. 일면에서는 이번 수해의 정도는 드문 일이며, 그것은 오래 지속되지 않는다는 기존의 실례에 비추어 볼 때 이것은 차선책으로서 가급적 경비를 들이지 않고 조합의 사업으로 멈추게 하자는 것으로 처음 사업에 착수한 것입니다. 그런데 사업에 착수한 이후 우연히 계속해서 한 번도 본 적이 없는 대홍수를 만났기 때문에 이러한 실정에 빠진 것입니다. 이것은 아무래도 기술자의 입장에서 말씀드리지만, 종래에 있는 '기록'을 충분히 조사하는 것에 노력했고, 지금 말씀드린 이런 사정으로 이 정도의 방법으로 그만두기로 결정하기에 이르렀습니다. 처음 설계상에 주의가 불충분했다는 것은 아무래도 맞지 않는 것 같고, 돈을 들이면 충분한 설비가 완성되는데 그러면 수지타산이 맞지 않는 관계도 있으니까 제2의 방책으로 당초의 설계와 같이 설계하여 착수한 것입니다.

　그리고 두 번째는 공사가 일단 완료된 후에, 나중에 추가 보조를 했다는 것은 예산의 목적에 어긋나기 때문에 비난이 있습니다만, 당초 설계했던 공사 자체는 1922년에 일단 완료를 했지만, 그것은 일단 완료되었다는 것에 그쳤고, 직접 수해를 당해 재해복구비를 내고 매년 이 공사를 계속하고 있었습니다. 원래 이 토지개량사업의 보조금이라는 것은 말할 필요도 없이 일정 면적의 경지를 만들고, 수리 관개를 편리하게 하기 위한 목적으로 보조금을 지급하는 것인데 단지 일정한 경지만을 하면 그것으로 목적을 달성하는 것이라고는 저희들은 생각하고 있지 않습니다. 따라서 처음 세웠던 공사 자체는 일단락하였지만 물에 떠내려가서 형태도 없어져서 이것에 대한 복구공사를 계속하고 있기 때문에 그 동안은 예전과 같이 이 조합의 공사가 계속되고 있는 것으로 보고 있습니다. 그래서 모두가 이 조합이 어떻게든 당초의 목적을 달성할 수 있는 방향으로 이끌어 주는 것이 이 예산을 지출하는 진정한 취지라고 생각하여 총독부에서는 처음의 지령(指令)을 바꾸고 나중에는 모두에 대해여 상당한 보조금을 지급하여 제방(防水堤) 설비에 도움을 주었던 것입니다.

◉ 정부위원(하야시 시게조군)

조선의 토지개량사업은 총독부로서도 가장 많은 노력을 기울여 이 시설의 조성에 힘쓰고 있습니다만, 여기에는 예상했던 공사비보다도 여러 가지 사정으로 인하여 부담의 비율이 매우 높아지고 있기 때문에 이들 조합에 대해서는 조합원의 고충도 헤아려서 가능한 한 부담을 줄여드리고자 합니다. 또한 당초 조합을 설치한 목적을 실현할 수 있도록 총독부로서는 여러 가지 방면을 고려하여 각각 시설을 추가하고 있습니다. 예를 들면 이것은 일례이지만, 말씀드리자면 조합의 부담이 무거운 것은 이 공사가 준공(竣成)한 후에 증수액의 비율이 예상대로 되지 않았던 경우가 상당히 많았으므로, 이러한 점에 대해서는 최대한 정부에서도 보조를 해서 반당(反当)131) 수확의 증가를 도모하고 특히 조합에 원조를 하고 있습니다. 그 이외에 소극적으로는 현재 차입하고 있는 금리의 부담이 무겁기 때문에 조합원의 부담을 압박하고 있는 점도 있으므로 이러한 점도 일반 금리의 하락에 따라 가능한 한 저렴한 금리로 재대출(借換)을 할 수 있도록 도움을 준 바 있으며, 또한 근본적인 문제로서는 수해, 그 밖의 것으로는 여러 번 제방이 위협받는 상태에 있는 조합에 대해서는 가능한 한 이것들의 장래에 있어서 공사비 부담이 증가하는 것을 피하게 한다는 의미에서, 국가의 손으로 이와 같은 제방을 견고하게 하는 조치도 취하고 있습니다. 총독부로서는 이러한 기존 사업들이 완전히 예정대로 진행되어서 그 부담이 가능한 한 가벼워지도록 하기 위해 모든 수단 방법을 다하여 이 목적을 향해 나아가고 있는 것이지만, 아직 충분히 그것이 철저하지 않기 때문에 현재에도 부담의 비율이 높은 조합이 다소 존재하는 상태입니다. 앞으로도 가능한 한 말씀드린 바대로 방법을 취하여 조합의 경영이 편해질 수 있도록 최선을 다해 나갈 생각입니다.

3. 대전 도청 이전 문제에 대해서 (1931년, 귀족원 예산위원회)

◉ 정부위원(하야시 시게조군)

도청 이전의 문제에 관련하여 총독부에서 생각하고 있는 사항을 총론적으로 설명드리겠습니다. 순서대로 1, 2, 3과 같은 사유를 말씀드렸고 그 다음 4, 5, 6과 같은 것들은 현재 상태에서 총독부가 생각하고 있는 사항이지만, 만약 장래에 걸쳐서 생각한다면 이러한 점들이 차이를 가

---

131) 농토 1단보에 대한 수확이나 비료 따위의 양

져올 수 있는지에 대한 견해입니다. 이는 어쩌면 그럴 수도 있겠지만, 실제로 도청 이전 문제를 결정하는 데 있어서 현재에 입각하여 장래도 고려하는 것은 물론입니다. 다만, 이러한 사정을 참작하여 결정할 수 밖에 없다고 생각하기 때문에 현재의 정세를 여기에 모두 적은 것입니다. 그러나 여기에 적혀 있는 어떠한 사항을 가까운 장래에 뒤집어엎을 수 있는 상황이 있다면, 이것은 당연히 여기서 고려하지 않으면 안 되는 것은 말씀하신 바와 같습니다.

그런데 철도와 같은 문제에 관해서는 말씀하신 것처럼 사설회사에서 신청한 것은 실제로 있지만 공주(公州)의 현재 지리적 위치와 기존에 설치된 철도선의 관계를 고려하여 이것은 가까운 장래에 있어서 과연 실현성이 있는 것인지 아닌지에 대해서 총독부에서는 상당한 의문을 가지고 있기 때문에 가까운 시일 내에 이것이 실현될 수 있을 것이라고는 생각하지 않기 때문에, 이와 같은 근거를 가지고 하나의 논거로 삼았습니다. 그리고 또 교통과 관련해서도 현재 수해 등으로 이유로 교통이 두절되었다고 합니다. 그렇다면 그 교통의 두절할 사항을 배제시킬 수 있는 시설을 가까운 장래에 한다면 이런 이유가 없어지지 않을까 하는 생각도 들었기 때문입니다. 이 점에 대해서도 총독부로서는 충분히 고려를 거듭했습니다. 어느 한 부분 교통상의 도로에 관한 지장은 제거할 수 있다고 생각합니다만, 현재 도민들이 느끼고 있는 그러한 교통상의 지장은 전혀 제거할 수 없을 정도록 심각합니다.

이렇게 말씀드리는 이유는 조선은 강에 대체로 제방시설이 충분히 갖춰져 있지 않기 때문이며, 또 하나는 산림이 황폐화 되어 있는 결과로 강물이 일본본토만큼 평균적으로 흐르지 않기 때문입니다. 평소에는 모래벌판이 되고, 바닥이 드러난 강변이 되어 있음에도 불구하고 일단 물이 흐르면 매우 수위가 빠르게 오르는 상황이기 때문에, 이곳에 다리를 놓을 경우에는 이 양쪽 사정을 고려해서 평소에는 바닥이 드러난 강변 가운데를 달리다가 물이 흐를 때에는 떠내려갈 수 없는 시설로 만들어 놓았다가 그 동안만 기다리고 있다가 물이 빠지면 다시 원래대로 교통을 하기 위해서 이른바 오버워시(씻어 넘기기)라고 하는 방법을 써서 교통에 도움을 줄 수 있을 것입니다. 이런 곳이 많으면 홍수시에는 어쩔 수 없이 교통이 두절될 수 밖에 없는 것입니다. 어느 한 부분에 다리를 놓아도 그런 장소가 많은 곳은 대체로 이런 장소는 물이 흐를 때에도 건널 수 있는 다리를 건설하지 않는 한 현재의 교통 두절이라는 사실을 배제할 수 없지 않겠는가 이렇게 생각하고 있습니다. 이 점에서 이것이 장래에 오래도록 길어진다면 어떻게 될 지는 모르겠습니다만, 가까운 장래에 교통상의 완벽을 달성할 수 있는 시설을 마련하는 것은 상당히 어려울 것으로 생각하고 있습니다. 그러므로 이 점에 대해서도 제7에 제시한 바와 같이 조만간 어떠한 방법으로 말미암아 이러한 불편함이 제거된다면 이것들은 이유가 되지 않을 것입니다. 그러나 이러한 목표를 달성할 수 있는 방법이 보이지 않기 때문에 현 상황에 비추어 가까운 장래를 고려하여 이러한 이유를 여기에 게재합니다. 대체로 도민이 어느 쪽이라도 현재 교통에 불편함을 느끼고 있기 때문에, 그 불편을 제거하기 위해서는 도청을 역시 대전으로 가져가는 것이 좋으며, 다수의 도민을 위해서도 편리를 증가하는 것입니다. 또한 도의 산업, 기타 문화의 발달에도 그 방면에 도움이 되는 부분이 많다는 것이 그 이유입니다.

그리고 마지막으로 제9의 문제에 대한 의견도 있습니다만, 이것은 여기에도 적혀 있는 바와 같이 상정(上程)하고자 했는데, 상정을 보류한 것입니다. 그것은 이 도의 평의회는 자문 기관에 지나지 않는 것이며, 설령 그런데도 도청의 위치 문제를 결정하기 어려운 것은 도(道)가 직접적으로 관계하는 것도 아니고, 도지사의 권한에 속하는 것도 아니기 때문에 그것이 도지사의 자문기관인 도(道)평회의에서 이런 일을 하는 것은 온당치 않기 때문에 실로 상정을 보류하기 위해 노력한 것 같습니다. 아울러 그때에 각 도 평의회가 고려한 것이 그곳에 나타나 있기 때문에 대체로 이 도내 사람들의 생각도 그것에 따라 추측할 수 있지 않을까 하고 총독부에서도 생각하고 있기 때문에 여기에 아울러서 마지막으로 첨부하였습니다. 이 인쇄물을 만든 사정만을 답으로 드리겠습니다. 그 외의 사항에 대해서는 조금 전에 말씀드렸듯이 도면과 그림으로 답을 드리고자 합니다.

4. 소작문제에 대해서 (1931년, 중의원 결산위원회)

◉ 하야시 정부위원

제3의 질문은 소작 문제입니다만, 조선의 소작 문제는 대체로 수확 절반이라고 하는 것이 일반적으로 널리 행해지고 있는 것입니다. 그러나 이것들은 사실 명목뿐이지 심한 곳은 그 외의 여러 가지 명목으로 지주가 소작인에게 부담을 강요하는 것은 사실이며 이것 때문에 최근 조선에서도 소작쟁의가 왕성하게 일어나고 있습니다. 특히 조선의 소작쟁의는 1922년까지는 거의 없었으나 1923년 이후에는 수백 건에 이르는 사례가 있었습니다. 총독부로서는 신중히 이것에 대한 대책을 강구하여 당시 조선의 소작관행 조사에 착수해서 이들의 취조는 대부분 완료되었습니다. 이를 바탕으로 소작인과 지주 사이의 조사 방법에 대해서는 당장 할 수 있는 개선책만을 강구하도록 각 도지사에게 명령을 내리고 있습니다. 법적으로 앞으로 어떻게 할 것인가에 대해서는 전적으로 연구 중에 있습니다. 그리하여 이들 소작인의 입장을 장차 개선해 나갈 그 근본은 소작인의 수확 수입을 증가시키는 것에 있다고 생각합니다. 그러기 위해서는 각종 농사에 미칠 품종의 개량, 증식의 방법을 최대한 강구하고 있습니다.

두 번째로는 지금까지 해 왔던 수확의 절반 방법입니다만, 이들 소작 문제에 관해서는 여러 가지 현안을 해결하지 않으면 안 됩니다. 더욱이 현재 조선인들은 그다지 부업이라는 쪽으로 머리를 들이밀고 있지 않기 때문에 가능한 한 조선인의 부업을 장려하고 싶다고 생각하고 있습니다. 그것으로는 양잠(養蠶)과 같은 것이 조선에 더없이 적당한 부업이라고 생각했기 때문에 총독부에서는 최대한 이것의 증산에 노력하고 있습니다. 더구나 또 하나는 현재 소작인들의 경제는 빚더미가 늘어나 참으로 동정해야 할 상태이기 때문에 이런 높은 금리에 시달리고 있는 사람들에게 싼 금리로 돈을 빌려주는 것도 하나의 대책입니다. 이에 총독부에서는 각 면(面)에 금융조합을 보급해서 가능한 한 저리 자금을 공급하여 이들의 궁핍한 상황을 구제하기 위해 노력하고 있습니다.

5. 조림(造林) 계획에 대해서 (1931년, 중의원 관계위원회)

◉ 하야시 정부위원

지금 말씀하신 것은 총독부로서 병합 후 조선의 황폐한 산을 어쨌든 푸르게 하는 것이 제일 급선무라고 생각하여 당시에는 나무의 종류를 같은 것으로만 한 것은 생각이 부족했던 것 같습니다. 다만 조선에서는 아시다시피 겨울에 연료로 소나무 잎을 사용하는 경우가 매우 많기 때문에 소나무잎이 가장 가격이 좋게 팔리는 관계도 있고, 그저 소나무를 심으면 된다고 하니 자주 소나무를 장려했던 것입니다. 그리고 말씀하신 것처럼 그 결과는 송충이(松毛蟲)의 피해로 해마다 고민이었고, 경기도 방면, 충청도 방면에서 상당한 송충이 피해를 입었습니다. 이에 대한 대책으로 많은 고민을 한 결과 현재 산업 시험장에서 적합한 땅과 적합한 나무의 조사 시험을 지금도 빨리 진행하고 있습니다. 그러므로 이 시험은 각 지방마다 상당한 묘포(苗圃)를 만들어서 가령 실제로 어떤 종류의 나무를 그 땅에 심으면 좋을까 하는 경험을 지금 쌓고 있습니다. 이 결과를 바탕으로 장래에는 어느 지방에서는 이러한 나무 종류가 적당하다는 것을 알게 된다면, 그것에 기초해서 장래의 식목 계획상에 변경을 가져 와야 할 것으로 생각하고 있습니다. 그리고 사방공사 쪽에서도 현재 이것을 시험하고 있습니다만, 소나무뿐만 아니라 개암(山棒)나무라든가 또는 싸리(萩)나무를 심는다든가 하는 것을 이미 연구하고 있습니다. 또 일반 산에 대해서도 앞서 말씀드렸듯이 송충이의 피해가 심하기 때문에 이것을 완화하는 하나의 방법으로 최근에는 활엽수의 장려도 자주 시도하고 있습니다.

6. 금의 유출에 대해서 (1933년, 중의원 관계위원회)

◉ 하야시 정부위원

지난 번 이 위원회에서 말씀하신 것은 공교롭게도 현재 금의 시가가 매우 높아져서 정부의 매입 가격보다도 앞서고 있기 때문에 아무래도 밀수출 형세를 조장하고 있다는 말씀을 하신 것 같은데, 지금 말씀하신 내용은 매입 가격이 싸다는 것은 반대로 시세에 비해 싸다는 말씀이 아니었나하고 이해하였습니다. 일본본토와 조선은 같은 가격으로 정부가 매입하고 있는 형편입니다. 지금 말씀드린 대로 실제 시세가 정부의 매입 가격보다도 높게 형성되어 있는 관계로, 최근 국경을 통해 만주로 밀수출되는 사건이 자주 발생하자 총독부는 세관 및 경찰과 연락을 취하고, 또한 중국 측의 세관과 협의하여 충분히 관리 감독을 하고 있습니다. 어쨌든 그 귀금속이며 밀수출도 매우 교묘한 수단으로 행해지고 있기 때문에 모든 것을 단속할 수 없는 상태입니다만, 또한 앞으로도 종래의 실적에 비추어 볼 때, 최대한 이것을 검거, 단속에 임하고 싶다고 생각하고 있습니다.

7. 면작(棉作)에 대해서 (1933년, 중의원 관계위원회)

◉ 하야시 정부위원

조선의 면(棉)과 관련된 것입니다만, 조선에서는 아시다시피 오래전부터 면을 재배 왔기 때문에 1912년 초에 제1기 면의 증산계획을 세우고 계속해서 1919년에 다시 제2기 면의 증산계획을 세웠습니다. 이후 그 계획에 기초하여 사업을 시행해 왔습니다만, 최근 조선의 농촌 실정에 비추어 볼 때, 다시 내년도부터 10년을 목표로 하여 실제 면의 생산량 3억 근(斤)을 얻기 위해 면적 25만 정보(町步)에 면을 재배할 계획이며, 이를 10년간 해보고 그 결과에 따라 다시 계속해서 이 두 배 즉 50만 정보, 생산량 6억 근을 얻을 계획을 가지고 있습니다. 먼저 당장 내년도에는 이것을 위해 22만 엔의 경비의 증가를 요청하고 있는 것입니다.

8. 조선저축은행의 과세에 대해서 (1933년, 귀족원 결산위원회)

◉ 정부위원(하야시 시게조군)

일단 개요만 말씀드리겠습니다. 본 건은 조선에서 새로 저축은행을 설립하고, 이를 조선저축은행이라고 했습니다. 총독부에서는 이에 대한 영업세를 신규 개업으로 인정하고 3년간, 개업한 해부터 3년간은 영업세를 면제해 주기로 한 것입니다. 영업세령상 개업한 해부터 신규 개업을 한 것은 신규 개업한 해부터 3년간 면제한다는 규정이 있습니다. 그 규정을 해석하는 방법인데, 감사원 쪽에서는 영업의 승계라고 하는 경우가 있으면 비록 일부의 승계이든, 전부의 승계이든 그것은 영업의 계승이기 때문에, 설령 그런 경우에는 영업세를 면제해서는 안 된다는 해석입니다.

그런데 총독부의 해석으로는 "문리(文理) 해석[132]으로 말하자면 승계라는 문자 해석부터 말씀드리자면, 비록 일부의 승계이든, 전부의 승계이든 모두 승계라는 해석 속에 포함시키는 것이 보통의 해석입니다만, 영업세령 위에 써 있는 영업의 승계라고 하는 이 해석에 관해서는, 위와 같은 문리해석에 사로잡혀 해석할 수 없습니다. 부득이하게 이 영업세령상의 해석으로서는 납세의무의 단위를 이루고 있는 영업 전부가 이전(移

---

132) 문리 해석(文理 解釋)은 법령을 구성하고 있는 자구(字句)나 문장을 뜻을 문법규칙 및 사회통념에 따라 밝혀 확정하는 해석 방법이다.

轉)인 경우에 처음으로 영업 승계가 있었던 것으로 인정해야 한다." 이런 식으로 저희 쪽에서는 해석하고 있습니다. 이와 같은 바람은 저희의 방안으로써 해석하고 있습니다. 왜 그런 식으로 해석을 하느냐고 하면, 실제 일부 영업의 승계가 있었던 경우를 영업 승계가 있었던 것으로 인정하여 취급하는 것은 과세(課稅)의 기술상에 있어서 징세를 하기 곤란한 경우가 하나 있습니다. 그것은 영업세상 과세표준으로 하고 은행업에 대해서는 자본금액의 7/10,000, 예금금액의 3/10,000, 그리고 사채차입금의 1/10,000이라는 것이 과세표준이 되고 있습니다. 다만, 이 경우에 일부 영업의 승계한 경우에 예금이 남아 있다면 그 예금에 대한 과세는 명백히 이루어질 수 있습니다만, 자본금의 7/10,000이라는 규정을 적용하는 것이 매우 어렵습니다. 이 경우 변명서(弁明書)에 상세히 적혀 있습니다만 실제 과세에 있어서는 불합리를 낳는다는 것이 한 가지 점이고, 이와 같은 사정이 있기 때문에 만약 영업의 일부 승계도 승계라고 할 수 있는 행위라고 한다면, 어떤 세령(稅令) 중에 일부 승계의 경우 징세 규정을 마련해 두어야 할 것으로 생각됩니다만, 이와 같은 규정이 없어 법리(法理)적으로 보아도 영업세의 행위는 일부 승계가 있는 경우 이를 영업의 승계로 볼 의사가 없는 것으로 생각됩니다. 또한 일본본토에서 옛날 조선의 현재 영업세와 동일한 외형표준에 따라 과세했던 당시의 취급 형태를 조사해 보더라도 총독부가 채택하고 있는 해석과 동일한 해석방법을 채택하고 있는 여러 가지 취급 규정 등이 있으므로 그러한 점 등을 참작하여 총독부로서도 일부 영업 승계가 아니라고 생각됩니다. 이 조선 저축은행은 저축은행령의 규정에 기초하여 처음 설립된 것이므로 가령 실체에 있어서 기존에 하던 다른 은행의 저축 업무 일부를 양도받은 것이지 영업의 승계는 아니라는 해석을 취하고 있는 것입니다.

9. 소금에 대해서 (1934년, 귀족원 관계위원회)

◉ 정부위원(하야시 시계조군)

조선에서는 아시다시피 종래 천일염전은 정부의 손으로 축조할 방침이지만, 마침 관동 지진후 공채 발행의 사정으로 이 염전 수축 확장 계획을 일시 중단할 수 밖에 없는 상태에 이르렀습니다. 현재로서는 대체로 천일염전이 약 2천2백 정보 정도 형성되어 있는 것으로 알고 있습니다. 가령 이 면적에서 나오는 천일염이 해에 따라 풍흉이 있습니다만, 대체로 2억 근 내지 3억 근이었습니다. 최근 1, 2년은 제염고(製鹽高)가 매우 증가하여 3억 근 정도에 이르고 있습니다만 2, 3년 전의 평균에 의하면, 대략 2억 근은 괜찮을 것으로 예상을 하고 있었습니다. 게다가 이 외에 더 일본본토에서는 같은 종류의 볶은 소금(煎熬鹽)이 민간인의 손에 의해 만들어지고 있지만, 이것이 조선 내에서 약 6천만 근 정도 나온다고 하니 천일염과 볶은염을 합치면 조선 내에서 만들어지는 소금은 2억 6천만 근 정도라고 총독부에서는 생각하고 있습니다. 그런데 조선의 소금 소비량은 대략 5억 4천만 근으로 보고 있기 때문에, 차감하고 2억 6천만 근만큼은 소금 공급이 조선 내에서는 부족하다는 관계에 있어서, 이것들의 소금은 산동소금, 청도소금, 혹은 관동주소금 등이 조선에 반입되어 그 수요를 충족시키고 있는 상태입니다. 그래서 이러한 사정 하에서는 아무래도 소비량의 대부분을 수입 소금에 의존하게 되어서 소금 공급상에 약간의 불안이 있다는 것은 산지(産地)의 소금의 작황 때문이고, 또 하나로는 중국으로부터 주로 이것들의 공급을 받고 있기 때문에 금과 은의 가격 변동에 따라 환율 시세 때문에 이 소금의 가격이 상당히 해마다 변동되고 있습니다. 그 때문에 정부에서 불하되는 소금의 가격도 그 영향을 받을 수 밖에 없는 상태이므로 어떻게든 조선 내에서 수요하는 소금을 조선에서 자급자족 할 수 있도록 하고 싶다는 생각을 가지고 있습니다. 그런데 반면에 조사 결과에 의하면, 장차 천일염전을 확장할 수 있는 여지는 상당히 많습니다. 그러므로 정부에 있어서 재원(財源)의 관계가 허락된다면, 어느 정도까지 천일염전을 확장해서 조선 내 소금의 자급을 도모하고 싶다는 이러한 생각을 가지고 추진하게 되었습니다. 작년 그 계획의 일부를 제안하여 그래서 심의를 부탁한 결과 협조를 받았습니다만, 그것은 약 1천백 정보의 염전 확장 계획을 수립했던 총 비용으로 210만 엔의 5년간 계획으로 승인을 받았습니다. 지금 의제(議題)가 되고 있는 사업공채법 중 염전수축비라고 하는 것은 작년 승인을 거쳐 올해부터 실행에 들어갔습니다. 단지 지금 말씀드린 총비용 210만 엔의 5개년 계획 수축사업비는 내년도에 있어서 연도 할당액입니다. 이 계획에 의하면 염전이 보수될 경우에는 약 1억 1천만 근이 이번에 확장한 염전에서 증산이 가능하다고 생각하고 있습니다. 따라서 조금 전에 말씀드린 이 계획을 세울 당시의 소금 부족 예상량은 2억 8천만 근입니다. 조선 내에서 할 수 있는 것이 2억 6천만 근, 전체 수요가 5억 4천만 근이니 조선 내의 부족은 2억 8천만 근인 것이지만, 그 중에 이번에 보수한 염전에서 증산하는 것이 1억 1천만 근으로 나머지 1억……아직 7천만 근 정도가 부족하기 때문에 이 점에 대해서는 총독부에서는 더욱 장래 재정이 허락하는 시기를 가늠해서 이번 현재 계획과 대략 비슷한 정도의 염전 수축(修築)을 다시 계속하고 싶다는 희망을 가지고 있습니다만, 아직 이것은 실현의 단계에 이르지 못했습니다. 사정이 이렇다 보니 아직 조선 내의 소금 자급자족은 실현되지 못하고 있습니다. 아울러 앞에서도 말씀드린 것처럼 염전은 해마다 생산량이 크게 증감되어, 기존에는 2억 근이라고 했는데 최근 과거 1, 2년간 약 3억 근 정도의 증산을 바라보고 있기 때문에 현재의 계획이 완료되면 그 해의 정황에 따라 굳이 외래 소금을 수입하지 않아도 되는 상황이 되지 않을까하고 생각하고 있습니다. 아울러 아무래도 작황이 나쁜 해의 경우도 고려하여 조선 내 수요의 소금만은 조선 내에서 공급할 수 있도록 앞으로 노력하고자 이렇게 생각하고 있습니다. 대략 이상과 같습니다.

10. 사방공사에 대해서 (1934년, 귀족원 관계위원회)

◉ 정부위원(하야시 시게조군)

지금 총독부에서 계획하고 있는 것은 주로 하천 상류지대의 산입니다. 아시다시피 조선의 산은 민둥산(禿山)이 상당히 많습니다. 이 현재의 사방(砂防) 계획을 세울 당시의 예상에 따르면 약 11만 정보의 큰 강 상류 지대에 민둥산이 있어 거기에 사방을 하지 않으면 안 되었고, 면적은 그 정도라고 예상했습니다. 그 후 차근차근 조사를 진행하다 보니, 면적에 있어서는 종래 조사했던 것의 약 2배인 20만 정보 정도를 사방공사 하지 않으면 안 되지 않을까하는 예상으로 지금에 이른 것입니다. 그래서 이처럼 큰 민둥산이 강 상류 지대에 있기 때문에 호우가 올 때마다 모래가 하천으로 유출되어서 거의 상류 지대에서는 물의 피해와 마찬가지로 모래의 해소(海瀟) 피해가 상당합니다. 강바닥이 해마다 높아져서 도로, 교량 등에 상당한 피해를 주기 때문에 시급히 사방공사를 촉진하고 싶다고 생각하고 있습니다만, 어쨌든 이를 실현하기 위해서는 상당히 많은 액수의 경비를 필요로 하기 때문에 현재까지 충분히 손이 닿지 않았지만, 재정이 허용하는 범위에서 가능한 한 빨리 큰 하천의 상류 지대에도 노력해서 사방공사를 완료하고 싶다고 생각하는 것입니다. 현재 국비가 미치지 못하는 곳은 각 도에서도 지방비가 허용하는 범위 내에서 간단한 사방공사를 함께 실행하고 있는 것입니다.

11. 공채지불사업에 대해서 (1934년, 중의원 조선사업공채 위원회)

◉ 하야시 정부위원

제가 공채지불사업으로 예산 편성하고 있는 내년도 사업비의 극히 대략적으로 설명드리도록 하겠습니다. 첫째, 철도 건설 개량비인데 이것은 현재 설명에도 나와 있듯이 종래부터 계속 공채지불사업으로 인정받기를 바라며 현재 진행 중입니다만, 이것은 총비용이 5억 2,914만여 엔으로 구성되어 있고, 1933년도까지의 지출액은 3억 5,176만여 엔으로 되어 있습니다. 1934년도 이후의 소요 경비는 1억 7,738만여 엔이며, 이것을 1940년까지 계속해서 소요 경비로써 실행하기로 되어 있습니다. 현재 공사를 하고 있는 노선을 남쪽 방면부터 말씀드리면, 부산을 기점으로 북쪽은 원산으로 연결되는 조선의 동해안을 관통하는 노선이 하나 있습니다. 이것은 북쪽과 남쪽 양방면에서 공사가 진행 중입니다. 둘째, 경상남도, 전라남도를 관통하여 전주와 진주 사이를 연결하는 경전선 (慶全線)이라고 하는 노선입니다. 그리고 다음은 북쪽으로 가서 경성과 원산을 연결하는 경원선(京元線)이라는 노선을 공사 중입니다. 또 하나는 평양에서 만포진으로 빠지는—압록강의 강기슭으로 빠지는 만포선

(滿浦線)입니다. 그리고 함경남북도에 걸친 성진의 조금 북쪽에서 압록강의 상류로 빠져나가는 혜산선(惠山線), 그리고 이 혜산선의 중간에서 방향이 갈라져 두만강의 연안으로 나갑니다.—이것은 북조선개척사업의 하나인데, 척식철도를 건설 중입니다. 현재 하고 있는 건설공사의 노선은 이상의 6선입니다. 그리고 개량공사는 작년부터 경부, 경의선의 속도 향상을 위해 추가경비를 올해 이후에도 부탁드리며, 내년도에도 계속해서 이 노선의 속도 개량을 위해, 100만 엔의 추가 요청을 하고 있습니다만, 내년도에는 이 밖에 북선철도의 정세에 비추어 볼 때, 북선철도 개량비로 다시 40만 엔을 추가로 부탁드립니다. 결국 개량비로 140만 엔을 추가로 부탁드리는 것입니다. 또 앞서 말씀드린 철도 건설의 각 노선 중에서 혜산선 및 만포선의 이 두 노선은 조선과 만주국의 국경지점에 연결되는 선로이기 때문에 시대적 상황에 비추어 볼 때 총독부는 몇 년 전부터 이 선로의 신속한 완공을 위해 노력해 왔습니다. 종래의 계획으로는 혜산선은 1938년도에 완성되고, 만포선은 1940년도에 완성한다고 되어 있습니다만, 총독부는 이것이 가능하다면 만포선은 2년 앞당겨서 1938년에 완성하고 싶고, 그 다음에 혜산선은 1년을 앞당겨 1937년에 완성하고 싶다는 목표 아래 매년 약간의 증가 경비를 부탁드리고 있는 바에 따라, 이를 위해 내년도에는 2백만 엔을 앞당겨 주시기를 부탁드리고 있는 것입니다.

그리고 다음은 염전입니다만, 염전보수비에 있어서 내년도에 예정 경비는 62만 엔을 예산으로 책정해 두었습니다만, 이 전액을 공채지불사업으로 하고 싶다는 계획을 하고 있습니다. 이 염전보수에 대해서는 1933년도부터 총액 210만 엔을 투입하여 5년간 계속 실행중이며, 이에 따라 1,100 정보의 염전을 축조할 계획입니다. 대략 이 염전의 축조가 되어 그 염전이 발전하면 이 계획한 면적에서 대략 1억1천만 근 정도의 소금을 증산할 수 있을 것으로 예상하고 실행 중에 있습니다. 현재 조선의 소금 소비량은 대략 5억 4천만 근 정도인데 그 중에서 현재 천일염으로 조선 내에서 생산하고 있는 소금이 약 2억 근으로 예상하고 있으며, 이 밖에 볶은소금(煎熬鹽)이 약 6천만 근 정도 있으므로, 합계하여 조선 내 생산이 2억 6천만 근, 이렇게 되니까 조선 내의 소비량에 비해서는 오히려 2억 8천만 근이 부족하지만, 이에 대해서는 현재 올해부터 계획 중인 염전확장 계획에 따라 장래에는 1억 1천만 근의 증가 생산이 가능할 것으로 예상됩니다.

다음은 척식철도인데 조금 전에 철도에 대해서 잠깐 말씀드렸지만, 이것은 북선개척사업의 하나로서 그 지방의 개발을 위해 혜산선 중간에서 나누어져 두만강 연안의 무산(茂山)에 이르는 협궤의 철도를 부설하기로 하였고 몇 년 전부터 실행 중인 노선입니다. 전체 거리가 188km[133]으로 예상하고 있는데, 현재 건설 중입니다.

그리고 도로입니다만, 도로는 한국 정부 시절부터 조선의 도로망 계획을 세워 실행 중이었던 것을 총독부가 되어서도 계속해서 이것이 완성되도록 노력을 했습니다만, 현재 소위 제2기 치도공사(治道工事)라고 하는 것을 계속하고 있고, 전 조선에 걸친 1, 2, 3등 도로의 보수에 노력을 기울이고 있습니다. 총체 경비의 현재 예산에 나타나고 있는 것은 4천 697만여 엔이며, 1934년도 이후에 남아 있는 경비는 853만여 엔입니다. 연도별 배분은 1938년도까지 계속되어 있습니다.

그리고 다음은 항만인데 항만에 대해서도 한국 정부 시절부터 계획을 세워 필요한 항만 보수에 노력을 하고 있습니다만, 그 후 필요에 따라 항

---

133) 원문에는 천(粁) : 길이 또는 거리 단위인 'km'의 음역한자

만의 설비의 확충, 그리고 새로운 항만 시설에 대한 노력을 기울여 왔고, 현재 예산이 남아 있는 곳의 경비는 총액 4,420만여 엔이고, 이 중 대부분의 경비는 지출이 완료되었고, 1934년도 이후 남아 있는 금액은 195만여 엔으로 정해져 있습니다. 1934년를 기점으로 이 계속되는 비용은 종료하기로 되어 있습니다. 대체로 항만으로서의 설비를 갖추고 있는 것은 북쪽 방면부터 말씀드리자면 다사도(多獅島)의 축항, 진남포의 축항, 인천, 군산, 목포, 마산, 부산 그리고 성진, 원산, 청진, 웅기, 조선의 연안을 돌면서 대부분 주요 항만에는 그 당시의 시대적 상황을 감안해서 어느 정도의 시설을 증가시켜 오고 있는 것입니다.

그리고 다음은 치수인데 치수 사업에 대해서는 1925년도에 최초로 조선 항만에 대한 치수 계획을 수립하였습니다. 그 후 재정의 사정으로 점차 지연되고 있습니다만, 이 계속되는 비용으로 책정되어 있는 모든 비목의 총액은 5,236만여 엔이며, 이 중 1934년도 이후에 남아 있는 금액은 2,216만여 엔이고, 이 돈으로 앞으로 1938년도까지 계속해서 실행하기로 되어 있습니다. 현재 실행 중인 하천은 조선 남쪽에 있는 낙동강의 치수공사, 그리고 전라북도 만경강의 개수공사, 경성 옆 한강의 개수공사, 황해도 재령강의 개수공사, 평양의 옆을 흐르고 있는 대동강의 개수공사, 함흥 부근에 있는 용흥강의 개수공사, 이것이 주된 공사입니다.

다음은 사방사업입니다. 아시는 바와 같이 조선의 산은 상당히 황폐화 되어 있습니다. 이 산을 정비하는 것은 치수(治水)가 기본이기 때문에 1922년에 계획을 세우고 산을 관리하는 사업을 시작한 것입니다. 대체로 당시의 추정으로는 조선의 큰 강 유역에 있는 민둥산의 면적은 11만 7천 정보 정도라고 예상하고, 이를 어떻게든 정비하고 싶다는 계획을 세웠지만 상당히 큰 계획이 필요하기 때문에 먼저 그 중 1/3 정도의 것을 치산(治山)하고 싶다고 하여 계속 사업으로 제안을 하고 실행해 나갔습니다만, 그 후 재정상 이유로 빈번히 미루어지고 있어 아직도 사업의 전부를 완료하지 못한 상태입니다. 지금 예산에 제출되어 있는 사업비의 총액은 1,270만여 엔이며, 그 중 1934년도 이후의 잔액은 142만여 엔으로 되어 있습니다. 이 금액으로 1934년도 및 1935년도에 종료할 계획입니다. 그런데 이 사방사업에 대해서는 본 계속사업 외에 1931년도 이후 궁민구제사업으로 또 시국광구(時局匡救)사업으로 사방공사에 노력했던 결과 1933년도까지 대략 산의 사방공사를 종료한 것이 약 3만 5천 정보 정도가 될 것으로 보입니다. 앞서 말씀드린 11만 7천 정보와 비교하면 잔존면적은 아직 8만 2천 정보가 되지만, 그 후 차차 조선 산의 실상을 조사해 보면, 아무래도 사방공사를 해야 할 면적은 지금 말씀드린 11만 7천 정보에 그치지 않고 오히려 상당히 넓은 면적이 있다는 것을 알았으므로, 현재의 예상으로는 황무지의 면적은 전 조선에서 약 20만 5천 정보에 달할 것으로 예상됩니다. 대략적으로 말씀드리면 앞으로 그 중 절반 정도는 국가의 보조 등에 의해 각 지방에서 각각 처리하게 될 것이고, 나머지 10만 정보에 대해서는 현재 계속 사업이 종료되면 다시 제2의 계획을 세워 잘 처리할 필요가 있다고 생각합니다.

그리고 마지막으로 북선개척에 관한 것인데, 아시다시피 평안북도 함경남북도의 일부 산지는 216만 정보, 전체 면적의 약 7할(70%) 정도에 해당하고, 이만큼의 것이 중요한 예정 국유림으로 되어 있는 산입니다. 그 축적재(蓄積材)의 수량도 3억 7천여 만 척(尺)이라고 하는 매우 큰 것이 있어서 지금까지 사람의 발길이 닿지 않았고 그 밖의 관계로 대부분은 주로 말라 죽어 썩는 채로 내버려두고 있는 상태이며 게다가 화전민들이 제 마음대로 날뛰며 행동하여 여기저기에 불을 지르며 자연을 함부로 하고 있는 상태이기 때문에 총독부에서는 1932년도 이후 15개년 예정으로 이 지방의 개발에 힘쓰고자 계획을 세웠습니다. 첫째, 이 지방의 삼림이용개발을 한다는 것은 지금 말씀드린 바와 같이 화재를 예방한다는 의미에서, 이 지방에 있는 화전민을 지도하고, 또 한편으로는 삼림을 앞으로도 존속시켜야 하는 토지 특성상 시설도 충분히 철저하게 하고 싶다는 취지에서 소요 경비를 책정하여 협찬을 받은 것으로 알고 있습니다. 그 밖에 이 지방을 개발하기 위해서는 아무래도 먼저 많은 사람이 들어올 수 있는 도로망을 보급하고 철도를 부설하여, 이 지방의 천연자원 개발에 이바지할 필요성을 인정하여, 앞서 말씀드린 바와 같이 척식철도를 계획을 하는 동시에 이 지방에 대하여 약 926km의 2등 도로, 3등 도로의 수리를 계획하고 있습니다. 도로의 총 예산비용으로서는 이것을 완성하기에는 약 838만여 엔이 필요할 것으로 예상되며, 이것은 1932년도 이후 15년간 계속해서 사업을 하고 싶은 생각은 있지만, 재정 사정상 계속되는 비용으로는 협찬을 구하고 있지 않고, 매년마다 조금씩 소요경비를 책정하여 이 목적 달성하기 위해 노력하고자 하는 것입니다.

삼림의 이용 개발에 대해서는 현재 있는 화전민의 호수가 당시 조사에 따르면 약 3만호 정도로 예상되고 있으므로 이들 화전민의 정착을 제1차로 고려하여 현재의 장소에서 그대로 정착할 수 있는 사람은 그 땅에 정착시키고 이를 정착시키는 것이 부적당하다고 인정하는 사람에게는 다른 적당한 지역을—경지를 주어 그곳에 정착을 재촉하기로 계획하고 있는 것입니다만, 이들 화전민에 대해서는 장래 화전민인 상태를 탈피할 수 있도록 여러 가지 농업상, 농경상의 지도, 그 밖의 지도 시설을 추가하고 그리하여 화전민이 정착농민이 되도록 현재 지도 장려를 하고 있는 것입니다. 그와 동시에 국유림의 보호에 대해서는 종래의 국유림

감시 인력이 매우 부족했던 점을 개선해서 상당한 감시원을 증원해 배치하여, 산불방지는 물론 도벌 등을 막기 위해 노력하고 있습니다. 또한 이와 함께 화전민과 관련하여 앞으로 이곳 북쪽 지방에 얼마나 많은 땅이 농경에 적합한 것인가 하는 것도 조사하고 있는데, 이 조사가 종료되면 상당한 주민들이 이 산간지대로 이주할 수 있을 것이라고 믿고 있습니다. 이상은 대체로 사업공채 등에 관련되어 있는 큰 비용 항목에 대한 극히 개략적인 설명입니다만, 또 질문이 있으시면 답변을 드리도록 하겠습니다.

12. 세제개정에 대해서 (1934년, 중의원 관계위원회)

◉ 하야시 정부위원

조선의 조세제도에 대해서는 아시다시피 종래 재정상 당면한 필요에 부응하기 위해서 그때그때의 필요에 따라 제정하여 시행한 것으로 이를 통람해 보면, 각 세금 간에 맥락을 갖추지 못하고 그 조직도 불완전합니다. 그리고 또 현재의 경제 상태에 비추어 볼 때 아무래도 실정에 적합하지 않는 것이 있다고 생각됩니다. 더욱이 부담의 공평성을 얻지 못하고 있으며 아울러 조선 관련 세제가 탄력성이 결여되어 있어 재정상의 수요에 따를 수 없다는 등 여러 가지 결점이 있다는 것을 인정했지만 세제의 개정이라는 것은 국가 및 지방의 재정경제, 아울러 국민의 부담에 영향을 미치는 중대한 사항이기 때문에 지극히 신중하게 연구 조사를 거듭할 필요가 있는 것은 물론이고 총독부에서는 1923년에 조선의 세제조사위원회(稅制調査委員會)라는 것을 만들어 세제제도의 개정 조사에 착수하였는데 불행하게도 다음 해인 1924년에 행정정리 때문에 이 위원회는 폐지될 수 밖에 없었습니다.

아울러 이상과 같이 말씀드린 상태이며 조선의 세제 개정을 등한시하기 어렵고, 그 관련된 것이 광범위하고 또 중대하기 때문에 그 후 1926년에 다시 세제조사위원회를 설치하였습니다. 장래 조선의 국세 체계를 어떻게 하면 좋을지 신중하게 연구한 결과로서, 대체로 일본본토와 마찬가지로 일반소득세를 조세의 중추로 삼는 것과 두 번째로는 지세, 영업세 및 자본이자세 등 소위 수익세 조직을 정비하여 소득세의 보완세로 하고, 세 번째로는 소비세 및 교통세를 이에 추가하여 조세체계를 완비하는 것을 조세제도의 근본방침으로 삼고, 이에 따른 우선 실행안을 당시에 결정한 것입니다. 이에 근거하여 1927년에 조선에서 영업세 및 자본이자세를 신설하였고, 수익세 제도 정비에 힘써 왔으며, 그 후 국세 체계의 완성을 위해 점차 노력해 왔기 때문에, 이번에 기획한 개정도 당시의 방침에 따라 그 방침의 실현을 도모하기 위한 것으로, 종래부터 계속된 세제 정리의 일환인 것입니다.

그리고 현재 조선의 국세제도는 직접세로 법인소득세와 함께 이른바 수익세인 지세, 영업세, 자본이자세, 광업세 및 거래소세, 간접세로는 주세, 설탕소비세, 골패세[134] 및 관세, 교통세로는 등록세, 거래세, 인지세 및 조선은행권 발행세 등으로 이루어져 있으며, 일본본토의 세법과 비교하면 개인소득세, 상속세, 청량음료세 및 직물소비세가 결여되어 있을 뿐이지만, 1934년도에 창설된 새로운 세금은 첫째는 일반소득세, 둘째는 상속세, 셋째는 청량음료세이기 때문에 이 세 가지를 창설한 후에

---

134) 예전에 골패·화투·마작 따위에 매기던 물품세. 일제 강점기에 골패세령으로 시작하여 1950년에 물품세법에 흡수되었다.

일본본토의 세법과 비교하면 직물소비세를 조선에서 시행하지 않은 점만이 세금의 종류에서 차이가 있을 뿐입니다. 이번에 개정하는 세제정리 계획의 요점을 말씀드리면, 일반소득세에 대해서는 앞서 말씀드린대로 조선의 조세체계 중추로서 가장 이상적인 것으로 대략적인 방침을 정하였고, 현재로서는 앞에서도 설명했듯이 소득세에 대해서는 법인에게만 과세하고 있을 뿐이므로 매우 불완전하기 때문에 이번에 이를 정비하여 개인의 소득에도 과세하기로 하였습니다. 이번 개정의 내용에 대해서는 대체로 일본본토의 현행법에 준거할 계획입니다만, 다만 조선의 특수한 사정에 비추어 세율 측면에서 급격한 부담의 증가를 피하기위해 대략 현재의 계획으로서는 일본본토 현행법의 반액 정도에 당분간은 그치고싶다고 생각하고 있습니다. 또한, 1934년도에는 시행 시기 등의 관계도 있으므로 다시 그 반액 정도로 할 생각입니다. 따라서 1934년도에는 일본 현행 세율의 4분의 1정도를 과세하고, 1935년도 이후에는일본 세율의 반액 정도를 과세할 생각입니다.

그리고 두 번째로는 개인소득의 면세점 및 부양가족의 공제액 등에대해서는 조선의 실정에 비추어 상당히 일본의 규정에 비해 낮추고자하는 생각이고, 그 밖에 필요한 특수의 규정을 마련할 생각입니다. 그런데 현재 조선에서 초등 교육비를 지불하고 있는 부(府)의 제1부 및 제2부의 특별경제 및 부(府) 이외의 지방에서의 학교비, 아울러 학교조합의부과금을 주로 개인의 소득을 표준으로 하여 부과하고 있는 관계로 국세의 일반소득세를 창설할 경우 부담의 가중을 초래할 우려가 있으므로현재 부과금 징수액의 약 반액에 해당하는 금액을 교육비 부담 경감을위해 이들 단체에 교부하는 것입니다. 그리고 현재 과세하고 있는 조선의 지세는 종래 조선에서 국세의 대종(大宗)이었으나, 이번에 일반소득세를 창설하여 조세체계의 중추로 삼은 결과 지세는 그 보완세인 위치로 바꾸어지게 된 것입니다. 이 점에 있어서 지세의 세율을 현재처럼 할 때에는 토지소유자는 종래 국세의 중추로서의 지세 부담 위에 다시 일반소득세를 부과하게 되어 그 부담은 현저히 증가하게 되므로, 이러한 점을 고려해서 그 부담의 과중을 피하기 위해 현행의 지세율에 약간의 인하를 실시하게 된 것입니다. 또한 지세에 대해서는 조선에서 아직 실행하고 있지 않은 소액지세 면제도 함께 하기로 계획하고 있습니다.

다음은 상속세에 관한 것입니다만, 조선에서도 일본본토와 마찬가지로 상속의 개시에 따라 재산의 취득하는 상속인에 대해서 그 담세 능력에 따라 과세를 하여 수익세와 함께 일반소득세의 보완세로 하는 것이 조세 부담의 공평성을 기대하기 위해 필요상 참으로 적절한 조치라고 생각하여 이번에 상속세를 창설하게 된 것입니다. 그 내용은 대체로 일본 현행법에 준거한 것이지만, 조선인의 친족 및 상속에 관해서는 원칙적으로 민법에 따르지 않고 관습에 따르게 되어 있으므로 그 관습을 고려하여 세율의 구분 등에 관해서도 특별한 규정을 마련하려고 생각하고 있습니다.

다음으로 청량음료세의 창설인데, 조선에서는 아직 청량음료에 대해 과세를 하지 않고 있습니다만, 청량음료수는 주류와 설탕 등과 같이 기호식품으로서 일반적으로 소비되고 있는 상황에 비추어 볼 때, 일본본토와 마찬가지로 본 세금을 창설해서 소비세 체계의 정비를 도모하기로 한 것입니다. 그 내용은 대체로 일본 현행법에 준거한 것인데, 조선의 실정에 비추어 약간의 특수한 고려를 추가할 예정입니다. 또한, 세제의 정리와 직접적인 관계는 없지만, 이 기회에 조선에서는 주세의 세율 인상을 실행할 계획에 이르렀다고 말씀드리는 것은 술 중에서 맥주는 조만간 조선 내에서 제조하게 될 것이며 그 결과 종래 일본에서 이입되던 것이 대부분 조선 내에서 생산되는 물품으로 공급할 수 있게 될 것이라고 생각됩니다. 따라서 종래 이입 맥주에 과세하였던 이입세의 수입은 대체로 매우 감소되는 결과가 될 것이라고 생각합니다. 맥주의 국세 부담액은 이입세액만큼은 가벼워지는 결과가 된다고 생각하므로 이것의 대책을 강구할 필요가 있는 것과 또 하나는 조선에서 만들 수 있는 조선측의 기호품인 조선약주는 최근 품질과 더불어 소비 상황이 점점 청주에 가까워지고 있는 정세에 비추어 볼 때 부담의 균형상 세율의 인상을 도모할 필요를 인식하고 있었으므로 아울러 이와 같이 특수한 사정으로 인하여 이 때 주세 일반세율을 인상하기로 함과 동시에 앞에 말씀드렸던 맥주 및 조선약주에 대해서는 특히 이러한 점을 고려하여 세율 인상에 상당한 심사숙고를 하고 있는 것입니다. 이상이 이번에 조선에서 계획하고 있는 세제 개정의 개요입니다.

13. 조선사업공채법에 대해서 (1935년, 귀족원 관계위원회)

● 정부위원(하야시 시게조군)

첫 번째 질문하신 본 사업공채법 제정 이후 관련한 것에 대해 답변드리겠습니다. 다만, 지금 수중에 법률 조문(条文)을 가지고 있지 않기 때문에 확실하게 말할 수 없습니다만, 이 공채법은 확실히 1911년부터 시작된 것으로 기억하고 있습니다. 가령 종래에는 이 철도 외에 여러 가지 조선의 사업비도 역시 이 사업 공채에서 지불해 왔으므로, 하나의 예를 말씀드리자면, 조선의 염전의 축조비, 그리고 그 외의 사업비도 이 공채법으로 충당하고 있습니다만, 지진 재해 후 일본본토의 공채정책 관계로 인해 기존에 여러 가지 사업에 지출하고 있던 공채지불사업을 대체로 철도건설개량비에 한정해서 계속하고 있습니다. 게다가 최근 몇 년간 조선에서도 일반 재계 불황의 영향을 받아 재원의 관계에서 어쩔 수 없이 또 토목사업 등의 사업비 공채지불사업으로 승인을 받기로 했습니다만, 이 또한 조선 재정의 상황을 파악해서 1935년 이후에는 종래 건설 전 철도건설개량비에 한정하는 방침을 세웠고, 내년도 예산은 철도건설비만으로 하기로 하고 승인을 구하고 있는 중입니다. 그리고 이 6억 620만 엔이라고 하는 현행법정액은 작년 철도개량비와 함께 기타 일반토목사업 등의 재원을 공채로 대체하기 위해 1년에 한해서 증액을 부탁하기 위해 동(同)의회에 개정안을 제안했을 때 아래와 같이 개정 방법을 승인받았다고 생각하고 있습니다.

올해는 다시 그것에 덧붙여 앞에 말씀드린 955만 엔을 추가하기로 했습니다. 그리고 이 955만 엔을 추가한다고 설명드렸습니다만, 실제로는 그것이 현행의 6억 620만 엔에 955만 엔이 아니라 9,060만 엔을 추가하기로 되어 있기 때문에, 이 점에 대한 질문도 있었다고 하니 또한 이것에 대해 설명하고자 합니다. 현재의 법정액(法定額)은 앞에 말씀드린 것처럼 6억 620만 엔이라고 되어 있습니다만, 이것을 실제로 청산해 보면 1933년도까지 기채(起債)를 했습니다. 실제 기채제액(起債濟額)이라는 것이 4억 1,763만여 엔이라고 합니다. 게다가 1934년에 공채발행 예정으로 되어 있는 것이 2,947만 8천여 엔 이것뿐이며, 1935년도 이후 공채지불의 기정액(既定額)이라고 하는 것이 추가로 1억 5,904만 2천여 엔이라고 되어 있기 때문에 그 후에 발행해야 할 발행액은 이미 정해져 있는 금액으로 앞으로 1935년 이후에 필요한 공채발행 기정액이라는 것을 총계(總計)하면 6억 615만 1천여 엔이 되므로, 이 법정액의……승인을 받고 있습니다. 법정액을 비교해 보면, 발행 여력이 4만 8,271여 엔 남짓 있습니다. 그런데 이번에 추가하는 것이 955만 엔이기 때문에 발행 여력을 충당하는 것으로 부족한 950만 1,700여 엔이라는 것을 확장해 주신다면 그것으로 충분한 일입니다만, 끝수가 붙어 있기 때문에 1,728여 엔 남짓이라고 하는 끝수를 반올림하고 10만 엔 정도로 해서, 960만 엔을 추가하여 이렇게 된 것입니다. 따라서 약 9만 8천엔 정도의 발행 여력이 존재하게 되는 것입니다.

14. 조선의 사상문제에 대해서 (1935년, 중의원 관계위원회)

◉ 하야시 정부위원

사상 문제라고 하면 공산(共産)사상 측과 직접적인 관계는 없을지도 모르지만, 민족운동 측에서 말씀드리자면, 요컨대 근본적인 문제는 조선 민중이 생활의 안정을 얻는 것이라고 할 수 있습니다. 이것이 무엇보다도 강력한 민족사상에 대한 하나의 제압이 될 수도 있다고 생각합니다. 그러므로 현재 조선 민중의 생활 상태를 그대로 두면 여러 가지 사상 문제가 일어나는 원인이 될 수 있다는 생각에서 몇 년 전부터 일본에서도 시작한 것과 같이 조선에서도 자력갱생운동을 할 수 있게 구체화해서 조선을 일으키려고 노력하고 있습니다. 조선의 민중들이 생활의 불안에 시달리고 있으며, 더구나 그것이 조선 민중의 대부분을 차지하고 있는 실정입니다. 이러한 상황에서 어떻게든 빨리 구출하여 백성을 편안한 길에 있게 해 주는 것이 가장 근본적인 방책이 아닐까하고 생각합니다. 경비 등은 극히 얼마 안 되지만 전 조선의 관민이 총동원되는 형태가 되어 최대한 지금 이것이 구체화되도록 노력하고 있습니다. 실시 이후 아직 세월이 지나지 않아 불과 2년, 3년의 경험이지만, 지금까지의 실적을 비추어 볼 때 상당히 유효한 성과도 나타나고 있으며, 또 실제로 나타나는 효과 이외에 일반 민중의 정신상에 끼친 영향이 매우 크다는 것을 알고 있기 때문에, 앞으로 10년 정도를 기약해서 의식(衣食)에 궁핍한 사람이 없도록 하겠다는 이상을 향해 매진하는 데에 현재 노력 중입니다.

15. 조선농지령에 대해서 (1935년, 귀족원 예산위원회)

◉ 정부위원(하야시 시게조군)

말씀대로, 작년에 확실히 10월에 실시했습니다만, 아직 얼마 되지 않아 현저한 실시 후의 변화라고 할까, 정황이라 할까는 나타나지 않았습니다. 그러나 대체로 그러한 소작령이 내려졌기 때문에 지주로서는 시행 후에 소작인의 개선……바꾸어 말하자면, 이러한 일이 상당히 곤란해진다는 사정을 염두해 두고 시행 전에 소작인을 바꾸는 등의 조치를 취한 사람도 다소 있을 것이라고 생각합니다만, 일반적인 분위기에서 우리가 알고 있는 것을 종합해서 생각해 보면, 시행 후의 정세는 무척 좋은 것으로 알고 있습니다. 또 아시는 바와 같이 조선에서는 현재 농촌진흥운동이 활발하게 일어나고 있고 각 농촌에서 농가의 경제적 자력갱생 운동에 할 수 있는 만큼의 노력을 기울여서 하고 있기 때문에, 이를 실현하기 위해서라도 해마다 소작인이 변화하기 위해 농가의 식량충실계획이 충분히 세워져 있었으므로, 이 법령의 결과로써 이러한 점은 정말로 완화되고 있다고 생각합니다. 일반인들은 이 소작령이 제정된 것을 매우 기뻐하고 있습니다. 또 일부 지주들 사이에서는 농지령이 나오면 조선의 농촌 땅값이 떨어질 것을 매우 우려하고 있었습니다. 이것은 여러 가지 원인의 결과가 아닐까 생각합니다만, 우연히 작년 10월에 실시한 이후의 상황을 보면, 이 법령을 내놓았기 때문에 특히 땅값에 변동을 주었다고 할 만한 실적도 없다고 생각하고 있어서 모두 안심하고 있습니다. 아직 상세한 것을 여기서 말씀드릴 만한 자료를 가지고 있지 않기 때문에 지극히 대략적입니다만…….

16. 농촌진흥운동에 대해서 (1936년, 귀족원 관계위원회)

◉ 정부위원(하야시 시게조군)

지금 정무총감이 자리를 비우셨기 때문에 제가 대신 답변을 드리겠습니다. 지금 질문하신 농촌진흥운동에 대해서는 말씀하신 대로 조선 통치상으로 볼 때 이보다 더 중요한 시설은 없다고 생각하여 수년간 조선을 통틀어 관민일치(官民一致)의 노력을 계속해 오고 있습니다. 그러나 말씀하신 것처럼, 현재 규모가 다소 작기 때문에 지금의 계획으로는 모든 촌락의 갱생을 기약하는 데는 앞으로 10년이 더 걸릴 것으로 예상하고 있습니다만, 조선의 현 상황에 비추어볼 때, 경제적으로 극도로 궁핍한 다수의 농민들을 구출하기 위해서는 이 시설을 하루라도 빨리 철저히 하는 것이 가장 긴요하다는 것은 전적으로 말씀하신 대로입니다. 다만 실제 시설에 종사하고 있는 사람의 생각으로는 이와 같은 운동은 일반 관청의 시설과는 달리 이 운동에 응한 백성 자체의 정신적 및 물질적

양방면에 대해 진정한 갱생의 의지가 불타오르지 않으면, 같은 시설을 해도 그 효과가 충분히 나타나기 어렵습니다. 다른 일과 달리, 다른 일도 그렇지만 이 운동만큼은 단순히 구호로 한다든가 혹은 일단 있는 그대로의 시설에 멈춰서는 안 되는 것으로, 끝까지 그 실효성을 거두어 정말로 갱생시키는 것이 가장 중요하기 때문에 이 효과를 거두는 것에 대해 충분히 생각해서 총독부에서는 이 운동을 진행함에 있어서 가장 효과적인 방법을 생각한다는 의미에서 점진적으로 추진해 나갈 것을 생각하고 있습니다. 사실 이렇게 하는 것이 좋다는 것은 알면서도, 얼마나 효과를 거둘 수 있는지 또 이를 전면적으로 확충하는 것은 어떠한 수단으로써 어떤 순서를 거쳐서 하는 것이 좋을지에 있어서는 사실 몇 년부터 시범적으로 실시해 보았습니다.

즉, 각 면에 먼저 하나의 부락(部落)을 선정하여, 그 부락 중에서 자력으로 수지타산이 맞지 않는 백성들의 경제를 갱생시켜 나가려면 어떻게 하면 좋을지를 실제로 시험해 본 것입니다. 이것은 각 부락마다 농가의 경제 상태를 조사하여, 수지(收支) 계산을 할 수 없는 것, 식량이 부족한 사람, 빚이 있는 사람, 이러한 것을 조사해서 장차 이 농가를 갱생시키려면 어떻게 하면 좋을지에 대해 각 호(戶)마다 각각 갱생계획을 세우게 한 것입니다. 그래서 이 갱생계획에 기초해서 해마다 효과를 거두기 위해 연차계획을 세우고, 한번에 하는 것이 아니고 약 5년을 기약해서 고리채도 다 갚고, 또한 식량 부족은 가족의 손에 의해 자급할 수 있는 정도의 경작을 시키는 것으로 하고 있습니다. 그리고 또 금전(金錢) 수지(收支)의 점에 대해서도 종래 경제의 방식을 바꾸어 앞으로 수입과 지출의 '균형'을 도모하는 것에 여러 가지 마음을 쓰며, 수입이 부족할 경우 온갖 부업을 장려하여 부업 수입으로 일부 수입 결함을 보충할 수 있다는 점을 고려하여 그 토지들의 정황에 따라 적절한 계획을 각 호마다 세우도록 했습니다. 그래서 최근 몇 년간의 그 경과를 지켜봤는데, 상당히 일반적인 인기도 좋고 모든 사람이 뜻하지 않게 이 운동의 달성하는 것에 매진한 결과로 지금까지 해 온 이 갱생부락의 실적은 상당히 좋았습니다. 그렇기 때문에 이러한 실적에 비추어 장래는 앞으로 10개년 정도 기약하여 매년 1년에 2부락 정도를 증가해서 그리하여 모든 부락에 이 갱생운동을 확충하고자 하는 이러한 계획을 세웠습니다. 그것에 대해서는 지금까지 모든 기관을 총동원해서, 도(道)도, 군(郡)도, 면(面)도, 그리고 재판소도, 세무서도, 우편국도 또는 파출소(駐在所)의 순사도, 학교의 선생도, 모든 사람이 일치단결하여 부락 갱생을 위해서 노력해 왔습니다만, 이 갱생 부락의 수가 점점 많아지고 있다고 하니 현재의 인력으로는 턱없이 부족하고, 지도가 충분히 이루어지지 않고, 농민들의 지식 부족 때문에 이 시설을 철저히 하는 것도 엄청난 무리가 생기지 않을까 하는 우려가 있기에 실제 올해 추가 예산의 편성하고 있습니다. 이러한 지도를 맡을 중심인물을 양성하는 것이 급선무라고 생각하여 그것에 필요한 경비를 책정하고 있습니다. 앞으로는 각 부락마다 부락 갱생의 중심인물을 각각 배치해서, 이 중심인물을 중심으로 해서 부락민이 일치협력하여 경제갱생에 매진하도록 하고 싶습니다. 그리고 또 한편으로는 외부에서 이를 지도편달을 하는 쪽의 시설이라 하더라도 기존과 같이 상당히 무리한 방식으로 해왔기 때문에 점점 확충되는 이러한 운동이 되면 손이 부족하기도 하고, 또 유감스러운 사항이 생길 것을 우려하여 그것 등의 진흥위원회라는 것에 대해 극히 미미하지만, 경비를 배당하는 것과 그리고 또 면서기의 증원 등도 하고, 또한 군(郡)에도 직원을 증가시킬 것을 계획하고 있기에, 이러한 추가 예산을 요구하는 것입니다.

저희로서도 이 성과가 1년이라도 신속하게 나와서, 비록 10년 이내에 1년이라도 신속하게 전면적인 갱생이 이루어지기를 충심으로 염원하고 있습니다만, 지금 말씀드리는 바와 같으니 차근차근 확실하게 진정으로 갱생하는 그 성과를 거두고 싶다는 생각에서 너무 급진적으로 지도부락의 수를 확충하는 것을 피하고 있는데, 장래에는 가능한 한 모든 방면의 수단을 강구하여 신속하게 실효를 거두기 위해 노력하고 있습니다. 현재 고리부채의 정리에 관해 조선에서 잘 알고 계신 금융조합이 각 지방에 보급되어 있기 때문에, 이들의 손으로 고리채 정리를 담당하고 있는데, 현재까지 약 1,800만 엔 정도가 이미 정리되었으며, 앞으로도 예금부의 저리자금을 융통하여 더욱더 고리채 정리에 노력하고 싶습니다. 그리고 또 식량 부족에 대해서도 기존의 경지면적, 수확량 등을 조정하여 가령 가족의 식료 소요 수에 대한 부족한 식량을 생산하기 위해 경지면적의 확장, 그리고 경작방법의 개선 등을 지도하여 식량의 충실을 약속하고 있는 부락의 수도 상당수에 달한다고 하며, 이 운동이야말로 정말 조선의 농촌을 갱생시키는 기초라고 생각합니다. 이것은 단순히 관공서만이 아니라 조선의 민간인들도 정말 그 기분이 들어서 지금은 관민일치로 이 이상(理想)을 위해 매진하고 있는 것입니다. 반드시 가까운 장래에 조선의 농촌의 상태도 일신할 것을 확신합니다. 아직은 초기에 불과하여 실적이 오른 수(數)는 별로 되지 않았습니다만, 점차 이 실적은 누진(累進)해 나갈 것으로 알고 있습니다.

17. 조선 산금(産金) 계획에 대해서 (1937년, 귀족원 관계위원회)

◉ 정부위원(하야시 시게조군)

조금 전 조선의 산금(産金) 상태에 대한 질문이 있었습니다. 제가 출석하지 않았습니다만, 대략 조선의 산금 상황에 대해 설명드리겠습니다. 또 질문이 있으시면 답을 드리도록 하겠습니다. 아시다시피 조선의 금 생산량(産金高)은 1936년에 약 21톤의 산출량이 되었습니다. 올해는 아마도 23여 톤의 산출고가 될 것으로 예상하고 있습니다. 그리고 지금 우리나라(일본; 역자)의 현재 상태로 미루어 보았을 때, 앞으로 상당히 산금 장려를 하고, 특히 증산을 도모하기로 계획한 결과 향후 5개년을 기약해서 1942년에는 현재의 1936년에 20여 톤이었던 것을 75톤 정도로 증산하는 계획을 세우고 있습니다. 이것은 약 현재의 금 생산량에 비해 4배 가까운 증산이기 때문에 상당히 큰 숫자입니다만, 총독부로서는 종래 조선의 금 생산 증가의 정세, 실적에 비추어 여러 가지 연구를 하여 어느 정도의 증산은 가능하다는 것을 일단 추정한 것인데, 단지 그것뿐만 아니라 현재 조선에서 금을 캐고 있는 금광의 수가 대략 2,750여 개가 넘는 것으로 기억하고 있습니다.

이들 다수의 금광 중에서 중요한 금광으로 인정되는 250여개의 1할(10%) 미만의 금광에 대해서는 총독부는 끊임없이 보조해 주고 그 이외의 관계로 밀접한 연락을 취하고 있으며 이들 금광에 대해서는 특히 기술자를 파견하여 현재 탄광의 상황, 장래 전망 등에 대해서 각 광산의 전망을 조사하게 한 결과를 집계하면, 대략적으로 250개의 금광만으로 향후 5개년을 노력한다면 연간 생산 60톤에 도달할 수 있다는 것이 기술자의 예상이었다고 합니다. 그렇게 되면, 지금 계획에 비해 나머지 2,500여 개 정도의 중소 금광에서 향후 연간 생산 16톤을 장려한다면 지금의 계획에는 도달할 수 있을 것으로 생각되므로, 대체로 연간 생산 75톤이라는 것은 5년의 시간을 투자한다면 실현할 수 있는 것이 아닌가 하고 생각합니다. 또한 일면에서는 현재 조선에서 금 채굴을 하고 있는 일본의 대자본가가 경영하고 있는 56개의 금광의 사람들에게 이 점을 충분히 연구해 달라고 부탁하여 상담한 결과, 앞으로 5년이 지나면 대략 56개의 금광에서 연간 생산 30톤 정도의 금 산출량을 볼 수 있을 것이라는 이야기도 있습니다. 아울러 지금의 상황으로 보면, 1942년이 되면 대략 연간 생산 75톤의 산출량을 보는 것은 틀림없다고 이렇게 알고 있습니다. 여기에 필요한 장려 방법으로는 이번 추가 예산에서 여러 가지 조장하고 있는 탄광장려비, 착암기(鑿巖機)의 장려비, 또는 선광(選鑛) 설비 장려 혹은 중소 금광에 대한 여러 가지 공동시설 보조 등을 제안하여 소요 경비를 증가시키고 있는 것입니다. 그 이외의 방법에 대해서도 앞으로 가능한 한 금의 증산에 대해서는 조장의 방책을 강구하고 이 목적을 신속하게 달성하고자 하는 것입니다.

18. 조선의 보통교육에 대해서 (1937년, 중의원 결산위원회)

◉ 하야시 정부위원

조선총독부 특별회계의 1935년도 세입세출 결산에 대해 설명드리겠습니다. 1935년도 세입의 수입액 합계는 3억 3,021만 9천여 엔이고, 세출의 지출액의 합계는 2억 8,395만 8천여 엔으로, 이를 차감하면 4,626

만 엔의 세입 잉여가 발생한 셈으로 이 금액은 다음 연도 세입으로 이월했습니다. 그리고 세출 예산액 중 연도 내에 지출을 완료하지 않고, 다음 연도로 이월한 것이 506만 9천여 엔으므로, 결국 순잉여가 되는 금액은 4,119만 1천여 엔입니다.

다음으로 결산액의 비교를 말씀드리고자 합니다. 세입에 있어서는 경상부(經常部)에 속하는 예산액이 2억 4,046만 3천여 엔이었는데, 결산액은 2억 6,236만 2천여 엔으로, 차감에서 2,189만 9천여 엔이 증가되었습니다. 또 임시부(臨時部)에서는 4,980만 3천여 엔의 예산액에 대하여 결산액은 6,785만 7천여 엔이기 때문에, 차액이 1,805만 3천여 엔이며 이것도 증가하였습니다. 따라서 경상부, 임시부를 합계한 예산 결산으로는 3,995만 2천여 엔의 예산이 초과되었습니다.

세출의 경우 경상부에 속한 것은 전년도 이월 및 예산 외 지출을 합친 예산액은 2억 1,158만 3천 엔이었고 결산액은 2억 597만 9천여 엔이었는데, 차액된 예산에 대한 결산액은 56만 3천여 엔으로 감소했습니다. 또 임시부에서는 예산이 8,415만 1천여 엔이었는데 결산액이 7,797만 9천여 엔이었기 때문에, 이것 역시 617만 2천여 엔의 감소액이 되었습니다. 그리해서 경상부, 임시부를 합계한 결산액은 예산액과 비교하면 1,177만 5천여 엔으로 감소했습니다만, 이 감소액 중에서 506만 9천여 엔은 예산을 다음 연도로 이월한 금액이므로, 이를 차감한 670만 6천여 엔이 전혀 사용하지 않게 된 금액입니다.

다음으로 1935년도 중 예비금 및 예비금 외 지출을 한 것은 제1예비금 125만 엔, 제2예비금 125만 엔, 예비금 외 임시지출액 200만 7천여 엔으로서, 합계 450만 7천여 엔입니다. 위의 제1예비금 지출에 대한 승낙을 구하기 위해 이번 회기 의회에 제출할 예정입니다만, 제2예비금 외

임시지출에 대해서는 제69회 의회에서 승낙을 얻었습니다. 1935년도의 결산에 대한 회계감사원의 감사 보고에 의하면 세출에 있어서 보조금 교부에 관한 조치를 취하지 않는 것이 1건 10만 9천여 엔 있습니다. 그 외에 지난 연도 즉 1933년도 세출에서 허구의 사실에 대해 지불한 것 2건 2천여 엔이며, 합계하여 3건의 비판이 있으므로, 이에 관해서는 별도로 변명서를 통해 소견을 말씀드리고 참고로 제출합니다. 추가 질문에 응하여 답변을 드리겠습니다.

다음으로 조선철도용품자금 특별회계의 1935년도 결산에 대해 설명을 드리겠습니다. 1935년도 본 회계 세입에 사용한 금액은 2,056만 6천여 엔이고, 세출의 지출에 사용한 금액은 2,078만 3천여 엔이었기 때문에 차감하면 21만 6천여 엔의 세출이 증가하지만, 이 회계에서는 이 외에 수입 계정에 속한 것, 즉 세입의 수입 미지급액은 다음 연도로 이월되는 물품 가격 등의 합계가 798만 5천여 엔으로, 이에 대한 지출 계정에 속한 것, 즉 세출의 지출에 미지출액은 전년도부터 이월되는 물품 가격 등의 합계는 776만 8천여 엔이며, 차액으로 수입의 초과가 21만 6천여 엔이 되어 있기 때문에 손익을 발생시키지 않는 계산이 되는 것입니다. 세입 결산액을 예산액과 대조하면 예산은 2,033만 5천여 엔인데, 결산은 2,056만 6천여 엔이 되어 차액은 23만 1천여 엔의 예산초과로 세출 결산을 예산액과 대조하고 전년도 이월액을 포함한 예산액은 2,259만 엔으로, 결산액은 2,078만 3천여 엔이 되어서 차액으로 180만 7천여 엔 감소하였습니다만, 이 중에서 88만 5천여 엔은 예산을 다음 연도로 이월한 금액이며, 92만 2천여 엔은 전혀 예산상의 사용하지 않는 금액입니다.

다음으로 1935년도 결산에 대한 회계감사원의 감사 보고에 의하면, 세출에서 물품 구입의 조치로 적절하지 못한 것이 1건, 4만 2천여 엔의 건에 대한 비판이 있습니다만, 이에 관해서는 별도의 변명서에 따라 소견을 말씀드렸고 참고로 제출합니다. 추가 질문에 응해서 답변드리겠습니다.

다음으로 조선간이생명보험(朝鮮簡易生命保險) 특별회계의 1935년도 결산에 대해 설명을 드리겠습니다. 본 회계의 1935년 세입금액은 964만 4천여 엔이고 세출의 지출금액은 394만여 엔으로, 차액 세입 초과액은 570만 4천여 엔입니다. 이 초과액은 1929년 법률 제65호 조선간이생명보험특별회계법 제3조 제1항에 의해 조선간이생명보험 적립금에 편입한 것입니다. 다음으로 세입 결산액을 예산액과 비교해 보면, 예산액이 780만 1천여 엔이고 결산액은 964만 4천여 엔으로, 184만 3천여 엔이 증가했습니다. 또 세출 결산액을 예산액과 비교해 보면, 예산액은 453만 1천여 엔이었는데 결산액은 394만여 엔으로서, 59만 1천여 엔 감소했습니다. 이 감소액은 전혀 사용되지 않은 금액입니다.

◉ 하야시 정부위원

지금의 질문은 조선 철도 각 역명(驛名) 게시판에 네 가지 표시를 하는 것이 너무 지나치게 많은 것이 아닌가 하는 취지인 것 같습니다. 지당하신 의견이라고 생각합니다만, 실은 그 역명의 표시는 가능한 한 고객의 편의를 위해, 그리하여 승객이 역을 잘못 알아보고 그 때문에 혼잡을 일으키는 일이 없도록 하자는 취지에서 그 역명을 내걸고 있는 것으로 알고 있습니다. 외국 문자를 표시하고 있는 것은 확실한 역에만 한정되어 있는 것으로 알고 있습니다. 작은 역에는 외국인들이 여행을 가는 일도 별로 없기 때문에 필요 없는 것으로 알고 있고, 작은 역에는 확실히 영문자가 없었던 것으로 생각합니다. 그렇다면, 나머지는 가명(仮名)[135]과 조선의 언문과 한자로 표시하고 있는데, 대체로 일반 손님들은 한자로 두, 세 글자로 되어 있으면 가장 빨리 눈에 띄기 쉬울거라고 생각합니다. 아울러 또 부인이나 아이들에게는 가명으로 써 있는 것이 편리할 것 같아서 그런 방식으로 되어 있다고 생각됩니다만, 조선은 말씀하신 대로 그 밖에 아직 국어를 읽지 못하는 사람들이 승객 중에 다수이기 때문에 그 사람들의 편의를 위해 언문을 써서 붙인 것으로 알고 있습니다. 다른 특별한 취지가 있어서 그렇게 하는 것은 아니지만, 승객의 편의와 서로 간에 오해가 생기지 않게 하려는 생각에서 이렇게 처리한 것으로 알고 있습니다.

◉ 하야시 정부위원

조선의 보통교육에 대한 질문입니다만, 말할 것도 없이 조선의 교육에 대해서는 1922년에 조선교육령(朝鮮敎育令)이 제정되었고, 그 교육령에 따라 한일합병 조서(詔書)에 나와 있는 일시동인(一視同仁)[136]의 성지(聖旨)[137] 그리고 또 하나는 교육에 관한 칙어(勅語)의 성지를 받들고, 조선 민중을 제국의 국운강창(國運隆昌)에 기여하도록 여러 가지 노력을 기울이고 있습니다만, 어쨌든 현재로서는 취학 아동의 취학 비율이 겨우 2할5푼(20.5%)정도밖에 되지 않는 상황입니다.

경제가 발전함에 따라 점점 조선 내에서도 학구열이 발흥하게 되었는데, 이것은 급격하게 교육제도를 확대할 수도 없기 때문에 현재로서는

---

135) 한자(漢字)의 일부를 따서 만든 일본 특유의 음절 문자.
136) 신분이나 국적에 관계없이 모든 사람에게 평등하게 인애.
137) 일왕의 생각, 뜻.

1936년에 이르러서야 겨우 일본에서 말하는 일촌일교(一村一校)라는 형편까지 왔습니다. 또한, 1937년부터는 이를 증설하여 적어도 현재 취학 희망자의 전부, 취학아동 수로 말하면 약 그 절반의 취학을 목표로 하여 향후 10년간 학교를 증설할 계획입니다. 그것은 일반 보통교육에 관한 것이지만, 그런데도 여전히 또 교육을 희망하는 사람에게 교육의 혜택을 주기에는 부족하므로 이것에 덧붙여 별도로 2학년 제도로 게다가 교수 과목도 읽기, 쓰기, 산술과 같은 간단한 것을 가르치는 간이학교(簡易學校)를 벽지 농촌에 증설하여 교육의 혜택을 주고자 생각했습니다. 1년에 전국 조선에 220교(校)씩 앞으로 10년간 2,200교를 증설해 나갈 계획입니다.

그리고 보통학교에서의 교수 방법에 대해서는 말씀하신 것처럼 일본의 통치를 철저히 하기 위해서 국어(일본어; 역자) 보급을 철저히 할 필요가 있음은 물론이므로 학교 교육에서도 충분히 이 점에 중점을 두고 교육을 하고 있습니다. 또한 가정에서 국어를 이해 못하는 친형제, 친척도 많이 있기 때문에 전부 학교 교과목 중에서 조선어를 못하게 하는 것은 지금으로서는 상당히 곤란한 실정입니다. 현재 조선의 인구수는 어림잡아 2,200만 명이라고 하는데 국어를 이해하는 사람들의 수는 대충 계산해서 약 200만 명 정도가 되지 않을까 생각합니다. 그런 정도의 시기이기 때문에 한편으로는 오히려 조선어도 상당히 필요한 상황입니다. 그렇지만, 국어 보급을 철저히 도모할 필요가 있음은 물론이므로 총독부로서는 기회가 있을 때마다 국어의 장려에 노력하고 있습니다.

19. 화전민에 대해서 (1937년, 중의원 관계위원회)

◉ 하야시 정부위원

조선의 화전은 약 42만 정보(町步) 정도인 것 같습니다. 화전민의 호수는 27만 호라고 조사되고 있습니다만, 이 대부분은 말씀하신 것처럼 함경남·북도, 평안북도 방면이라고 생각합니다. 그 밖에 강원도, 황해도 방면에도 다소 있습니다. 다른 도에도 조금씩은 있을 것 같습니다만, 대부분은 이 북조선 방면이라고 생각하고 있습니다. 총독부에서는 몇 년 전부터 말씀하신 북선개척사업에 착수하여 그 백두산의 기슭 지대, 특히 그 지대에 있는 천연의 아름다운 숲을 화전민들이 훼손하고 있기 때문에 이를 그대로 방치한다는 것은 참으로 유감일 뿐만 아니라, 그 지대는 장차 개발을 하면 상당히 자원 개발에 도움이 된다고 해서 그 지방의 개발계획을 세운 것입니다. 그 개발계획은 철도를 놓는다든가 도로를 부설한다든가 하는 여러 가지 계획도 있습니다. 그 중 하나의 중요항목으로는 그 지대에 현재 거주하고 있는 화전민을 어떻게 처리할 것인가 하는 것입니다. 이 화전민의 처리가 이루어지지 않으면 아무리 개발을 하려고 해도 자연스럽게 화전민으로 인해 황폐해져 가는 것이므로 첫 번째로는 화전민을 안정시킬 방책을 강구하지 않으면 안 됩니다. 이 화전민의 안정 방책에 대해서는 직접 일본의 전문가에게 실정을 시찰해 줄 것을 부탁하고 이것의 대책에 대해 여러 가지 협의를 한 결과 어느 정도의 기준이 생겼기 때문에 그 방침에 따라 현재 화전민 안정 방책을 실행 중입니다.

그 내용을 말씀드리자면, 대체로 현재 거주하고 있는 화전민은 현재 거주지에 정착시킨다는 방침을 세우고 그리하여 정착을 해서 농사를 계속해 나가는데 땅이 부족하다는 사람만은 다른 적당한 땅을 찾아서 그곳으로 이주를 시켜 그곳에 정착시킨다는 이런 방침을 세워 화전 마을의 각 호마다 조사를 실시하여 현재 화전경작의 면적 그 밖에 가족의 상황, 생활의 상태 등을 조사해 장차 안정될 수 있는 농경 지도는 물론이고 각종 보호를 추가하여 현재 거주지에서 정착 농민으로 생활할 수 있도록 하고자 합니다. 그리고 그렇게 할 수 없는 것에 대해서는 마찬가지로 북선개척지역 내에 장차 농경지로 해방할 수 있는 상당한 전망이 있는 땅이 있는데, 이것은 현재 제 기억으로는 약 30만 정보 정도 되는 것으로 예상하고 있습니다. 그러한 농경에 적합한 땅에 적절히 이주를 시켜 그곳에서 정주 농민으로 생계가 유지되도록 이 역시 지도를 추가해 나가 지도원의 증가, 그리고 농경을 하는 데 필요한 여러 가지 보조, 조장책도 강구해서 이를 정착시키는 데 노력을 기울이고 있습니다.

앞으로도 더욱 이 방침을 계속해서 가능한 한 빨리 조선에서 화전민을 없애고 화전민을 보통 농민으로 바꾸어가는 정책을 실행 하고자 합니다. 기타 북선(北鮮) 이외의 각 도에서도 이와 마찬가지로 역시 산야를 황폐하는 것은 화전민이기 때문에, 여러 가지 산림을 보호하고 있어도 아무래도 화전민을 정리하지 않으면 산림정책의 확립이 불가능하며 동시에 화전민의 안정대책을 세워서 내년도의 예산에도 약간의 경비를 요구하고자 합니다. 가능한 한 빨리 화전민 정착 정책을 실행하고자 합니다만, 아시는 바와 같이 일본본토에서도 오랜 기간 동안 화전민 정리에 고심을 거듭한 경험도 있기 때문에 그러한 경험에 비추어 볼 때 상당히 짧은 기간에 실효를 거두기 위해 노력하고 있습니다. 하지만 화전민들이 오랫동안 화전 경작에 익숙해져 있어 이를 실제 정착 농민과 같은 일을 하게 하는 것은 상당히 힘이 들 것으로 생각하고 있습니다. 그럼에도 말씀하신 대로 어떻게든 이것은 실현시키고 싶다는 각오로 현재 실시 중입니다. 이와 같이 화전민에 대한 보호 조장 정책을 강구함과 동시에 이를 현재 상태로 그대로 두면 종래의 관습이기 때문에 또 다시 어쩌면 화전민으로 역전할 우려도 있으므로 역전할 기회를 없애는 것이 필요하다고 생각하여 국유림의 단속과 보호에 크게 무게를 두고, 감시인을 증원하여 엄중하게 화전 불을 피우거나 화전민으로 돌아갈 기회를 없애기 위해 엄중한 단속을 추가하기로 조치하고 있습니다. 이와 같이 적극적 방법과 소극적 방법에 의해 가능한 한 빨리 이 화전민을 안정시키고 싶다고 생각하고 있습니다.

20. 조선의 경지에 대해서 (1937년, 중의원 관계위원회)

◉ 하야시 정부위원

제1, 제2 문제는 조선 경지와 수확량 문제에 대한 질문이었습니다. 말씀하신 바와 같이, 대체로 말하자면 조선의 논 수확량은 일본본토와 비해 매우 빈약합니다. 현재 조선의 논은 160만 정보(町步)라고 하는데, 그러나 이 160만 정보는 일본본토의 논과 같이 관개(灌漑)의 편의가 완전히 갖추어져 있는 논의 총면적은 아닙니다. 관개 편의가 있는 이른바 수리 편의가 안전한 논은 이 중 약 77만 정보로 약 절반입니다. 나머지 절반은 소위 관개 편의가 없는 곳이기 때문에 가뭄이 들기 쉬운 토지이고, 따라서 강우량이 풍부하지 않으면 이 토지에서 얻을 수 있는 수확량은 극히 적습니다. 이런 사정이기 때문에 전체 면적과 수확량을 비교해 보면, 단당(反当り)[138] 수확량이 일본본토에 비해 매우 낮다는 것도 이것이 역시 가장 큰 원인이 아닌가 생각합니다. 물론, 말씀과 같이 그 외의 경종법(耕種法) 또는 비료 배양 방법이라든가 하는 것은 그러한 경작법 자체에 대해서도 농민의 지식 정도에 차이가 있다는 것, 다년간의 경작 방법이 달랐던 기존의 관습에서 볼 때, 이것은 일본본토의 단당 수확량만을 거론하는 것은 곤란하다고 생각합니다. 만약 이러한 경작지의 관개 편의를 좋게 할 수 있다면, 조금 더 수확량이 증가할 수 있을 것이라고 생각하고 있습니다. 그 이외의 원인에 대해서는 최대한 농무당국(農務当局)에서 조치를 강구하여 품종의 개량, 경작방법의 개선, 비료의 방법 등에 대해 끊임없이 지도하고 있기 때문에 장차 모든 단당의 수확량은 점차 증가할 것으로 기대하고 있습니다.

그리고 다음으로 농민들의 쌀 소비량이 매우 적고, 가령 만주 등에서 이입(移入)하고 있는 잡곡을 주식으로 해서 참으로 비참한 생활을 하고 있다는 말씀이 있었는데 참으로 그렇습니다. 아시다시피 현재 조선 농민의 8할(80%) 정도까지는 극히 가난한 소작이며, 이들은 종래부터 줄곧 가지고 있던 고리부채의 중압에 허덕이고 있는 사람들이므로 가끔 수확할 때가 되면 첫번째로 가져가는 것은 이와 같은 고리부채의 원금과 이자입니다. 그리고 다음으로는 지주의 소작료를 내야 하고, 이것들을 빼앗아 가고 나면 나중에 소작인의 손에 남는 곡물이라고는 극히 소량이 됩니다. 아마도 11월의 수확기를 거쳐 12월, 1월까지 정도, 이제 2월이 되면 이미 자신의 손으로 만든 남은 수확물이 없어 먹을 것이 없는 상태가 되기 때문에 이른 봄을 기다리지 않고서는 생계의 밑천이 궁해지는 것입니다. 이것이 조선 보통 농민의 일반 상태입니다.

---

138) 단당(反当り): 농토 1단보에 대한 수확이나 비료 따위의 양.

이것을 어떻게든 근본적으로 개선하지 않으면 안 되기 때문에 여러 가지 수단 방법을 강구해 왔습니다만, 조선의 궁핍한 백성들이 식량 부족을 느끼지 않도록 하는 것은 말할 것도 없고, 고리부채의 중압을 벗어나는 것이 근원적인 대책이라고 생각하여 고리부채를 정리하는 것, 식량을 충당하는 것, 매달 아이가 있으면 학교에 내는 월사금(수업료; 역자)이 필요하다는 것으로 금전수지(金錢收支)가 백성이라 하더라도 상당한 금액입니다. 이 금전수지의 균형을 이루게 하는 이해하기 쉬운 3가지 항목을 내세워서, 이를 농촌 자력갱생운동의 기치로 해서 몇 년 전부터 농가 한집 한집의 생활을 조사하여 그 경제를 개선하기 위해 노력하고 있습니다. 또 한편으로는 생계자금이 곤란한 자에게 그 길을 열어준다는 의미에서, 다수의 궁핍한 백성을 구제하는 취지에서, 몇 년 전부터 이것도 승인을 받아 궁민구제공사를 각 지역에 일으켜, 이에 따라 임금을 얻어 생계자금으로 충당하는 조치를 취하고 있습니다. 이러한 것들은 요컨대 근본적으로 조선 농가의 생활을 안정시키기 위해서는 어떻게 하면 좋을까를 생각해 본 한 가지 방책의 현주소입니다. 그것뿐만 아니라 각 방면의 사람들과 연락을 취하여 최대한 농민들이 현재 비참한 처지에서 빨리 벗어나게 하는 것이 통치상으로도 이것이 기본적인 요건이라고 생각하고 있으며 이 점에서는 최대한 노력을 다하고 있습니다.

<표-1> 하야시 정부위원의 제국의회 위원회 답변 조항

1. 중의원의 부(部)

제국의회명	위원회명	위원회개최 연월일
제57회	회의록 없음.	
제58회	○ 예산위원 제2분과회 제1회	1930.5.5
	○ 결산위원 제1분과회 제1회	1930.5.7
	○ 조선사설철도보조법 중 개정법률안 위원회 제1회	1930.5.2
	○ 同上 제2회	1930.5.3
제59회	○ 예산위원 제1분과회 제2회	1931.2.14
	○ 결산위원회 제6회	1931.3.4
	○ 미곡법 중 개정법률안 외 1건 위원회 제14회	1931.3.2
	○ 同上 제15회	1931.3.3
제60회	회의록 없음.	
제62회	○ 결산위원회 제4회	1932.6.7
	○ 同上 제5회	1932.6.8
	○ 同上 제6회	1932.6.9
	○ 결산소위원회 제1회	1932.6.7
제63회	답변 없음.	
제64회	○ 예산위원 제1분과회 제4회	1933.2.8
	○ 청원위원회 제16회	1933.3.23
	○ 결산위원 제3, 제4분과연합회의 제2회	1933.2.23
	○ 청원위원 제3분과회 제2회	1933.2.8
	○ 건설위원회 제13회	1933.3.17
	○ 조폐국 공장 및 그 부속설비의 새로운 경영 비용에 관한 법률안 외 2건 위원회 제6회	1933.2.10
	○ 미곡통제법안 외 1건 위원회 제5회	1933.2.22
제65회	○ 예산위원회 제16회	1934.3.6
	○ 同上 제19회	1934.3.9
	○ 同上 제21회	1934.3.19
	○ 예산위원 제1분과회 제2회	1934.2.7
	○ 결산위원 제4분과회 제3회	1934.3.14
	○ 1932년도 제1예비금지출의 건 외 6건 위원회 제6회	1934.3.17

	○ 1934년도 일반회계세출의 재원에 충당하기 위한 공채발행에 관한 법률안 외 3건 위원회 제8회	1934.3.6
	○ 同上 제9회	1934.3.8
	○ 同上 제10회	1934.3.13
	○ 同上 제11회	1934.3.15
	○ 대만사업공채법 중 개정법률안 외 1건 위원회 제10회	1934.3.5
	○ 同上 제11회	1934.3.6
	○ 同上 제13회	1934.3.9
	○ 同上 제14회	1934.3.10
	○ 同上 제16회	1934.3.14
제66회	답변 없음.	
제67회	○ 예산위원 제1분과회 제3회	1935.2.8
	○ 예산위원회 제15회	1935.2.27
	○ 同上 제21회	1935.3.18
	○ 결산위원회 제3회	1935.2.2
	○ 결산위원 제4분과회 제3회	1935.3.6
	○ 조선사업공채법 중 개정법률위원회 제2회	1935.3.6
	○ 同上 제3회	1935.3.8
	○ 同上 제5회	1935.3.14
	○ 同上 제6회	1935.3.16
	○ 同上 제9회	1935.3.23
	○ 치안유지법 개정법률안 외 1건 위원회 제1회	1935.3.20
제68회	○ 청원위원회 외 회의록 없음. 「청원」회의록에는 답변 없음.	
제69회	○ 결산위원회 제4회	1936.5.13
	○ 결산위원 제2분과회 제1회	1936.5.21
	○ 조선사업공채법 중 개정법률안 위원회 제2회	1936.5.18
제70회	○ 예산위원회 제19회	1937.3.25
	○ 결산위원 제4분과회 제2회	1937.3.18
	○ 관세정율법 중 개정법률안 외 4건 위원회 제2회	1937.2.24
	○ 일반회계의 재원에 충당하기 위한 특별회계로 하는 이월금에 관한 법률안 외 2건 위원회 제3회	1937.3.9
	○ 同上 제5회	1937.3.9

	○ 사바타시(樺太市) 제안위원회제5회	1937.3.17
	○ 同上 제6회	1937.3.18
	○ 同上 제7회	1937.3.19
	○ 同上 제8회	1937.3.20
	○ 농촌부채정리자금특별융통 및 손실보상법안 위원회 제7회	1937.3.30
제71회	○ 관세정율법 중 개정법률안 외 3건 위원회 제3회	1937.8.2
	○ 산금(産金)법안 외 6건 위원회 제2회	1937.8.2
제72회	답변 없음.	

2. 귀족원의 부(部)

제국 의회명	위원회명	위원회개최 연월일
제57회	회의록 없음.	
제58회	○ 예산위원 제6분과회 제1회	1930.5.11
	○ 결산위원 제5분과회 제1회	1930.4.30
	○ 同上 제3회	1930.5.6
	○ 청원위원 제3분과회 제1회	1930.4.30
	○ 조선사설철도보조법 중 개정법률안 특별위원회 제1회	1930.5.6
제59회	○ 예산위원 제5분과회 제3회	1931.3.6
	○ 예산위원 제6분과회 제4회	1931.3.7
	○ 결산위원 소위원회 제4회	1931.3.16
	○ 결산위원 제5분과회 제2회	1931.3.3
	○ 同上 제3회	1931.3.5
	○ 同上 제4회	1931.3.13
	○ 청원위원 제3분과회 제3회	1931.2.23
제60회	회의록 없음.	
제62회	답변 없음.	
제63회	답변 없음.	
제64회	○ 결산위원 소위원회 제3회	1933.2.9
	○ 同上 제4회	1933.2.13
	○ 결산위원 소위원회 제8회	1933.3.8
	○ 결산위원 제5분과회 제3회	1933.2.8

	○ 同上 제4회	1933.2.10
	○ 同上 제8회	1933.3.2
	○ 청원위원 제3분과회 제5회	1933.3.6
제65회	○ 예산위원 제6분과회 제3회	1934.3.5
	○ 결산위원 제5분과회 제2회	1934.3.9
	○ 대만사업공채법 중 개정법률안 특별위원회 제4회	1934.3.22
	○ 同上 제5회	1934.3.23
	○ 지조법 중 개정법률안 특별위원회 제4회	1934.3.22
	○ 同上 제6회	1934.3.25
제66회	답변 없음.	
제67회	○ 예산위원 제6분과회 제2회	1935.2.27
	○ 同上 제3회	1935.2.28
	○ 결산소위원회 제4회	1935.2.27
	○ 결산위원 제5분과회 제1회	1935.2.19
	○ 同上 제2회	1935.2.21
	○ 청원위원 제3분과회 제6회	1935.3.11
	○ 조선사업공채법 중 개정법률안 특별위원회 제1회	1935.3.19
	○ 남조선철도주식회사 소속 철도매수를 위한 공채발행에 관한 법률안 특별위원회 제1회	1935.3.24
제68회	○ 청원위원회의록 외 의사록 없음. 「청위」회의록에는 답변 없음.	
제69회	○ 예산위원 제6분과회 제2회	1936.5.21
	○ 결산위원 소위원회 제2회	1936.5.11
	○ 결산위원 제5분과회 제2회	1936.5.9
	○ 1924년 법률 제24호 중 개정법률안 특별위원회 제1회	1936.5.23
제70회	○ 예산위원 제6분과회 제3회	1937.3.25
	○ 결산위원 제5분과회 제1회	1937.3.3
	○ 同上 제3회	1937.3.8
제71회	○ 산금(産金)법안 특별위원회 제2회	1937.8.6
제72회	답변 없음.	

<표-2> 하야시 시게조(林繁藏) 연보

년	나이	월일	사적(事績)	당시의 배경			
				조선 관계 사정		내외의 사정	
1887 (명치 20)	1	9.5	후쿠오카(福岡)현 무나카타(宗像)군 무나카타(宗像)정 토쿠시게(德重) 656번지에서 아버지 후사키치(房吉), 어머니 스미(すみ)의 장남으로 출생	9월	제일은행, 인천에 지점을, 경성에 출장소를 개설	3월	소득세법 공포
						7	요코하마정금(橫浜正金)은행법 공포
						12	보안조령 공포
						12	도쿄어음(東京手形)교환소 설립
1888 (명치 21)	2					1	산요우(山陽)철도 주식회사 창립
						6	규슈(九州)철도회사 창립
1889 (명치 22)	3	10.10	여동생(장녀) 마즈에(マツエ)출생			2	헌법 발포
						7	동해도선(東海道線) 개통
1890 (명치 23)	4					4	상법 공포
						10	교육칙어 하사
						11	제1회 제국의회 소집
1891 (명치 24)	5	10.15	둘째동생 슌조(俊造) 출생			9	우에노(上野) 아오모리(青森) 간 철도 개통
1892 (명치 25)	6	4.	소학교 입학				
1893 (명치 26)	7						
1894	8	2.21	셋째동생	5	한국에	7	한일병충돌

연도	나이	월일	가족	월	한국 관계	월	국제
(명치 27)			사이조(齊造) 출생		동학농민혁명 발생		풍도(豊島沖)해전
				8	한일공수(日韓攻守)동맹 조인	8	청일전쟁 일어남
						9	황해(黃海)대해전
1895 (명치 28)	9			6	한국독립 포고	4	청일강화조약
				10	경성사변(대원군의 난)발생		
1896 (명치 29)	10			6	한국에 관한 러일의정서 조인	4	일본권업은행법 공포
						8	러청조약(만주철도부설권)
						9	제일은행, 제일국립은행으로부터 영업 인수계속
						12	청일전쟁 후 반동공황(反動恐慌) 시작됨
1897 (명치 30)	11	2.13	넷째동생 키상지(喜三次)출생	10	부산, 인천에 각인된 엔(円)은(銀) 유통	6	일본권업은행 설립
						6	미국 하와이 병합
						10	화폐법 실시(금본위)
						11	독일 교주만(膠州灣) 점령
1898 (명치 31)	12			4	한국의 독립 승인 및 내정불간섭에 관한 러일의정서 조인	3	러시아 대련(大連) 여순(旅順) 조차(租借)
1899 (명치	13					7	각 국과의 조약 개정실시

						7	대만은행 설립
32)						10	남아(南阿)전쟁 일어남
1900 (명치 33)	14	4.	후쿠오카현(福岡縣) 중학 수유관(修猷館) 입학			3	산업조합법, 보험업법, 치안경찰법 공포
		7.31	조부(祖父) 야스이치(安市) 사망			6	의화단 운동
1901 (명치 34)	15	4.	후쿠오카(福岡)현 립(縣立)중학 수유관으로 개칭	6	경부철도주식회사 설립		
				11	한국에서 제일은행권이 유통을 허용받음		
1902 (명치 35)	16			5	한국에서 제일은행권 발행됨	1	영일동맹 조인
1903 (명치 36)	17						
1904 (명치 37)	18			2	한일의정서 성립	2	러일국교단절, 선전포고
				3	이토 히로부미(伊藤博文)특파대사로 서울에 들어옴	5	제1회 영국화폐(英貨)공채 1천만 파운드를 런던 및 뉴욕에서 발행
				8	제1차 한일협약 조인		
				10	재정고문으로 메카타 다네타로(目賀田種太郎)씨 채용		

연도	나이	월	개인사	월	한국	월	세계
1905 (명치 38)	19	3.	후쿠오카(福岡)현립(縣立)중학 수유관 졸업	7	제일은행, 한국중앙금고에 지정됨	1	여순(旅順), 개성(開城)
				11	제2차 한일조약 조인	5	동해 해전
		9.	도쿄고등상업학교 입학	12	통감부 설치, 이토 히로부미(伊藤博文) 통감 임명	9	러일강화조약 체결
						12	만주에서 청일조약
1906 (명치 39)	20			3	경부(京釜)철도 매수법 공포	6	남만주철도주식회사 설립의 건 칙령공포
				3	홍은(興銀), 한국정부에 대출, 부산수도사업 및 한국농공은행에 융자		
				3	이토(伊藤) 통감 도착	11	위의 회사 설립
				3	한국정부은행조례,농공은행조례 및 수리조합조례 발포		
1907 (명치 40)	21	7·	징병유예	5	한국정부, 지방금융조합 규칙을 공포	3	미국 일본인 이민제한법 가결
				7	제3차 한일조약(내정감독) 조인		
				8	황태자전하(다이쇼천황(大正天皇)) 한국방문	10	미국의 대공황
				8	통감부에 부통감		

연도	나이	학력·경력	월	일본 관계	월	한국 관계
				소네 아라스케(曾根荒助)자작 신임됨		
			8	메카타(目賀田)재정고문 사임, 아라이 겐타로(荒井賢太郎) 탁지부 차관으로 됨		
			10	치안유지를 헌병이 담당함		
1908 (명치 41)	22		10	한일어업협정 체결		
			11	한일가스(瓦斯)회사에서 경성에 첫 점화	12	동척 설립
1909 (명치 42)	23	7· 도쿄고등상업학교 졸업	6	소네(曾根) 부통감, 통감이 됨	4	산업조합법개정(중앙회 및 연합회의 설치)
		9· 제5고등학교(구마모토(熊本))에서 고등학교 제1부 졸업 학력검정시험에 합격	10	한국은행 설립	9	간도에 관한 청일조약 체결
		9· 교토제국대학 법학대학 정치학과 입학	11	일진회장 이용구(李容九)등 한일합방의 성명서를 발표	10	이토 히로부미(伊藤博文) 하얼빈에서 암살됨
			12	한국 수상 이완용(李完用) 피습		
1910	24	무나카타(宗像)군	5	육군대신	4	관세정률법

(명치 43)			야마코(山甲)촌 다이지무네자키(大字鐘崎) 731번지 키타자키세이이치로(北崎貰一郞) 장녀 미네코(みね子)와 결혼	8	데라우치 마사타케(寺内正毅) 통감을 겸임		개정(관세 자주권의 확립)
					한국병합조약 조인		
				10	조선총독부 설치, 데라우치 마사타케(寺内正毅) 조선총독 겸임		
1911 (명치 44)	25	10.21	장남 토시아키(敏明) 출생	3	조선사업공채법 공포	7	제3회 영일동맹
				8	조선은행법 시행		중국에 제1혁명이 일어남
				8	조선교육령 공포		
				11	압록강 철교 준공	10	
				12	관부연락선 정기편 취항		
1912 (명치 45, 대정 원년)	26	2.	문관고등시험 합격	3	조선민사령 공포	7	메이지 천황(明治天皇)붕어(崩御)
				3	조선관세령, 조선톤세령 등 공포		
				10	은행령 공포		
1913 (대정 2)	27	7.	교토제국대학 법학대학 정치학과 졸업 셋째 동생 사이조(齊造) 히로하시가문(広橋家)에 들어가 히로하시(広橋) 성을 이름에 씀(1962.7.14 사망)	10	부제(府制), 학교조합령 등 공포	10	중화공화국 승인(원세개 대통령)
1914	28	5.16	조선총독부	3	철도	3	파탄(破綻)상점은

		촉탁에 임명		호남선(湖南線) 개통		행지불 정지 속출
(대정 3)		탁지부 세무과 근무	5	농공은행령, 지방금융조합령 공포	4	쇼켄 황태후(昭憲皇太后) 붕어(崩御)
		7. 징병검사 갑종(甲種) 합격	9	경원(京元)철도 개통	7	제1차 세계대전 일어남
		8.10 조선총독부 시보			8	일본대독(對獨)선 전포고
		8.10 탁지부에서 사무연습	10	조선호텔 개관		
		10.4 둘째아들 흐미오(文生) 출생			11	칭따오(靑島) 함락
		12.1 1년 지원병으로 보병 제47연대(고쿠라(小倉))에 입대				
1915 (대정 4)	29	4. 넷째 동생 키상지(喜三次) 다케타니가문(武谷家)에 들어가 다케타니(武谷) 성을 이름을 씀				대전경기(大戰景氣) 시작
		제대			1	중국에 대한 21개조 요구
		11.30 여동생 마즈에(マツヱ) 아베 마스오미(安部益臣)에게 시집감(1952년 사망)			2	다이쇼 천황(大正天皇) 즉위 대례

연도	나이	날짜	개인사		조선 관련		세계
1916 (대정5)	30	6.21	경상북도 근무	7	조선주세령 공포		
		9.2	셋째아들 마사요시(正良) 출생	10	데라우치(寺內)총 독내각 총리대신이 되어, 하세가와 요시미치(長谷川 好道)원수 총독으로 임명		
		11.30	조선총독부 도(道)사무관 임명(고등관 7등) 경상북도 지방과장				
		12.17	셋째아들 마사요시(正良)사 망				
1917 (대정6)	31	3.4	아버지 후사키치(房吉) 사망	6	면제(面制) 공포	3	러시아혁명
		3.30	서(叙)종7위	7	조선수리조합령 공포	4	미국 대독일 선전(宣戰)포고
				7	조선국유철도 만철에 경영 위임됨	9	미국 금은 수출 금지
				10	한강교 완성	9	금화 및 금(金)지역 금(金) 수출 금지
				11	청진(淸津) 회령(會寧)간 철도 개통	10	소액 지폐 발행
				12	관동주 및 만철부속지에 조선은행권의 유통 허용함	11	러시아 10월 혁명(소련 정부 수립)
						11	랜싱-이시이(石井) 협정(만주 특수 권익)

1918 (대정 7)	32	1.21	조선총독부 사무관 임명	3	조선관세정율령 중 개정	4	군수공업동원법 공포
		1.21	탁지부 관세과 근무	4	화폐법을 조선에서 시행	8	시베리아 출병
		5.27	탁지부 임시관세조사과 겸 관세과 근무	5	조선생산 관련 물품의 일본 이입세 면제법률 공포	8	쌀 소동 일어남
		10.21	남아메리카 및 북아메리카 출장 발령	6	조선식산은행령 공포	9	데라우치(寺內) 내각 사직, 하라 다카시(原敬) 내각 성립
		12.26	고등관 6등	6	지방금융조합령 개정(각도(道)연합회 설치 및 도시조합)	11	대독(對獨) 휴전 조약 조인
		12.28	장녀 미요코(美代子) 출생	10	조선식산은행 설립		
1919 (대정 8)	33	2.6	요코하마(橫浜)를 출발해 남미 및 북미로 출장	1	고종 훙거(薨去)	1	파리강화회의
		3.10	서(敍)정7위	3	만세운동 일어남	4	영국 금 수출 금지
		3.31	육군 3등 주계(主計) 임명		하세가와(長谷川) 총독사임, 사이토 마코토(齋藤實) 해군대장 총독에 임명	6	아메리카 금해금(金解禁)
		8.19	요코하마(橫浜)항을 통해 조선으로 돌아옴	8		6	대독(對獨)강화조약 조인
		9.11	재무국 관세과장 겸 재무국 임시관세조사과장	8	조선총독부 관제 개정(탁지부는 재무국으로)	6	국제연맹규약 조인
		9.29	조선관세소원(訴	10	물품수출단속에		

			願)심사위원회 간사 위촉		관한 건 발포		
				3	쌀, 보리, 밀 및 밀가루의 수입세 및 이입세 면제추가 건 공포	1	국제연맹 성립
				4	이(李)왕세자 은(垠)전하(영친왕; 역자) 와 방자(方子)여왕 결혼	3	공황(恐慌) 발발
				7	조선소득세령 공포	5	제1회 노동절 거행
1920 (대정 9)	34	12.28	고등관 5등	8	관세법 및 관세정률법의 조선특례에 관한 법률 공포	5	열 개의 은행 지불 정지 조치
				8	조선출항세령 공포		
				9	조선톤세령 공포		
				9	조선에 이입한 물품의 이입세에 관한 건 공포		
				9	조선식산채권 고이케(小池), 후지모토(藤本), 노무라(野村) 인수 발행		
				10	홍삼 전매령 공포		
				10	함북도청을 경성(鏡城)에서 나남(羅南)으로 이전 건 공포		
				12	구한국화폐		

					유통을 금지		
1921 (대정 10)	35	2.28	서(叙)종6위	4	조선연초 전매령 실시	4	군제(郡制) 폐지
		6.23	조선관세소원(訴願)심사위원회 감사 면직	12	광업령 개정(먼저 지원자 허가주의(先願者 許可主義))	10	하라 타카시(原敬) 암살됨
			재무국 사계과장			11	섭정(攝政)을 두다
		10.24	조선총독부 임야조사 위원회 위원 위촉			12	워싱턴 군축회의
						12	영일동맹 폐기
1922 (대정 11)	36	2.14	서훈6등 수서보장(授瑞宝章)(조선관세정리사업 진력의 공)	2	조선교육령 공포	2	워싱턴 군축회의 조인
		4.1	후비역(後備役)139)에 편입	4	조선무진업령 공포	3	산둥(山東) 철병 조약
				4	평양광업소를 해군으로 이관	6	시베리아 철병 성명
				4	10년연속 총경비 1,390만 엔의 사방사업 발족	7	제1차 일본공산당 결성
		12.28	서(叙)고등관 4등	4	명령항로 보조항로 큰 폭으로 증가	12	은행 휴업 다수
				8	조선은행정리안 입안	12	대만은행 구제 융자
1923 (대정 12)	37	2.28	서(叙)정6위	4	이입세 철폐(주정(酒精)·직물(織物) 제외)	3	대만은행 정리 수립
				4	조선어업조합보조규칙 발포	9	관동대지진
				6	조선재정	9	모라토리움(지불

					조사위원회 규정 발포		정지; 역자)
				9	미곡 수입세 면제		
				11	평북도청을 의주에서 신의주로 이전		
1924 (대정 13)	38	6.15	둘째동생 순조(俊造) 사망	7	조선은행법 개정(감독권을 대장대신으로 함)	1	레닌 사거(死去)
				8	조선은행의 감독권 일부를 조선총독으로 행하는 칙령 발포	1	손문(孫文) 국민정부 주석이 되다
				12	경남도청을 진주에서 부산으로 이전	5	미국 배일(排日) 이민법 성립
						11	도쿄방송국 설립
1925 (대정 14)	39	2.19	서(叙)고등관 3등	3	조선철도용품자금 특별회계법 공포	4	치안유지법 공포
				3	만철위탁의 철도를 본부 직할 경영으로 함	4	영국 금해금(金解禁)
		3.31	서(叙)종5위	4	명령항로를 갱신 증가	5	보통선거법 공포
				4	직할(直轄) 중학교, 병원을 도(道)에 이관	12	은(銀) 수출 해금(解禁)
				8	조선은행정리안		

연도		월일	개인 사항		국내 사항		국외 사항
					수립(반액감자(半額減資) 등)		
				12	14년 연속 사업으로 산미증식계획 3억 5천만 엔		
1926 (대정 15, 소화 원년)	40	2.25	서훈5등 수서보장(授瑞宝章)	1	총독부 신청사로 이전	3	일본 세제(税制) 정리
		3.25	구미각국으로 출장 발령	1	조선농회령 공포	7	캐나다 금해금(金解禁)
		5.1	조선총독부 임야 조사 위원회 위원 면직	1	조선산업조합령 공포		다이쇼 천황(大正天皇)붕어(崩御)
		5.14	시베리아 경유 유럽으로 출장	4	순종 훙거(薨去)	12	
		12.26	미국 출장은 면제, 귀국 중 중국 만주로 출장 후 돌아옴	6	세제(税制)조사위원회 창설		
				11	경성방송국 설립 허가		
1927 (소화 2)	41	4.27	조선총독부 임야 조사위원회 위원 위촉	1	삼림조합보조규칙	2	금융공황이 일어남
				1	조선전매령 개정(담배의 완전 전매)	3	남경(南京)사건 발생
				3	조선자본이자세령, 조선영업세령 공포	3	일본은행법 공포
				4	사이토(齋藤)총독 군축회의 출석 위해 우가키 가즈시게(宇垣一成)육군대장 총독 임시대리로 함	4	은행취부(取付)140) 휴업 등 속출

연도	나이	날짜	개인	월	조선 관련	월	일본·세계
				8	조선사설철도 매수에 관한 제령 공포	4	와카쓰키(若槻)내각 총 사직, 다나카 기이치(田中義一)내각 성립
				11	사이토(齋藤)총독 돌아옴	4	모라토리움 실시
				12	사이토(齋藤)총독 의원면관(依願免官), 야마나시 한조(山梨半造)육군대장 총독이 됨	4	동척 정리안 제출
				12	조선토지개량령 발포	5	산둥 출병
						9	신남경(新南京)정부 성립
1928 (소화 3)	42	1.31	재무국 이재과장	8	조선 금융제도 조사회 규정 발포	1	일본은행법 시행
		2.28	넷째아들 후사오(房男) 출생	9	함경선(咸鏡線) 개통	2	제1회 보통선거 실시
				9	조선금융조합 협회 설립 허가	5	제남(濟南)에서 중·일양군 충돌
				12	은행령 및 동 시행 규칙의 근본적 개정, 저축은행령 발포	6	프랑스 금본위 복귀
						6	장작림(張作林) 폭사(爆死)
						11	금상폐하 즉위 대례
1929 (소화 4)	43	11.8	조선총독부 재무국장	1	일면일교(一面一校)계획 결정		세계공황 일어남
			고등관 2등	4	조선금융조합령 개정	6	중국국민정부 승인

					조선		일반
		12.16	서(叙)정5위	5	조선간이생명보험특별회계법 공포	6	척무성 설치됨
		12.22	다섯째아들 사다오(貞雄) 출생		야마나시(山梨)총독 퇴관, 사이토 마코토(齋藤實) 해군대장 총독이 됨	7	재정긴축 성명
		12.24	제57회 제국 의회 척무성 소관 사무정부위원 위촉(이후 매 의회마다 정부위원)	8		7	다나카(田中)내각 총 사직, 하마구치(浜口)내각 성립
1930 (소화5)	44	1.20	서훈4등 수서보장	8	전기사업조사회 관제 공포	1	금해금(金解禁) 실시
		7.11	조선사편수위원회 위원 위촉	12	지방제도의 대개정 시행	1	런던 군축 회의
		8.19	조선전기사업조사회 위원 위촉				
		4.22	제58회 제국의회 척무성 소관 사무정부위원 위촉	12	여수, 광주간 철도 완성	11	하마구치(浜口)수상 저격 당함
		12.24	제59회 제국의회 척무성 소관 사무정부위원 위촉				
1931 (소화6)	45	2.12	넷째동생 다케타니 키상지(武谷喜三次) 사망	4	지방제도 개정 실시	4	하마구치(浜口)내각 총 사직, 와카쓰키(若槻)내각 성립
		12.24	제60회 제국의회 척무성 소관 사무정부위원 위촉	4	조선골패세령 공포	4	중요산업 통제법 공포
				5	조선거래소령 공포	6	관리 감봉 실시
				6	조선무진업령 중 개정,	7	만보산 사건 발생

연도	나이	날짜	경력	월	조선	월	기타
					조선신탁업령 공포		
				6	사이토(齋藤)총독 퇴관, 우가키 가즈시게(宇垣一成) 육군대장 총독이 됨	9	만주사변 발생
				7	만보산사건으로 조선 내에서도 불상사 발생	9	영국 금본위 정지 결정
						12	금 수출 재금지
						12	대미(対米) 환율 36불이 됨
1932 (소화 7)	46	4.1	퇴역 편입	2	조선전기사업령 공포	1	상해사변 발발
		6.1	제62회 제국의회 척무성 소관 사무정부위원 위촉	6	충남도청을 공주에서 대전으로 이전 결정	3	만주국 건국 선언
		6.30	고등관 1등	7	자본도피방지령 시행	4	리츠톤경 내만(來滿)
		8.16	서훈 3등 수서보장	9	해주 토성 철도 개통	5	5·15사건 발생
		8.22	제63회 제국의회 척무성 소관 사무정부위원 위촉	10	자작 농지 설정 사업 요강 발표	7	만주중앙은행 사무 개시
		12.24	제64회 제국의회 척무성 소관 사무정부위원 위촉	10	농산어촌 진흥 방침 발표	8	대미(対米) 환율 25불대가 됨
		12.31	2급 봉급 하사	10	조선부동산 융자 및 손실보상령 공포	9	만일의정서 조인, 만주국 승인
				11	정신작흥운동	11	미국대통령

연도		날짜	내용				
					개시		
				11	금융조합원의 부채정리의 건 발포		루즈벨트 당선
				12	신경(新京)에 본부 파견원 사무소 개설	11	대미(対米)환율 20불로 감소
				12	조선소작조정령 공포		
1933 (소화 8)	47	2.1	서(叙)종4위	1	조선신탁회사업무 개시	2	국제연맹 탈퇴
		12.12	조선총독부 보물고적명승천연 기념물보존령 위원 위촉	1	임시조선미곡조 사위원회 설치	3	아메리카 금융 공황
				2	면화 증산 계획 발표	3	독일 통일
				3	농산어촌진흥 계획 발표	3	외국환율관리법 발포
		12.23	제65회 제국의회 척무성 소관 사무정부위원 위촉	7	경성 도쿄간 직통 전화 개통	4	인도, 인일(日印)통상조 약 폐기
				8	경성 웅기(雄基)간 철도 완통	5	중일정전협정 조인
				8	조선금융조합연 합회령 공포	7	신병대 사건 발생
				8	동척정리안 결정		
				8	조선사방공사령 발포		
1934 (소화 9)	48	4.29	수욱일중수장(授 旭日中授章) (1931년 또는 1934년 사변의 공)	4	조선농지령 공포	2	아메리카 평가 4할(40%) 절하

		11.27	제66회 제국의회 척무성 소관 사무정부위원 위촉	4	조선총독부 세무관서 관제 공포	3	만주국 제제(帝制) 실시
				5	세무관서 독립	4	일은금(日銀金)매입법 공포
		12.25	제67회 제국의회 척무성 소관 사무정부위원 위촉	5	산미증식계획에 의한 토지개량사업 중지	7	사이토(齋藤)내각 총 사직, 오카다(岡田)내각 성립
						10	주요산업통제법 발동(시멘트업 통제)
						11	육군청년장교 쿠데타계획(2월 사건)
						12	화부(華府)해군군축조약 폐기를 통고
1935 (소화 10)	49	12.24	제68회 제국의회 척무성 소관 사무정부위원 위촉	3	경영 곤란한 수리조합 68조합의 정리계획안을 확정	3	국제연맹 탈퇴 효력 발생
		12.31	1급 봉급 하사	4	남조선 철도 매수를 위한 공채 발행에 관한 법률 공포	11	만주국의 국폐 가치 안정 및 폐제 통일에 관한 성명 발표
				4	조선임시이득세(利得稅)령 공포		
				8	식산계령공포		
1936 (소화	50	5.2	제69회 제국의회 척무성 소관 사무정부위원	8	우가키(宇垣) 총독 사임, 미나미	2	2·26사건 발생

연도		일자	활동		조선 관련		일본·세계 정세
(11)			위촉				지로(南次郎) 육군대장 총독 취임
						3	히로타(広田)내각 성립
		12.24	제70회 제국의회 척무성 소관 사무정부위원 위촉	10	조선산업경제조사회 개최	11	상해 항일사건 발생
						11	일독(日獨) 방공협정 체결
						12	일이(日伊)(이태리)통상협정 체결
1937 (소화 12)	51	7.24	제71회 제국의회 척무성 소관 사무정부위원 위촉			1	히로타(広田)내각 총 사직
		9.3	제72회 제국의회 척무성 소관 사무정부위원 위촉			2	하야시 센주로(林銑十郎)내각 성립
						5	동 내각 총 사직
		10.30	법에 따라 재무국장 해임 (依願免本官) 특지(特旨)로서 지위[位]1급 승진 서(叙)정4위			6	제1차 고노에(近衛)내각 성립
		10.30	주식회사 조선식산은행 은행장 임명			7	노구교(蘆溝橋)에서 중일양군 충돌(중일전쟁 발발)
						9	임시자금조정법 공포
						10	기획원 설치
						11	일독이(日獨伊)

							3국 방공협정 체결
						12	일본군 남경(南京) 점령
1938 (소화 13)	52	6.	조사부를 설치	2	조선지원병령 공포	4	국가총동원법 공포
		10.	식산은행 창립 20주년			7	장고봉(張鼓峯)사건 발생
						12	흥아원(興亞院) 설치
1939 (소화 14)	53					1	고노에(近衛)내각 총 사직, 히라누마(平沼)내각 성립
						5	노몬한 사건
						7	아메리카 정부 미일통상조약 폐기 통고
						7	히라누마(平沼)내각 총 사직, 아베 노부유키(阿部信行)내각 성립
						9	세계대전 발발
						10	가격 등 통제령, 회사급여임시조치령 등 공포
1940 (소화 15)	54	10.	특별금 자원을 신설함	2	창씨제도 실시	1	아베(阿部)내각 총 사직, 요나이(米內)내각 성립
		10.	증권과를 신설함	8	조선교육령 개정	3	왕정위(汪精衛)의 남경정부 성립
		12.11	장녀			7	사치품 등 제조

			미요코(美代子) 야마모토 사치오(山本幸雄) 과 결혼				판매제한 규칙(7·7금령) 공포
						7	요나이(米内)내각 총 사직, 제2차 고노에(近衛)내각 성립
						9	일독이(日獨伊) 3국 동맹 체결
						12	경제신체제 확립 요강 발표
1941 (소화 16)	55				윤덕영(尹德榮), 박중양(朴重陽) 두사람 귀족원 의원에 칙선	4	일소중립조약
				8	수풍발전소 완성	6	독소 개전
						7	제3차 고노에(近衛)내각 성립
						10	도조(東條)내각 성립
						12	태평양전쟁 발발, 미영에 선전포고
1942 (소화 17)	56	2.8	장남 토시아키(敏明) 신타시게코(新田繁子)와 결혼	5	조선에 징병제 시행	2	의류티켓제(衣料切符制)[141] 실시
		3.14	장녀 미요코(美代子)에 자손 미치코(美智子) 출생 특별금융 제2과를	5	미나미(南)총독 사임, 고이소 구니아키(小磯國昭)육군대장 총독 취임	2	싱가폴 함락
						4	전시금융금고 설립

			신설함				
		10.30	식산은행 은행장 중임				
1943 (소화 18)	57	2.20	장남 토시아키(敏明)의 자손 미키코(美紀子) 출생			2	과달카날에서 철퇴
		4.	식산은행공동 텃밭 설치			9	이탈리아 항복
		9.18	장녀 요코(美代子)의 자손 사요코(紗代子) 출생			11	군수성 설치
1944 (소화 19)	58	2.20	둘째아들 흐미오(文生) 호리준코(堀順子)와 결혼	7	고이소(小磯)총독 사임, 아베 노부유키(阿部信行)육군대장 총독이 됨	7	도조(東條)내각 총 사직, 고이소(小磯)내각 성립
		4.	식산은행 직제 대개정				
		4.	재단법인 식은공제회 설립				
		7.	금강산 계도장(禊道場) 개설				
1945 (소화 20)	59	1.8	병이 남	3	조선에 중위원 선거법 시행	1	얄타회담
		5.	병 중에 주주총회에 하루만 출근	8	소련군 북조선에 침입	3	도쿄대공습
		8.6	회복해서 출근	9	미군 남한에 진주	3	이오토(硫黃島) 함락
		9.3	경성출발(가족 동반)	9	식산은행 미군 당국에 접수됨	4	고이소(小磯)내각 총 사직, 스즈키

						간타로[鈴木貫太郎) 내각 성립
	9.5	후쿠오카 도착(규슈대학병원 입원)		5	독일 항복	
				7	포츠담 선언	
				8	히로시마(広島)에 원폭투하	
				8	소련대일선전포고	
		사망(死去)(오후 11시 30분) 태관원전인공덕광영달거사(泰寬院殿仁空德光栄達居士) 후쿠오카현(福岡縣) 무나카타군(宗像郡) 아카마정(赤間町) 정법사(正法寺) 후쿠오카현(福岡縣) 무나카타군(宗像郡) 겐카이정(玄海町) 카네자키(鐘崎) 천복사(泉福寺) 장례		8	종전(終戰)	
	10.3			8	히가시쿠니(東久邇)내각 성립	
				10	시데하라(幣原)내각 성립	

---

139) 예비역을 마친 자가 복무하는 병역.

140) 신용을 잃은 은행에 예금주들이 돈을 찾으려고 몰려듦.

141) 옷을 살 때와 같이 모든 시민에게 작은 물품을 공정하게 분배하기 위해 현금 외에 "의류 티켓"이 필요했습니다. 의류 티켓은 옷을 살 권리가 있는 티켓으로 연령이나 성별에 관계없이 1인당 100개의 품목이 1년 동안 배포되었습니다. 사람들은 그 범위 내에서 쇼핑해야 했으며 일상 생활 전반에 걸쳐 다양한 다른 제한이 있었습니다.

후기

　이 회고록의 편집에 착수하면서 가장 먼저 부딪힌 것은 편집위원 모두가 배낭 하나만 메고 온 귀환자로 어떠한 하나의 자료도 가져오지 못한 것이었습니다. 그래서 중앙한일협회의 약간의 자료와 하야시의 의회에서의 답변을 국회도서관 소장의 속기록에서 복사한 것 외에는 인상에 남은 기억을 더듬어 찾고, 같이 생활했던 때의 사람과 계획(計数) 등은 관계자의 수기 또는 메모 등에서 얻은 것입니다. 편집을 마친 지금 돌이켜보면 다소의 감개와 함께 부끄러운 것이 있습니다.

　그러나 한편 이 책의 편집 기획에 동의해 주신 많은 분들로부터 정감이 넘치는 추억의 글과 하야시를 추모하기에 어울리는 필적, 사진을 보내주셔서 전 권을 장식하고, 한층 더 생동감을 더할 수 있었던 것은 더할 나위 없는 행복이었습니다.

　옥고 중의 사항이나 시간, 장소의 세부사항에 대해서는 통일된 조화를 도모하기 위해 마음대로 더하거나 제한 부분도 있지만, 이 점 양해해 주시기 바랍니다.

　배문자(背文字)[1]의 3글자는 하야시의 필적(遺墨)에서 아래의 3글자

---

1) 책 표지의 등에 박은 글자.

는 미즈타(水田) 편집위원이 붓글씨로 적었습니다.

책의 그림은 조선용산중학교 제1회 졸업생으로 전 2기회 소속 아라키 마사유스케(新木正之介)씨가 그린 것으로, 앞면은 수원 팔달문, 뒷면은 경주 불국사입니다.

한편, 하야시의 임종을 지켰던 셋째 동생 히로하시 사이조(広橋齊造)씨는 형제 중에 유일한 생존자였지만, 이 책의 완성을 보지 못한 채 1962년 7월 14일에 돌아가셨습니다.

초역

성강현(동의대학교 겸임교수)
선우성혜(동의대학교 조교수)
김예슬(동의대학교 조교수)

식민지 조선을 말한다
林繁蔵回顧錄

초판 1쇄 인쇄일	2024년 5월 23일
초판 1쇄 발행일	2024년 5월 31일

지은이	하야시 시게조 회고록 편찬위원회
옮긴이	이준영
펴낸이	한선희
편집/디자인	정구형 이보은 박재원
마케팅	정진이 김형철
영업관리	정찬용 한선희
책임편집	이보은
인쇄처	으뜸사
펴낸곳	국학자료원 새미(주)
	등록일 2005 03 15 제25100-2005-000008호
	경기도 고양시 덕양구 권율대로 656 클래시아더퍼스트 1519호
	Tel 02)442-4623 Fax 02)6499-3082
	www.kookhak.co.kr
	kookhak2010@hanmail.net

ISBN	979-11-6797-164-7 *94910
	979-11-6797-160-9 (SET)
가격	34,000원